Oscar storia

Sergio Masini

Le battaglie che cambiarono il mondo

Da Maratona alla Guerra del Golfo

OSCAR MONDADORI

I edizione Bestsellers Oscar Mondadori settembre 1995

ISBN 88-04-49579-0

Questo volume è stato stampato
presso Mondadori Printing S.p.A.
Stabilimento NSM - Cles (TN)
Stampato in Italia - Printed in Italy

Ristampe:

7 8 9 10 11 12 13 14 15

2006 2007 2008 2009

La prima edizione Oscar storia
è stata pubblicata in concomitanza
con la quarta ristampa
di questo volume

www.librimondadori.it

Le battaglie che cambiarono il mondo

a Mara

Introduzione

Dunque lei... lei vuol battaglia? Ben! Battaglia le vo' dar. Bella cosa è una battaglia! Ve la voglio qui mostrar... Osservate!... Questo è il fosso... L'inimico voi sarete... Attenzion!... E gli amici stan di qua...

Con queste parole, nel *Barbiere di Siviglia* di Rossini su libretto di Cesare Sterbini, il conte di Almaviva, travestito da soldato per poter avere un colloquio più diretto con la bella Rosina, si rivolge al dottor Bartolo che lo sta trattando senza il dovuto rispetto. Il finto militare, per darsi tono ma soprattutto per potersi avvicinare di più alla sua amata, improvvisa una sorta di dimostrazione dell'avvenimento principale del suo "mestiere": la battaglia, vista quasi come un evento teatrale, non privo di valore estetico (*Bella cosa...*) da rappresentare e illustrare nei minimi particolari a un pubblico curioso e attento.

E l'interesse del pubblico per simili argomenti non è diminuito affatto dai tempi di Figaro: i testi che riassumono e narrano lo svolgimento delle grandi battaglie sono numerosissimi e ogni nuovo libro su questo tema può sperare di trovare dei lettori; magari un po' distratti e poco disposti a leggere l'opera dal principio alla fine, giacché un libro sulle battaglie si presta molto alla lettura casuale, un capitolo qua e un capitolo là, senza seguire un ordine cronologico. Il fatto è che le grandi battaglie sono spesso viste come momenti determinanti nella storia, sino al punto di consentirne l'esame lasciando sullo sfondo i dati politici, economici e tecnici che le hanno causate e condizionate, e soprattutto i fattori che hanno motivato le guerre nelle quali ognuna di esse è inserita.

Ricorre spesso il concetto di battaglia decisiva:[1] dopo una battaglia importante il corso della storia può mutare notevolmente. Ma è la battaglia a determinare il corso della storia o non è piuttosto la storia a trovare nella battaglia il suo momento di verifica? Se una nazione o un gruppo di nazioni decidono di ricorrere alla guerra per risolvere un contrasto che non sono riuscite a definire in maniera pacifica, esse impegnano nello scontro tutte le loro forze, o per lo meno dovrebbero cercare di farlo. La battaglia dunque diventa il momento in cui le organizzazioni militari dei contendenti, le loro economie, il loro potenziale umano vengono a contatto. Dietro ogni esercito c'è una struttura logistica, ci sono rifornimenti, ci sono industrie che producono armi; una rete di commerci che procura la ricchezza necessaria a sostenere le spese di una campagna di guerra, uno o più popoli più o meno motivati nel dare il loro consenso a chi combatte e soprattutto a chi comanda.

La maggiore o minore forza di questi elementi è decisiva nel confronto. Ricordiamo le parole di Tolstoj quando, parlando della battaglia di Borodino, spiega che non è

[1] Il concetto di "battaglia decisiva" ha avuto il suo maggiore teorico in Sir Edward Creasy, *Fifteen Decisive Battles of the World*, apparso per la prima volta nel 1851 e ripubblicato in decine di edizioni. Nella prefazione egli scrive: «Indipendentemente dal valore morale dei combattenti... alcune battaglie... ci hanno consentito di diventare quello che siamo... L'effetto di queste collisioni [le battaglie] non si limita a una sola epoca, ma può imprimere una spinta capace di determinare le fortune dell'umanità». L'idea fu ripresa da altri autori di area anglosassone, come Thomas Knox, Sir Basil Liddell Hart e soprattutto J.F.C. Fuller, con il suo *Decisive Battles of the Western World*, apparso dopo il 1945 nell'edizione definitiva. Il contrasto fra le teorie di Creasy e quelle, per esempio, di Hans Delbrück, per il quale la battaglia è strettamente intrecciata con le caratteristiche di un preciso contesto sociale, è delineato con ricchezza di particolari nel primo capitolo di *The Face of Battle*, di John Keegan.

tanto la capacità militare dei singoli comandanti a determinare l'esito dello scontro, quanto la volontà dei popoli che nello scontro vengono coinvolti.[2] Certo, l'abilità dei comandanti gioca un ruolo assai importante: può essere determinante per lo svolgimento di un singolo scontro, ma se dietro un abile comandante non vi è una solida struttura, quella singola battaglia rimarrà un ricordo luminoso ma non sarà in grado di determinare lo svolgimento complessivo di una campagna di guerra.

E potremmo andare anche più in là: se in una nazione vi sono comandanti abili vuol dire che il tessuto connettivo di quella nazione – le sue scuole, la sua cultura – è stato in grado di produrre quel genere di comandanti. Ma se questo è avvenuto vuol dire che l'intera nazione ha delle grosse potenzialità che le possono consentire più in generale di condurre a termine positivamente un confronto militare. Tuttavia esistono esempi nella storia che dimostrano come nazioni non provviste di comandanti particolarmente abili, anzi, tutto sommato, sprovviste di una radicata cultura militare, siano riuscite a vincere grandi conflitti, ovviamente pagando in termini di vite umane e di sofferenze un prezzo altissimo, paradossalmente più alto di quello del nemico sconfitto: e nel corso della guerra, molto spesso, tali nazioni hanno prodotto dei capi non particolarmente brillanti, ma comunque sufficientemente

2 «... Tu citi la nostra posizione, dici che il fianco sinistro è debole e il fianco destro è troppo esteso» continuò il principe Andrej. «Sono tutte sciocchezze che non contano niente. Che cosa ci aspetta domani? Cento milioni di eventualità diverse che verranno risolte istantaneamente da diverse condizioni, e che faranno sì che a un dato momento saranno i nostri o i loro a fuggire, e sarà uccisa la tale o la talaltra persona. Ma tutto quello che si fa ora è un giuoco... Per me, ecco come si presenta la giornata di domani: un esercito di centomila russi e un esercito di centomila francesi si batteranno; ed è questo il fatto, che duecentomila soldati si batteranno, e chi si batterà con maggiore impeto e accanimento e penserà meno a se stesso, quegli vincerà. E se vuoi, te lo dico; qualsiasi cosa accada, qualsiasi confusione facciano lassù, noi domani vinceremo. Sì, domani, qualsiasi cosa accada, noi vinceremo il combattimento.» L. Tolstoj, *Guerra e pace*, libro III, parte II, cap. XXV.

capaci di impiegare senza risparmio le risorse a loro disposizione. Si veda per esempio il caso della guerra civile americana. Nessuno potrà disconoscere che il generale Lee sia stato, nonostante le sue imprudenze, uno dei più abili capi militari del XIX secolo. Tuttavia fu sconfitto dai generali nordisti, nessuno dei quali, compreso lo stesso Grant, può essere accreditato di un particolare genio militare, quanto piuttosto di una eccezionale forza di volontà, necessaria per impiegare senza risparmio le grandi risorse umane messe a disposizione dallo stato, e capace di infliggere al nemico sofferenze e sacrifici tali da far crollare il suo stesso fronte interno.

Allo stesso modo non si può negare che nella Prima come nella Seconda guerra mondiale la Germania sia stata in grado di mettere in campo comandanti di altissimo valore, quasi senza eguali quanto a professionalità e abilità. Tuttavia la forza bruta e l'inesauribile disponibilità di materiali hanno portato le nazioni alleate a trionfare. Fa testo in tal senso l'Unione Sovietica, che cinque anni prima dell'inizio delle ostilità aveva praticamente distrutto in una dissennata "purga" quasi tutta la sua classe di ufficiali: sopportò enormi perdite di territorio e incredibili drenaggi di materiale umano e, nonostante ciò, tenne testa al nemico germanico; trasferì altrove le proprie industrie, mise in piedi un altro esercito di dimensioni colossali e, facendo ottimo uso anche dei materiali forniti dalle potenze alleate – in primo luogo dagli Stati Uniti – procedette alla riscossa e come un rullo compressore ebbe ragione persino del più abile dei nemici.[3]

Alla luce di queste considerazioni andrebbe riesaminata, trasformandola in uno strumento di ricerca e di riflessione, la tipica domanda che talvolta si pongono quanti,

[3] La tesi che durante la Seconda guerra mondiale le potenze alleate abbiano dato prova di scarsa fantasia nell'impiego di uomini e mezzi, preferendo schiacciare l'Asse con il semplice peso delle loro risorse, senza troppo far caso alle perdite, è esposta in *Brute Force*, di John Ellis.

per curiosità e per divertimento, sono appassionati consumatori di resoconti di battaglie: cosa sarebbe successo se Napoleone avesse vinto a Waterloo? Per un poco, dedichiamoci anche noi a ciò che sembra – ma non è – un divertente gioco di società. Consideriamo le forze in campo: da una parte una nazione ormai esausta, la Francia, un esercito sprovvisto di alcuni dei suoi migliori comandanti subordinati, un capo supremo malato e ormai privo della lucidità e dell'ardimento che lo avevano contraddistinto in passato; dall'altra una coalizione di nazioni che avevano appreso, da quel loro stesso nemico, profonde innovazioni nell'arte della guerra, o che comunque disponevano di truppe altamente professionali. Se per uno scherzo del destino, dovuto a fortunate coincidenze, Napoleone fosse stato in grado di infliggere una sconfitta a Wellington, impedendo beninteso a Blücher di raggiungerlo sul campo di battaglia, difficilmente le altre potenze si sarebbero fermate o avrebbero siglato un ennesimo armistizio. Molto probabilmente, invece, avrebbero mobilitato altre truppe: e di fronte a loro non avrebbero più trovato una Grande Armée di più di centomila uomini, ma un esercito probabilmente dimezzato da uno scontro sanguinosissimo. Waterloo non sarebbe stata quindi una battaglia decisiva, perché ce ne sarebbe stata una seconda, forse brutale e priva di raffinatezze tattiche, come era stata la battaglia di Lipsia, che due anni prima era stata determinante nel costringere Napoleone ad abdicare e ad accettare l'esilio all'Elba.

È dunque inutile studiare le battaglie, descriverle e anche appassionarsi al loro svolgimento, seguirle nei particolari, analizzarne le premesse e studiarne le conseguenze dal punto di vista militare e politico? Certamente no. Non si può negare un giusto intuito ai cronisti medievali, quando paragonavano le battaglie ai giudizi di Dio, agli scontri tra campioni per decidere quale delle parti avesse ragione. Chiariamolo una volta per tutte: la battaglia non dimostra affatto chi ha ragione: molto spesso la ragione, il diritto, l'umanità stanno dalla parte dei vinti. Nazioni e poteri dispotici possono, con lo strumento della battaglia, e soprattutto della guerra, imporre ad altre nazioni, ben più civili, libere e giuste, la loro tirannica volontà. Però, se quelle nazioni perdono la battaglia e la guerra, significa che non hanno saputo prevedere la necessità dura ma inevitabile di sapersi difendere da un eventuale nemico; in primo luogo evitando che il confronto giungesse fino allo scontro armato, se non vi erano preparati; e in secondo luogo mostrando la loro incapacità di mobilitare tutte le risorse della nazione per arrestare l'avversario. Così, attraverso lo studio delle battaglie e delle guerre è possibile ottenere nuove chiavi di lettura sulla solidità, la coesione, l'omogeneità delle società del passato.

Certo, non bisogna dimenticare che le grandi forze che stanno, per così dire, alle spalle di ogni guerra e quindi di ogni grande battaglia sono perfettamente visibili e analizzabili solo a distanza di tempo. Soprattutto gli individui, le collettività, i popoli coinvolti nello scontro non sono in grado di compiere una fredda analisi. E il più delle volte non ne sono in grado neppure i loro governanti. Questo è stato tanto più vero nel passato, quando ancora non esistevano o erano appena a livello embrionale i mezzi di comunicazione di massa. Per questo motivo le grandi battaglie hanno assunto il carattere quasi sacrale che abbiamo prima individuato: eventi dei quali non era obiettivamente possibile prevedere l'esito e nei quali tutto si affidava alla forza delle armi, con una fiducia che a volte arrivava al fanatismo, nella propria forza militare e anche nella forza delle proprie idee, della religione, dell'ideologia. *Christus vincit, Allah è grande, Gott mit uns...*

D'altro canto, la stessa definizione di "grandi battaglie" può essere ambigua. Esistono anche scontri che non hanno avuto, di per sé, un grande significato militare: eventi minori in conflitti minori. Ma la fantasia popolare o la propaganda li hanno trasformati in episodi emblematici, attorno ai quali si sono coagulati simboli o significati che hanno dato sostanza alla tradizione di intere nazioni, e che in seguito, attraverso fenomeni di acculturazione, sono diventati patrimonio storico comune dell'intera umanità. Ne sono un esempio l'assedio di Alamo e la battaglia del Little Big Horn, eventi che grazie al predominio negli ultimi decenni della cultura americana sono diventati noti anche in nazioni che con la guerra di indipendenza del Texas e con il genocidio dei pellerossa non avevano nulla a che spartire; così anche la carica dei Seicento a Balaklava, un altro esempio di episodio storico di minore importanza assurto a simbolo di un'epoca.

Ci sono pure scontri che a causa di una visione troppo eurocentrica non sono stati tenuti nel dovuto conto e che paradossalmente sono stati messi in evidenza svariati decenni dopo, grazie a un mutamento di sensibilità dell'opinione pubblica. La battaglia di Isandhlwana è un classico esempio di questo cambiamento di visuale: sentita come un evento incomprensibile e imbarazzante, questa sonora sconfitta delle truppe coloniali inglesi a opera dei guerrieri zulu fu immediatamente oscurata dall'esaltazione di un episodio minore: la difesa dell'avamposto di Rorke's Drift. Circa cent'anni dopo, la campagna militare nello Zululand fu studiata in tutti i particolari e a Isandhlwana fu persino dedicato un film.[4]

Le battaglie possono lasciare tracce più o meno profonde nelle tradizioni dei popoli. Sono ricordate nei racconti, entrano a far parte della letteratura, spesso una o più battaglie sono descritte all'interno di un romanzo. A esse facevano riferimento i cronisti del passato per dare ulteriore credito alla loro città, al loro paese, al loro sovrano. Le battaglie sono oggetto di poemi, da Omero in avanti; le battaglie sono rappresentate nei quadri, ricordate con monumenti e statue, contrassegnate in alcuni casi da aree protette del territorio di una nazione. Ovunque sia possibile, gli stati tutelano l'integrità degli antichi campi di battaglia, anche quando tutti quelli che vi hanno preso parte hanno cessato di vivere, e non solo per una forma di

[4] Cfr. il capitolo XVIII dedicato a questi episodi.

pietà verso i defunti, ospitati nei sacrari all'interno o presso il campo di battaglia, ma perché l'evento bellico isolato ha assunto un aspetto quasi mitico, sacro. Ricordiamo le parole di Lincoln nel proclama di Gettysburg: «Ci siamo incontrati su un grande campo di battaglia... per dedicare una porzione di questo campo a sede del definitivo riposo di quanti hanno qui dato le loro vite perché [la] nazione potesse vivere... Ma, in un senso più ampio, noi non possiamo dedicare – noi non possiamo consacrare – noi non possiamo santificare – questo terreno. Sono stati gli uomini coraggiosi, i vivi e i morti, che hanno lottato qui, a consacrarlo, ben oltre le nostre misere capacità di aggiungervi o togliervi qualcosa...».[5]

Il campo di battaglia dunque, il luogo dove si è svolto il grande giudizio, diventa terreno sacro, deve essere preservato. Quest'ansia di conservazione la troviamo anche nei nuovi strumenti offerti dalla comunicazione di massa, in primo luogo la cinematografia. Nei grandi spettacoli popolari offerti dal cinema – e ora dalla televisione – le bat-

5 «*Fourscore and seven years ago our fathers brought forth on this continent a new nation, conceived in liberty, and dedicated to the proposition that all men are created equal. Now we are engaged in a great civil war, testing whether that nation or any nation so conceived and so dedicated, can long endure. We are met on a great battlefield of that war. We have come to dedicate a portion of that field as a final resting place for those who here gave their lives that that nation might live. It is altogether fitting and proper that we should do this. But, in a larger sense, we can not dedicate – we can not consecrate – we can not hallow – this ground. The brave men, living and dead, who struggled here, have consecrated it, far above our poor power to add or detract. The world will little note, nor long remember, what we say here, but it can never forget what they did here. It is for us the living, rather, to be dedicated here to the unfinished work which they who fought here have thus far so nobly advanced. It is rather for us to be here dedicated to the great task remaining before us – that from these honored dead we take increased devotion to that cause for which they gave the last full measure of devotion – that we here highly resolve that these dead shall not have died in vain – that this nation, under God, shall have a new birth of freedom – and that government of the people, by the people, for the people, shall not perish from the earth.*» Testo integrale del discorso di Gettysburg, riportato in *The Civil War: an illustrated history*, di Geoffrey C. Ward e altri.

taglie sono a seconda dei casi sequenze determinanti o comunque assai importanti delle storie personali descritte dal film o dallo sceneggiato televisivo. In alcuni casi addirittura diventano protagoniste: esistono numerosi film, e talvolta sceneggiati televisivi a puntate, che ricostruiscono una battaglia in tutte le sue fasi, e le vicende personali hanno importanza soltanto in quanto rapportate al grande scontro. La battaglia è la vera protagonista.

Per la loro natura violenta e traumatica – un campo di battaglia è un luogo di crudeltà, morte e sofferenza – le battaglie possono dunque assumere, anche molti anni dopo, un valore simbolico, religioso o politico. Sono come fuochi accesi nell'oscurità, che consentono di marcare lo scorrere del tempo. Come i fuochi, possono anche causare pericolosi abbagli: per nostra fortuna, non sono solo le guerre, ma soprattutto le scoperte scientifiche, l'espansione dei commerci, l'incontro e l'integrazione delle culture a determinare lo svolgimento della storia. Purtroppo è avvenuto, ancora avviene e rischia di avvenire nel futuro che i commerci si fermino e le culture non accettino il dialogo, e può essere imboccata la facile scorciatoia della guerra. La scienza è posta al servizio dei contendenti, le economie di pace divengono economie belliche, culture e religioni sono utilizzate per indurre i popoli a pensare di essere dalla parte della ragione, diventando così più disponibili ai sacrifici e agli orrori del tempo di guerra.

Proprio negli ultimi anni sembra esser venuta meno anche la speranza che ogni guerra possa aver termine con una battaglia decisiva, che d'un colpo solo ponga la parola fine a tutte le sofferenze dei popoli coinvolti nello scontro. Come abbiamo visto, si tratta di un concetto abbastanza ingannevole di per sé, ma quanto avviene ovunque nel mondo tende a dimostrare che le nuove tecnologie consentono di trasformare le guerre in lunghe, ininterrotte battaglie, o meglio in scaramucce estenuanti ove lo scontro decisivo non si verifica mai perché i contendenti dispongono di armi, strutture logistiche, risorse umane impiegabili giorno e notte. Le popolazioni civili non hanno bisogno di vestire una divisa per prendere parte ai combattimenti: non sono altro che bersagli, e colpirle è utile per fiaccare il morale dell'avversario. Così cade anche l'ultimo schermo, tramonta l'ultima illusione di poter contemplare la battaglia come spettatori esterni, coinvolti solo dal punto di vista emotivo. Nelle guerre contemporanee si rischia di essere tutti attori – e vittime – di una immane tragedia. Nella guerra continua e nella battaglia continua non esistono più santuari e osservatori neutrali.

Forse, tenuto conto di queste prospettive poco rassicuranti, studiare le grandi battaglie e le loro conseguenze nella storia, nella cultura, nella fantasia popolare, potrà agevolare una severa e serena riflessione sulla terribile ingiustizia della guerra.

N.B. Le denominazioni delle battaglie descritte in maniera dettagliata sono evidenziate in neretto. Per omogeneità, l'indicazione numerica riferita ai reparti militari, indipendentemente dalle caratteristiche specifiche di questi ultimi, sono state riportate in numeri romani.

I
Maratona e le guerre persiane

Deciso a sottomettere le città della Grecia che si opponevano al suo dominio e appoggiavano rivolte in Asia minore, Dario re di Persia allestì una grande flotta che, attraversato l'Egeo, prima attaccò e conquistò Eretria nell'isola di Eubea, quindi puntò decisamente verso l'Attica. A quel tempo gli ateniesi, essendo sprovvisti di una flotta in grado di opporsi a quella persiana, erano obbligati a combattere sulla terra dove la superiorità della cavalleria persiana poteva rivelarsi decisiva. Guidati da Ippia, ex tiranno di Atene ed esiliato da vent'anni, i comandanti persiani Dati e Artaferne scelsero la pianura di **Maratona** come area di sbarco. Le vie di accesso alla "testa di ponte" persiana, circondata da montagne, furono occupate da arcieri, in modo da ritardare l'arrivo e lo schieramento delle truppe ateniesi. Il piano operativo consisteva nell'attendere gli ateniesi, costretti a dare battaglia a 30 chilometri dalla loro città, sconfiggere il loro esercito e quindi attaccare il centro abitato.

Al tempo delle guerre con la Persia la massa principale di un esercito greco era composta da opliti, soldati a piedi con armamento protettivo composto da un elmo, una corazza, degli schinieri (a copertura della parte frontale delle gambe, sotto il ginocchio fino alla caviglia) e uno scudo. Il materiale usato per le protezioni era il bronzo, fatta eccezione per gli scudi, in legno o cuoio indurito, con rinforzi e orli in bronzo. L'arma principale era la lancia, lunga tra i due metri e i due metri e mezzo; per il combattimento a distanza ravvicinata gli opliti disponevano di una spada. Queste truppe combattevano in formazione serrata, normalmente composta da otto file di uomini, detta "falange". Almeno le prime due file erano direttamente impegnate nello scontro, mentre le file successive fornivano soprattutto una pressione fisica e morale. Un abile comandante, diminuendo le file, poteva allungare la falange e avvolgere il nemico, o al contrario, aumentando le file, poteva ottenere una pressione particolarmente forte su un'area dello schieramento nemico. Arcieri, frombolieri e lanciatori di giavellotto agivano come truppe ausiliarie, anche se il loro numero poteva superare quello degli opliti. Al tempo di Maratona i greci non facevano uso di cavalleria, mentre i persiani erano in larga misura a cavallo e avevano numerosi arcieri; anche i cavalieri adoperavano l'arco. Spade e lance corte erano solo armi ausiliarie. L'armamento protettivo era leggero, per consentire maggiore agio nei movimenti e nell'uso dell'arco. Alcuni portavano armature "a scaglie", fatte di lamelle metalliche. Al contrario di quanto si pensa generalmente, l'impero persiano traeva ben pochi combattenti dai popoli sottomessi. I fenici e i greci della Ionia venivano impiegati come marinai nella flotta, mentre le altre popolazioni si limitavano a pagare tributi al re, che si serviva solo dei guerrieri del suo popolo: un popolo comunque abbastanza numeroso, di origine nomade e abituato a usare il cavallo. Non si spiegherebbe, d'altro canto, perché gli stessi autori greci lodino l'abilità militare dei persiani e contemporaneamente descrivano i loro eserciti come composti da grandi masse inadatte alla guerra. Se una delle due affermazioni è falsa, è naturale pensare che le grandi masse non siano mai esistite, sicuramente non nella misura descritta da chi voleva esaltare il coraggio della sua gente contro innumerevoli nemici. Non bisogna dimenticare, fra l'altro, che l'impero persiano era composto in buona parte da steppe e deserti. Con tutto ciò, l'esercito persiano di Dario e Serse era numeroso e forte, quasi imbattibile su terreno scoperto e pianeggiante, dove i suoi cavalieri potevano avvolgere il nemico da tutti i lati e bersagliarlo di frecce, insieme alla loro fanteria, prima dell'assalto finale. Su terreno accidentato e di fronte a nemici ben motivati, però, anche i persiani potevano andare incontro alla sconfitta.

Quanto alle navi, sia i greci sia i fenici e gli egiziani, sudditi dei persiani, facevano largo uso di triremi e biremi, ossia navi con due o tre banchi di rematori posti uno sopra l'altro, con i remi in posizione sfalsata. Le triremi fenicie erano più alte di quelle greche ma questo non le agevolò negli abbordaggi contro le navi greche, più agili e veloci. Tutte le flotte facevano largo uso di abbordaggi e lanci di pietre e materiali infiammabili, oltre che della tattica di speronare gli avversari, metodo prediletto dagli ateniesi e destinato a dare buoni frutti nella battaglia di Salamina.

Il comando dell'esercito ateniese fu affidato a Milziade, che aveva una buona conoscenza del regno persiano e della sua organizzazione militare. La cavalleria persiana, posta sulle ali dello schieramento, era destinata ad attaccare sui fianchi la falange greca, che sarebbe stata bersagliata dagli arcieri. A causa della pressione sui suoi fianchi la falange non sarebbe riuscita nemmeno a venire a contatto con il centro dello schieramento persiano e sarebbe stata annientata. Tuttavia Milziade aveva studiato il terreno e riuscì a trasformare in forza la debolezza delle sue truppe, il cui nucleo era costituito dalla fanteria pesante degli opliti, munita di un buon armamento difensivo e di pesanti lance.

Gli ateniesi si schierarono in una stretta area ai piedi delle montagne, all'entrata della piccola valle di Vrana, che a una distanza di 150 metri dal suo inizio misura circa un chilometro di larghezza. Anche così si trattava sempre di un'estensione troppo grande per una falange di 6.000 uomini, ma gli ateniesi restrinsero lo spazio abbattendo degli alberi e disponendo i tronchi ai fianchi della vallata. Il piccolo esercito ateniese, collocato in quella posizione, sbarrava la strada della sua città all'armata di invasione persiana. Infatti la strada dalla pianura di Maratona ad Atene corre quasi lungo il mare, parallela a quella che doveva essere la formazione ateniese, e quindi i persiani dovevano per forza attaccare, altrimenti il piccolo ma agguerrito esercito greco si sarebbe lanciato su di loro mentre sfilavano verso la città. L'unica alternativa consisteva nel reimbarcarsi e scegliere un nuovo punto di sbarco, con il rischio che si ripetesse una situazione analoga, a causa della conformazione accidentata e frastagliata delle costa greca vicino ad Atene.

Cosa accadde, dunque, tra la valle di Vrana e la pianura di Maratona, nel 490 a.C.? Gli ateniesi non avevano alcun bisogno di attaccare per primi: erano costantemente riforniti dalla loro città, ben collegata con la valle da un'unica strada, e attendevano l'arrivo degli spartani. Questi non arrivarono in tempo, e al loro posto arrivò solo il piccolo contingente di plateesi; a maggior ragione conveniva attendere ulteriori rinforzi. Dunque devono essere stati i persiani a muovere per primi, dirigendosi verso lo schieramento greco, prima che gli spartani venissero a rinforzare l'esercito nemico. Ma perché i persiani avrebbero dovuto prendere una simile decisione, se fossero stati tanto superiori numericamente, come la tradizione tende a farci credere? In questo caso sarebbe bastata una parte della loro armata per tenere a bada gli ateniesi, mentre il resto poteva aggirare la posizione nemica o, con l'aiuto della flotta, sbarcare in un altro punto indifeso. L'unica deduzione possibile è che i persiani erano molto meno di quanto abbiamo sempre creduto. L'usanza di ingigantire la quantità dei nemici per aumentare il proprio merito nella vittoria è stata comune in tutte le epoche, tanto più nella descrizione di un evento che è alla base della storia greca. Ora, a meno di credere che i comandanti persiani fossero degli inetti, dobbiamo dedurre che la forza delle loro truppe fosse proporzionata a quella del nemico – un nemico che sino a quel momento avevano sempre battuto – e quindi non potevano permettersi il lusso né di dividere l'esercito né di rischiare che arrivassero anche gli spartani.

In base a queste considerazioni, a Maratona furono impegnati almeno 6.000 opliti ateniesi, più un contingente di circa mille plateesi, contro un corpo di spedizione persiano di 4.000-6.000 guerrieri, inclusi 800 uomini a cavallo.[1] Entrambi gli schieramenti disponevano di un grosso seguito di armati alla "leggera", privi di protezioni del corpo (elmo, corazza e schinieri), in numero superiore ai combattenti veri e propri.

Possiamo ragionevolmente ritenere che il contingente persiano, con la cavalleria sulle ali e la fanteria al centro – formata in massima parte di arcieri, armati alla leggera – si mosse per primo contro l'esercito ateniese. Dato che la valle, nonostante le cataste di tronchi abbattuti, era ancora troppo stretta per la falange oplitica, Milziade indebolì il centro a vantaggio delle ali, in modo che queste potessero contrastare eventuali attacchi sui fianchi da parte della cavalleria persiana. Milziade aspettò che la distanza tra i due schieramenti fosse quasi equivalente al tiro utile degli arcieri persiani – 100-150 passi – e, prima che le frecce nemiche potessero impensierire seriamente i suoi guerrieri, lanciò l'intera falange all'attacco a passo accelerato. Il debole centro ateniese dovette ripiegare sotto la pioggia di frecce, ma le due ali rinforzate riuscirono a impegnare nel corpo a corpo i persiani, iniziando a convergere verso il centro. La cavalleria, colta di sorpresa, non ebbe il tempo di eseguire una manovra di attacco sui fianchi e dopo aver massacrato gli arcieri persiani, scarsamente protetti dal loro armamento leggero, gli ateniesi e i loro alleati dilagarono nella pianura. A questo punto anche la cavalleria persiana si vide perduta: privi dell'appoggio dei loro tiratori, i cavalieri mostrarono i loro limiti di guerrieri

[1] Cfr. H. Delbrück, *Geschichte der Kriegskunst im rahmen der politischen Geschichte*, vol. I, libro I, cap. V.

valorosi ma non abituati a combattere in formazioni ordinate e si diedero alla fuga verso le navi. A quanto pare, ci fu addirittura una seconda battaglia presso le navi e furono prese sette triremi, ma la mancanza di notizie circa i prigionieri rimasti nelle mani dei greci lascia dedurre che la maggior parte dei cavalieri riuscì a salvarsi. Non poteva essere altrimenti, dato che occorse sicuramente tempo a Milziade per riordinare i suoi uomini e lanciarli all'assalto delle navi persiane.

In base a questa ricostruzione, diventa pura propaganda l'affermazione di Erodoto, secondo il quale gli ateniesi assaltarono il nemico con una carica lunga otto stadi, ossia circa 1.500 metri. Questo è fisicamente impossibile: con il loro equipaggiamento pesante, gli ateniesi sarebbero arrivati senza fiato sui nemici e non sarebbero stati certo in grado di combattere né di mantenere la loro formazione serrata. Non dimentichiamo che si trattava di cittadini, agricoltori e pescatori, e parecchi fra loro potevano avere anche quarantacinque o cinquant'anni. In realtà, la distanza di otto stadi è esattamente quella che separa l'imbocco della valle di Vrana da una collina artificiale nel mezzo della pianura di Maratona, dove sorgeva il monumento ai caduti greci. È abbastanza logico che, volendo celebrare degnamente i loro morti, gli ateniesi abbiano scelto il punto dove era terminato l'inseguimento dei nemici sconfitti, che oltre tutto era ben visibile da ogni parte della pianura; ed è ugualmente logico che Erodoto, volendo celebrare l'eroismo degli opliti greci, abbia affermato che lo scontro si svolse sul luogo stesso del monumento funebre, anche se questo significava attribuire a quegli uomini un vigore fisico assolutamente eccezionale. Possiamo affermare, appunto, che la corsa di 1.500 metri è un interessante esempio di propaganda militare, assolutamente svincolata dalla realtà.

Merita di essere messa in evidenza, invece, l'abilità militare di Milziade, che seppe combinare la difesa con l'offesa, scegliendo il migliore campo di battaglia, aspettando con sangue freddo l'attacco nemico, mantenendo il con-

MARATONA (490 a.C.)

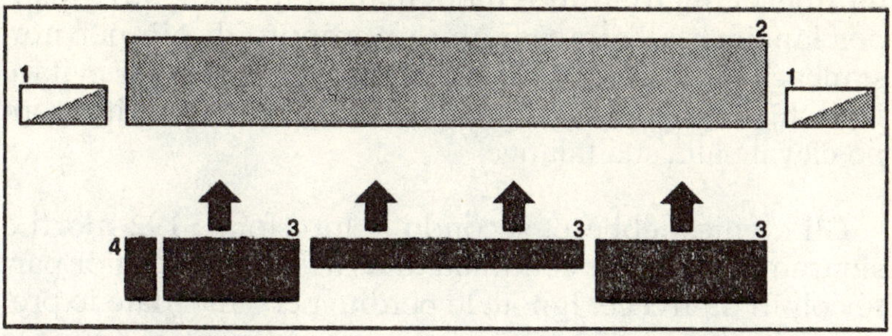

Prima fase: Gli ateniesi assottigliano il loro centro per rendere la loro linea lunga come quella dei persiani, e avanzano a passo accelerato.

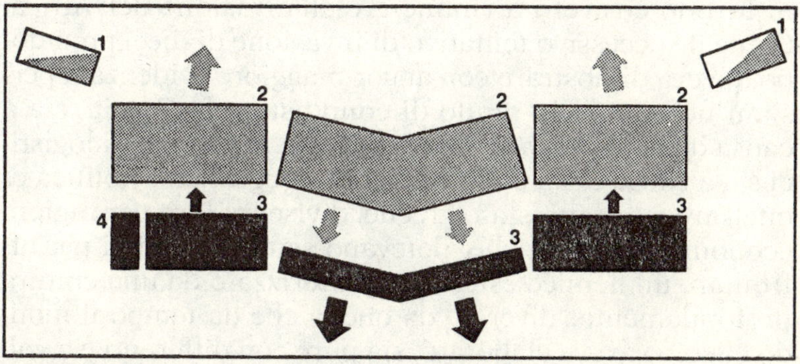

Seconda fase: Le ali degli ateniesi e dei plateesi piombano sulle ali persiane, mettendole in fuga e privando la cavalleria del loro appoggio, ma il centro persiano fa indietreggiare il debole centro ateniese.

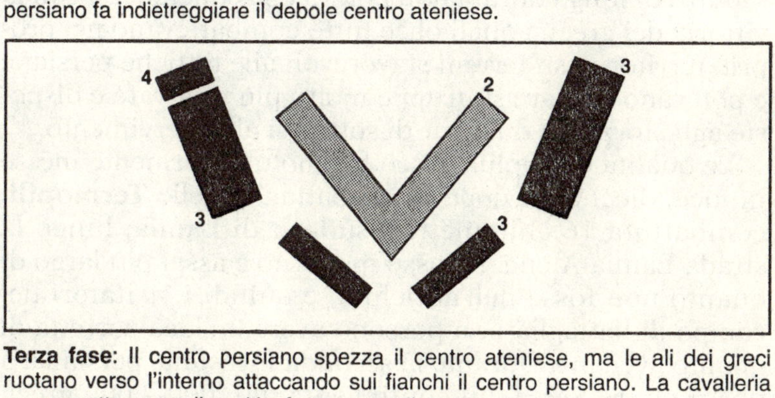

Terza fase: Il centro persiano spezza il centro ateniese, ma le ali dei greci ruotano verso l'interno attaccando sui fianchi il centro persiano. La cavalleria non osa attaccare gli ospiti e fugge verso il mare.

Legenda: **1** Cavalleria persiana **2** Fanteria persiana **3** Ateniesi **4** Plateesi trollo di truppe formate non da veterani disciplinati ma da liberi concittadini e indovinando il momento giusto per lanciarli all'attacco: non un minuto di più per non stancarli nella corsa e non un minuto di meno per evitare il rischio che gli arcieri nemici infliggessero perdite troppo elevate alla sua falange.

Gli ateniesi ebbero, secondo le loro fonti, 192 morti e sicuramente alcune centinaia di feriti, per la maggior parte colpiti da frecce. Ignote le perdite persiane: date le precedenti valutazioni, non si possono prendere per buone le enormi cifre indicate dagli storici greci. Di certo, i persiani furono costretti a rinunciare all'invasione dell'Attica. Come il successivo tentativo di invasione di dieci anni dopo doveva dimostrare con ancor maggiore evidenza, i persiani non erano in grado di conquistare la Grecia, sia a causa della lontananza e dei conseguenti problemi logistici sia a causa della conformazione geografica e politica di quell'area. Le città-stato greche, divise tra loro per ragioni economiche e politiche, potevano sempre riunirsi per affrontare un nemico esterno, caratterizzato da una cultura profondamente "diversa" da quella che da tempo il mondo ellenico aveva elaborato, sia pure con differenti e a volte sostanziali sfumature da un luogo all'altro. Qualunque scontro di lunga durata non poteva che concludersi con la vittoria dei greci, i quali oltre tutto combattevano nel proprio territorio, su terreni sfavorevoli alle tattiche persiane e potevano contare su truppe molto più motivate e disposte agli sforzi più duri pur di sottrarsi all'asservimento.

Le qualità dell'oplita greco furono ulteriormente messe in luce, dieci anni dopo, nella battaglia delle **Termopili**, combattuta 16 chilometri a sud-est di Lamia, lungo la strada Lamia-Atene. Il passo moderno è assai più largo di quanto non fosse nell'antichità, e quindi i visitatori del campo di battaglia non possono avere un'idea corretta di quanto avvenne. Durante la seconda invasione persiana, a opera del re Serse, un contingente di 6.000-7.000 greci, 2.000 dei quali spartani, sbarrò il passo a circa 70.000 ne mici (ma almeno 40.000 dovevano essere addetti alle salmerie, schiavi o ausiliari). L'azione difensiva era collegata alla battaglia navale nei dintorni di capo Artemisio, che si concluse con una ritirata della flotta greca. A questo punto il re spartano Leonida, per salvare il resto dell'esercito, rimase sul posto con 300 opliti scelti della sua città (gli spartiati) per coprire la ritirata degli altri combattenti. La posizione venne aggirata e gli spartani si difesero sino all'ultimo uomo, conseguendo un risultato di grande valore dal punto di vista morale. Anche il reparto inviato dalla città di Tespi – circa 700 uomini – venne annientato, probabilmente durante la ritirata. Un reparto di opliti tebani, invece, ebbe la possibilità di arrendersi. Possiamo dedurre che le perdite persiane siano state alte, ma non nelle proporzioni indicate dagli storici greci. Si trattò comunque di una vittoria poco fruttuosa, dato che i greci ebbero il tempo di organizzarsi per la successiva battaglia di **Salamina**, combattuta nello stesso anno, verso la fine di settembre.

L'ateniese Temistocle, dopo aver organizzato la fuga in massa dalla sua città, minacciata dalla flotta persiana, si collocò con la flotta greca – circa 300 navi, per metà ateniesi e per il resto spartane e delle isole Cicladi – sulla costa settentrionale dell'isola di Salamina, di fronte ad Atene. Secondo le ricostruzioni di Julius Beloch e di Hans Delbrück, in parte discordanti da quelle degli altri storici, la flotta persiana si divise in due per attaccare i greci simultaneamente attraverso gli stretti di Salamina e della baia di Trupica, sul lato opposto dell'isola. Anche i greci divisero la loro flotta, ma a causa delle ridotte dimensioni dello stretto le navi fenicie e ioniche, fra le migliori della flotta persiana, si trovarono presto in difficoltà. Gli ateniesi, provenendo da Eleusi, potevano manovrare agevolmente, mentre i nemici erano obbligati a varcare lo stretto con molta lentezza e senza riuscire a mantenere lo schieramento. L'abilità di Temistocle consistette appunto nell'attaccare il nemico mentre si stava ancora riordinando dopo essere uscito dallo stretto. A ciò si aggiunga la superiore qualità delle truppe imbarcate sulle navi greche, cosicché quando i fenici tentarono di risolvere lo scontro ricorrendo agli abbordaggi, gli opliti ateniesi massacrarono i loro oppositori. Le navi ionico-fenicie dovettero indietreggiare in uno spazio già occupato dalle unità che sopraggiungevano, con il risultato di aggravare la confusione e le perdite. Il colpo di grazia fu inferto da 30 navi di Egina, che assalirono sui fianchi e alle spalle la formazione persiana in ritirata. Sull'altro lato dell'isola, le navi di Corinto respinsero l'attacco delle navi egiziane al servizio del re di Persia. La flotta persiana, che molti ritengono superiore a quella greca di almeno un terzo, fu costretta ad abbandonare il campo, ma il fatto che non fu inseguita dai vincitori dimostra che il suo potenziale offensivo non era stato affatto annientato. Benché pesantemente sconfitto, Serse aveva lasciato in Grecia un forte contingente di truppe, che venne successivamente impegnato nella battaglia terrestre di **Platea** (479 a.C.).

Mentre una flotta mista ateniese-spartana si dirigeva in Ionia per sostenere la rivolta contro Serse, un esercito composto dai contingenti di varie città greche, comandato da Pausania e forte di circa 20.000 opliti e altrettanti fanti leggeri, occupò una depressione a nord del monte Citerone, vicino a Platea, nell'Attica. L'esercito persiano, comandato da Mardonio, si accampò a nord del fiume Asopo e cominciò a disturbare i greci con azioni della cavalleria, che attaccava i rifornimenti destinati al nemico. Le forze di Mardonio dovevano essere forse inferiori a quelle dei greci, o certamente non superiori, dal momento che avrebbero avuto buon gioco nel trattenere l'esercito avversario con una parte delle truppe e aggirarlo con l'altra. Questa considerazione ci aiuta anche a sfatare l'opinione che l'armata persiana, all'inizio della campagna militare, contasse centinaia di migliaia di uomini, come affermato dagli storici greci per magnificare l'eroismo dei loro conterranei. Nel tentativo di indurre i persiani ad attaccare, Pausania si mosse sino all'orlo di una collina sovrastante il fiume Asopo; ma, poiché Mardonio era riuscito a mettere gli alleati ellenici in serie difficoltà bloccando anche le loro provviste d'acqua, essi decisero di ritirarsi verso Platea, dividendosi in tre colonne. Mardonio, forse con l'intento di ottenere un risultato decisivo per poter spedire una parte delle sue truppe in Ionia, superò il fiume e attaccò i greci mentre erano ancora divisi, senza tener conto che il terreno accidentato era a loro più favorevole, come a Maratona. In particolare il contingente spartano fu guidato abilmente da Pausania e lanciato al contrattacco nel momento decisivo, facendo ricorso anche a profezie e invocazioni agli dei per incitare e incoraggiare gli uomini. La cavalleria persiana riuscì a ottenere qualche successo solo contro i megaresi, che probabilmente si erano avventurati in un terreno troppo aperto. Nel complesso, la vittoria greca fu completa: Mardonio cadde sul campo e il contingente persiano fu annientato, mettendo fine alle speranze di Serse e dei suoi successori di soggiogare la Grecia.

* * *

Erodoto occupa un posto di primo piano nella storiografia relativa al periodo, anche se la sua narrazione è chiaramente volta a esaltare la "civiltà" greca contrapposta alla "barbarie" persiana. A questo scopo non esita, basandosi anche sulle leggende e la fantasia popolare, a ingigantire il numero e la potenza dei persiani, mentre la logica dimostra che non sarebbe stato possibile trasportare a così grandi distanze e nutrire per tanto tempo una massa di armati di enormi proporzioni. Eschilo, nei *Persiani*, dà vita a una rievocazione assai più asciutta, ove l'elemento celebrativo si unisce alla tragicità dello scontro tra due civiltà, sentite come diametralmente opposte.

La letteratura greca è fortemente condizionata da questi grandi esempi. I persiani sono sentiti come nemici secolari e il loro sistema di governo diviene la negazione degli ideali greci, e in particolar modo ateniesi: un contrasto che continuerà sino all'invasione di Alessandro, sentita come una riparazione e una vendetta contro i tentativi persiani di un secolo e mezzo prima.

Le culture successive si limitarono a ripetere gli stereotipi greci. In epoca moderna, il termine "maratona" venne impiegato alle Olimpiadi di Atene (1896) per indicare una corsa a piedi volta a celebrare l'impresa dell'ateniese Filippide, che dal campo di battaglia di Maratona giunse fino ad Atene compiendo un percorso di 42 chilometri per portare la notizia della vittoria e cadere morto dopo aver consegnato il messaggio. Sin da quella prima Olimpiade moderna la maratona è diventata l'episodio più intenso ed emblematico dei giochi olimpici.

Nel cinema le guerre greco-persiane non hanno ispirato molti registi. Il film più significativo è l'americano *The 300 Spartans*, diretto da Rudolph Maté nel 1962 e dedicato alle Termopili. Pellicola mediocre, ha alcune interessanti riprese girate sui luoghi autentici dello scontro, ingombrati per l'occasione con finte rocce per ricostruire le effettive dimensioni del passo. Nel 1959 apparve anche un film italiano, *La battaglia di Maratona*, per la regia di Bruno Vailati, interpretato da Mylene Demongeot, Ivo Garrani e Steve Reeves (interprete di vari "Ercoli" cinematografici). La critica lo giudicò «diretto con impersonale perizia, senza sprazzi di genio».[2]

[2] Laura e Morando Morandini, «Telesette».

II

Gaugamela e il trionfo di Alessandro

Da una zona periferica rispetto all'Ellade, alla testa di sudditi ritenuti "barbari" dai greci, Filippo, re di Macedonia, era riuscito a porre sotto il suo controllo le città-stato indebolite dalle lunghe e inutili guerre per l'egemonia su quella regione. Suo figlio Alessandro, alla testa di un esercito misto, composto da macedoni e dai contingenti inviati dalle città greche, riuscì a utilizzare la macchina militare creata da Filippo per portare a termine il sogno di espansione a est da sempre accarezzato dai popoli greci e mai portato a compimento a causa delle contese interne. Nel 334 a.C., quando attraversò l'Ellesponto per passare in Asia minore, Alessandro aveva ricevuto l'avallo della Lega di Corinto che, affidandogli come in precedenza a suo padre il comando degli eserciti greci, aveva riconosciuto che la sua impresa contro la Persia era una guerra nazionale ellenica.

Tra i punti di forza dell'armata di Alessandro un posto di rilievo era occupato dalla cavalleria macedone. In apparenza essa non differiva molto da quella dei greci: chiamati *hetairoi* ("compagni") del re, i soldati combattevano con la spada e la lancia, usata come arma sia da getto che da punta. Raro l'uso di protezioni del corpo, comune l'uso dello scudo. Esistevano anche dei cavalieri armati di *sarissa*, la tipica lancia delle formazioni a piedi, lunga almeno quattro metri e mezzo e fornita di due punte di ferro alle estremità (la seconda punta serviva ai cavalieri come arma di riserva, mentre i fanti se ne servivano per piantarla nel terreno e costituire una siepe invalicabile quando la falange si poneva in difesa).

In realtà la novità era rappresentata dall'esistenza di una vera disciplina militare che consentiva a questa cavalleria di manovrare come "unità tattica", ossia come un gruppo omogeneo capace di seguire gli ordini di un comandante. Disciplina che era ancora più forte nella falange macedone, abituata a combattere in formazioni più serrate rispetto a quelle delle falangi greche e, soprattutto, dotata della *sarissa*. In formazione di attacco, la falange macedone protendeva di alcuni metri in avanti le lance della prima fila, mentre le file retrostanti inclinavano progressivamente verso l'alto le loro lance in modo da formare una sorta di istrice compatto. Almeno all'apparenza, i *pezetairoi* ("compagni a piedi") sembravano più forti dei vecchi opliti, ma l'ingombrante *sarissa*, l'armamento difensivo più leggero e la minore abilità individuale li rendevano meno temibili degli opliti greci nel corpo a corpo. Un particolare, comunque, di scarsa rilevanza in un esercito abituato a manovrare in maniera perfetta.

Per assicurare il collegamento tra la cavalleria e le falangi era stata creata la fanteria scelta degli *hypaspistai*, armati in maniera simile ai vecchi opliti. Inoltre i mace doni potevano contare su vari tipi di fanteria leggera, compresi arcieri e frombolieri, anche perché durante l'invasione altri contingenti alleati, di ridotte dimensioni, si aggiunsero all'esercito di Alessandro. Naturalmente bisogna poi contare i 7.000 armati inviati dalle città greche e i 5.000 mercenari, anch'essi greci. Questi due gruppi, ordinariamente, agivano come riserva dell'esercito. Tutte queste forze, molto più che nel passato, trovavano nel re la figura centrale, in grado di mantenere il controllo della battaglia e muovere le unità in maniera coordinata. Proprio nella disciplina e nella professionalità di un elevato numero di combattenti stava la forza del nuovo esercito venuto dalla Grecia, che fra l'altro disponeva di macchine da guerra in grado di risolvere in breve tempo gli assedi di città di grandi dimensioni: e anche questa, indubbiamente, era una novità di grande rilievo.

Da parte persiana le debolezze messe in evidenza al tempo dei tentativi di invasione della Grecia si erano accentuate. Lo dimostra il ricorso sempre più massiccio ai mercenari greci e ne è una testimonianza palpitante proprio la ritirata attraverso l'impero persiano di un limitato contingente di questi guerrieri, circa 10.000, celebrato nell'*Anabasi* di Senofonte. Se i re persiani avessero davvero posseduto le moltitudini di soldati riportate dalla tradizione, non solo Senofonte non sarebbe tornato a casa con i suoi compagni d'arme, ma gli stessi mercenari greci sarebbero stati superflui e non così altamente apprezzati. Del resto, gli storici antichi meno propensi alla propaganda – come Arriano – ci dicono che in alcune battaglie la fanteria persiana era inferiore di numero a quella greco-macedone. L'esercito persiano aveva molti punti di somiglianza con quello di Alessandro, anche se certamente la cavalleria era di maggiori dimensioni e gli arcieri e i combattenti erano privi di protezioni (la cosiddetta "fanteria leggera"); in compenso il livello qualitativo era decisamente inferiore e mancavano soprattutto la coesione delle truppe e la capacità di operare sotto un comando unificato.

Alessandro vinse la sua prima importante battaglia campale sul fiume **Granico**, nel 334 a.C. Contro un esercito messo insieme in tutta fretta dai satrapi persiani e dal comandante mercenario Memnone di Rodi, inferiore quantitativamente a quello greco-macedone per numero di fanti e forse anche per numero di cavalieri, ma attestato dall'altra parte del fiume, Alessandro mosse la sua armata in un attacco frontale. L'ala destra dello schieramen to, comandata da lui stesso, guadò il fiume per prima e impegnò la cavalleria persiana; dopo un furioso combattimento, che mise in luce il valore personale di Alessandro ma lo espose anche a gravi pericoli, la cavalleria nemica fu posta in fuga. La falange dei mercenari greci al servizio del re persiano Dario III, rimasta inattiva su un'elevazione del terreno in seconda linea rispetto ai cavalieri, fu investita di fronte dalla falange macedone, che aveva anch'essa guadato il fiume, e avvolta sui fianchi dalle due ali dello schieramento nemico. Alcune fonti parlano di perdite lievissime tra i greco-macedoni e affermano che gran parte dei mercenari greci venne sterminata: due dati che sembrano piuttosto contraddittori. È più probabile che i mercenari abbiano accettato di arrendersi e che, anzi, una parte di loro sia passata a rinforzare le file dell'esercito di Alessandro. Di certo, l'azione dei tiratori persiani non fu in grado di arrestare l'attacco della cavalleria macedone e lasciò la cavalleria di Dario alla mercé dei più disciplinati e combattivi avversari.

Un anno dopo, nel 333 a.C., Alessandro vinse ancora, a **Isso**. Nel dirigersi verso la Siria, informato che l'esercito persiano era dietro di lui, fece una rapida conversione da sud verso nord, lasciando la baia di Alessandretta alla sua sinistra, mentre Dario, al comando dei suoi, prese posizione sulla pianura costiera di Isso, con il mare alla propria destra. Ancora una volta non possiamo dar credito alle notizie secondo le quali Dario aveva un numero enorme di soldati da contrapporre ai greco-macedoni, ma sicuramente aveva ricevuto rinforzi di cavalleria. Dobbiamo dunque pensare che l'esercito persiano fosse superiore in uomini a cavallo, inferiore in opliti e superiore quanto ad arcieri e truppe leggere. In tutto, Alessandro non doveva avere a disposizione più di 30.000 uomini, e i suoi nemici probabilmente disponevano di un numero simile o di poco superiore. Lo scontro avvenne probabilmente sulle rive del fiume Pinaro (l'odierno Pajas) guadabile solo nei suoi ultimi 1.600 metri prima di gettarsi in mare. Sull'ala destra, vicino alla costa, ove il passaggio è più agevole, si schierò la cavalleria persiana; quindi, procedendo verso sinistra, venivano gli opliti greci e altra fanteria (i cardaci, forse curdi). Gli arcieri erano distri buiti lungo tutto lo schieramento e anche oltre, sulle rocce della parte alta del fiume, in modo da prendere i greco-macedoni di infilata. Dato che la battaglia era a fronti rovesciati, ossia Alessandro si trovava con il territorio ostile alle sue spalle, vincere i persiani era questione di vita o di morte. Non bisogna dimenticare che la flotta persiana dominava ancora i mari e che quella greca non era in grado di contrastarla. Anche se non avesse attaccato, Alessandro si sarebbe trovato tagliato fuori dalla madrepatria. Inoltre, il re dei macedoni cercava da tempo l'occasione di uno scontro decisivo e quindi decise di muovere contro il nemico.

Schieratosi dall'altra parte del fiume, l'esercito ellenico aveva l'ala destra costituita dalla maggior parte della cavalleria, al comando di Alessandro; ma, appena questi vide la formazione nemica, inviò un forte contingente di cavalieri tessalici dietro la sua falange, per rinforzare il suo fianco sinistro. Una parte delle truppe leggere di Alessandro trovò un guado più a monte e lo attraversò, seguita da un contingente di cavalleria, mettendo in seria difficoltà gli arcieri di Dario e la parte della sua cavalleria schierata in quella posizione. Al centro e all'ala sinistra del loro schieramento, invece, greci e macedoni non riuscirono a guadare il fiume e vennero anche attaccati dalla cavalleria persiana. L'ala destra macedone, che superava in estensione lo schieramento persiano, superato il guado si divise il compito di mettere in fuga i nemici che aveva di fronte e di convergere a sinistra contro il fianco dei mercenari greci di Dario. Questo compito venne affidato alla falange, mentre Alessandro con la cavalleria e gli armati alla leggera facevano a pezzi i cavalieri persiani e la fanteria dei cardaci. Fu a questo punto che Dario, vista in pericolo la propria vita e credendo perduta la battaglia, abbandonò il campo. L'esercito ebbe una sorta di collasso morale e solo i mercenari greci riuscirono a compiere una ritirata in buon ordine, sia pure a prezzo di gravi perdite, mentre la cavalleria greca, ancora comandata da Alessandro, si diede all'inseguimento di Dario e dei persiani.

A questo punto, dopo aver conquistato l'Asia Minore, la

Siria e l'Egitto, Alessandro era giunto nel cuore dell'impero persiano e poteva affrontare nello scontro finale le forze di Dario, attestate a nord del fiume Tigri, nella grande pianura di **Gaugamela**, vicino al sito dell'antica Ninive, circa 115 chilometri a ovest di Arbela (l'odierna Arbil). Era il 331 a.C. Alessandro aveva a disposizione circa 40.000 fanti e 7.000 cavalieri, contro l'esercito persiano comandato da Dario, composto da forse 12.000 cavalieri, non più di 40.000 combattenti a piedi, parte dei quali opliti mercenari, rinforzati da carri falcati (sembra 200) e da una quindicina di elefanti. Le altre cifre fornite dagli storici antichi sembrano destituite di fondamento: l'analisi dei movimenti di Dario e Alessandro, le condizioni del terreno e lo stesso ordinamento della società persiana portano a escludere che le province sottomesse a Dario fossero in grado di fornire un così largo numero di combattenti dotati di un qualche interesse dal punto di vista militare. Comunque, anche a voler riconoscere all'esercito di Dario un maggiore potenziale umano, è fuori di dubbio che eventuali ulteriori contingenti di soldati non specializzati non ebbero alcun ruolo nella battaglia.[1]

Privo della maggior parte dei suoi mercenari greci, il re persiano mise in campo nuove armi, come i carri falcati, nonché alcuni elefanti, destinati a un effetto più che altro psicologico. L'arma principale restava la cavalleria, ed è per questo che Dario non contrastò ad Alessandro il passaggio del Tigri, sperando che i propri cavalieri potessero avvalersi degli ampi spazi della piana di Gaugamela senza che ci fosse bisogno, come alcuni affermarono, né di cospargere il terreno di ostacoli per scompaginare la falange né di livellarlo artificialmente per favorire la manovra dei carri falcati. In effetti sarebbe stato sufficiente che questi ultimi disordinassero e frenassero la falange macedone, lasciando alla cavalleria persiana il compito di sconfiggere i cavalieri nemici, mentre la fanteria e i tiratori avreb-

[1] Cfr. H. Delbrück, *op. cit.*, vol. I, libro III, capitolo IV.

bero completato l'opera. Di fronte a questa minaccia, Alessandro raddoppiò la profondità della sua formazione di fanteria e organizzò una seconda linea di difesa in modo da fronteggiare un eventuale attacco alle spalle; quindi collocò fanteria leggera e cavalleria sui fianchi dell'esercito, in posizione angolata, facendo assumere alla sua armata l'aspetto di una mezzaluna. Così, in caso di attacco frontale del nemico, le formazioni laterali si sarebbero portate avanti allungando l'estensione dell'esercito; in caso di attacco sui fianchi avrebbero bloccato la strada ai persiani; infine, in caso di rottura del fronte della falange avrebbero potuto riempire i varchi convergendo verso il centro della mezzaluna. Al fianco destro, particolarmente rafforzato, prese posto lo stesso Alessandro, mentre sul fianco sinistro il comando fu affidato a Parmenione.

Controllare una formazione così complessa non dev'essere stato facile e sicuramente si dovette procedere a passo molto lento. D'altra parte la manovra dei carri falcati fu subito impedita da numerosi arcieri scelti che trafissero i conduttori dei carri e da altri combattenti leggeri che buttarono letteralmente i conduttori giù dai loro veicoli. Quando alcuni carri riuscirono ad arrivare alla falange, le file si aprirono per lasciarli passare e il danno prodotto fu veramente minimo. Nel frattempo la cavalleria persiana combatté invano contro l'ala destra della formazione ellenica, finché non fu costretta a ripiegare, costringendo Dario a distaccare contro i nemici avanzanti un altro grosso reparto di cavalleria. A quel punto Alessandro ordinò un attacco a fondo sull'ala sinistra persiana, mentre la falange al centro avanzava direttamente sul varco lasciato aperto nel mezzo dello schieramento persiano. La combinazione di manovra avvolgente e attacco frontale costrinse i persiani alla fuga. Un loro contingente di cavalleria, che era riuscito a superare le difese sull'ala sinistra dei macedoni, avrebbe potuto rivelarsi pericoloso, ma la mancanza di disciplina indusse i persiani e i mercenari indiani che componevano il gruppo a spingersi verso il campo macedone per saccheggiarlo. Qui furono arrestati dalle truppe di guardia, attaccati dalla riserva e infine spazzati via dallo stesso Alessandro, che aveva già lanciato il resto della sua cavalleria all'inseguimento dei persiani.

È probabilmente corretto affermare che i greco-macedoni ebbero circa 500 caduti, senza contare i numerosi feriti. Le perdite persiane furono assai più alte e il caduto più illustre fu lo stesso Dario, ucciso da uno dei suoi comandanti, Besso, per ingraziarsi il nuovo sovrano.

L'effetto della vittoria di Gaugamela fu immenso. L'Oriente si aprì ai traffici dell'Occidente ellenico e numerose città ellenizzate sorsero nel giro di pochi anni nei territori dell'antico impero persiano, diventando i punti di riferimento di un mondo unificato dal punto di vista economico e culturale. L'unità politica, naturalmente, non poté essere mantenuta dopo la morte di Alessandro, ma i regni nei quali fu diviso il suo impero diedero vita a quell'inconfondibile commistione di tradizioni e stili orientali e occidentali che va sotto il nome di "ellenismo". Una cultura forte – quella greca – aveva finito con il soggiogare i territori nei quali erano sorte le più antiche civiltà: un esito inevitabile, se si considera che l'assetto politico dell'impero persiano era troppo disomogeneo e le istituzioni militari troppo inadeguate per poter resistere più a lungo alle pressioni occidentali.

* * *

Entrato nella leggenda, Alessandro (presto definito "il Grande") venne studiato da numerosi storici greci e latini; questi, a seconda dei casi, ne posero in evidenza gli aspetti eroici o ne criticarono, sia pure indirettamente, le tendenze orientaleggianti e la sua decisione di mettere sullo stesso piano i sudditi greci e non greci del suo vasto impero. Di certo lo stesso Alessandro ebbe cura di tramandare la sua immagine: vari artisti della sua epoca lo ritrassero, a cominciare dallo scultore Lisippo e dal pittore Apelle, e attraverso numerose copie queste opere diffusero l'immagine del sovrano anche in epoca romana. Anche le sue battaglie fornirono soggetti alla pittura e più tardi furono riprodotte in mosaici: una, in particolare, probabilmente quella di Isso, è ancora oggi visibile nella copia in mosaico proveniente dalla villa del Fauno a Pompei e ospitata nel Museo Nazionale di Napoli. Vi si vede Alessandro, alla testa della sua cavalleria, che cerca di catturare il re Dario, in fuga tra le sue truppe allo sbando.

Nel Medioevo la figura di Alessandro venne assimilata a quella del cavaliere per eccellenza, e il re macedone, soggetto preferito per i poeti di corte tedeschi del XII e del XIII secolo, fu rappresentato come una sorta di precursore di re Artù e, per certi versi, come simbolo del perfetto imperatore, sottomesso soltanto alla volontà divina: un personaggio quasi mitico, riportato anche sui mosaici delle chiese e nei codici miniati, oltre che nelle processioni dei cavalieri antichi che ornano le pareti di alcuni castelli in Europa. Dopo essere stato effigiato da Raffaello e dal Sodoma, Alessandro conobbe nuova fama letteraria nel Seicento, in corrispondenza con la propaganda di corte dei moderni sovrani, diventando nuovamente un modello da seguire: così, l'*Alessandro il Grande* di Jean Racine è l'immagine del perfetto sovrano, cavalleresco e galante e le sue glorie militari sono celebrate da Lebrun in cinque quadri (al Louvre di Parigi). Il re macedone ispirò anche Metastasio, che scrisse un *Alessandro nelle Indie* musicato da Händel, Cimarosa, Gluck, Paisiello, Cherubini e altri. Verso la fine del Settecento il mito fu superato dalla realtà di un nuovo Alessandro, Napoleone Bonaparte, le cui raffigurazioni e idealizzazioni sembrano tuttavia in parte richiamare quelle del suo antico predecessore. Una ripresa dell'immagine di Alessandro come conquistatore per desiderio di conoscenza si ebbe nell'*Alexandros* di Giovanni Pascoli. In un altro poema, *Gog e Magog*, Pascoli evoca l'immagine orientale del re macedone, rappresentato come *Zul-Karnein* nel Corano: il "bicorne", incarnazione del dio egiziano Ammon dalla testa di montone, che costruisce ai confini del mondo civilizzato una grande porta per sbarrare la strada ai popoli selvaggi.

Nel cinema, l'unica pellicola di rilievo è *Alexander the Great* (*Alessandro il Grande*), del 1956, con la regia di Robert Rossen e l'interpretazione notevole di un giovane Richard Burton. La parte più importante è comunque riservata all'analisi psicologica del personaggio e agli intrighi della corte macedone.

III
Canne e le guerre puniche

Impegnata nella lotta con Roma per il controllo del Mediterraneo, la città di Cartagine aveva già avuto la peggio nella prima guerra punica. Roma era divenuta una grande potenza anche sul mare grazie all'appoggio di numerose città costiere in Italia e alla conquista di solide basi in Sicilia. Pertanto, vista definitivamente perduta la supremazia nella guerra navale, i capi cartaginesi, e in particolare Amilcare Barca, concepirono l'idea di colpire Roma direttamente per via di terra. Anche per questo venne intrapresa la conquista dell'Iberia (l'odierna Spagna), che entro il 220 a.C. portò Cartagine al controllo della maggior parte della regione. Nel tentativo di limitare l'espansione cartaginese, Roma impose ad Asdrubale, genero di Amilcare e suo successore al comando dei cartaginesi, di non superare la linea del fiume Ebro, ma nel 219 a.C. Annibale, figlio di Amilcare, divenuto da poco il capo delle truppe cartaginesi, partì all'attacco delle città di origine greca situate sulla costa. La più importante, Sagunto, era in effetti all'interno della sfera di influenza delimitata dal trattato con i romani, ma Roma intese correttamente l'assedio posto a questo fondamentale centro commerciale come un atto ostile. Gli interventi in favore di Sagunto furono comunque solo di natura diplomatica e i saguntini, dopo otto mesi di fame e di assalti nemici, furono vinti e massacrati Solo a questo punto Roma si decise a dichiarare lo stato di guerra con

Cartagine. Tuttavia la prima mossa venne compiuta da Annibale. Partito dalla Spagna con una forza che secondo alcuni totalizzava addirittura 100.000 uomini, aveva già ridotto il suo esercito a non più di 50.000 fanti e 9.000 cavalieri quando giunse in vista della valle del Rodano. Qui deviò verso l'interno della Gallia meridionale, dirigendosi infine verso le Alpi. L'attraversamento dei passi alpini causò gravi perdite all'esercito cartaginese ma il successo finale della traversata favorì l'arruolamento di molti galli e costrinse Roma a fronteggiare la minaccia in Italia, rinunciando a portare la guerra sul suolo cartaginese.

D'altra parte, grazie alla decisione di Publio Cornelio Scipione, padre dello Scipione che verrà poi chiamato "l'Africano", un esercito romano si diresse verso la Spagna e cominciò ad attaccare con successo le guarnigioni cartaginesi. Le cose non andarono altrettanto bene in Italia, dove Annibale sconfisse i romani sul Ticino e quindi sul Trebbia, distruggendo le forze nemiche e acquistando il controllo di tutta la Gallia cisalpina. Rifornito di vettovaglie e di uomini dai galli, il condottiero cartaginese discese la penisola nel 217 a.C., riportando un'altra grande vittoria sul lago Trasimeno. Tutto era pronto per una nuova mossa audace, e nel 216 a.C. Annibale puntò decisamente verso sud con l'intenzione di impadronirsi dei depositi di grano della Puglia, risorsa vitale per i romani. La mossa gli riuscì perfettamente, consentendogli, alla fine di luglio, di tenere sotto il suo controllo il grande deposito di **Canne**, e forzando di conseguenza il senato romano a tentare di recuperarlo. Informato che l'impetuoso console Varrone sarebbe stato al comando il 2 agosto, Annibale schierò provocatoriamente il suo esercito molto vicino al campo di quest'ultimo. Stupidamente, Varrone accettò la sfida. Secondo la maggior parte dei commentatori, lo scontro avvenne sulla riva nord dell'Ofanto (Aufidius), fra Canosa e Barletta, in Puglia.

Si sa poco dell'organizzazione militare cartaginese. Si può presumere che fosse basata in gran parte sull'esempio degli eserciti ellenistici, con una fanteria pesante di opliti schierati a falange, la fanteria leggera (gli *psiloi*), composta di frombolieri e tiratori di giavellotto, una fanteria di tipo intermedio (i *peltastai*) armata di spada, scudo e giavellotti e talvolta anche di lancia, e la cavalleria, anch'essa divisa in pesante e leggera, a seconda che facesse uso o meno di protezioni del corpo. Bisogna poi tener conto del particolare tipo di spedizione messa in piedi da Annibale. Egli fece largo uso di mercenari iberici e gallici: i primi combattevano con giavellotti pesanti e spade, ed erano forniti di scudo, mentre i secondi usavano una lunga spada ed erano considerati poco affidabili, buoni più che altro per formare una massa d'urto. Gli uni e gli altri fornirono anche truppe di cavalleria leggera. Lo schieramento tipico di un esercito cartaginese durante la seconda guerra punica si basava su parecchie file di fanteria al centro, coperta sulla fronte da tiratori e fanti leggeri, e sulla cavalleria, collocata ai lati. Era d'uso piazzare le truppe più deboli al centro. Gli elefanti venivano impiegati con cautela, sfruttando soprattutto la paura che incutevano nei cavalli e la loro capacità di scompaginare una fanteria non preparata a riceverli.

L'esercito romano del periodo era basato sulla legione, forte di circa 3.300 uomini e divisa in 30 manipoli di tre tipi differenti: gli *hastati*, i *principes* e i *triarii*. Questa suddivisione in tre categorie rifletteva le condizioni sociali e l'età dei soldati, dai più giovani (gli *hastati*) ai più vecchi ed esperti (*i triarii)*. I manipoli di *hastati* e *principes* erano di 120 uomini, quelli dei *triarii* di soli 60 soldati; a ogni manipolo era aggregato un nucleo di 40 combattenti leggeri. Le vecchie *centuriae*, di cento uomini ciascuna, sopravvissero solo nel nome, attribuito alle due unità minori nelle quali era suddiviso, per comodità di comando, ciascun manipolo. La ragione di questa formazione era essenzialmente tattica. La falange di tipo ellenico era soggetta facilmente a disunirsi, aprendo dei varchi nella sua fronte. Il problema fu risolto con la creazione dei manipoli, collocati fianco a fianco con piccoli intervalli fra loro.

Dietro la prima linea degli *hastati*, disposti in tal modo, veniva la seconda linea dei *principes*, schierati in modo che ogni loro manipolo coprisse l'intervallo fra due manipoli di *hastati*. Dietro di loro venivano i manipoli dei *triarii*. In questo modo, un'eventuale breccia aperta dal nemico poteva essere colmata in quello specifico punto dello schieramento, senza provocare difficoltà a tutta la legione. Il requisito di questa nuova tattica, ovviamente, era la disciplina romana, essenziale per controllare i manipoli sul campo di battaglia, facendoli restare al loro posto quando si produceva una rottura dello schieramento e facendo avanzare al momento giusto i manipoli retrostanti. Per dare ulteriore coesione ai manipoli e fornire un sicuro punto di riferimento, i romani utilizzarono le insegne, utili soprattutto durante le manovre di addestramento per imparare a mantenere la formazione. Quanto alla fanteria leggera, i *velites*, poteva essere impiegata sia a copertura degli intervalli fra un manipolo e l'altro, sia per creare un velo protettivo di fronte all'esercito.

Anche l'armamento subì sostanziali cambiamenti. La lancia divenne un'arma da lancio (il *pilum*), lunga circa tre metri, da scagliare prima del corpo a corpo; per questa fase della battaglia venne adottata una spada corta, appuntita e affilata su entrambi i lati (il *gladium*), lunga circa 60 centimetri. Di solito soltanto le prime due file scagliavano il *pilum*, mentre i *triarii*, utilizzati come estrema risorsa e in funzione difensiva, adoperavano ancora la lunga lancia di tipo falangitico. A queste armi i soldati di Annibale contrapponevano un armamento variegato, che andava dalle corte spade spagnole – per colpire di punta – alle lunghe spade galliche – usate per colpire di taglio con grandi fendenti.

I consoli Emilio Paolo e Terenzio Varrone, comandanti dell'esercito romano a giorni alterni, erano al comando di otto legioni romane e otto legioni alleate, per un totale di 55.000 fanti "pesanti" (con protezioni del corpo), 8.000 o 9.000 combattenti leggeri e 6.000 cavalieri. Annibale era a capo di un esercito che, tra cartaginesi e contingenti mercenari, poteva contare 40.000 fanti, dei quali 32.000 con equipaggiamento protettivo, e 10.000 cavalieri.[1]

Varrone intendeva schiacciare l'esercito cartaginese con la forza del numero e raddoppiò la profondità dei suoi manipoli, con l'effetto di accorciare il suo fronte fino a farlo corrispondere a quello di Annibale; il fronte della fanteria romana non doveva superare i 900 metri, con una profondità di circa 70 uomini. Questa tattica aveva lo scopo di rendere inutile la forza della cavalleria cartaginese. Varrone riteneva infatti che la fanteria nemica sarebbe stata travolta in breve tempo dalla massa dei romani, e che quindi la sua cavalleria, collocata sulle ali e comandata dal più prudente collega Emilio Paolo, avrebbe dovuto solo trattenere i più abili e numerosi nemici.

La formazione cartaginese, anch'essa con la cavalleria sulle ali, aveva i mercenari iberici e gallici disposti al centro, mentre dietro questo fronte, in corrispondenza dei due punti ove la fanteria era in contatto con la cavalleria, marciavano i cartaginesi su due colonne. Più per effetto dell'avanzata che per calcolo la linea formata dai mercenari aveva assunto l'aspetto di una mezzaluna convessa. Sin dal principio le cose presero un andamento troppo rapido rispetto alle previsioni di Varrone. La cavalleria romana fu sconfitta su entrambe le ali e messa in fuga, mentre al centro la fanteria conseguiva un apparente successo, respingendo iberici e galli finché la loro linea da convessa divenne concava. Frattanto Annibale aveva già ordinato alle due colonne africane di avanzare sui fianchi della fanteria romana, che si andava sempre più accalcando; giunte nella posizione voluta, le due colonne ruotarono verso destra e verso sinistra, disponendosi di fronte ai lati del nemico. Mentre la fanteria compiva la manovra, Asdrubale, dopo aver riordinato la cavalleria, attaccò alle spalle l'esercito romano, che arrestò completamente l'avanzata. L'effetto fu

[1] Cfr. H. Delbrück, *op. cit.*, vol. I, libro V, cap. I.

CANNE (2 agosto 216 a.C.)

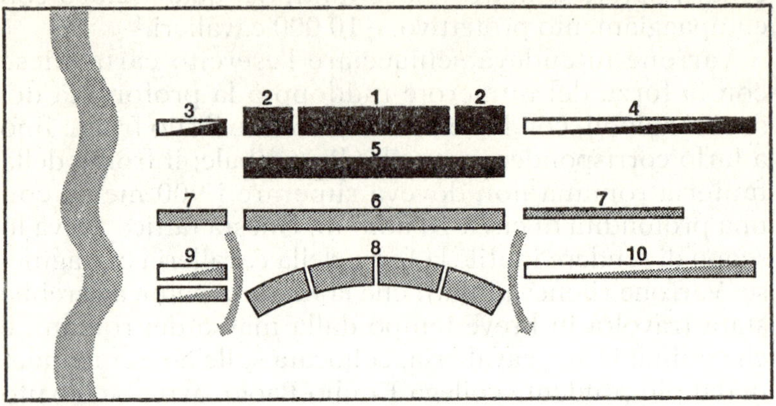

Prima fase: Con le fionde e i giavellotti i tiratori di Annibale formano uno schermo protettivo dietro il quale il comandante cartaginese dispone i galli e gli iberici, armati di spada. I tiratori si ritirano e si ricompongono dietro la cavalleria.

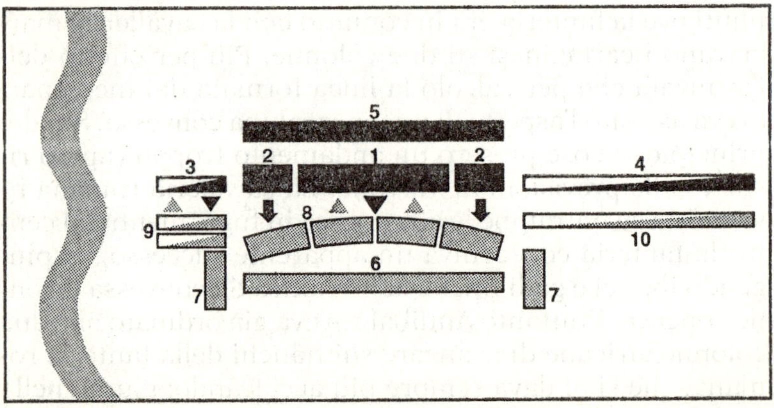

Seconda fase: La battaglia è aperta dalle truppe armate alla leggera. Quindi si affrontano le fanterie pesanti e le legioni spingono indietro il centro cartaginese.

Legenda:

1 Legioni
2 Fanteria alleata
3 Cavalleria romana
4 Cavalleria alleata
5 Veliti
6 Cartaginesi armati alla leggera
7 Tiratori di giavellotto cartaginesi
8 Fanteria iberica e gallica
9 Cavalleria iberica e gallica
10 Cavalleria numidica

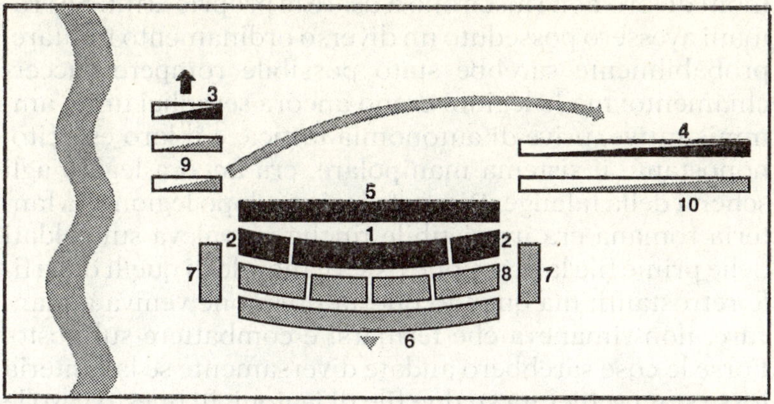

Terza fase: Al centro le legioni continuano a far retrocedere iberici e galli e la linea di questi ultimi comincia a incurvarsi. Sulla destra dello schieramento romano la cavalleria degli iberici e dei galli esercita una forte pressione sulla cavalleria romana, fino ad aprire una breccia nello schieramento attraverso il quale altra cavalleria di Annibale si precipita sul retro della cavalleria degli alleati dei romani, già impegnati dai numidi. Gli alleati sono messi in rotta.

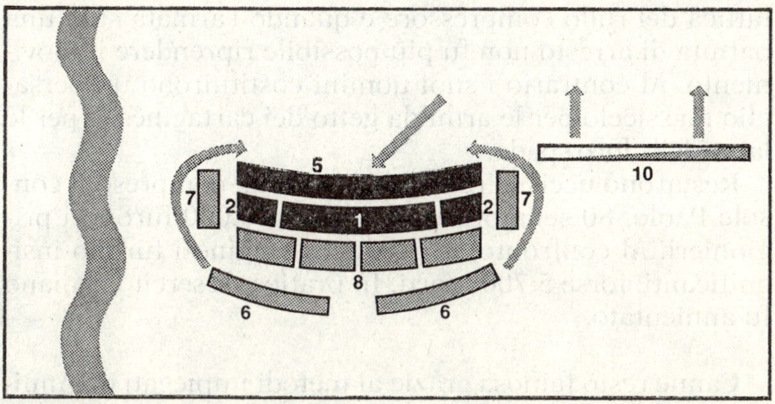

Quarta fase: Al centro le legioni continuano la loro marcia a rullo compressore, finchè non si ritrovano strette in mezzo alle falangi nemiche. A questo punto la cavalleria di Annibale, che ha rinunciato a inseguire i cavalieri nemici in ritirata, può assalire le legioni alle spalle.

di comprimere i legionari in una sacca, in modo tale che molti di loro non riuscirono a usare le proprie armi. Se i romani avessero posseduto un diverso ordinamento militare, probabilmente sarebbe stato possibile rompere l'accerchiamento: ma le legioni erano ancora semplici unità amministrative, prive di autonomia tattica, e il loro esercito, nonostante il sistema manipolare, era ancora legato agli schemi della falange. Disposta legione dopo legione, la fanteria romana era irresistibile finché prevaleva sui soldati delle prime file la pressione fisica e morale di quelli delle file retrostanti; ma quando questa pressione veniva a mancare, non rimaneva che fermarsi e combattere sul posto. Forse le cose sarebbero andate diversamente se la fanteria fosse stata schierata su due file di legioni: in questo caso le legioni della seconda fila avrebbero sostenuto l'attacco della cavalleria, quelle disposte sui fianchi avrebbero fatto fronte contro il nemico e le sei legioni rimanenti avrebbero potuto sfondare la linea dei mercenari iberici e gallici. Purtroppo per i romani, Varrone aveva deciso di adottare la tattica del rullo compressore e quando l'armata subì una battuta di arresto non fu più possibile riprendere il movimento. Al contrario i suoi uomini costituirono un bersaglio massiccio per le armi da getto dei cartaginesi e per le lame delle loro spade.

Restarono uccisi circa 55.000 romani, compreso il console Paolo, 80 senatori e 21 tribuni; 10.000 furono i prigionieri. Al confronto, le perdite cartaginesi furono insignificanti: forse 5.700 morti. In pratica, l'esercito romano fu annientato.

Canne restò famosa grazie ai metodi impiegati da Annibale per ottenere una vittoria così completa. Essi hanno continuato a essere applicati dai comandanti fino ai nostri giorni, non solo su piano tattico ma anche a livello operativo e strategico; in particolare, il tema di Canne era un pilastro centrale delle teorie dello stato maggiore generale dell'esercito tedesco. Tuttavia, come abbiamo visto, il geniale condottiero cartaginese fu in parte aiutato dall'inesperienza dei suoi avversari, che negli anni successivi misero a punto un apparato militare in grado di tenergli testa.

Infatti, il risultato della più grande vittoria di Annibale si rivelò deludente, perché mentre alcuni alleati di Roma disertarono e la città fu scossa dal disastro sino alle sue fondamenta militari e politiche, essa restò decisa a combattere fino a una soddisfacente conclusione della guerra. Annibale, privo di un apparato da assedio, non fu capace di assediare Roma e si limitò a consolidare la sua zona di controllo nell'Italia del sud. La vittoria, ottenuta grazie alla superiorità della cavalleria, al genio di Annibale e alla competenza dei suoi collaboratori, ebbe in prospettiva il risultato di indurre i romani a una maggiore preparazione dei loro comandanti e ad alcuni cambiamenti di natura tattica. In fondo, Annibale aveva distrutto solo otto delle diciotto legioni delle quali disponeva Roma in quel periodo, ed egli stesso, dopo la battaglia, era in grado di portare sotto le mura della capitale nemica non più di 25.000 uomini. Dopo aver riportato le sue forze a 50.000 uomini, del resto, il condottiero cartaginese si limitò a una guerra di logoramento, nella speranza che i romani si convincessero a chiedere la pace. Roma, però, aveva un ordinamento politico e un potenziale umano capaci di mobilitare riserve notevolissime. Nel 212 a.C. la Repubblica disponeva di ben ventidue legioni. Tuttavia, i suoi generali cercarono di evitare il confronto diretto con Annibale e si dedicarono a sottomettere, e a punire, le città italiche che defezionavano a favore dell'invasore. Persino un'azione dimostrativa del comandante cartaginese sotto le mura di Roma, nel 211 a.C., non ebbe alcun effetto e non poté evitare la caduta di Capua, già punto di appoggio dello stesso Annibale.

Nello stesso anno i cittadini romani conferirono a Publio Cornelio Scipione i pieni poteri per condurre la guerra in Spagna. Si era giunti ormai al punto di svolta, e gli anni successivi videro i romani vittoriosi nella maggior parte degli scontri, con Annibale sempre più isolato nel

Bruttium (parte dell'odierna Calabria). Nel 207 a.C. un'armata di soccorso guidata da suo fratello Asdrubale fu annientata sul Metauro; l'anno successivo Scipione terminò la conquista della Spagna e nel 204 a.C. sbarcò in Africa, chiamando sotto le sue insegne il principe di Numidia, Massinissa. Battuti i cartaginesi, Scipione, che aveva ottenuto dal Senato romano poteri illimitati per condurre la guerra in Africa sino alla completa sconfitta del nemico, ottenne il rientro di Annibale in cambio di una tregua. Al ritorno del loro condottiero i cartaginesi denunciarono la tregua, ma le forze a loro disposizione non avevano la compattezza e la preparazione dei vincitori di Canne, mentre l'armata di Scipione, rafforzata dalla cavalleria numidica, disponeva delle migliori truppe di tutto il Mediterraneo, soldati di professione che avevano ben poco a che vedere con i cittadini in armi di quattordici anni prima. Il 19 ottobre del 202 a.C. Scipione sconfisse Annibale nella battaglia di **Zama** (la moderna Zowareen, 100 chilometri a sud-ovest di Tunisi). Fu quello l'episodio conclusivo della seconda guerra punica, che mise fine alle ambizioni di Cartagine, troppo grandi per la sua effettiva forza militare, per il suo ordinamento politico e per la sua incapacità di richiedere ai cittadini sforzi paragonabili a quelli imposti da Roma ai suoi abitanti e ai suoi alleati.

Al comando dell'esercito romano, come detto, era Publio Cornelio Scipione. Al comando dei cartaginesi era ancora Annibale, richiamato frettolosamente in patria. Egli riuscì ad allontanare i romani da Cartagine, marciando verso l'interno, e a Zama compì un dietro-front per offrire battaglia.

I romani schierarono 34.000 fanti e 9.000 cavalieri, per un totale di 43.000 uomini; dalla parte dei cartaginesi, 45.000 fanti, 3.000 cavalieri e 20 elefanti da guerra, per un totale approssimativo di 48.000 uomini.

Con l'eccezione di 18.000 veterani con i quali era tornato dall'Italia, la fanteria di Annibale consisteva di soldati di leva non addestrati e mercenari stranieri, e la sua cavalleria era appena un'ombra della formidabile forza di un tempo. L'esercito di Scipione, al contrario, era ben addestrato e ben equipaggiato. Annibale dispose i suoi uomini su tre linee, con gli elefanti lungo tutto il fronte e la cavalleria sui fianchi. La prima linea consisteva di mercenari e truppe straniere; la seconda di reclute cartaginesi; la terza di veterani delle campagne in Italia. La cavalleria cartaginese prese rapidamente la fuga su entrambi i fianchi, anche allo scopo di attirare la cavalleria numidica, alleata dei romani, fuori dal campo di battaglia; quindi gli elefanti da guerra attaccarono, ma furono semplicemente incanalati attraverso passaggi fra i manipoli romani, che Scipione aveva lasciato a questo scopo. Subito dopo la fanteria romana sconfisse facilmente le truppe mercenarie e le forze di leva che formavano la prima e la seconda linea dei cartaginesi. La terza linea, invece, rimase saldamente in campo e, anzi, caricò a fondo le truppe romane, facendole addirittura indietreggiare. Dopo oltre un'ora di furiosi combattimenti la cavalleria di Massinissa, di ritorno dall'inseguimento dei nemici, attaccò alle spalle lo schieramento cartaginese superstite, causandone il definitivo collasso. Annibale e i sopravvissuti del suo esercito si rifugiarono a Cartagine.

I romani ebbero 1.500 morti e circa 4.000 feriti; i morti cartaginesi furono 20.000, più 15.000 prigionieri.

Annibale patì una sconfitta decisiva e Cartagine invocò la pace. Forzata a consegnare tutte le sue navi da guerra e gli elefanti, la città acconsentì a pagare a Roma una pesante indennità per un periodo di oltre cinquant'anni.

* * *

Il conflitto fu rapidamente trasformato in evento epico dagli annalisti romani e dagli storiografi più famosi, come Tito Livio e Polibio. Gli avversari cartaginesi, e in particolare Annibale, benché descritti come privi della cultura e del senso della misura attribuiti al mondo romano, si videro riconosciuta una qualche grandezza, che di riflesso aumentava il merito dei vincitori. Ai vinti fu accordata ben presto anche la compassione, come nel *Poenulus* di Plauto, ove il protagonista, un cartaginese, è rappresentato con umana comprensione. Scipione, a sua volta, divenne il paradigma dell'uomo di stato con propensioni verso la filosofia, un modello acquisito anche dall'Umanesimo e dal Rinascimento, che accentuò i caratteri "principeschi" del personaggio. Nell'arte, la prima effigie dell'Africano ci è nota da un conio monetale del I secolo a.C. (ora al Museo Nazionale di Roma). Domenico Ghirlandaio lo ritrasse in un affresco dipinto nella Sala dei Gigli di Palazzo Vecchio a Firenze; Pietro Vannucci detto il Perugino lo dipinse nel particolare di un affresco nella Sala del Cambio a Perugia; Perin del Vaga dipinse ad affresco il *Trionfo di Scipione* nella Loggia degli Eroi in Palazzo Doria a Genova; Alessandro Allori è autore di un altro affresco, il *Banchetto di Siface in onore di Scipione* nel salone della Villa Medicea a Poggio Caiano; Giovanni Battista Tiepolo dipinse *Scipione e lo schiavo* in un affresco in Palazzo Dugnani, già Casati, a Milano, e *Magnanimità di Scipione* in una tela conservata nel Museo Nazionale di Stoccolma. Due busti di Scipione l'Africano sono conservati, uno a Napoli nel Museo Nazionale (insieme a un busto di Annibale) e l'altro a Roma nel Museo Capitolino.

A Scipione sono stati dedicati almeno due film: uno, il controverso *Scipione l'Africano*, per la regia di Carmine Gallone, apparve nel 1937, con interpreti Memo Benassi, Isa Miranda, Annibale Ninchi (un legnoso e retorico Scipione) e Camillo Pilotto (un più misurato e "umano" Annibale). Opera di propaganda, finanziata dal regime fascista – in Italia la sua visione fu resa praticamente obbligatoria e gratuita –, l'opera costò l'equivalente di due milioni di dollari e fu, all'estero, un fiasco colossale.[2] L'altro, *Scipione detto anche l'Africano*, è un prodotto curioso e anticonformista di Luigi Magni, interpretato da Turi Ferro, Vittorio Gassman (nei panni di un Catone politico spregiudicato),

2 Cfr. M. and H. Medved, *The Hollywood Hall of Shame*, London 1984, pp. 54-9.

Silvana Mangano, Marcello Mastroianni (un dignitoso e onesto Scipione), suo fratello Ruggero (Scipione l'Asiatico, fratello minore e afflitto da un complesso di inferiorità verso il mitico Africano) e Woody Strode (che interpreta il fiero e ingenuo Massinissa). Il film non ha nulla di epico, a parte l'irruzione di Massinissa con i suoi numidi. Piuttosto, si tratta di una malinconica riflessione (con musiche di Severino Gazzelloni) sulla capacità della politica di degradare anche gli ideali più nobili.

Annibale è a sua volta protagonista di un film italoamericano, *Annibale*, girato nel 1959 per la regia di Carlo Ludovico Bragaglia, protagonisti Gabriele Ferzetti e Victor Mature, decisamente noioso e prolisso; divertente, anche se totalmente antistorico, il musical *Annibale e la Vestale* (*Jupiter's Darling*), del 1955, per la regia di George Sidney, interpretato da Howard Keel, George Sanders ed Esther Williams (che non perde l'occasione di esibirsi in belle, ma assolutamente incongrue, scene di nuoto subacqueo). Tutto finisce sotto le mura di un'assurda Roma di cartapesta, fra elefanti da circo e pace fatta tra Annibale e i romani. Dopotutto, con la storia si può anche scherzare.

IV
Alesia e la potenza di Roma

La conquista della Gallia da parte di Giulio Cesare avvenne in un tempo relativamente rapido, ma tutte le sue fasi seguirono un percorso attentamente pianificato. Strategia e politica camminarono di pari passo.[1] Sin dall'inizio Cesare era alleato con una parte dei galli, e seppe applicare bene la politica del *divide et impera*. Nelle tre grandi battaglie che lo contrapposero alle popolazioni locali – contro gli elvezi, contro Ariovisto e contro i nervii – riuscì a disporre di una significativa superiorità numerica, nonostante egli stesso ci abbia sempre tramandato, nei suoi *Commentarii*, l'immagine di piccoli contingenti di romani impegnati contro orde di barbari. In realtà, grazie alle notevoli capacità logistiche del suo esercito e grazie, ovviamente, alle sue doti di organizzatore e di abile stratega, Cesare fu sempre in grado di concentrare le sue forze, non tanto esigue, contro i singoli gruppi di guerrieri gallici o germanici mobilitati contro di lui. Poiché le sue opere storiche hanno un intento politico, Cesare ingigantì il numero dei nemici per mettere in evidenza la sua abilità e nascondere la sua spregiudicata politica di conquista, volta anche a procurargli favori e popolarità in Roma. A titolo di esempio, quando attaccò i belgi egli disponeva di circa 50.000 soldati (tra i quali non me-

[1] Cfr. H. Delbrück, *op. cit.*, vol. I, libro VI, cap. V.

no di 40.000 legionari) e di almeno 30.000 tra inservienti e schiavi per assicurare l'indispensabile supporto logistico e organizzativo a un'armata così consistente. Lo stesso Cesare attribuisce ai belgi un esercito di ben 306.000 uomini, ma se facciamo il confronto con gli unici dati certi, quelli del censimento in Italia nello stesso periodo, non possiamo attribuire a questa popolazione, non sufficientemente urbanizzata, una densità superiore a sette abitanti per chilometro quadrato. Comunque, è un fatto certo che i belgi non ebbero la capacità organizzativa di stringere d'assedio il grande campo trincerato romano sulla riva del fiume Aisne e si ritirarono dividendosi in gruppi di tribù, dando ai romani la possibilità di inseguirli e schiacciare i diversi tronconi della loro armata. Uno di questi, la popolazione dei nervii, fu sconfitto sul fiume Sambre dai romani, e tenuto conto delle dimensioni della loro regione di origine, i loro maschi adulti, esclusi i vecchi e i malati, non potevano superare le 30.000 unità. Troppo pochi per la forza delle legioni romane, che annientarono una per una le sacche di resistenza dei belgi in ritirata.

Fino ai primi mesi del 52 a.C. Cesare poteva dire di aver avuto la meglio in tutte le sue imprese in Gallia. D'improvviso, con l'ascesa al potere del giovane capo degli arverni, Vercingetorige, le cose cambiarono. Si può pensare, ovviamente, che i galli non gradissero sin dal principio la conquista romana, presentata come un intervento per liberarli dal dominio dei germani di Ariovisto: un conto era dover pagare tributi a un padrone disorganizzato e poco numeroso, un conto era sottomettersi a un regime che imponeva tasse, il mantenimento di un esercito di occupazione e l'introduzione di nuove usanze che minavano alla base l'antico sistema tribale. La rivolta, insomma, covava sotto la cenere, ma aveva bisogno di una guida. La trovò in Vercingetorige, che dopo aver assunto il controllo – solo nominale – della maggior parte delle tribù nell'inverno del 52 a.C., trasformò la lotta contro i romani in una serie di azioni che oggi definiremmo di guerriglia, colpendo i depositi di vettovaglie e le direttrici di marcia dell'esercito nemico, e applicando la tattica della "terra bruciata".

Cesare fu costretto a dividere le sue undici legioni. Mentre Labieno puntava a nord per contrastare i parisii, Cesare assediò Gergovia, ma assalito dalle forze di Vercingetorige fu costretto a ritirarsi a sud-est. La prima importante sconfitta dei romani, in sette anni di occupazione militare, fece precipitare la situazione. Le tribù incerte accorsero sotto le insegne dei ribelli e quando anche gli edui, già alleati di Cesare e nemici degli arverni, si unirono alla rivolta, assalendo e distruggendo l'accampamento romano di Noviodunum, Vercingetorige si trovò a capo di un'orda che poteva contare forse 100.000 guerrieri (ovviamente non facilmente radunabili tutti nello stesso luogo, vista la perdurante inferiorità organizzativa dei galli).

Cesare richiamò Labieno dal nord e reclutò cavalieri germani al posto dei cavalieri gallici passati al nemico. Con tutte le sue truppe si ritirò in direzione della Gallia Transalpina, inseguito dai galli che compivano incursioni contro i carriaggi dei rifornimenti e contro le truppe mandate in avanscoperta, tenendosi però lontano dal grosso dell'esercito nemico. Questa tattica risultava poco gradita ai capitribù, che insistevano con Vercingetorige affinché si arrivasse a uno scontro diretto. Quando il giovane comandante cedette alle insistenze dei suoi subordinati e tese un'imboscata ai reparti romani in ordine di marcia, l'assalto disordinato dei galli si infranse contro il quadrato formato rapidamente dalle legioni; l'intervento della cavalleria germanica completò il fallimento dell'operazione, e i galli sconfitti dovettero riparare nel vicino caposaldo di **Alesia**, l'attuale Mont Auxois, a est di Alise-Sainte-Reine, vicino a Digione, in una delle più belle regioni della Francia, nota oggi come Côte d'Or.

Per sfortuna di Vercingetorige, Alesia era tutt'altro che imprendibile da parte di un esercito, come quello romano, abituato alla guerra d'assedio. La città era situata sulla sommità di un altopiano, bagnato alla base da due corsi d'acqua, a nord e a sud, e circondato su tre lati da altrettante colline di uguale altezza. Solo il lato occidentale dell'altura aveva di fronte a sé un tratto di terreno pianeggiante. Pur non ritenendo accettabili i dati "gonfiati" da Cesare a scopi propagandistici, possiamo comunque ritenere che nella città si siano insediati almeno 20.000 galli, mentre buona parte della cavalleria di Vercingetorige rimase all'esterno per disturbare le comunicazioni dei romani e raccogliere un'armata di soccorso.

I romani si misero subito al lavoro. Il piano di assedio prevedeva di circondare Alesia con un anello di trincee alla distanza media di 17 chilometri dalla città; era stata progettata anche la costruzione di accampamenti per la cavalleria e di 23 ridotte. Vercingetorige tentò di far breccia nello schieramento nemico mandando i suoi cavalieri all'assalto dei germani alleati di Cesare, ma le legioni intervennero e la sortita si concluse in un grave scacco per i galli, anche perché i difensori della città non aprirono immediatamente le porte ai loro compagni sconfitti per timore che i romani li seguissero all'interno, con il tragico risultato di aumentare il massacro degli scampati.

A Vercingetorige restavano provviste per un mese e quindi l'aiuto di tutti i guerrieri disponibili diventava questione di vita o di morte. Nel corso della notte quello che restava della sua cavalleria fu mandato fuori per cercare aiuto presso le tribù. Le opere d'assedio non erano ancora complete, e i cavalieri passarono attraverso i varchi. Ora toccava a Cesare preoccuparsi. I messaggeri nemici avrebbero fatto convergere su Alesia una notevole forza di soccorso, con il risultato di stringere i romani in una morsa.

Le 11 legioni di Cesare, più 5.000 ausiliari e pressapoco altrettanti cavalieri germanici e fanti armati alla leggera, per un totale di circa 70.000 uomini, potevano trovarsi a malpartito contro un nuovo esercito, stimato in circa 250.000 guerrieri: questa volta anche i dati di Cesare possono ritenersi attendibili, considerato che la Gallia, nel suo complesso, poteva sicuramente mobilitare un'armata di tali proporzioni per sferrare un colpo decisivo agli invasori romani.

In base a sistemi di assedio già sperimentati dai greci durante la guerra del Peloponneso ma perfezionati dai romani, furono costruite due linee di fortificazioni, rivolte una verso la città, l'altra verso l'esterno. Fu quindi scavata una trincea larga 6 metri attraverso la base occidentale della collina, da fiume a fiume. I fianchi della trincea erano verticali, e lo scavo costituiva un duro ostacolo per qualunque attacco improvviso dei galli all'interno dell'*oppidum* attraverso la pianura. Dietro questa prima fossa le legioni cominciarono a scavare due trincee addizionali e parallele, ciascuna larga 4 metri e mezzo, con la trincea esterna riempita d'acqua (ove possibile, in base all'inclinazione del terreno). La circonferenza di queste due fosse era di circa 16 chilometri e la terra tolta dalle due trincee fu ammucchiata dietro alla fossa più interna per formare uno spalto, sul quale Cesare costruì una fortificazione a palizzata, con torri intervallate ogni 20 metri. Sotto i muri di legno, conficcati nello spalto, sporgevano pali aguzzi, come ulteriore ostacolo contro un tentativo di scalata. Cesare presto comprese che la sua armata era insufficiente per coprire tutto il circuito difensivo, e così realizzò ostacoli addizionali contro un eventuale attacco dei galli. Un anello di trabocchetti fu ricavato di fronte alle due trincee. Adiacenti alla trincea esterna, rami aguzzi furono collocati sul fondo di piccole trincee, per formare un muro di punte. Di fronte a queste fu scavata una serie di piccole buche, nelle quali furono piazzati altri pali appuntiti, coperti di cespugli per nascondere la loro ubicazione. Infine, di fronte a tutto l'apparato difensivo, furono piantati nel terreno tronchi di legno, dai quali sporgevano corte, insidiose punte di ferro chiamate *stimuli,* quasi invisibili fra l'erba. Così i galli, per raggiungere muri alti 2 metri e mezzo (un'altezza che non include gli spalti di terra o la profondità della fossa, che aggiungerebbero altri 5 metri al totale), dovevano attraversare tre campi separati ed estesi, armati di trappole appuntite, più due fosse. Era veramente una barriera formidabile per l'esercito di Vercingetorige intrappolato in Alesia.

Cesare, comunque, non aveva finito. Quando i lavori interni, cosiddetti di *controvallazione*, furono ultimati, i suoi soldati cominciarono la costruzione di una serie simile di lavori esterni, ovvero di *circonvallazione*, che si estesero per oltre 23 chilometri. L'intera linea di opere, grosso modo parallele, includeva anche otto accampamenti fortificati più le iniziali 23 ridotte. Fra queste due linee era stato collocato tutto il grano e le provviste che i foraggiatori di Cesare poterono ricavare dalle zone circostanti. Mentre durava questa attività "edilizia" dei romani, i galli all'esterno di Alesia si preparavano a spedire una forza immensa contro l'esercito di Cesare. Con il formidabile Vercingetorige che poteva attaccare dall'interno e l'enorme esercito gallico all'assalto dall'esterno, l'opportunità di schiacciare la presenza romana in Gallia era finalmente a portata di mano. A questo scopo 44 tribù fornirono un totale che, come si è detto, venne valutato da Cesare in 240.000 fanti più 8.000 cavalieri. I contingenti più grandi provenivano dagli edui e dagli arverni (e dalle loro rispettive tribù vassalle). Alla testa di questa forza quasi incontrollabile era Commio, capotribù degli atrebati ed ex alleato di Cesare. Due edui, Viridomaro ed Eporedorix, più il cugino di Vercingetorige, l'arverno Vercassivellauno, erano i comandanti subalterni. L'esercito di Commio era pieno di entusiasmo. Nel frattempo, Vercingetorige e i suoi uomini, rimasti a corto di provviste e inconsapevoli dell'arrivo dei soccorsi, avevano tenuto un consiglio di guerra per decidere le loro azioni future.

Si stabilì che agli abitanti di Alesia, vecchi, donne e bambini, doveva essere permesso di uscire. Cesare, tuttavia, non lo consentì: sapeva bene che donne e bambini dovevano mangiare, riducendo le provviste disponibili per i guerrieri. Il giorno dopo, comunque, la depressione dei galli fu alleviata dalla vista dell'immenso esercito di soccorso, che andò a insediarsi su una collina a sud-ovest delle fortificazioni romane. Era così pronto, nell'ottobre del 52 a.C., il palcoscenico per una serie di battaglie durissime, che avrebbero messo a confronto la superiorità numerica e la ferocia dei galli contro la sagacia militare e la disciplina delle legioni di Cesare. In nessun modo Cesare poteva coprire ogni approccio possibile dall'interno e dall'esterno con la sua forza insufficiente di 70.000 uomini. Doveva solo sperare che i suoi piccoli distaccamenti di coorti, insieme con i muri e le torri, potessero contenere tutti gli assalti, utilizzando le sue riserve per tamponare questa o quella pressione locale. Anche le trappole e le trincee dovevano giocare un ruolo decisivo per ostacolare gli attacchi.

I dettagli specifici del corso degli assalti sono piuttosto vaghi, ma pare che i galli abbiano lanciato tre attacchi separati e massicci contro le fortificazioni romane. Il primo attacco fu intrapreso quasi immediatamente dopo l'arrivo della forza di soccorso di Commio. Vista la grande orda di galli in arrivo, Vercingetorige lasciò con i suoi uomini la protezione della città e riversò la sua massa al piede della collina, cercando di riempire il fosso per attraversarlo e aiutare l'attacco principale. Con i galli che cercavano di irrompere attraverso vari punti del muro da mezzogiorno sin quasi al tramonto, la battaglia si sviluppò con grande intensità, e Cesare continuamente distribuì le sue riserve per sostenere i punti deboli. Quando il sole cominciò a tramontare, la cavalleria germanica di Cesare eseguì una carica contro un grosso contingente di galli e li mise in rotta, ponendo fine al primo assalto. Gli uomini di Vercingetorige, scoraggiati, si rifugiarono nuovamente nella fortezza.

Il successivo piano di Commio si basò sul suo grande numero di uomini in grado di lanciare proiettili, come giavellotti e sassi. L'attacco doveva avvenire di notte, quando lanciatori di giavellotto e frombolieri sarebbero stati resi invisibili dal buio, mentre a loro volta avrebbero potuto vedere i romani sulle mura, illuminati dai fuochi all'interno delle fortificazioni. Sfortunatamente, il piano non poté essere comunicato a Vercingetorige. Non era un piano eccezionale, anche se i tiratori gallici causarono grossi problemi ai romani di guardia alle mura. Comunque, appena cominciarono a sfruttare la situazione, i galli si resero conto che non potevano vedere le migliaia di trappole posate da Cesare. Molti tentarono assalti contro le opere esterne, con il risultato di finire infilzati sui pali e sulle lance di legno, senza che nello stesso tempo si verificassero assalti dal lato interno. Quando Vercingetorige riuscì a collocare i suoi uomini e le sue macchine da guerra per aiutare l'attacco, questo era già finito. Il secondo assalto era fallito, e ancora una volta Commio ordinò alla sua forza di raggrupparsi per un altro assalto. Il capo gallico, finalmente, aveva deciso di far ispezionare tutto l'apparato difensivo dei romani e i suoi esploratori avevano scoperto un'interruzione nei lavori esterni. A nord di Alesia, la circonvallazione si era imbattuta in una collinetta, la cui circonferenza era così estesa da non poter essere inclusa completamente nelle strutture difensive. Entrambe le interruzioni nel muro erano state protette da uno dei 23 forti, e l'accesso all'interno delle difese era stato coperto da uno degli otto campi della cavalleria. Fu questo il varco che Commio scelse per attaccare in forza. A questo scopo spedì Vercassivellauno e 60.000 uomini scelti in una marcia notturna, che doveva portarli dietro la collina, fuori della vista dei romani. Da mezzogiorno l'attacco poté cominciare, e gli uomini di Vercingetorige erano pronti a cooperare. I galli fecero azioni dimostrative su e giù lungo la linea, per costringere Cesare a estendere il suo esercito sin quasi alla rottura nel tentativo di coprire tutto. Ma la prova più severa attendeva i romani presso il varco nelle difese a nord. Là i galli erano quasi riusciti a neutralizzare i pali e le lance con quantità enormi di terra. Nel loro sforzo di contrastare l'avanzata gallica, le due legioni romane collocate in quel punto cominciavano a sentire gli effetti della fatica. Cesare inviò Labieno sul posto con una forza di sei coorti e l'ordine di resistere, se possibile. Altrimenti, ma solo se assolutamente necessario, doveva ritirarsi in buon ordine. Incapaci di attraversare la trincea di 6 metri che sbarrava la via nel pianoro centrale, i galli dall'interno di Alesia decisero di attaccare le controvallazioni sui ripidi pendii delle colline sulle quali erano state costruite. Questo cambio improvviso di direzione prese i romani alla sprovvista e i difensori, piuttosto scarsi in quei punti, furono messi rapidamente in fuga dalla grandine di proiettili lanciata contro di loro. Vercingetorige guidò i suoi uomini attraverso i trabocchetti e le trincee e rapidamente raggiunse i muri, che i suoi cominciarono ad abbattere usando ganci e corde. Cesare provvide a gettare nella mischia le sue riserve, tentando di prendere alle spalle i nemici e ricomporre così la rottura, ma non poté ottenere questo risultato finché non giunse sul posto di persona: a quel punto lanciò molte coorti fresche, che poterono assalire Vercingetorige. Nel frattempo Labieno conduceva una battaglia persa in partenza contro Vercassivellauno. Cesare, allora, con celerità distaccò quattro coorti e le inviò in soccorso del suo subordinato, mentre la sua cavalleria fu mandata all'esterno, per fare un largo giro e attaccare dal retro la forza d'attacco dei galli.

Con Cesare stesso a capo della difesa, i galli raccolsero tutte le loro forze per effettuare lo sfondamento. La lotta durò parecchi minuti, con i soldati romani che riuscirono a non cedere finché la cavalleria, dopo aver aggirato la collina, giunse in vista dello scontro. Questo era troppo anche per i galli esausti, che fuggirono rapidamente dal campo di battaglia verso il loro accampamento. Commio, vista la totale ritirata delle forze di Vercassivellauno, ordinò al resto della forza di soccorso di abbandonare il campo e tornare alle proprie case. Vercingetorige, vista svanire ogni speranza di aiuto davanti ai suoi occhi, ancora una volta riportò i suoi uomini dentro Alesia. La grande rivolta era finita e i superstiti si arresero rapidamente.

Vercingetorige, un capo di grande talento e insolita capacità politica, fu condotto a Roma in catene, mostrato in pubblico e quindi giustiziato. Per un breve momento nella storia era riuscito a fare quello che nessuno aveva fatto prima, né avrebbe fatto per centinaia di anni: unire le diverse tribù galliche in un corpo solo. Con questa forza fu quasi sul punto di infliggere una sconfitta cocente a uno dei migliori capi militari di Roma e della storia.

Dopo Alesia, i romani furono generalmente capaci di reprimere le rivolte locali, finché il loro apparato politico-militare fu in grado di reggere alle spinte disgregatrici interne ed esterne. Tuttavia non mancarono gravi sconfitte, anche contro popolazioni apparentemente destinate a essere conquistate. In particolare, fu gravida di conseguenze la battaglia della foresta di **Teutoburgo**, avvenuta nel settembre-ottobre del 9 d.C. In questa zona a sud-ovest dell'odierna Detmold, un esercito romano comandato da Publio Quintilio Varo fu annientato dai germani, guidati da Arminio (Hermann), capo dei cherusci.

Le tribù germaniche ribelli intendevano tendere un'imboscata e distruggere l'esercito romano durante la sua ritirata verso i quartieri invernali ad Aliso (Haltern), sulla Lippe. I romani potevano contare sulle legioni XVII, XVIII e XIX, oltre agli ausiliari, per un totale approssimativo di 20.000 uomini, inclusi 1.500 uomini a cavallo e più 10.000 persone al seguito con i bagagli. Si ignora l'entità del contingente germanico, ma senz'altro dovette essere di molto superiore alla forza combattente romana. Varo si lasciò attirare nella foresta di Teutoburgo, accidentata, fittamente boscosa e priva di sentieri; in essa il percorso fu reso ancora più difficile da piogge torrenziali. I germani serrarono il contatto, tagliando la colonna in sezioni e massacrando i civili al seguito. Varo ordinò la costruzione di un forte in terra battuta sul Grotenburg, ma questo fu preso d'assalto dopo parecchi giorni di combattimento. La cavalleria romana fu fatta a pezzi quando tentò di aprirsi la strada combattendo. Solo un pugno di romani sfuggì al disastro. Il resto fu passato a fil di spada, con i tribuni e i centurioni offerti come sacrifici umani alle divinità tribali.

Il numero degli uccisi si aggirò sulle 18.000 unità, più la maggior parte dei civili al seguito (i pochi sopravvissuti furono ridotti in schiavitù). Non si conosce il numero dei caduti dalla parte germanica. Per non cadere in mano ai nemici, Varo si suicidò. Una successiva spedizione punitiva inflisse pesanti perdite alle tribù germaniche ma non riuscì a sottometterle e la frontiera nord dell'impero fu fissata lungo il Reno. Tanto Sir Edward Creasy quanto il maggiore generale J.F.C. Fuller ritengono la sconfitta di Varo una delle battaglie fondamentali della storia mondiale e osservano che se Arminio non fosse risultato vincitore la storia della Germania sarebbe stata alterata radicalmente dal prolungato contatto con la cultura grecoromana e la stessa migrazione sassone verso la Britannia non avrebbe mai avuto luogo.

Sorte migliore ebbero le armi romane contro i ribelli ebrei (i cosiddetti "zeloti") nell'assedio di **Masada**, avvenuto nel 73 d.C. Dopo la fallita rivolta ebraica contro Roma, nel 66-70 d.C., i romani intendevano eliminare l'ultimo centro di resistenza al loro dominio in Palestina, la fortezza di Masada, una montagna fortificata sulla costa occidentale del mar Morto. A capo di questa operazione di rastrellamento era Flavio Silva con la X Legione e gli ausiliari, per un totale di forse 7.000 uomini; al comando degli assediati Eleazaro, capo degli zeloti, in numero di almeno mille, incluse le famiglie.

La situazione di Masada, collocata su una roccia torreggiante, la rendeva imprendibile, e dato che la guarnigione aveva ampie provviste di cibo e acqua non poteva essere presa per fame. Silva quindi ricorse all'ingegneria militare per risolvere la situazione: costruì una rampa alta 90 metri, alla cui sommità fu posta una piattaforma di pietra alta 22 metri e mezzo; su essa fu costruita una torre d'assedio, aggiungendo ulteriori 27 metri all'altezza delle opere di assedio. Le catapulte scacciarono i difensori da questo settore delle mura, e parte delle mura stesse furono abbattute con un ariete. Gli zeloti reagirono costruendo uno spalto di tronchi e di terra per chiudere la breccia. Quando i romani lo incendiarono Eleazaro esortò tutti i presenti a togliersi la vita piuttosto che arrendersi. Il moderno detto israeliano "Masada non cadrà una seconda volta" mostra l'intensità con la quale la storia ha ispirato il popolo ebraico per 2.000 anni.

* * *

La figura di Cesare ha goduto sin dal principio di una notevole fortuna letteraria, sia che fosse visto come fondatore dell'Impero romano sia che fosse considerato il tiranno responsabile della fine della Repubblica romana, e quindi delle libertà delle quali essa era ritenuta fondamentale presidio. La prima testimonianza letteraria è costituita dai duri epigrammi di Catullo, pieni di accuse infamanti che fanno sembrare Cesare un uomo carico dei vizi più abietti. Sono decisamente più obiettive le testimonianze storiche di Cicerone, Sallustio, Dione Cassio e Svetonio (*Vite dei dodici Cesari*): Cesare appare come l'artefice della rovina delle antiche libertà della Repubblica, uomo violento, avido di guerre, ma grande per la sua forza d'animo e per il suo genio militare. In effetti, il giudizio parzialmente negativo è una diretta conseguenza dell'odio nutrito dalla classe senatoria verso la tirannia di Nerone, e pertanto Cesare è sentito, in qualche misura, come responsabile dell'avvento del potere imperiale. Nel medioevo anche Cesare, come gli altri eroi dell'antichità classica, fu visto come l'ideale del cavaliere e del paladino, nelle cui imprese hanno notevole parte l'amore per Cleopatra (vista come una dama della tradizione cavalleresca) e il piacere dell'avventura. In queste vesti egli appare negli anonimi *Faits des romains* e nel rifacimento italiano *I fatti di Cesare,* apparsi nel XIII secolo. Sotto l'influsso di Lucano, Dante vede Cesare come l'uomo d'azione che con le armi («Cesare armato con gli occhi grifagni») fonda l'Impero romano secondo la volontà divina.[2] In età umanistica e rinascimentale il rinnovato interesse per l'antichità classica determinò la creazione di nu-

2 «Poi, presso al tempo che tutto 'l ciel volle / redur lo mondo a suo modo sereno, / Cesare per voler di Roma il tolle. / E quel che fé da Varo infino a Re-

merose opere dedicate alla figura di Cesare: nel 1550 apparve la tragedia *Julius Caesar* scritta in latino dall'umani sta francese Marc-Antoine Muret; nel 1561 il *César* di Jacques Grevin, nel 1574 il *Cornélie* di Robert Garnier e nel 1582 il *Caesar interfectus* in latino dell'inglese Richard Edes: testi di scarso rilievo poetico, che preparavano la strada a opere più importanti, fra le quali primeggia il *Julius Caesar* (1599) di William Shakespeare, in cui la figura del dittatore è vista anche nei suoi aspetti più meschini, quali la superstizione, la boriosa stima di sé e del proprio ruolo, il disprezzo verso il Senato e la debolezza di fronte alle adulazioni. Fanno contrasto l'idealismo di Bruto e la chiara visione politica di Cassio, che congiurano per liberare Roma dalla sua tirannia. Solo dopo l'uccisione a opera dei congiurati Cesare diviene una figura di una qualche grandezza, che tormenterà Bruto con le sue apparizioni spettrali fino a Filippi e alla morte. Meno valida appare la tragedia *César* (1735) di Voltaire, in cui Cesare è un politico ambizioso e privo di scrupoli, ma debole e quasi degno di compassione di fronte a Bruto, che nel suo odio contro la tirannide non si lascia commuovere neanche dalla rivelazione che Cesare gli è padre. Non costituisce una delle opere maggiori di Vittorio Alfieri il *Cesare secondo*; degno di nota è invece il frammento drammatico *Caesar*, scritto in gioventù da Wolfgang Goethe, in cui Cesare è un grande genio incompreso dalla società, che pure ne è dominata.

no, / Isara vide ed Era e vide Senna / e ogne valle onde Rodano è pieno. / Quel che fé poi ch'elli uscì di Ravenna / e saltò Rubicon, fu di tal volo, / che nol seguiteria lingua né penna. / Inver' la Spagna rivolse lo stuolo, / poi ver' Durazzo, e Farsalia percosse / sì ch'al Nil caldo si sentì del duolo. / Antandro e Simoenta, onde si mosse, / rivide e là dov'Ettore si cuba; / e mal per Tolomeo poi si scosse. / Da indi scese folgorando a Iuba; / onde si volse nel vostro occidente, / ove sentia la pompeana tuba. / Di quel che fé col baiulo seguente, / Bruto con Cassio ne l'inferno latra, / e Modena e Perugia fu dolente. / Piangene ancor la trista Cleopatra, / che, fuggendoli innanzi, dal colubro / la morte prese subitana e atra. / Con costui corse infino al lito rubro; / con costui puose il mondo in tanta pace, / che fu serrato a Giano il suo delubro» (Dante Alighieri, *Paradiso*, canto VI, vv. 55-81).

Simbolo della maestà di Roma è Cesare nel dramma omonimo (1926) di Enrico Corradini, autore legato al fascismo nell'ultima parte della sua vita, mentre è in dichiarato contrasto con la tradizione la figura di Cesare nella commedia *Caesar and Cleopatra* (1907) di George Bernard Shaw.

Tra le diverse raffigurazioni pittoriche del condottiero romano, ricordiamo quella di Giorgio Vasari (1511-1574), rappresentante Cesare che scrive i *Commentarii*.

Non è certo il caso, al di là della figura di Cesare, di ricordare tutta la produzione letteraria, musicale e iconografica riguardante l'Impero romano:[3] è un lavoro che richiederebbe uno studio a parte. Per quanto riguarda le battaglie citate in questo capitolo, possiamo citare un curioso sceneggiato televisivo sull'assedio di Masada, apparso qualche anno fa, con Peter O'Toole nella parte di Flavio Silva.

L'unico film ove si assiste anche alla battaglia di Alesia è *Giulio Cesare il conquistatore delle Gallie*, regia di Tanio Boccia, interpreti Rick Battaglia, Raffaella Carrà, Cesare Fantoni e Cameron Mitchell, apparso nel 1963: uno dei vari *peplum movie*, ossia delle opere cinematografiche dedicate a episodi della storia dell'Impero romano, nei quali è molto raro vedere qualche battaglia trattata in maniera organica e soprattutto veridica. Diverso è il discorso – ma anche qui le battaglie non sono al centro dell'azione – per i film ispirati alla tragedia di Shakespeare, come l'americano *Julius Caesar* (1953) – per la regia di Joseph Leo Mankiewicz, interpreti Marlon Brando (Marco Antonio), Louis Calhern (Giulio Cesare), Greer Garson (Calpurnia), John Gielgud (Cassio), Deborah Kerr (Porzia), James Mason (Bruto) – e l'inglese *Julius Caesar* (1960) – per la regia di Stuart Burge (titolo italiano, che vale la pena di riportare: *23 pugnali per Cesare...*), interpreti Richard Cham-

[3] Per quanto attiene ai diversi significati della produzione artistica e architettonica romana, restano fondamentali i due studi di Ranuccio Bianchi Bandinelli, *Roma. L'arte romana nel centro del potere* (Milano 1969) e *Roma. La fine dell'arte antica* (Milano 1970).

berlain, John Gielgud, Charlton Heston e Jason Robards. Si stenda invece un velo pietoso su *Cleopatra* (1963) – per la regia dello stesso Mankiewicz, con interpreti Elizabeth Taylor, Richard Burton e Rex Harrison (Giulio Cesare) – e, per quanto ci riguarda, sulla ridicola battaglia navale di Azio rappresentata a mo' di *wargame* con i modellini sulla nave ammiraglia della regina d'Egitto.[4]

[4] Si legga il divertente capitolo dedicato al film nel già citato *The Hollywood Hall of Shame*, di Michael e Harry Medved.

V

Da Adrianopoli a Granada: la dissoluzione dell'Impero e la formazione dell'Europa cristiana

La progressiva disgregazione dell'Impero romano e lo stanziamento delle prime tribù barbariche nelle terre di confine andarono di pari passo con la decadenza delle istituzioni militari. Nelle armate imperiali aumentò la percentuale di mercenari barbarici a cavallo mentre, al contrario, diminuiva la capacità professionale delle legioni, ridotte sempre più al rango di milizie locali male addestrate. Gli stessi imperatori erano spesso legati da vincoli di parentela ad alcune famiglie dominanti tra le tribù dell'est.

Spesso si è parlato, con qualche approssimazione, di invasioni barbariche. In realtà le genti che affluivano da oriente, a loro volta spinte da altre etnie in movimento, erano di dimensioni limitate, anche se la loro coesione interna era indubbiamente superiore a quella delle popolazioni romanizzate. L'abbandono dei centri abitati era già cominciato quando i più importanti nuclei barbarici cominciarono a occupare porzioni significative dell'Impero ed è logico che i cronisti dell'epoca abbiano registrato con una certa meraviglia, non disgiunta da paura e ostilità, l'arrivo di gruppi omogenei, indubbiamente aggressivi e decisi a guadagnare spazio nei confronti dei vecchi abitanti; di qui – anche per giustificare in qualche modo le sconfitte subite dalle armate imperiali – la diceria che i "barbari" fossero particolarmente numerosi, mentre erano più che altro in grado di far pesare una superiorità numerica e combattiva su scala locale, nei confronti dei vecchi proprietari terrieri romanizzati e negli scontri con le strutture militari dell'Impero, sempre più disorganizzate e carenti.

Le conseguenze di questo incontro-scontro di culture e di modi di vita si manifestarono con estrema chiarezza nella battaglia di **Adrianopoli**, combattuta il 9 agosto 378 vicino alla moderna Edirne, in Turchia, vicino alle frontiere greca e bulgara.

Nello scontro, che fa parte della più complessa vicenda dell'ingresso dei goti nell'Impero romano, furono impegnati da una parte l'imperatore Valente, alla testa di 40.000 fanti e 20.000 cavalieri, dall'altra il capo Fritigern, al comando di un esercito visigoto-ostrogoto forte – secondo le fonti – di 50.000 fanti e 50.000 cavalieri. Le cifre sono indubbiamente esagerate rispetto alla realtà, ma in questo caso ci interessa più che altro lo svolgimento della battaglia. I romani intendevano allontanare, o al limite eliminare, i goti – ai quali era stato permesso di stanziarsi in Tracia – a causa dei continui contrasti con la popolazione civile e con le autorità imperiali.

Valente, dimostrando scarse capacità tattiche, ordinò un assalto generale contro la fortificazione di carri di Fritigern prima dell'arrivo di tutta la sua fanteria e senza sapere che la maggior parte della cavalleria gotica si stava avvicinando al campo di battaglia. Questa forza piombò sul fianco della cavalleria romana – composta anch'essa in gran parte di mercenari di origine barbarica – e la cacciò fuori dal campo. L'intero esercito visigoto ebbe così la possibilità di circondare le legioni di Valente (pallido ricordo delle antiche legioni imperiali) e di massacrarle. Si parlò di 40.000 romani uccisi, compreso lo stesso Valente; le perdite dei goti furono ovviamente molto più contenute.

Adrianopoli simboleggia la definitiva incapacità della parte occidentale dell'Impero romano di mantenere il controllo della situazione e di conservare una parvenza di struttura centralizzata. Non mancarono comandanti – ormai tutti di origine barbarica – in grado di tenere a bada, qua e là, le nuove etnie che si affacciavano ai confini dell'Impero, ma gli stessi goti, sebbene brevemente pacificati nel 383, mantennero i loro possedimenti e furono presto nuovamente in rivolta.

Tuttavia, a mano a mano che si trasferivano nelle province occidentali, i barbari finivano col disperdersi fra la popolazione romana. Questa suddivisione in piccoli gruppi fece venir meno l'antica coesione tribale anche dal punto di vista tattico, spingendo quelli che già all'origine erano guerrieri di professione a coltivare maggiormente le proprie capacità militari. Se queste erano sostenute da un'adeguata ricchezza il guerriero poteva procurarsi armi migliori e dedicare maggiore tempo al proprio addestramento. D'altra parte, dato che la maggior forza dei combattenti a piedi era la coesione del gruppo, la dispersione portò alla crescente prevalenza della cavalleria, e in particolare della cavalleria pesante, ossia munita di adeguate difese per il corpo e addestrata al combattimento con la spada e la lancia. All'occorrenza, il cavaliere poteva anche combattere a piedi, ma sempre in senso individuale piuttosto che come parte di una formazione.[1] Già all'inizio del medioevo, nella maggior parte dell'Occidente gli eserciti erano diventati piccole forze di professionisti sostenuti da milizie poco addestrate e male armate; i comandanti privilegiavano le tattiche basate sull'assalto frontale, riservando ben poco spazio alla cavalleria o alla fanteria leggera.

Sull'altro versante del mondo cristiano l'Impero di Bisanzio si appoggiò principalmente sulla cavalleria e sulla fanteria leggera. Già nell'ultimo periodo della sua storia l'Impero romano aveva dovuto tener conto della necessità di concentrare rapidamente le proprie forze per respingere le scorrerie dei barbari. La fanteria pesante, che adottava ancora le tattiche delle antiche legioni, si rendeva necessaria solo in caso di invasione. Sin dal IV secolo, poi, le

[1] Cfr. A. Jones, *The Art of War in the Western World*.

popolazioni romanizzate, rinunciando ai tentativi di mantenere inviolate le frontiere, avevano adottato una specie di difesa in profondità, basata su numerosi punti fortificati, in grado di servire come depositi per le provviste, di bloccare le principali vie di accesso, di ostacolare i movimenti degli invasori e di fornire rifugio ai difensori e agli abitanti della zona, ai loro beni mobili e al bestiame. Qualunque invasore che non si fosse liberato delle fortificazioni nemiche durante l'avanzata, dalle case forti alle città murate, avrebbe dovuto affrontare la minaccia di un attacco alle proprie spalle. I bizantini ereditarono questa strategia difensiva basata sulle fortificazioni e aggiunsero alle forze militari regolari, necessarie per darle vigore e sostanza, un tipo particolare di soldato, il cavaliere catafratto, nato dall'esigenza di contrapporsi in modo valido alla cavalleria persiana ai confini orientali dell'Impero. Il cavaliere catafratto bizantino indossava un copricapo di ferro, una camicia di maglia ferrata lunga fino alle cosce e scarpe di ferro. Anche i cavalli erano spesso coperti di ferro. L'armamento consisteva in un arco, una spada, un pugnale e una lunga lancia. A sua volta, il fante leggero bizantino portava un arco con 40 frecce, un piccolo scudo e un'arma per il combattimento a distanza ravvicinata (di solito un'ascia). Qualcuno portava anche una corta cotta di maglia.

I regni barbarici riuscirono a infliggere il colpo di grazia all'Impero Romano d'Occidente, ma ben presto entrarono in conflitto con l'Impero bizantino: e allora, posti di fronte a una struttura militare solida e organizzata, dimostrarono tutta la loro vulnerabilità. Nel 535 l'Impero Romano d'Oriente intraprese la riconquista dell'Italia, occupata per circa mezzo secolo dai goti. La guerra fu lunga e sanguinosa e causò devastazioni terribili in tutto il paese. Da parte bizantina i protagonisti furono due: dapprima il valoroso generale Belisario, quindi, dopo che questi cadde in disgrazia presso la corte bizantina, il settantenne eunuco di corte Narsete, che solo dopo i sessant'anni aveva intrapreso la carriera militare. Fu proprio quest'ultimo a ridurre progressivamente le forze dei goti fino allo scontro finale, avvenuto a 150 chilometri da Roma.

Il Regno gotico d'Italia aveva forze così limitate che per concentrare un esercito da porre in campo contro l'invasione bizantina fu costretto a privare le città delle loro guarnigioni. I goti, consapevoli della mancanza di appoggio da parte degli abitanti delle città, ne distrussero in molti casi le mura per garantirsi contro il rischio di dover riconquistare i centri abitati a mano armata una volta esaurita la minaccia bizantina. La perdita di solidi capisaldi nel territorio costrinse i barbari a rischiare tutto in un'unica grande battaglia, nel luglio del 552, a **Taginae**, nell'Italia centrale.[2] In entrambi gli eserciti erano presenti truppe mercenarie: con i bizantini c'erano armeni, unni, persiani, arabi, slavi e molti barbari germani; a loro volta le forze gotiche includevano parecchi ex combattenti delle armate bizantine. Si calcola che i bizantini, sempre comandati da Narsete, fossero suddivisi in 3.500 soldati di cavalleria pesante, 8.000 arcieri e 3.000 fanti barbarici; contro di loro 13.000 goti comandati dal re Totila, dei quali 5.000 a cavallo e 8.000 a piedi.

Narsete dispose le sue truppe su un fronte più o meno concavo, lungo i pendii meridionali di alcune collinette. Fiducioso nella loro capacità di resistenza fece smontare da cavallo circa 3.000 soldati longobardi ed eruli e li collocò al centro come fanteria. Su ciascun fianco pose circa 4.000 arcieri a piedi, facendoli avanzare di poco per accentuare la curvatura del suo fronte. Dietro il fianco destro collocò mille cavalieri catafratti, mentre altri 500 furono schierati dietro il fianco sinistro; i restanti 1.000 andarono a estendere la linea ancor più verso sinistra.

Totila, un buon comandante che aveva avuto la sfortuna di giungere tardi al trono, quando le forze gotiche erano ormai esaurite, ordinò la sua cavalleria pesante in una

[2] Oggi Gualdo Tadino, vicino a Gubbio, in Umbria, sulle balze orientali dell'Appennino lungo la via Flaminia.

massa solida a non più di 300 metri a sud, di fronte al centro dello schieramento di Narsete, con la sua numerosa fanteria dietro i cavalieri.

La battaglia iniziò con un tentativo dei goti di sloggiare un piccolo distaccamento che Narsete aveva collocato in una postazione avanzata, su una collina. L'attacco non riuscì perché la postazione era a tiro degli arcieri bizantini. A mezzogiorno la cavalleria gotica andò all'assalto del centro bizantino, finendo progressivamente col passare sotto il tiro devastante degli arcieri nemici collocati sulle ali del semicerchio costituito dallo schieramento ideato da Narsete. Nonostante le perdite, i goti riuscirono a entrare in contatto con i longobardi e gli eruli al servizio dei bizantini e impegnarono una mischia che durò varie ore. Verso sera, esausti e decimati, i goti ruppero il contatto e cercarono di ritirarsi. A quel punto intervenne la cavalleria bizantina. I goti in ritirata si disordinarono e si diedero alla fuga, disperdendo la loro fanteria, che non era accorsa in loro aiuto durante il combattimento, forse a causa dell'interdizione rappresentata dai cavalieri bizantini. Questi ultimi ebbero così la possibilità di inseguire cavalieri e fanti goti, facendone strage. Le perdite non furono precisate, ma furono sicuramente devastanti per i goti e abbastanza pesanti per i mercenari longobardi ed eruli al servizio di Bisanzio.

Il generale bizantino Narsete, dopo avere così assicurato il ritorno dell'Italia all'Impero, sconfisse due anni dopo un grosso contingente di franchi a Casilinum. Questa volta si trattava di fanteria munita di elmo e scudo, ma ancora una volta la vittoria fu garantita dalla versatilità dello schieramento bizantino – fanteria appoggiata da cavalleria pesante – che inflisse dure perdite al nemico con i propri archi per poi disperderlo durante la ritirata.

L'Impero Romano d'Oriente aveva acquisito il controllo totale di un'Italia duramente provata dalla guerra, con l'economia in pezzi e facilmente soggetta a nuove invasioni, tanto che in seguito, con l'arrivo dei longobardi, i domini di Bisanzio si ridussero in maniera notevolissima.

Dall'altra parte delle Alpi, del resto, si andava affermando una nuova compagine, costituita dal regno dei franchi, che avrebbe a sua volta dato vita a una nuova struttura di tipo imperiale, profondamente diversa sia dall'antico Impero romano, sia dal suo contraltare bizantino.

L'ascesa della potenza dei franchi, culminata con l'incoronazione di Carlo Magno a imperatore d'Occidente, era legata anche a sostanziali trasformazioni nell'arte della guerra. Basata sul sistema feudale, l'organizzazione militare dei franchi comportava un'elevata quantità di milizie inesperte e male armate e un numero limitato di fanti e cavalieri ben equipaggiati e, in molti casi, ben addestrati. Questi ultimi, veri professionisti, erano utilizzati per le campagne militari a lunga distanza, mentre le milizie servivano solo per opporre resistenza alle invasioni.

Il primo periodo di formazione del regno dei franchi vide tuttavia una certa prevalenza della fanteria, che contrastò a lungo i bizantini a Casilinum e dimostrò la sua coesione respingendo nel 732 gli invasori arabi a **Poitiers**.[3] In campo c'erano circa 25.000 franchi, tutti appiedati, agli ordini di Carlo Martello, contrapposti a 20.000 musulmani a cavallo, comandati da 'Abd al-Rahmān.

Lo scontro fu particolarmente importante, perché servì a delimitare l'area di influenza dell'Islam in Europa. A un secolo dalla morte di Maometto la marea islamica aveva ricoperto una larga porzione dei domini degli antichi imperi. Nel 711 una spedizione araba intraprese la conquista della Spagna, e nel giro di vent'anni i nuovi dominatori si erano insediati saldamente nelle nuove terre, sfruttando le rivalità fra i potentati di origine barbarica e le altre popolazioni locali e avvalendosi del decisivo aiuto dei guerrieri berberi (che, però, si misero presto in contrapposizione con gli stessi arabi). Già intorno al 717-18

[3] La battaglia non si svolse proprio a Poitiers, ma presso una località imprecisata fra Tours e Poitiers, nel sud-ovest della Francia; tuttavia, in vari testi lo scontro è appunto citato come battaglia di Poitiers.

era sorta nei califfi arabi l'ambizione di valicare i Pirenei e tentare uno sconfinamento in forze nella Francia meridionale. Non è da escludere l'ipotesi che le scarse cognizioni geografiche facessero balenare in loro l'idea di potersi spingere sino a Costantinopoli per via di terra. Di certo furono allettati dalla prospettiva di ricchi bottini a danno dei conventi, delle chiese e delle città della ex Gallia, contesa fra il regno dei merovingi e il ducato di Aquitania; e contro quest'ultimo furono diretti i primi sforzi degli invasori arabi, che presero Narbona nel 720 e utilizzarono la città come base di partenza per le loro scorrerie. Tuttavia, già nell'anno successivo a questa prima conquista, il 721, i musulmani furono pesantemente sconfitti sotto le mura di Tolosa dal duca Oddone di Aquitania. La riscossa ebbe luogo nel 732, quando l'emiro 'Abd al-Rahmān passò i Pirenei, sconfisse Oddone fra la Garonna e la Dordogna e proseguì in direzione di Tours, con l'intento prevalente di compiere una ricognizione in forze e saccheggiare le chiese nei dintorni della città. Quando i cavalieri musulmani giunsero in vista di Tours, vennero informati dell'imminente arrivo di un esercito di franchi, comandato dal "maggiordomo di palazzo" Carlo Martello, effettivo capo dei franchi.

'Abd al-Rahmān decise di ritirarsi in direzione di Poitiers, assediata dalle sue truppe. Rallentati da un grosso convoglio che recava il loro bottino, i musulmani non riuscirono a eludere il contatto con i franchi, benché questi ultimi fossero in gran parte appiedati. Dopo numerose scaramucce l'emiro decise di dare battaglia. Carlo fece smontare i suoi pochi combattenti a cavallo e dispose le sue truppe in una grande massa, su terreno ben difendibile e con i fianchi protetti da alcuni ostacoli naturali. In gran parte si trattava di uomini armati con scudi, spade, asce, giavellotti e pugnali, ben allenati ma indisciplinati, rinforzati forse da contadini dei dintorni, male armati e poco abituati a combattere, e dai resti dell'esercito sconfitto di Oddone di Aquitania. I musulmani, quasi tutti a cavallo, armati di lancia e spada, si disposero anch'essi in un'unica massa e si lanciarono in una carica furibonda. Nell'impossibilità di girare intorno ai fianchi dello schieramento nemico e attaccare dal retro, i cavalieri arabi dovettero compiere ripetuti assalti frontali e i franchi, abili nel maneggio dell'ascia e della spada, li respinsero per tutta la giornata, riparando in breve tempo i piccoli varchi aperti nel loro schieramento. A quanto sembra, nel tardo pomeriggio un improvviso contrattacco sferrato proprio da Oddone di Aquitania inflisse perdite rilevanti ai musulmani, e alcuni gruppi di cavalieri, demoralizzati, cominciarono ad abbandonare il campo di battaglia. Presto la ritirata divenne generale e Carlo Martello, non potendo inseguire il nemico con la sua fanteria, si accontentò di occupare il campo di battaglia.

In base alle cronache, circa 1.500 franchi persero la vita; le perdite musulmane sono ignote. A quanto sembra, lo stesso 'Abd al-Rahmān cadde combattendo, e i cronisti arabi affermano che fu vittima della sua stessa audacia, per essersi spinto troppo oltre e aver ceduto all'avidità di portarsi dietro un grande bottino, che ne aveva rallentato i movimenti e che lo aveva posto in condizione di inferiorità di fronte al nemico.

Dopo questa vittoria la cavalleria cominciò a prevalere anche tra i franchi, soprattutto grazie alla diffusione della staffa, a partire dall'VIII secolo. Di incerta origine (alcuni la dicono portata dalle tribù barbariche dell'Asia centrale), la staffa si diffuse rapidamente in tutta l'Europa occidentale. Le staffe riducevano in maniera significativa il pericolo di cadere da cavallo e in combattimento il cavaliere che caricava con la lancia, ben assestato e sicuro sulla sella, poteva trasformare in forza d'urto la velocità del suo cavallo. Nel combattimento a distanza ravvicinata il cavaliere poteva usare la spada con maggiore libertà, con poca ragione di temere che un colpo andato a vuoto gli avrebbe fatto perdere l'equilibrio facendolo cadere a terra. L'uomo a cavallo, già in posizione più elevata rispetto al combattente a piedi, poteva addirittura aumentare ancora la sua altezza levandosi in piedi sulle staffe. La maggiore efficacia che le staffe conferirono alla cavalleria pesante alterò profondamente i rapporti di forza tra i combattenti: in pratica, divenne assai difficile resistere alla carica su terreno aperto dei "franchi", come i bizantini definivano i loro avversari occidentali. Il feudalesimo fu in gran parte rappresentato dal cavaliere armato di lancia e spada, ben saldo sulle staffe, esperto nel maneggio delle armi, capace di caricare il nemico insieme ai propri commilitoni, ma, subito dopo l'urto, abituato a combattere isolatamente, di preferenza contro altri cavalieri. Un'ulteriore fortuna per il feudalesimo occidentale fu l'indebolimento dell'Impero bizantino, costretto a misurarsi contro gli attacchi degli avari e dei musulmani, sicché fu relativamente facile estromettere dall'Italia gli ultimi residui del dominio di Costantinopoli.

Nel resto dell'Europa, parte della Spagna e la Sicilia rimasero in mano agli arabi. Anche se la sconfitta di Poitiers aveva impedito agli islamici di conquistare la futura Francia, essi rimasero potenti nella penisola iberica. Poi cominciò a prendere corpo un faticoso processo storico noto come la *Reconquista*, che nel giro di oltre 500 anni portò alla completa distruzione dei domini musulmani in Europa. La *Reconquista* non ebbe un carattere sistematico; in alcuni periodi prevalsero i musulmani (definiti "mori" dai cristiani), in altri ebbero la meglio i cristiani. Non di rado si videro principi mori cooperare con i cristiani, e viceversa, per appoggiare lotte per il potere all'interno dei due schieramenti. Più che l'abilità dei capi cristiani, furono proprio le rivalità fra i diversi principati locali a favorire, nel lungo periodo, la *Reconquista* a opera dei regni rimasti in mano cristiana al di là dei Pirenei. All'inizio del XIII secolo la crisi del dominio musulmano era ormai cominciata. Mentre nei capitoli successivi si parlerà delle battaglie tra nazioni cristiane, sembra opportuno accennare qui a due scontri determinanti per la sorte del dominio arabo nella penisola iberica: il primo delimitò in maniera determinante l'area d'influenza islamica mentre il secondo segnò la fine della presenza degli stati arabi in terra di Spagna.

La prima di queste due battaglie ebbe luogo il 16 luglio 1212, presso **Las Navas de Tolosa**, circa 190 chilometri a sud-est di Madrid, nel centro della Spagna. In questa località si affrontarono cristiani e musulmani di Spagna: da una parte circa 25.000 castigliani, a piedi e a cavallo, comandati da re Alfonso XIII; dall'altra circa 30.000 fanti e cavalieri mori, sotto l'emiro Mohammed al Nazir.

Nel corso degli anni si era creata una sorta di confine lungo il limite settentrionale della zona di coltura dell'olivo. Al di sotto di questa linea, circa cinquant'anni prima della battaglia, ebbe inizio una grande riforma politico-religiosa, che in un primo momento aveva ridato coesione al mondo islamico in un'area che andava dall'Africa alla Spagna: i califfi Almohadi, sostenuti dal fanatismo delle milizie arruolate in quantità notevole sul suolo africano, divennero sempre più minacciosi nei confronti del mondo cristiano, terribilmente diviso. Lo scontro ebbe origine dall'invasione della Castiglia meridionale a opera di un esercito musulmano, che a sua volta si era mosso in risposta a un forte concentramento di guerrieri cristiani a Toledo. Alfonso XIII, re di Castiglia e Leon, mosse audacemente contro gli invasori e questi ultimi, comandati da Mohammed al Nazir, decisero di dar battaglia su un altopiano della Sierra Morena (il termine spagnolo *nava* indica una valle relativamente aperta in una località quasi interamente montagnosa).

Al Nazir dispose le sue truppe in modo che entrambi i fianchi e la sua retroguardia fossero protetti da terreno scosceso. A quanto risulta i musulmani si disposero su un ampio fronte, con la cavalleria davanti alla fanteria, che era ordinata in una solida massa. Le forze di Alfonso furono distribuite su un'unica linea di tre "divisioni", ciascuna con la cavalleria in prima linea e la fanteria dietro. Il centro dello schieramento cristiano era tenuto dallo stesso re di Castiglia, che aveva con sé i monaci guerrieri dell'ordine di Calatrava, più un considerevole rinforzo di fanteria.

Dopo alcune schermaglie i castigliani lanciarono un deciso attacco che fece indietreggiare entrambi i fianchi dell'esercito musulmano. Al Nazir contrattaccò al centro, annientando le truppe dell'ordine di Calatrava, ma subito fu bloccato dai cavalieri dell'ordine di Santiago e dai picchieri della fanteria. A quel punto, su impulso dell'arcivescovo di Toledo, Alfonso ordinò un contrattacco cristiano, che fece indietreggiare il centro musulmano. Dato che le ali dell'esercito erano ancora in ritirata e il centro era stato messo in rotta, gli uomini di Al Nazir si diedero alla fuga, inseguiti dai cristiani che li massacrarono in grande quantità. A causa degli errori tattici di Al Nazir, che aveva scelto un terreno inadatto alla cavalleria leggera, gli stati islamici della penisola iberica persero l'ultima grande occasione di espandersi a danno dei loro vicini cristiani, e la *Reconquista* non ebbe più periodi di arretramento. L'ultima a cadere fu la città di Granada, nella Spagna meridionale, e proprio l'assedio di **Granada**, tra l'aprile del 1491 e il 2 gennaio del 1492, costituì l'ultima tappa dell'epopea dei mori. La città, che non contava più di 200.000 abitanti, un quarto dei quali poteva considerarsi pronto a combattere, fu assediata da circa 50.000 cristiani – fanti, cavalieri e artiglieri – comandati dal re Ferdinando V di Castiglia e II di Aragona, e dalla regina Isabella di Castiglia. Al comando della città assediata era l'ultimo re di Granada, il giovane Abdallah, detto Boabdil.

Fin dal 1251 il regno di Granada era rimasto l'unica potenza moresca in Spagna. L'unione dei regni di Castiglia e di Aragona, insieme ai dissensi interni nello stato musulmano, consentirono ai cristiani di avviare l'ultima fase della guerra politico-religiosa per espellere il dominio musulmano dalla penisola iberica. Già nel 1486 Ferdinando aveva catturato Abdallah e gli aveva estorto la promessa di cedere Granada se le altre città islamiche in terra di Spagna fossero cadute in mano ai cristiani. Questa condizione si verificò nel 1490, e il re di Granada ricevette l'intimazione di evacuare la città. Boabdil rifiutò, affermando che al momento della promessa non era libero e che gli abitanti, quasi tutti musulmani, non volevano abbandonare la loro città (in effetti, alcuni consiglieri cercarono di venire a patti con Ferdinando, ma prevalse la linea della fazione più estrema).

Dopo aver fatto terra bruciata intorno alla città, il re spagnolo diede inizio all'assedio. Dapprima saccheggiò i distretti montagnosi a sud, che fornivano il grano alla città; poi si accampò sul fiume Genil, vicino ad alcune fonti, 5 chilometri a sud-ovest di Granada. Consapevole del costo in vite umane di un assalto alle fortificazioni, decise di prendere la città per fame, impedendo allo stesso tempo che ai granadini potessero arrivare soccorsi dall'esterno. Il comandante militare dei mori, Muza, compì azioni di disturbo contro il campo cristiano, che fu recintato con trincee e baluardi, poi tentò di provocare i guerrieri cristiani a scontri individuali con i suoi uomini, allo scopo di diminuire le forze nemiche. Dopo alcune perdite cristiane, per ordine di Ferdinando non furono più accettate provocazioni, salvo sporadici episodi e una cruenta scaramuccia in occasione di una visita della regina Isabella a una postazione avanzata. A luglio, nel tentativo di approfittare di un incendio scoppiato nel campo cristiano, Boabdil lanciò una sortita in forze, che indebolì il suo esercito e causò la perdita di alcune torri della città.

I cristiani sostituirono le tende con vere e proprie abitazioni, circondate da mura e torri, e il campo – che prese il nome di Santa Fé – divenne una specie di città militare, aggiungendo disperazione negli animi degli abitanti di Granada, che vedevano il nemico rinforzarsi di giorno in giorno e le speranze di soccorsi dall'Egitto o dal Marocco diventare sempre più tenui. Boabdil, nel tentativo di scongiurare la carestia, avviò negoziati segreti in ottobre; la capitolazione fu segnata il 25 novembre. I termini della resa erano accettabili: libertà di culto per i musulmani, che avrebbero comunque avuto il passaggio gratuito per l'Africa nel giro di tre anni; riduzione di Boabdil a vassallo della corona spagnola, in una piccola ma fertile regione vicino a Purchena; resa della città entro 60 giorni. Il termine fu spostato al 2 gennaio a causa dei violenti dissensi all'interno della città, ma ormai tutto era deciso. Boabdil consegnò le chiavi dell'Alhambra a Ferdinando e Isabella, e si allontanò verso il suo piccolo dominio. Fermatosi in cima a una collina lanciò un ultimo sguardo a Granada e all'Alhambra e scoppiò in lacrime. Sua madre lo rimproverò con queste parole: «Fai bene a piangere come una donna per quello che non hai saputo difendere come un uomo». La località è nota ancora oggi come "El Ultimo Suspiro del Moro". Boabdil si stancò presto del suo minuscolo stato vassallo e lo rivendette a Ferdinando. L'ultimo re islamico della penisola iberica morì 40 anni dopo in Africa, combattendo per il re di Fez. Tra il 1609 e il 1610 gli ultimi musulmani spagnoli, i *moriscos*, furono espulsi dal paese, vittime del conflitto tra l'Occidente e i turchi. Centinaia di migliaia di agricoltori, artigiani, commercianti abbandonarono il regno, e questo folle atto di intolleranza fu una delle cause della decadenza della Spagna.

* * *

Le battaglie della prima parte del medioevo, caratterizzata dalle migrazioni dall'est europeo, sono entrate a far parte della tradizione letteraria e artistica soprattutto in funzione dei grandi personaggi che hanno agito in quel periodo. Il simbolo della barbarie contrapposta agli ultimi segnali di civiltà del mondo romanizzato, Attila, è stato oggetto di rappresentazioni e protagonista di narrazioni che assegnano alle battaglie un ruolo minore rispetto alla descrizione della sua ferocia e delle devastazioni inflitte alle terre da lui invase. Le prime testimonianze della leggenda di Attila si colgono nel Canto a lui intitolato all'interno dell'*Edda*, il poema epico della tradizione norvegese. Egli ha per sposa Gudhrun (la Crimilde del poema nibelungico), sorella di Gunnar (Gunther). Desideroso di entrare in possesso del tesoro dei burgundi, Attila invita alla sua corte i parenti della moglie e ne provoca la morte; Gudhrun, per vendicare la morte dei fratelli, uccide i due figli avuti da Attila porgendo al marito in una coppa il loro sangue e dandogli da mangiare le loro carni. Quindi uccide nel suo letto Attila ubriaco, dà fuoco alla sala del trono e si uccide. La figura di Attila è maggiormente dignitosa nella tradizione popolare tedesca, particolarmente della Germania del sud. Nella *Canzone dei nibelunghi* è un re potente, leale, giusto e severo. Anche le successive rappresentazioni della tradizione germanica non forniscono un'immagine troppo negativa, mentre in ambito latino Attila è stato visto come *flagellum Dei*, un feroce capo barbarico giunto a devastare l'Italia per volontà divina. In campo musicale, la figura di Attila campeggia nell'opera omonima di Giuseppe Verdi, rappresentata a Venezia nel 1846, su libretto di Temistocle Solera. Anche nelle arti figurative Attila trova un posto non disprezzabile, grazie al noto affresco di Raffaello nelle stanze del Palazzo Vaticano, raffigurante l'incontro del re barbaro con il papa Leone Magno. Tuttavia giova notare che in tutti i casi le battaglie storiche non sono al centro dell'attenzione e il personaggio non è caratterizzato come capo militare.

Diverso è il discorso per il conflitto tra musulmani e cristiani: in questo caso il ciclo carolingio da una parte e la narrazione delle gesta del *Cid campeador* dall'altra abbondano di descrizioni di battaglie, che tuttavia sono per la maggior parte dei casi elaborazioni della fantasia di autori vissuti in periodi molto posteriori. È degno di nota che a Carlo Magno e ai suoi paladini, e non al suo predecessore Carlo Martello, sia attribuito il ruolo di avversario dei "mori"; ma sembrerebbe fuori posto, qui, citare tutti i poemi cavallereschi ove si parla di Orlando, Rinaldo, Ruggiero e dei loro avversari, giacché l'evento bellico, ancora una volta, è posto in ombra dalla narrazione delle imprese individuali, dei duelli, dei corteggiamenti, delle magie. Uno spazio maggiore è dedicato alla storia, o almeno alla sua interpretazione di parte, nei vari poemi ispirati alla figura di Rodrigo Diaz de Vivar, *el Cid,* dalle prime opere quasi contemporanee al personaggio fino alla tragedia di Pierre Corneille e all'opera musicata da Jules Massenet. In tutte queste creazioni il guerriero castigliano è campione della cristianità, del suo re e soprattutto dell'onore, e ancora una volta le battaglie, vere o fittizie, sono inserite in una più vasta trama di intrighi, amori e contese cavalleresche.

Negli ultimi anni sono apparsi due sceneggiati televisivi girati con gran dovizia di mezzi, ma per differenti aspetti dotati entrambi di scarsa veridicità: una ricostruzione degli ultimi giorni di Granada musulmana e una narrazione della vita di Carlo Magno. Il primo, tutto sommato, non compie gravi scorrettezze dal punto di vista della storia militare, ma fornisce un'immagine eccessivamente idilliaca e civilizzata degli ultimi difensori dell'Islam in terra spagnola; il secondo fornisce una descrizione degli ordinamenti militari dell'epoca assolutamente risibile e antistorica, sia sul piano degli armamenti sia sul piano delle tattiche di guerra.

Quanto al cinema, a parte i vari film di fantasia dedicati alle invasioni barbariche, merita una menzione *Sign op the Pagan* (*Il re dei barbari*), per la regia di Douglas Sirk e l'interpretazione di Jack Palance nella parte di Attila, apparso nel 1954; ugualmente interessante è *Attila*, uscito nello stesso anno, regia di Pietro Francisci, interpreti Anthony Quinn e Sophia Loren. Meglio non esprimersi su *Attila flagello di Dio*, interpretato da Diego Abatantuono nel 1982.

Rimane invece un classico, ottimo anche nel ritmo e nell'intensità delle scene di guerra, *El Cid* di Anthony Mann (1961), interpretato da Charlton Heston, Sophia Loren e Raf Vallone. Fra l'altro, il soggetto è del drammaturgo italiano Diego Fabbri.

VI
Hastings e la nascita degli Stati nazionali

Il 5 gennaio del 1066 la morte di Edoardo il Confessore, l'ultimo re della stirpe sassone che dominava l'Inghilterra, aprì un contrasto dinastico che doveva portare all'invasione e alla conquista dell'isola da parte dei normanni. L'evento è entrato nella tradizione come un fatto traumatico e improvviso: in realtà, da decenni esisteva un complicato intreccio politico tra Scandinavia, Inghilterra e Normandia a livello di famiglie nobili e di casate regnanti. Così, per il trono lasciato vacante da Edoardo si trovarono a lottare quattro pretendenti: Aroldo, conte del Wessex, suo fratello Tostig, conte di Nortumbria, Harald Hardraada, re di Norvegia, e infine Guglielmo il Bastardo, settimo duca di Normandia, impegnato da quindici anni in maneggi politici e militari per impossessarsi del regno al di là della Manica. È proprio nella grande capacità dei normanni di adattarsi a differenti ambiti culturali e religiosi che va trovata la chiave dei fatti che portarono alla conquista dell'Inghilterra.

I normanni erano uomini del nord, in sostanza vichinghi, stanziatisi nel 911 nella parte più alta di quella che oggi è la Normandia, come feudatari del re dei franchi Carlo il Semplice. Solo cent'anni dopo, questa popolazione, assimilata integralmente la cultura dell'Europa cristiana senza per questo perdere le antiche doti guerriere, era in grado di controllare il nord della Francia e nel

1042 la famiglia normanna degli Altavilla aveva costituito una contea in Puglia, nucleo di una futura espansione nel meridione e della conquista della Sicilia (1061). A parte questo nucleo emigrato a sud, i normanni avevano mantenuto stretti rapporti con i loro cugini vichinghi, stanziati in varie regioni della Scandinavia, fornendo a loro le basi e gli approdi per le incursioni in Inghilterra. Per porre fine a questa sorta di assedio, il re d'Inghilterra Etelredo II nel 1002 sposò Emma, la figlia del duca Riccardo di Normandia; ma questo matrimonio non impedì agli scandinavi di invadere l'isola nel 1013. Etelredo morì durante il suo tentativo di riprendersi il trono, e la vedova, non rassegnandosi al ruolo di pedina nelle manovre politiche del duca Riccardo, si unì in seconde nozze con Canuto il Grande, re degli invasori scandinavi. In questo modo le ambizioni normanne di dominare tutta l'area vennero in qualche modo contenute, anche perché Canuto si era semplicemente sovrapposto a una nobiltà sassone che ancora controllava tutti i feudi dell'isola. I re scandinavi succeduti a Canuto non furono in grado di stabilire una vera e propria dinastia, e nel 1043 il figlio più giovane di Etelredo, appunto Edoardo, fu invitato dai baroni sassoni a riprendersi il trono appartenuto alla sua famiglia. Fino ad allora, il principe Edoardo era vissuto alla corte di Normandia ed era al momento ospite del settimo duca, Guglielmo, figlio naturale (donde il soprannome di Bastardo) del duca Roberto I.

Negli anni che seguirono, mentre Guglielmo sconfiggeva alcuni baroni ribelli, Edoardo si trovava esposto agli intrighi dei suoi feudatari, e in particolare dei conti di Essex, Godwine e suo figlio Aroldo. È degno di nota il fatto che, per proteggersi dai sassoni, Edoardo si fosse circondato di cortigiani normanni. Dopo aver costretto Godwine all'esilio, Edoardo, privo di figli, pensò che il miglior successore fosse il lontano cugino Guglielmo, che avrebbe unito normanni e sassoni creando un solido baluardo contro le ambizioni degli scandinavi. La successione venne ratificata alla fine del 1051, ma poco tempo dopo Godwine e i suoi figli contrattaccarono e si assicurarono il controllo pressoché totale del regno, cacciando i consiglieri normanni di Edoardo e costringendolo a riprendersi come moglie la figlia del conte di Essex, che aveva in precedenza ripudiato. Negli anni che seguirono, la famiglia degli Essex consolidò il proprio dominio a danno delle ambizioni di Guglielmo di Normandia e di Harald Hardraada, re di Norvegia, che per antichi legami familiari riteneva di avere anch'egli dei diritti sul trono d'Inghilterra.

Il punto di svolta si verificò nel 1064, quando Aroldo intraprese un viaggio in Europa per motivi che non sono stati ancora sufficientemente chiariti (la tesi che fosse inviato da Edoardo per confermare i diritti dinastici di Guglielmo è la più accreditata, anche se contrasta con le manovre della famiglia degli Essex). Caduto prigioniero di un piccolo feudatario di Guglielmo, fu da quest'ultimo liberato e accolto con grandi onori alla sua corte; ma qui fu costretto a giurare fedeltà al duca di Normandia, diventandone di fatto un vassallo e indebolendo la sua posizione come possibile successore al trono. Per giunta Guglielmo, in quello stesso periodo, si era ulteriormente rafforzato acquisendo il controllo di altre parti della Francia settentrionale, dalla quale poteva così ottenere un buon numero di uomini per una futura invasione. Quando Aroldo ritornò in Inghilterra, alla fine del 1064, dovette affrontare una crisi del suo casato, indebolito dalle intemperanze di suo fratello Tostig. La morte di Edoardo il Confessore, nel 1066, vide comunque Aroldo alla riscossa, impegnato nel dimostrare agli altri baroni che la sua ascesa al trono era l'unica garanzia contro un'invasione straniera. Di fatto, Guglielmo di Normandia si stava già muovendo ed era già riuscito a ottenere il consenso del papa, Alessandro II, alla futura invasione dell'isola; e questo consenso, unito alla speranza di nuovi feudi e di un ricco bottino, faceva accorrere da ogni parte d'Europa cavalieri e semplici mercenari sotto le bandiere del duca.

I sistemi militari che si fronteggiavano erano profondamente diversi l'uno dall'altro. Da parte sassone esistevano due tipi fondamentali di "soldato": gli *housecarles* e il *fyrd*. I primi erano soldati di professione, mentre il secondo era una sorta di milizia nazionale chiamata alle armi in tempo di crisi per un periodo ben determinato (di solito 60 giorni). Scaduto il termine, gli uomini del *fyrd* potevano tornare a casa. Anche il sistema dei castelli, che sotto i re normanni doveva ricoprire tutta l'Inghilterra, era quasi inesistente. In caso di sconfitta, Aroldo aveva pochi posti nei quali ritirarsi.

Guglielmo, invece, usufruiva dei vantaggi del sistema feudale. Baroni e vescovi erano vassalli del duca ed erano tenuti a fornirgli uomini e mezzi senza limiti di tempo. A queste milizie, come si è detto, si aggiungevano i numerosi stranieri accorsi a dare man forte alle ambizioni del signore normanno.

Quanto all'armamento individuale, i circa 3.000 *housecarles* sassoni, istituiti dal re danese Canuto nel 1018, indossavano un elmo conico con un nasale e probabilmente un guardanuca di maglia di ferro; a protezione del corpo era portato un usbergo di maglia indossato sopra una veste imbottita. Le gambe e i piedi erano protette da stoffa imbottita legata con lacci. Lo scudo era grande e a forma di mandorla, fatto di legno coperto di cuoio indurito, spesso rinforzato da strisce di metallo, con un umbone metallico al centro, in corrispondenza dell'impugnatura interna. Le armi da offesa erano una spada dritta, a doppio filo, lunga circa 80 centimetri, più una lancia o un giavellotto; alcuni usavano anche la *seax*, una specie di spada-pugnale a un solo filo. L'arma favorita da tutti gli *housecarles* restava però la pesante ascia a due mani, lunga oltre un metro, con la sua grande lama ricurva: un'arma spaventosa, che inflisse gravi perdite a fanti e cavalieri normanni. Gli uomini del *fyrd* – piccoli coltivatori liberi, contadini, abitanti dei villaggi – tendevano a imitare gli *housecarles*, ma pochi potevano permettersi le difese in maglia ad anelli di ferro, le armi e i grandi scudi; la maggioranza di essi non aveva nemmeno protezioni per il corpo e adoperava mazze e addirittura forconi. La loro forza stava, più che altro, nel numero. La caratteristica prevalente di tutto l'esercito sassone era di possedere pochissimi cavalieri: solo gli spostamenti potevano essere eseguiti a cavallo, ma in pratica tutti combattevano a piedi.

L'esercito di Guglielmo era invece basato su un solido nucleo di cavalleria, che indossava usberghi di maglia ad anelli simili a quelli degli *housecarles*, ma anche più lunghi, uniti in un unico pezzo dalla testa sino alle gambe. Le loro armi principali erano la spada e la lancia, usata spesso come giavellotto e non come arma d'urto (cosa che avvenne più tardi). Alcuni usavano anche mazze ferrate. Il punto debole di questa cavalleria erano proprio gli animali, più simili a dei grossi *ponies* che ai grandi cavalli da torneo della tradizione medievale: le loro limitate dimensioni costringevano i cavalieri a montare con le gambe tese, dritti sulle staffe, il che riduceva di molto la loro efficienza in battaglia. La fanteria era in sostanza costituita da cavalieri appiedati, armati di spada e con scudi più grandi di quelli dei loro commilitoni a cavallo (ma tutti gli scudi normanni avevano poche speranze contro i colpi dei sassoni). Gli arcieri, che giocarono un ruolo essenziale durante la battaglia, erano contadini muniti di un arco corto, efficace sino a 80-100 metri di distanza.

Aroldo fu costretto a mobilitare le sue forze per reprimere un'incursione del fratello Tostig e per resistere non solo all'invasione normanna, ma anche alla minaccia di un attacco scandinavo, guidato da Harald Hardraada. Se il tempo avesse favorito le navi di Guglielmo, paradossalmente il duca normanno avrebbe dovuto affrontare un esercito sassone assai temibile e numeroso. Invece le sue numerose imbarcazioni – 450 secondo Fuller, 700 secondo Lemmon – rimasero alla fonda, a causa dei venti contrari, per tutto il mese di agosto del 1066 e per la prima settimana di settembre. L'8 settembre Aroldo, privo di denaro e di vettovaglie, fu costretto a rimandare a casa il *fyrd* e ad acquartierare a Londra gli *housecarles*; e per colmo di sfortuna gran parte della sua flotta fu dispersa da una tempesta. In quel momento, Harald Hardraada attaccò. Le sue 300 navi sbarcarono nel nord dell'Inghilterra numerosi guerrieri che distrussero il *fyrd* settentrionale e conquistarono York. Aroldo reagì dando prova di notevoli capacità militari. Con i soli *housecarles* partì da Londra e raccolse gli uomini del *fyrd* lungo la strada, giungendo il 25 settembre a Stamford Bridge, ove lo attendevano le truppe di Hardraada e del suo stesso fratello Tostig, che si era unito all'invasore. L'urto fu terribile, ma la furia degli *housecarles* ebbe ragione dei vichinghi e dei loro sostenitori e l'intera forza di invasione venne sterminata.

Purtroppo per Aroldo, le sue risorse non erano illimitate. Le sue unità scelte erano state logorate dallo scontro, e buona parte dei *fyrds* del nord erano inutilizzabili contro una futura invasione normanna. E Guglielmo stava già bordeggiando il lato francese del canale della Manica, cercando un punto dal quale i venti di terra potessero sospingere le sue navi verso la costa inglese. Il 27 settembre il punto e il vento favorevole furono trovati, e il mattino del 28 la flotta avvistò la costa inglese. Dopo uno sbarco facile e indisturbato a Pevensey, Guglielmo diresse i suoi uomini lungo la costa, verso la spiaggia di **Hastings**, ove l'esercito avrebbe potuto più facilmente ripiegare in caso di necessità. Il duca normanno, comunque, intendeva scontrarsi al più presto possibile con Aroldo. A questo scopo, anziché cercare di catturare le città dell'Inghilterra meridionale, si dedicò solo a saccheggiare i villaggi più vicini, sicuro che Aroldo sarebbe prontamente accorso, nonostante il suo esercito fosse in cattive condizioni. In effetti, le possibilità di una vittoria sassone sarebbero state ben maggiori se il re avesse temporeggiato, attirando i nemici verso l'interno. Invece scelse di marciare verso sud, incontro agli invasori, e si fermò a Londra il 6 ottobre solo per raccogliere elementi dei *fyrds* del sud; quindi, dopo cinque giorni di sosta, scelse di concentrare i suoi armati a Caldbec Hill, 12 chilometri a nord di Hastings e a 100 chilometri di distanza da Londra, ove poteva essere raggiunto da altri uomini lungo due diverse strade.

Guglielmo procedette sino alla collina di Telham, 11 chilometri a nord di Hastings e proprio a sud del campo di Aroldo, collocato sulla collina di Senlac. Solo una piccola valle separava i due eserciti. La battaglia di Hastings non fu dunque combattuta propriamente ad Hastings, ma ad alcuni chilometri di distanza. Dalla collinetta di Senlac il terreno scendeva in dolce pendio per alcune centinaia di metri, quindi ricominciava a salire in direzione di Telham. Nel mezzo della vallata scorreva un fiumiciattolo fiancheggiato da terreno paludoso, e a meno di cento metri da Senlac sorgeva un piccolo rialzo di terra. La posizione di Aroldo era ben protetta su entrambi i lati da terreno accidentato, che rendeva praticamente impossibili manovre di aggiramento. Quanto alle forze in campo, si è calcolato che Aroldo avesse a disposizione circa 2.000 *housecarles* e 5.500 uomini del *fyrd*, per un totale di 7.500 fanti; Guglielmo non doveva avere più di 2.000 cavalieri e 5.000 fanti, per un totale di 7.000 combattenti.

All'alba del 14 ottobre i normanni e i loro alleati, riposati e freschi, mossero verso le posizioni dei sassoni. Questi, in teoria, avrebbero dovuto attaccarli di sorpresa, ma erano troppo stanchi di battaglie e marce per poter essere impegnati in un attacco notturno. Perduto il fattore-sorpresa, ad Aroldo non restava che porsi sulla difensiva, bloccando la strada per Londra.

Gli uomini di Guglielmo erano ordinati in tre divisioni: i bretoni, i franco-fiamminghi e i normanni veri e propri, che costituivano metà dell'esercito. Attraversato il terreno paludoso al centro della valle, le divisioni si disposero sotto la collina di Senlac, ove erano attestati Aroldo e i suoi, sfidando il rischio – per altro relativo – di fare da bersaglio agli arcieri sassoni. La distanza era di meno di 150 metri in linea d'aria, e il dislivello era poco più di 10 metri. I bretoni erano a sinistra, i normanni al centro, a ovest della strada principale per Londra, e i franco-fiamminghi erano a destra, più o meno paralleli all'ala sinistra dello schieramento di Aroldo. Ogni divisione aveva gli arcieri sulla fronte, gli uomini d'arme appiedati alle loro spalle e la cavalleria in terza linea. Data la conformazione del terreno, Guglielmo non poteva attaccare che frontalmente.

Sin dal principio, per difendere la sua posizione Aroldo adottò la tattica del muro di scudi: gli *housecarles*, restando fianco a fianco, dovevano tenere i loro scudi dritti di fronte al nemico, in modo che i bordi si sovrapponessero fra scudo e scudo, formando un muro impenetrabile. Di contro, in questo modo non potevano utilizzare la loro arma più temibile: l'ascia a due mani. Contro gli arcieri e la fanteria era un tipo di difesa difficile da battere ma contro la cavalleria, non consentendo l'uso delle armi, era una tattica destinata a far perdere terreno. Comunque, il pendio rendeva estremamente difficile caricare contro i sassoni con speranze di successo.

La battaglia cominciò alle nove del mattino, con diversi tiri degli arcieri normanni, che ebbero poco effetto a causa della distanza e della posizione più elevata dei sassoni. Gli uomini d'arme a piedi attaccarono subito dopo, ma dovettero affrontare prima una vera pioggia di giavellotti, lance e sassi per scontrarsi poi con le asce da battaglia, che facevano a pezzi i loro fragili scudi. I primi a cedere furono i bretoni, che si ritirarono in disordine, inseguiti da molti uomini del *fyrd*; le altre due divisioni si sganciarono subito dopo, e tutta la fanteria, retrocedendo, ricadde sulla cavalleria, scompigliandola lungo tutta la linea. L'esercito fu preso dal panico e lo stesso Guglielmo, travolto dai fuggiaschi, cadde da cavallo. Questo era il momento per Aroldo di attaccare: se lo avesse fatto, molto probabilmente quasi tutta la fanteria nemica sarebbe stata annientata e gli stessi cavalieri avrebbero avuto gravi difficoltà nel ritirarsi, tanto più che la perdita, sia pure momentanea, del comandante poteva indurre parecchi a pensare che fosse morto, con conseguenze inimmaginabili per il morale di tutto l'esercito.

Purtroppo per Aroldo, egli non fu capace di afferrare l'attimo favorevole, mentre Guglielmo, rapidamente risalito a cavallo, buttò via l'elmo per farsi riconoscere dai suoi e ordinò alla cavalleria normanna di attaccare sul fianco sinistro gli uomini del *fyrd* che erano scesi dalla collina all'inseguimento della fanteria bretone. I fanti sassoni, privi di armatura e colti di sorpresa, furono in breve tempo annientati e questo successo bastò a riordinare le truppe del duca. Questo episodio mise fine alla prima fase della battaglia.

Dopo un breve intervallo durante il quale entrambe le parti si rifocillarono, Guglielmo mandò avanti la propria cavalleria. Per due o tre ore gli uomini a cavallo risalirono con difficoltà il pendio assestando inutili colpi sui robusti scudi sassoni, e venendo a loro volta colpiti più volte dalle spade e dalle asce dei nemici. Poi, si verificò un evento molto simile a quello della mattinata: una significativa porzione della linea di Guglielmo batté in ritirata e parecchi sassoni la inseguirono. È possibile che Aroldo intendesse lanciare tutto l'esercito al contrattacco, ma che solo una parte, a causa della confusione generale, abbia eseguito l'ordine. Quello che è certo è che una parte della cavalleria normanna si scagliò, come era avvenuto prima, sui fanti sassoni, sterminandoli. Taluni hanno addirittura parlato di una finta ritirata dei cavalieri, seguita da un repentino dietro-front con assalto finale al nemico: ma si tratta di una manovra troppo complicata per un esercito medievale. È più probabile che Guglielmo, sulla base della precedente esperienza, abbia utilizzato un contingente tenuto di riserva. A ogni modo, la manovra ebbe un effetto devastante sulle truppe di Aroldo, che fu costretto a serrare i ranghi lasciando esposti i fianchi della sua formazione.

Erano circa le 2.30 del pomeriggio, quando gli arcieri franchi, normanni e bretoni, rifornitisi di nuove frecce, si fecero nuovamente avanti. Questa volta gli archi furono diretti verso il cielo, in modo che le frecce compissero una curva sopra le teste dei nemici e andassero a ricadere nelle file dietro al muro di scudi. Questo espediente causò gravi danni ai guerrieri del *fyrd*, in gran parte privi di protezioni del corpo, ma una freccia in particolare causò il maggiore danno: una freccia che colpì l'occhio di Aroldo, senza ucciderlo ma arrecandogli una ferita particolarmente dolorosa che intaccò profondamente il morale di tutto l'esercito sassone.

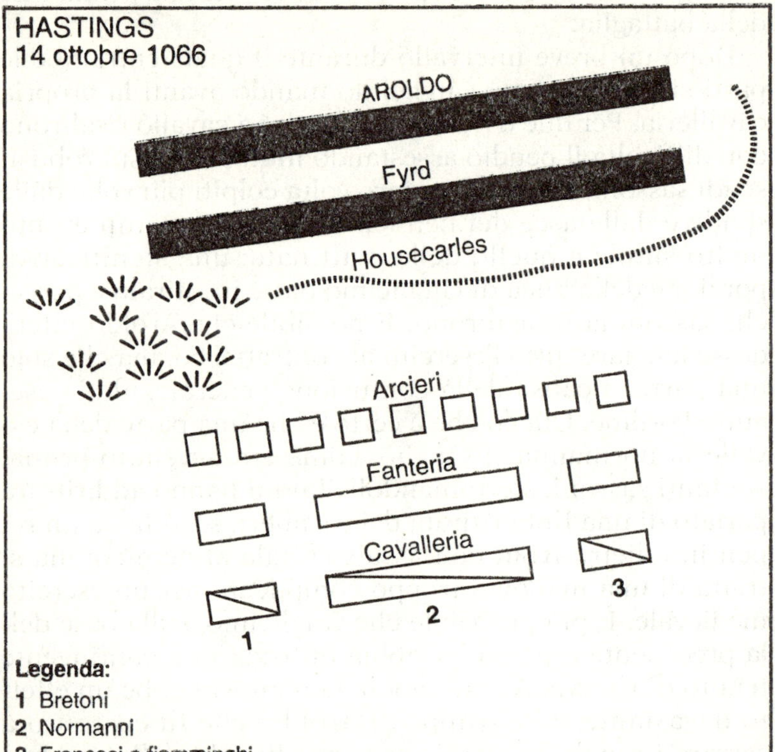

Proprio in quel momento i bretoni riuscirono a risalire il lato occidentale del pendio e cominciarono ad aggirare l'ala destra dei sassoni, malgrado la fiera resistenza degli *housecarles*. Alla vista di questo primo successo, Guglielmo ordinò a Eustace de Boulogne e a un contingente di cavalieri franco-fiamminghi di attaccare sul pendio orientale della collina di Senlac. Anche questa manovra riuscì, e sotto la duplice pressione dai lati il *fyrd* cominciò a disintegrarsi. Mentre i loro commilitoni fuggivano, gli *housecarles* si divisero in varie sacche di resistenza e continuarono a combattere. Uno di questi gruppi era a guardia della persona di Aroldo, gravemente ferito: vi penetrarono i cavalieri guidati da Eustace e da Guy de Ponthieu e fecero a pezzi lo sfortunato re sassone. Era il tramonto, e la battaglia era praticamente finita. Gli *housecarles* superstiti si ritirarono per circa un chilometro e mezzo, fino a radunarsi in un burrone riempito di tronchi, detto "Malfoss". Per ordine di Guglielmo il riluttante Eustace de Boulogne vi penetrò con i suoi cavalieri per sterminare quegli irriducibili guerrieri. L'ordine venne eseguito, a prezzo della vita di molti normanni e dello stesso Eustace. Questa azione pose davvero termine al combattimento: erano le 5.30 del pomeriggio ed era già calata la notte.

Entrambi gli schieramenti ebbero non meno di 2.000 caduti per parte. Oltre ad Aroldo morirono i suoi fratelli Leofwine e Gyrth.

Guglielmo non era affatto sicuro della vittoria finale, ma nei giorni che seguirono i nobili sassoni furono incapaci di organizzare una qualsiasi forma di resistenza. Le città e i castelli si arresero sino a Londra, che aprì le porte al conquistatore il giorno di Natale del 1066. Appena entrato in città il duca fu consacrato re d'Inghilterra nell'abbazia di Westminster. Nei tre anni successivi, Guglielmo represse varie ribellioni locali e nel 1070 arrivò a invadere la Scozia costringendola a pagargli un tributo; inoltre impose a ogni barone di riconoscere che l'unico nobile al quale chiunque doveva mantenersi fedele era il re, ponendo le basi di un dominio che riconosceva alla monarchia poteri sconosciuti nel resto d'Europa. Solo in apparenza Hastings fu un piccolo scontro che risolse una lotta per il trono di un regno che occupava solo parte delle isole britanniche, perché in un contesto più ampio questa fu una delle battaglie più decisive della storia. Secondo le parole di J.F.C. Fuller «al posto di un paese sciatto e indisciplinato sorse un regno unito e compatto sotto un'autorità centrale, sicura e ereditaria». Gli storici americani Ernest e Trevor Dupuy descrivono la battaglia come «l'inizio di una serie di eventi che avrebbero portato un popolo anglosassone rivitalizzato a un'area di influenza mondiale ancora più vasta di quella dell'antica Roma». In effetti, invece di diventare uno stato scandinavo di confine, l'Inghilterra divenne una forza di primo piano nello sviluppo dell'Europa occidentale, mentre il potere e l'influenza dei vichinghi finirono in secondo piano. Le politiche interne di Guglielmo il Conquistatore divennero modelli ai quali si ispirarono molti governanti nel definire la struttura dei loro stati.

Nell'ultima parte del medioevo non furono poche le battaglie significative per lo sviluppo di nuove realtà politiche ed economiche. In Italia, poco più di un secolo dopo Hastings, e precisamente il 29 maggio 1176, **Legnano** fu la battaglia cruciale nella lunga lotta del Sacro Romano Impero per affermare il suo potere, almeno in linea di principio, sui Comuni dell'Italia del nord, che avevano messo da parte le loro rivalità reciproche per formare la Lega Lombarda, presieduta da papa Alessandro III. L'imperatore Federico Barbarossa cercò di usare la forza per sottomettere i Comuni, e fu sconfitto, perché i lombardi fecero un eccellente uso del terreno e della cooperazione fra le diverse unità del loro esercito, contro un'armata composta quasi esclusivamente da cavalieri. Le truppe della Lega Lombarda – suddivise in mille uomini d'arme, 1.500 arcieri e balestrieri, 6.000 picchieri delle milizie cittadine – avevano contro un esercito composto da circa 4.000 uomini d'arme e mille picchieri. Ricordiamo, fra l'altro, che le protezioni di cui era dotato il cavaliere erano ulteriormente migliorate rispetto a quelle usate ad Hastings. La cotta di maglia ferrata era stata allungata fino alle ginocchia e unita alla protezione della testa, costituita da un elmetto conico di ferro e da un cappuccio di maglia ferrata, che scendeva a coprire la nuca, le guance e il collo. L'intera difesa di maglia di anelli di ferro intrecciati poteva pesare almeno 13 chili. Sotto la maglia ferrata, il cavaliere portava una veste imbottita per attutire i colpi. Ulteriori elementi di protezione e offesa erano costituiti da un nasale per l'elmetto, da una spada più lunga di quelle usate nell'alto medioevo atta a colpire solo di taglio, e da un lungo scudo di legno e cuoio, solitamente a forma di mandorla, che assicurava una buona protezione sia a piedi sia a cavallo. L'equipaggiamento completo costava quanto una piccola fattoria.[1]

Accanto ai cavalieri completamente armati e dotati di buoni e robusti destrieri capaci di sopportarne il peso, prendevano posto nelle file i "sergenti", professionisti forniti di un equipaggiamento difensivo e offensivo più limitato, di solito al seguito di qualche cavaliere più ricco. Si stava rapidamente diffondendo tra le truppe a piedi la balestra, un'invenzione romana trascurata dai bizantini ma forse sopravvissuta in Gallia e rifiorita nell'XI secolo.[2] In confronto all'arco, la balestra aveva una cadenza di tiro più basso e un costo più alto, ma il suo dardo era più pesante e infliggeva danni assai maggiori di una normale freccia; inoltre imparare a usare una balestra era relativamente facile. In un certo senso la balestra era una macchina pensata per integrare le capacità naturali dell'uomo: rispetto a un arco richiedeva meno abilità per mirare e meno forza per tenderne la corda. Si trattava dunque di un'arma ideale per chi, trovandosi in un contesto politico e sociale agitato e non avendo tempo di esercitarsi nel maneggio delle armi, disponeva comunque del capitale sufficiente per comprare un adeguato strumento di offesa e difesa.

In campo aperto, oltre agli arcieri e ai balestrieri, i combattenti a piedi potevano essere delle specie più di-

1 Cfr. A. Jones, *op. cit.*

2 Cfr. R. Payne-Gallwey, *The Crossbow*, London 1903. L'autore ricorda che Anna Comnena, nella sua *Alexias* ultimata nel 1148, attribuisce l'invenzione della balestra ai franchi e la definisce «un arco di tipo ignoto ai greci e ai barbari».

verse. I fanti meglio equipaggiati, di solito mercenari, erano muniti di elmetto, camicia di maglia ferrata, scudo, spada e picca. Le milizie comunali disponevano di un armamento più composito e meno efficace, di solito basato sulla picca e su un grande scudo rettangolare (il "pavese" o "palvese"). Le eventuali milizie del contado erano dotate di armi improvvisate, fatte con gli strumenti del quotidiano lavoro agricolo. Il problema principale, per la fanteria medievale europea, era quello di mantenere la compattezza della formazione. Privi dell'addestramento delle falangi greche e delle legioni romane, le schiere a piedi dall'XI al XIV secolo erano capaci di successi limitati e potevano anche riuscire a vincere qualche battaglia, ma se non erano adeguatamente difese da un'efficiente cavalleria pesante erano condannate a soccombere. Bastava infatti che perdessero la coesione e tra i loro varchi poteva inserirsi la cavalleria nemica: a quel punto anche il fante meglio armato era in stato di netta inferiorità di fronte alla lancia, alla mazza o alla pesante spada di cui erano muniti i cavalieri. Il buon coordinamento tra fanteria e cavalleria fu infatti all'origine della vittoria della Lega Lombarda a Legnano.[3]

I lombardi stavano ancora levando il campo quando la battaglia ebbe inizio. Il loro esercito aveva appena cominciato ad avanzare ed era in linea di marcia con la cavalleria all'avanguardia, seguita da una parte degli arcieri e dei balestrieri e dal grosso dei picchieri, con il Carroccio, mentre il resto dei tiratori formava la retroguardia. Gli imperiali erano anch'essi in linea di marcia, ma si erano

[3] Sarebbe comunque azzardato parlare di una vera e propria superiorità tattica dei lombardi comandati da Alberto da Giussano. Data la grande eterogeneità delle forze a disposizione, nonostante il loro limitato numero (armare ed equipaggiare un cavaliere corazzato costava quanto tenere in efficienza parecchi legionari dell'antica Roma), era difficile fissare dei principi generali in base ai quali schierare gli eserciti in battaglia; la vittoria fu dovuta, in primo luogo, a una coesione "sociale" fra le truppe a cavallo e le truppe a piedi dei Comuni italiani, che combattevano per difendere il loro diritto ad avere un autonomo ordinamento politico.

mossi in anticipo rispetto agli avversari, con la loro cavalleria e l'imperatore all'avanguardia, e le picche assai più indietro.

Il terreno dello scontro fu una pianura vicino a Legnano, 25 chilometri a nord-ovest di Milano. Si trattò, in pratica, di una battaglia "di incontro", nel senso che entrambi gli eserciti non avevano programmato di affrontare l'avversario. La cavalleria imperiale incappò quasi per caso nella cavalleria lombarda e grazie alla superiorità numerica la mise in fuga. Nella loro precipitosa ritirata, i cavalieri lombardi sorpassarono la loro fanteria che, avvertita dell'arrivo dei nemici, riuscì a schierarsi con i picchieri al centro, coperti sui fianchi dai balestrieri, difesi a loro volta da alcuni ripari naturali. La pesante cavalleria imperiale arrivò quando la fanteria lombarda si era già preparata a riceverla, ma l'imperatore decise ugualmente un attacco frontale contro il muro di picche, anziché aspettare l'arrivo dei picchieri di Como, una delle poche città lombarde che in odio a Milano si erano schierate con le truppe imperiali.

Varie cariche di cavalleria furono respinte con gravi perdite; a un certo punto persino Federico fu disarcionato e cadde in mezzo alle picche, ma riuscì a districarsi dai nemici. Nel frattempo la cavalleria lombarda ebbe il tempo di riordinarsi e attaccò gli imperiali sul fianco mentre questi erano impegnati in un nuovo assalto frontale. Le forze imperiali cedettero, fuggendo dal campo, e Federico riuscì a stento a mettersi in salvo. Legnano fu la prima importante battaglia dal tempo dell'Impero romano nella quale la fanteria riuscì a sconfiggere truppe a cavallo in Europa occidentale.

Nella prima parte del XIII secolo con la battaglia di **Bouvines**, combattuta il 27 luglio 1214, l'Impero fu ulteriormente ridimensionato a vantaggio di una monarchia nazionale in corso di formazione, quella francese, anche se sarebbero occorsi almeno altri due secoli perché la Francia potesse diventare una realtà in qualche modo unitaria.

L'imperatore Ottone IV si era riunito a Nivelles, a sud di Bruxelles, con i suoi alleati inglesi, guidati dal re Giovanni d'Inghilterra, e con alcuni vassalli francesi, mentre il re di Francia Filippo II Augusto concentrava le sue forze a Péronne. Giovanni (il famoso "Senzaterra" della tradizione) voleva recuperare le terre angioine incamerate dal re di Francia, mentre l'imperatore voleva ridimensionare il monarca vicino, divenuto troppo pericoloso. Le due armate si girarono intorno, cercandosi, e alla fine Filippo prese posizione a nord, presso Tournai, mentre Ottone si trovò a sud, verso Valenciennes. Quindi, avute notizie piuttosto vaghe circa la posizione del nemico, i due sovrani mossero nuovamente i loro eserciti. Filippo, giunto presso Bouvines, seppe che Ottone era dietro di lui e decise di fermarsi per combattere: una decisione piuttosto ardita, visto che il suo fronte era completamente rovesciato (alle sue spalle c'era il territorio nemico) e l'unica via di ritirata passava per il ponte di Bouvines. A quanto sembra, Filippo era estremamente fiducioso nella superiorità numerica delle sue truppe e, in particolare, dei suoi cavalieri.

Quando Ottone arrivò a contatto visivo di un nemico che credeva ancora in assetto di marcia, e che sperava di poter attaccare di sorpresa, si trovò nell'impossibilità di ritirarsi, per il timore di essere inseguito dall'esercito francese già perfettamente schierato. Pertanto fu costretto a proseguire l'attacco. È probabile che né l'uno né l'altro dei due contendenti superasse le 8.000 unità. I soliti resoconti che parlano di decine di migliaia di fanti sembrano privi di fondamento; basti pensare alla distanza di 24 chilometri coperta da Ottone in un solo giorno, per andare dal fiume Schelda fino al luogo della battaglia: un'impresa impensabile con un grosso esercito, e per di più rallentato da grandi masse di fanteria. Sembra che Ottone non avesse più di 1.500 cavalieri, meno, come si è detto, di quelli di Filippo Augusto. Il resto, da entrambe le parti, era fanteria, con una probabile prevalenza di arcieri.

A ogni modo, la tattica aggressiva di Ottone lo portò alla sconfitta: il suo attacco disordinato, condotto contro un nemico superiore di numero e ben organizzato, venne respinto con perdite lievissime da parte francese, mentre una settantina di cavalieri imperiali, con parecchi fanti, restarono uccisi e forse 200 cavalieri caddero prigionieri. La fanteria, soprattutto da parte imperiale, si distinse per valore ma non riuscì a svolgere un ruolo determinante nel corso della battaglia; a quanto sembra, i picchieri germanici al centro ebbero ragione della fanteria francese, ma furono fatti a pezzi dalla cavalleria di Filippo Augusto, sebbene egli stesso abbia rischiato di morire cadendo da cavallo. Anche l'imperatore fu disarcionato e, anzi, corse il rischio di essere fatto prigioniero dalla cavalleria francese; ma i suoi cavalieri sassoni riuscirono a salvarlo e lo portarono fuori dal campo di battaglia. Questa mossa demoralizzò definitivamente gli imperiali, i quali dopo alcune inutili cariche contro il nemico ruppero il contatto e si diedero alla fuga. Quando già la sconfitta era sicura, un robusto contingente di fanti del Brabante, che aveva fatto da riparo ai cavalieri del conte di Boulogne durante lo scontro, venne travolto dai rinforzi francesi e lo stesso conte fu fatto prigioniero. Giovanni d'Inghilterra non era presente in quel frangente – le sue truppe erano tenute a bada dal principe Luigi di Francia tra il Poitou e l'Anjou – e fu costretto a ritornare in Inghilterra senza alcun risultato, e in seguito dovette affrontare le pressioni dei baroni che portarono alla firma della Magna Charta. Ottone IV perse la corona imperiale.

* * *

La maggiore testimonianza della battaglia di Hastings è la tappezzeria di Bayeux, conservata nel tesoro della cattedrale. È un rotolo di tela giallastra alto mezzo metro e lungo 70 metri, sul quale sono ricamate in lana, a colori, 72 scene che rappresentano le gesta di Guglielmo il Conquistatore. La tradizione lo attribuisce alla moglie di Guglielmo, la regina Matilde, ma è più probabile che sia stato realizzato da artigiani sassoni tra il 1088 e il 1092. Si tratta comunque di un'eccezionale testimonianza sulla vita civile e militare dell'epoca, ed è tanto importante per la cultura anglosassone che la si ritrova anche nei titoli di testa di film ispirati al medioevo, come *The Vikings* (*I vichinghi*, 1958) di Richard Fleischer e più di recente *Robin Hood: Prince of Thieves* (*Robin Hood, principe dei ladri*, 1991) ove la tappezzeria è ricamata da una Lady Marian (Mary Elizabeth Mastrantonio) più o meno 130 anni dopo l'evento.

Quanto alla battaglia di Legnano, nella quale la fanteria dei liberi comuni della Lega Lombarda fu determinante, è noto a tutti l'uso "politico" che ne è stato fatto negli ultimi anni; ma in passato, e soprattutto durante il Risorgimento, Legnano fu un simbolo dell'aspirazione di tutto il popolo italiano all'indipendenza. Basti pensare che i quadri più noti dedicati alla battaglia e alle sue premesse, compreso il ben noto *Giuramento di Pontida*, sono opera del pittore fiorentino Amos Cassioli, che la poesia più famosa, *Il Parlamento* è del toscano Giosuè Carducci (ricordiamo anche il *Giuramento di Pontida* di Giovanni Berchet) e che l'opera *La battaglia di Legnano*, del bussetano Giuseppe Verdi, fu rappresentata con grande successo nei teatri di tutta la penisola.

La battaglia di Bouvines, infine, è stata il soggetto di un volume – *Le Dimanche de Bouvines* (*La domenica di Bouvines*) – dello storico Georges Duby, uno dei principali esponenti della moderna storiografia francese. Il testo è divenuto un classico di storia sociale del medioevo.

VII

Agincourt e la guerra dei Cent'anni

Nel 1415, durante la guerra dei Cent'anni tra Francia e Inghilterra (1337-1453), il giovane re Enrico V intraprese una nuova invasione della Francia. Sbarcati a Calais, gli inglesi, dopo aver assediato e preso Harfleur si ritirarono verso Calais, dove intendevano passare l'inverno, ma ad Agincourt trovarono la strada sbarrata dall'esercito francese. Enrico V aveva con sé 4.950 arcieri e 750 uomini d'arme; i francesi potevano contare su 3.000 balestrieri, 7.000 uomini d'arme a cavallo, 15.000 uomini d'arme a piedi e un certo numero di cannoni.[1] Gli inglesi erano in netta inferiorità numerica, ma disponevano di un'arma temibilissima: l'arco lungo gallese. Benché non disponesse della gittata dell'arco composito o della balestra, l'arco lungo (il *long bow*) aveva la cadenza di tiro del primo e la potenza della seconda. La freccia di un *long bow* poteva trapassare una corazza e una pioggia di frecce era in grado di fermare una carica di cavalleria. I veterani delle guerre contro la Francia disponevano dell'allenamento necessario per utilizzare quest'arma con adeguata maestria; accompagnavano gli uomini d'arme servendosi di

[1] Questi ultimi si rivelarono praticamente inutili, a causa della loro lentissima cadenza di tiro, dell'impossibilità di spostarli e, in ultima analisi, del fatto che in un terreno reso fangoso dalla pioggia i loro proiettili di pietra cadevano nella melma senza rimbalzare.

cavalcature durante gli spostamenti, ma invariabilmente smontavano poco prima della battaglia.

Dal XIII al principio del XIV secolo anche le armature dei cavalieri avevano subito profonde modifiche, soprattutto per proteggere i soldati dall'impatto delle frecce e dei dardi delle balestre. L'armamento difensivo del Trecento, all'inizio della seconda metà del secolo, era un sistema misto di cuoio, conciato o bollito, e di metallo (ferro e acciaio). Nel tentativo di creare protezioni più ampie e funzionali, si giunse, da una parte, a proteggere gli arti garantendone ugualmente i movimenti, dall'altra al perfezionamento del lamiere, una corazza a doghe o a grandi piastre. Era possibile anche la variante della corazzina, basata su tre grandi protezioni: due mezzi petti, davanti, e una "pezza da schiena". Milano fu la sede più adatta per dar vita al processo di formazione della vera armatura intera di piastre. Sui campi di battaglia si potevano trovare tutte le combinazioni possibili di protezioni del corpo: un combattente professionista era anche pronto a equipaggiarsi con quello che trovava o che riusciva a sottrarre a un nemico sconfitto, magari facendosi adattare l'armamento da un fabbro.

Nella nuova armatura di piastra, studiata e perfezionata entro il principio del Quattrocento, la testa veniva protetta da un elmetto, costituito da un coppo e da due guanciali incernierati, completato da una visiera e più leggero del precedente bacinetto; il busto era difeso da un petto, bombato e costolato, provvisto di resta per collocarvi la lancia, e da una schiena, fatta di tre piastre (una maggiore, al centro, e altre due laterali); il bacino e la parte superiore delle cosce erano ricoperte da falde a lame articolate, sotto le quali scendeva una falda ulteriore in maglia ad anelli. Le braccia erano difese da spallacci o da maniche in maglia ad anelli e da bracciali; le gambe da gambiere con ginocchiello e il piede da lame di ferro o da maglie ad anelli. Per quanto possa sembrare ingombrante e macchinoso, l'insieme assicurava in maniera soddisfacente la mobilità e l'articolazione. Tuttavia, se il combattente cadeva da cavallo e non aveva il tempo di rialzarsi, poteva essere facilmente fatto prigioniero da soldati armati alla leggera; e se riusciva a mettersi in piedi ma si ritrovava privo di armi, non era certo in grado di sottrarsi a un tentativo di cattura, dato che il peso della sua armatura non gli consentiva di ritirarsi con la necessaria rapidità.

Lo scontro di **Agincourt** (o Azincourt, secondo la pronuncia francese) si svolse a non molta distanza dai terreni gessosi che 500 anni dopo sarebbero diventati il campo di battaglia della Somme, durante la Prima guerra mondiale. L'esercito inglese, muovendo verso Calais, attraversò la vecchia strada romana fra Albert e Baupaume, in un punto vicino al villaggio di Sars. Il 22 ottobre raggiunse Acheaux, e il 23 ottobre Frévent, attraversò il fiume Canche e cominciò a marciare giù per la valle del Ternoise verso Blangy, per altri 20 chilometri, mandando avanti esploratori per scoprire l'eventuale presenza del nemico e trovare alloggi per la notte al di là del fiume.

Nel giro di mezz'ora uno degli esploratori tornò al galoppo verso il ponte di Blangy, dove Enrico V, in sella al suo cavallo, osservava l'esercito sfilare davanti a lui.

Con il cuore tremante, l'uomo si diresse verso il duca di York, gridando: «Alle armi! Alle armi! stiamo per combattere contro un mondo di gente». Cavalcando fino in cima alla cresta egli aveva visto una grande armata francese riversarsi da est, lungo la strada di Calais e attraverso la pianura al di sopra del fiume. Il re mandò allora uno dei suoi scudieri a verificare il rapporto dell'esploratore. Secondo la tradizione, lo scudiero, di nome Daffyd Gamme o Davy Gam, confermò la notizia in maniera meno allarmante. Richiesto di stimare il numero dei francesi e incapace di contarli, rispose tranquillamente: «Sire, ce ne sono abbastanza da uccidere, abbastanza da catturare e abbastanza da mettere in fuga».

Accompagnato dai cavalieri della casa reale e dal duca di York, il re stesso cavalcò verso la cima per ispezionare l'armata nemica, che si stava ancora riversando dalla sua destra attraverso la pianura di Piccardia: un esercito scintillante, tutto in armatura, sovrastato da 10.000 pennoncelli e banderuole: ogni soldato nemico voltava la testa verso sinistra, per osservare dal basso in alto quel gruppo di cavalieri inglesi sull'altura. Nel frattempo si faceva avanti il piccolo esercito inglese, dispiegandosi nell'usuale formazione a freccia sul crinale più avanzato, e così, per un po', le due armate restarono a osservarsi nel crepuscolo, una pronta a combattere, l'altra ancora impegnata a organizzarsi, mentre altri contingenti giungevano a rinforzarla. Calava la notte e cominciavano a cadere le prime gocce di pioggia. C'era tempo per combattere, il giorno dopo, così i francesi continuarono tranquillamente a marciare per qualche altro chilometro, fino a riempire lo spazio tra i boschi situati a nord e a sud della strada verso Calais, nei campi fra tre villaggi: Maisoncelles a sud, Tramecourt a est, e a ovest, dominata da un piccolo castello, Agincourt.

Quando l'esercito francese si fu allontanato, Enrico V ordinò ai suoi uomini di seguirlo; mentre cadeva la notte si accamparono alla meglio nel villaggio di Maisoncelles, meno di un chilometro a sud dal campo principale dei francesi. La grande battaglia, che doveva decidere il futuro della Francia, avrebbe quindi avuto luogo il giorno dopo, 25 ottobre 1415, la festa dei martiri ciabattini san Crispino e san Crispiano.

Piovve durante la notte. Maisoncelles era troppo piccola per contenere anche solo una parte dello scalcagnato e ridotto contingente guidato da Enrico V, e la maggior parte degli uomini passò la notte rintanata sotto ripari di fortuna. A parte il rumore dei fabbri che affilavano spade e riparavano armature, echeggiavano pochi suoni nel campo, perché Enrico V aveva imposto il silenzio ai suoi, minacciando che qualunque cavaliere sorpreso a chiacchierare sarebbe stato privato di cavallo e armatura, e i soldati plebei sarebbero stati puniti con il taglio di un orecchio. A meno di un chilometro di distanza i francesi stavano celebrando il loro successo nell'intercettare il nemico e facevano progetti su quello che avrebbero fatto dopo la successiva, sicura vittoria: il re inglese, fatto prigioniero, sarebbe stato condotto per le strade di Parigi su un carro scoperto. Pochi riuscirono a dormire in entrambi gli eserciti e alle prime luci dell'alba francesi e inglesi cominciarono a muoversi verso le loro posizioni.

Enrico V se ne era andato in giro per il campo incoraggiando i suoi uomini, ma non si nascondeva la gravità della situazione. Durante la notte aveva mandato un'ambasciata al campo francese, proponendo un accordo in base al quale il suo esercito se ne sarebbe andato, offrendo addirittura di restituire Harfleur in cambio della possibilità di tornare indisturbati a Calais. I trionfanti francesi non erano dell'umore adatto per accettare un simile compromesso, e i negoziati furono presto interrotti. Alle prime luci dell'alba, mentre i suoi soldati stiracchiavano le membra intirizzite, Enrico V si spinse avanti per esaminare il campo di battaglia. Lo accompagnavano i suoi tre comandanti in seconda: Lord Camoys, a capo dell'ala sinistra, il duca di York a capo dell'ala destra, e il maresciallo degli arcieri, Sir Thomas Erpingham, un vecchio cavaliere che era stato ciambellano di suo padre, Enrico IV. Dopo aver studiato il terreno, Enrico V cominciò a sentirsi più ottimista. Convinto della giustezza della sua causa, e che Dio gli avrebbe concesso la vittoria, disse: «Vorrei avere qui altri 10.000 buoni arcieri inglesi che oggi invece resteranno senza lavoro». Il re si era reso conto che il terreno tra Agincourt e Tramecourt era troppo ristretto per consentire il completo spiegamento del grande esercito francese. Il campo di battaglia occupava una distesa di terreno arato larga circa un chilometro, tutto terreno aperto ma contornato dai boschi padronali del castello di Agincourt dal lato sinistro degli inglesi, e da quelli del feudo di Tramecourt alla destra. Il campo di battaglia non è cambiato un gran che negli ultimi 500 anni, e mentre offriva un perfetto terreno per la cavalleria, offriva anche agli arcieri inglesi – circa 6.000 – un ottimo campo di tiro. Nello stretto spazio tra i boschi, ai lati della strada di Calais, i francesi avevano ammassato 30-40.000 uomini armati, quasi tutti i propri bagagli, le loro tende, una gran quantità di cavalli da guerra e bestie da soma, e una folla enorme di servitori e gente al seguito, ansiosi di vedere la sconfitta degli inglesi e la cattura del loro re. Persino a distanza, e prima che l'uno e l'altro esercito fossero completamente schierati, era chiaro che l'esercito francese era privo di un vero e proprio comando, e mentre i soldati di Enrico V cominciavano ad allontanarsi da Maisoncelles per occupare le loro posizioni agli ordini di Sir Thomas Erpingham, il morale del re si sollevò ulteriormente. Il centro della linea francese era pieno di uomini d'arme smontati, con i cavalieri montati alle ali dello schieramento, ma tutti volevano stare in posizione frontale rispetto al nemico; mentre il tempo passava, l'esercito francese andava riunendosi in una formazione enorme, poco differente da una pittoresca folla di armati, con i disprezzati balestrieri spinti da parte come inutili ausiliari. L'esercito francese, «tutto di gran signori che gareggiavano per trovarsi nella prima battaglia»,[2] che da sola conteneva già 8.000 cavalieri, era in formazione stretta, e altri cavalieri arrivavano ancora per incuneare la gente al loro seguito nelle file, con il passare della mattinata. Gli inglesi si radunarono al solito modo in tre divisioni o battaglie: gli uomini d'arme su quattro file e gli arcieri in fitti cunei su entrambi i fianchi dell'esercito e negli intervalli dietro alle battaglie. Lo storico E. Perroy[3] ritiene che gli inglesi si fossero trincerati, ma non c'è nessuna prova di questa asserzione. Le prime file degli eserciti mossero verso le rispettive posizioni in piena vista le une delle altre, ed essendosi insediate in campo aperto, restarono a osservarsi aspettando gli eventi per molte ore. Dopo aver visto il suo

[2] L'esercito medievale era diviso solitamente in tre "battaglie", o gruppi di cavalieri, che attaccavano uno dopo l'altro. Essere nella prima "battaglia" e quindi venire a contatto col nemico prima degli altri era considerato un grande onore.
[3] Cfr. E. Perroy, *The Hundred Years War*, New York 1965.

esercito muoversi in completo assetto di guerra, Enrico V montò a cavallo e cominciò a passarlo in rassegna, procedendo al piccolo trotto lungo le linee degli uomini d'arme e degli arcieri sul suo cavallo da guerra, ricevendo i loro auguri e i loro saluti. Poi, voltando le spalle ai francesi, si rivolse all'esercito, dicendo loro di ricordarsi «che erano nati in Inghilterra, dove vivevano ancora le loro famiglie; che dovevano lottare per ritornare a casa, carichi di gloria; e che i suoi antenati e i loro avevano lottato contro i francesi in passato proprio in quei paraggi ed erano tornati a casa gloriosamente... e che i francesi avevano dichiarato che se avessero vinto questa battaglia, avrebbero amputato dalla mano destra di ogni arciere le dita con cui si tiene la corda dell'arco». Quando il re finì di parlare, occupò il proprio posto nella battaglia al centro, in sella al suo cavallo, con la spada in mano. Erano ormai le 7.30 di mattina, e la prossima mossa toccava ai francesi.

I due eserciti restarono fermi a studiarsi a vicenda per altre quattro ore. Viste le loro dichiarazioni precedenti, la loro ansia di combattere e il tradizionale *élan* ("slancio") francese, sorprende che i signori francesi non abbiano subito scagliato i loro squadroni contro la linea inglese. Al contrario, restarono in sella ai loro cavalli o in piedi appoggiati alle loro lance, in attesa, immersi nel fango fino alle caviglie, mentre di tanto in tanto il rombo di un cannone suonava l'unica nota aggressiva. Alla fine, persino quelli nella prima fila cominciarono a sedersi e a mandare i loro paggi in cerca di cibo. Forse la vista di quell'esercito inglese in silenziosa attesa, vera siepe di acciaio, protetto da terribili arcieri, aveva dato da pensare ai francesi. Forse qualche saggio consiglio, o il cauto maresciallo Boucicaut, avevano sparso la voce che se si fossero limitati ad aspettare, il freddo, la fame e la vista stessa del loro numeroso esercito, avrebbero indotto alla fine gli inglesi a disperdersi o arrendersi. Quale che fosse la ragione, l'esercito francese sembrava pronto ad attendere. Enrico V d'Inghilterra non poteva permettersi di aspettare. Il suo esercito non aveva fatto un pasto vero e proprio per giorni e i suoi uomini, indipendentemente dal loro morale, erano infreddoliti, coperti di stracci e indeboliti dalle malattie. Se non avesse lottato quel giorno, il suo esercito non avrebbe potuto combattere più. Poco tempo dopo le 10 si consultò con i suoi comandanti e tutti convennero che un'avanzata generale in direzione dei francesi era il miglior tipo di azione possibile. Alle 11 tutto l'esercito, ora riunito in quattro solide linee dal vecchio Sir Thomas Erpingham, cominciò ad avanzare. Prima, gli uomini si inginocchiarono e baciarono la terra, ciascuno prendendone una manciatina in bocca, come parte della terra alla quale ciascuno deve ritornare. Quindi, rialzandosi, ciascuno afferrò le sue armi, e gli arcieri fissarono le corde dei loro archi mentre Sir Thomas dava il segnale che tutto era pronto, gettando il suo bastone verso la linea francese ed estraendo la spada. Solo allora Enrico V diede l'ordine: «Avanti le bandiere, nel nome di Gesù, Maria e san Giorgio». Mantenendo la formazione, «invocando San Giorgio, e al suono delle trombe», l'esercito inglese avanzò attraverso il campo fino a una distanza utile per effettuare un buon tiro con gli archi; dopo di che, guardati con curiosità dai francesi, gli arcieri piantarono di fronte a sé dei pali, incoccarono le frecce all'altezza della testa, e lasciarono partire di scatto le corde.

Seimila frecce piombarono nelle file serrate dei francesi, gettandoli in un'improvvisa confusione. Centinaia di uomini caddero, morti o feriti, sin dalla prima scarica. Una freccia non ha il potere di mettere fuori combattimento o stordire chi è colpito, e gli uomini colpiti, gridando per il dolore, si trascinavano fuori dal campo, cercando di estrarsi la punta della freccia, calpestati e urtati dai cavalli feriti. I francesi si erano alzati in fretta mentre gli inglesi si avvicinavano, ma i loro squadroni di cavalleria sui fianchi, che arrivarono alla carica attraverso la prima linea francese per assalire gli arcieri, non fecero altro che esporre i loro cavalli a un'altra tempesta di frecce, e i destrieri impazziti finirono addosso alla divisione centrale che aveva cominciato a caricare la linea inglese, a testa bassa e con gli scudi rivolti verso l'alto per proteggersi dai proiettili. I francesi erano già in grande confusione quando andarono a urtare contro gli uomini d'arme inglesi. Le prime file di entrambi gli eserciti barcollarono insieme in un turbinio di scudi, spade e lance, mentre i combattenti menavano fendenti e affondi l'uno contro l'altro sul terreno fangoso e su un muro sempre più alto di corpi di caduti. Alcuni cavalieri francesi che arrivavano dalle retrovie formarono delle colonne e deviarono all'esterno per attaccare i fianchi inglesi, ma gli arcieri correndo verso l'uno o l'altro lato presero ben presto queste colonne di infilata, tirando i loro dardi nei fianchi dei cavalli. Al centro, dopo aver spinto all'indietro gli inglesi con l'impatto della loro carica iniziale, i francesi finirono col trovarsi troppo stretti nella loro formazione, al punto di non poter usare le loro armi, e furono uccisi dagli uomini d'arme inglesi e da gruppi di arcieri che operavano come mute di cani da caccia: molti degli arcieri, infatti, avevano messo via i loro archi e si erano gettati nella battaglia con le loro spade o la loro arma favorita, la mazza a manico lungo. Ben presto tre file di francesi morti si ammassarono davanti alle linee inglesi e nel giro di mezz'ora dal primo lancio di frecce, qualunque parvenza di ordine era svanita. Il duca di Alençon si fece largo in mezzo alla mischia, fece una sosta per riunire alcuni dei soldati in ritirata, poi tornò in battaglia e fu fatto prigioniero. Charles d'Albret, comandante nominale di un esercito che aveva agito senza alcuna guida, era già morto; il duca di Orléans e il maresciallo Boucicaut furono ben presto catturati, e Antoine, duca di Brabante, fratello dell'assente duca di Borgogna, giunto al galoppo in campo dopo che la battaglia era cominciata, fu sbalzato rapidamente dalla sella e preso per il riscatto da un gruppo di arcieri inglesi. Enrico V era smontato per l'avanzata, e aveva lottato al fianco dei suoi uomini nella prima fila. Durante la prima feroce azione scambiò colpi con una dozzina di cavalieri francesi e venne colpito sull'elmo da un fendente che tagliò uno dei fioroni della corona che lo circondava. Il cugino del re, il duca di York, fu buttato a terra e calpestato nel fango, e il re stesso dovette proteggere suo fratello Humphrey, duca di Gloucester, quando la folla tumultuante dei combattenti lo rovesciò sul terreno. «Gli arcieri inglesi assaltarono i francesi con spade, asce e altre armi, e incontrarono poca resistenza» scrisse un cronista francese «e gli inglesi, avanzando, li spinsero avanti, condotti dal re d'Inghilterra in persona.» Alle 11.45 sembrò che la battaglia fosse finita. Sul percorso che aveva separato i due eserciti giacevano cumuli di francesi morti e feriti, e cavalli colpiti su un campo di fango calpestato, coperto di frecce. In mezzo a questo inferno vagavano gli inglesi, eliminando qualunque sacca di resistenza, prendendo prigionieri, tagliando la gola ai feriti, spingendo quelli che valevano un riscatto verso la protezione dei carri con i bagagli, guardati a distanza da quel che restava dei cavalieri francesi, scossi da questa repentina disfatta. Non tutto era finito, comunque, perché il conte di Merle e il signore di Fauquemburges raggrupparono una forza di molte centinaia di uomini d'arme e furono raggiunti da altre centinaia, ancora disposti a lottare. Questi cavalieri diedero vita a un'altra avanzata contro l'esercito inglese, radunando altri francesi mano a mano che si avvicinavano al nemico. Questa coraggiosa azione provocò una tragedia più grande perché, con le sue forze disperse e molti dei suoi uomini diretti nelle retrovie o già impegnati con i prigionieri, il re fu costretto a ordinare ai suoi uomini di uccidere tutti i loro prigionieri e ritornare subito sulla linea di combattimento. Un grande grido di costernazione si levò a questo comando, in parte perché implicava la perdita del denaro del riscatto, in parte per orrore puro e semplice. Il re, sempre spietato quando era necessario, non perse tempo in chiacchiere: i francesi stavano per piombare su di loro ancora una volta, e non c'era un minuto da perdere. Minacciò di impiccare ogni uomo che avesse disobbedito ai suoi ordini e spedì la sua guardia personale a cominciare il lavoro: gole furono tagliate, uomini furono pugnalati o

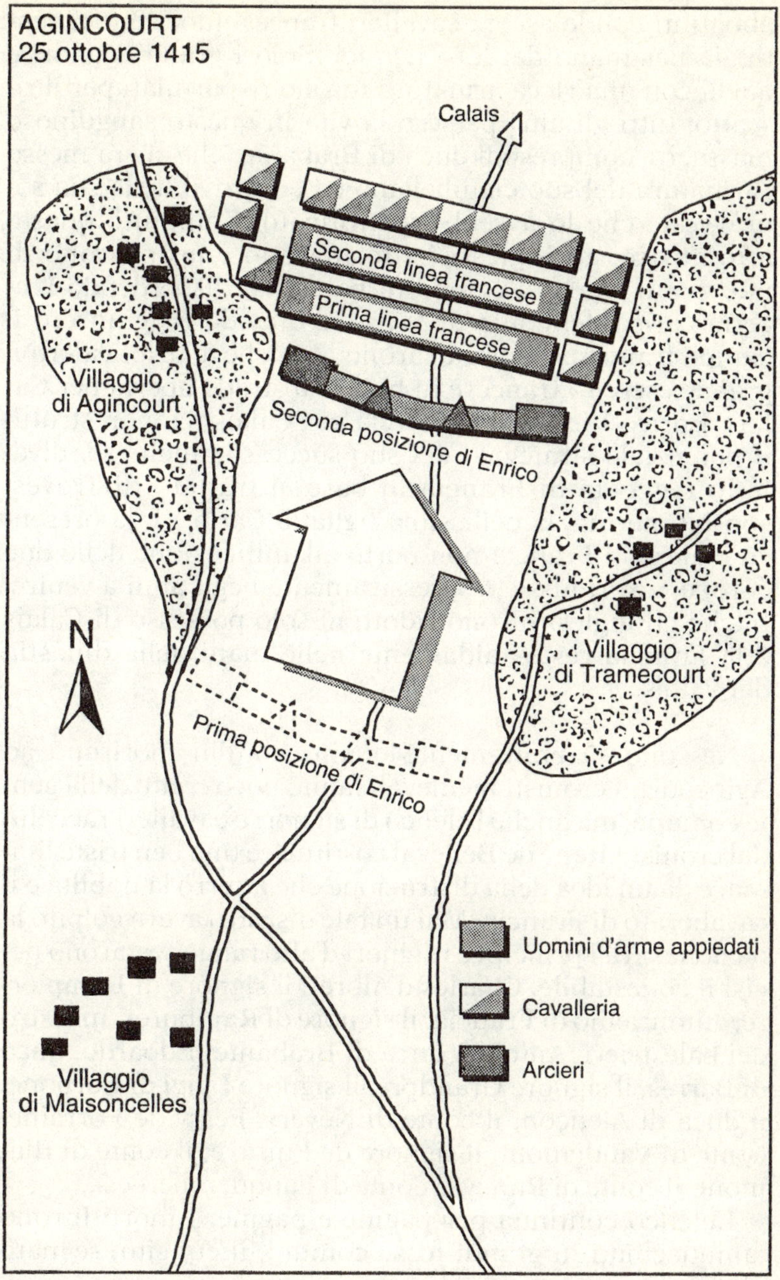
AGINCOURT
25 ottobre 1415
Calais
Seconda linea francese
Prima linea francese
Villaggio
di Agincourt
Seconda posizione di Enrico
N
Villaggio
di Tramecourt
Prima posizione di Enrico
Uomini d'arme appiedati
Cavalleria
Arcieri
Villaggio
di Maisoncelles

abbattuti con le asce; i cavalieri francesi morirono a centinaia per mano dei loro nemici. Solo i grandi signori e quelli con una ricca armatura furono risparmiati per il riscatto; tutti gli altri persero la vita in questo sanguinoso massacro, compreso il duca di Brabante, che si era messo l'armatura del suo ciambellano ed era privo della sua sopravveste che lo avrebbe identificato. Compiuto questo atto atroce, gli inglesi si riformarono e avanzarono di nuovo attraverso il campo di battaglia, disperdendo l'incerta carica del conte di Merle, e quando raggiunsero il campo francese e cominciarono a saccheggiarlo, videro il grande esercito francese in fuga e la strada aperta per Calais. Enrico V riprese la marcia per Calais ma non sfruttò il potenziale strategico del suo successo; anche se, divenuto reggente di Francia in base al trattato di Troyes, sposò Caterina, la bellissima figlia di Carlo VI, la presenza inglese in Francia non portò all'unificazione delle due corone, e si ridusse progressivamente negli anni a venire, finché gli inglesi furono ridotti al solo possesso di Calais e la Francia restò saldamente nelle mani della dinastia dei Valois.

Nessuno sa esattamente quanti uomini morirono ad Agincourt. I cronisti medievali fanno poco conto della gente comune, ma anche l'elenco di signori e cavalieri raccolto dal cronista René de Belleval costituisce una ben triste litania, e dà un'idea della distruzione che atterrò la nobiltà e il cavalierato di Francia. Mai un tale disastro aveva colpito la nazione. Fra i principi e i signori d'alto rango restarono uccisi il conestabile, Charles d'Albret, il signore di Dampierre, ammiraglio di Francia, il signore di Rambures, maestro dei balestrieri, Antoine, duca di Brabante, Edoardo, duca di Barrés, il signore Grandpré, il signore Luigi di Borbone, il duca di Alençon, il conte di Nevers, Ferry de Lorraine, conte di Vaudemont, il signore de Puisaye, il conte di Blamont, il conte di Rancy, il conte di Fauquemberges...

L'elenco continua per pagine e pagine. I morti furono ammucchiati in grandi fosse comuni, il cui sito, segnato da un gruppo di alberi, è ancora individuabile accanto alla strada per Calais. Un'equa valutazione delle perdite francesi si aggira intorno agli 8.000 uomini uccisi, e un numero considerevole di cavalieri fu assassinato dopo che si erano arresi. Ci furono anche circa 1.600 prigionieri, tutti cavalieri o nobili, inclusi il maresciallo Boucicaut, Arturo, conte di Richemont, i conti di Eu e di Vendôme, e due duchi reali, Bourbon e Orléans. Il secondo rimase prigioniero in Inghilterra per 25 anni mentre il maresciallo Boucicaut morì in prigionia. Quando le terribili notizie di Agincourt raggiunsero la Corte a Rouen, fecero quasi impazzire Carlo VI di Valois: «Siamo tutti morti e sepolti» gridò il re suscitando l'angoscia dei suoi cortigiani, ma curiosamente (dal nostro punto di vista) non ci furono grida di orrore quando fu reso noto il massacro dei prigionieri: il tragico evento faceva parte delle sfortune della guerra e gli stessi francesi avevano ucciso 2.000 prigionieri alla vigilia di Nicopoli, perché non costituissero un impaccio durante la battaglia. Shakespeare non fa menzione di questo massacro nella sua tragedia e sebbene qualche storico francese moderno abbia bollato questa azione con il marchio dell'infamia, serve a poco giudicare i comportamenti di un'epoca con la morale di un'altra. Enrico V era un soldato e non un santo e governava in un'epoca nella quale la spietatezza, se non ammirata, era certamente rispettata.

Le perdite inglesi sono ignote, ma furono limitate. Solo i nobili e i gentiluomini furono registrati dagli araldi: fra i caduti figurano il duca di York, calpestato e soffocato nel fango, il giovane conte di Suffolk, il cui padre era morto due mesi prima all'assedio di Harfleur, e il coraggioso scudiero gallese Davy Gam, che in punto di morte fu fatto cavaliere dal re sul campo di battaglia. Quanto agli altri – arcieri, soldati e gente comune – le stime più pessimistiche non vanno al di là di 500 inglesi morti. Il re d'Inghilterra era ancora una volta padrone del campo di battaglia in Francia, e quella notte Enrico V fece festa sul luogo dello scontro con i suoi cavalieri. A differenza del banchetto dopo la battaglia di Poitiers, dove il Principe Nero, comandante degli inglesi, aveva servito a tavola il re di Francia suo prigioniero, qui furono i cavalieri francesi, alcuni feriti, tutti storditi e angosciati, che fecero da camerieri al re d'Inghilterra.[4]

* * *

"Il giorno di san Crispino e san Crispiano" è al centro della tragedia storica di Shakespeare *Enrico V* ed è rimasto ben fermo nella memoria degli inglesi, più delle battaglie di Crécy e di Poitiers, che avevano visto anch'esse il trionfo degli arcieri anglosassoni e la sconfitta dell'orgogliosa nobiltà francese. La filmografia registra almeno due opere significative, che in pratica sono la trasposizione sullo schermo – con modalità e spirito del tutto differenti tra loro – dell'opera shakespeariana. Il primo film è *Henry V* (*Enrico V*), con il grande Laurence Olivier nella duplice veste di regista e protagonista. Apparso nel 1944, fu dunque girato in piena Seconda guerra mondiale, assumendo un indubbio significato patriottico, pur restando un'accurata trasposizione del dramma originale.

Nel 1989 è apparso un nuovo *Enrico V*, diretto e interpretato da Kenneth Branagh e da un cast di ottimi attori, fra i quali la stessa moglie di Branagh, Emma Thompson. Liberamente ispirato al lavoro teatrale di William Shakespeare (include anche passaggi e citazioni di altre tragedie) il film mette in maggiore risalto il carattere e la giovinezza del re. Enrico V, abbandonate le baldorie e i cattivi compagni, si dimostra subito un re saggio, deciso e moralmente rigoroso, capace di infondere nei suoi uomini il coraggio necessario per portare a termine un'impresa apparentemente disperata.

[4] Tra i tanti resoconti della battaglia di Agincourt il più suggesstivo sembra quello di R. Neillands, *The Hundred Years War*, che ha costituito la fonte principale di questo capitolo. Si rimanda a tale testo per una conoscenza complessiva degli eventi militari e politici di tutta la guerra dei Cent'anni.

VIII
La caduta di Costantinopoli

La città di Costantinopoli, o Bisanzio, sede dell'Impero Romano d'Oriente, costituì per secoli e secoli un punto di riferimento culturale e politico di prim'ordine sia in quanto erede della tradizione di Roma imperiale, sia in quanto sede di uno stato che impediva ad altri imperi – in primo luogo a quello persiano – di espandersi nel Mediterraneo, sia, infine, perché luogo di elaborazione di un modello istituzionale basato sulla delicata convivenza tra potere politico e potere religioso, ordinariamente sottomesso alla monarchia ma in grado di condizionarla in momenti cruciali. Ciò a differenza di quanto accadde in Occidente, dove la presenza di uno stato ecclesiastico a sé stante creò anche fisicamente la distinzione tra una Chiesa che esercitava un ruolo autonomo e una pluralità di soggetti politici, con in primo piano il Sacro Romano Impero ma anche con il progressivo affermarsi di varie compagini nazionali.

L'ascesa dell'Islam trasformò Costantinopoli nel baluardo della cristianità contro la nuova religione; un baluardo non troppo stabile e piuttosto ambiguo, visto anche il suo contrastato rapporto con il papato di Roma. Per i popoli arabi o islamizzati la conquista di Costantinopoli rappresentò un obiettivo ambito e sognato, anche per le ricchezze che si sapevano ospitate nella città; paradossalmente, come vedremo, la sua prima caduta per mano di armi esterne avvenne a opera di altri cristiani.

Fra i numerosi assedi che la città dovette subire nel corso dei secoli, un posto di rilievo merita l'assedio dei pirati saraceni durato dal 673 al 678. Dopo essersi procurati una base fortificata sul lato asiatico del mar di Marmara, nel 672, i saraceni iniziarono l'assedio nell'anno successivo, protraendolo per cinque anni, ma senza riuscire a mantenerlo durante i periodi invernali. Grazie al "fuoco greco", inventato proprio in quel periodo, i bizantini distrussero la flotta saracena a ogni sua uscita, finché i costi per la sostituzione delle navi divennero insostenibili; così come si rivelarono insostenibili la fame e le malattie che assottigliarono le file degli assedianti. Quando i saraceni si ritirarono, la loro flotta fu intrappolata a sud-ovest dell'Anatolia e annientata, mentre il loro esercito fu ulteriormente decimato dalle imboscate che dovette subire durante il ritorno in Oriente, al punto che il califfo fu costretto a divenire tributario dell'Impero bizantino. Fino ad allora, nessuno era stato in grado di opporsi in maniera efficace all'avanzata saracena, e lo stesso Impero aveva dovuto cedere la Terra Santa e altri possedimenti in Medio Oriente. La sconfitta di Costantinopoli provò al mondo che i saraceni non erano imbattibili e forse fu più importante della vittoria di Carlo Martello a Poitiers.

Intenzionati a riconquistare la Terra Santa, rioccupata dai musulmani nel 1187, un forte gruppo di cavalieri e baroni europei guidati dal conte Bonifacio del Monferrato, vassallo del re Filippo di Svevia, concepì il piano di ricollocare sul trono di Bisanzio il giovane principe Alessio, il cui padre, Isacco II, era stato accecato e deposto dal proprio fratello. L'intento dei crociati era di guadagnarsi in tal modo l'appoggio dei bizantini, per colpire i saraceni nella loro base in Egitto e di qui risalire, senza ulteriori contrasti, verso Gerusalemme. Per compiere le loro audaci manovre attraverso il Mediterraneo si erano già procurati l'appoggio di Venezia, che doveva fornire le navi per trasportare un'armata di 33.500 uomini e 4.500 cavalli, nonché l'appoggio di 50 galere da guerra. Tuttavia nella primavera del 1202, quando i preparativi per la Crociata – la quarta – furono ultimati, ci si accorse che a Venezia si erano radunati solo 10.000 uomini: troppo pochi per pagare il "biglietto" della traversata, calcolato in 84.000 pezzi d'argento. Gli stessi veneziani risolsero il problema invitando i crociati a conquistare, per loro conto, la città di Zara sulla costa dalmata. Questo baratto fu giudicato empio da molti cavalieri e dallo stesso papa Innocenzo III, che scomunicò i veneziani. Tuttavia in questo modo la Crociata poté prendere il largo e, dopo la facile conquista di Zara, la flotta poté riordinarsi e ritornare in mare durante la primavera del 1203. Giunte sotto le mura di Costantinopoli il 24 giugno 1203, le navi depositarono i loro armati sulla costa asiatica del Bosforo, ove nella città di Scutari l'esercito assediante costituì la propria base, a un chilometro e mezzo di distanza in linea d'aria dalle mura di Costantinopoli, dall'altra parte dello stretto.

Ben presto il più sagace dei condottieri occidentali si rivelò l'ottuagenario doge di Venezia Enrico Dandolo che, dopo aver convinto i suoi alleati crociati dell'impossibilità di far cadere Costantinopoli suscitando una rivolta contro l'usurpatore, organizzò l'attacco in piena regola contro le mura della città. Grazie alla rapacità e all'imprevidenza del precedente comandante della flotta bizantina, la città poteva disporre di poche navi per la sua difesa, che doveva per forza di cose limitarsi alla terraferma. Così il 5 luglio la flotta veneziana poté traversare indisturbata il Bosforo e sbarcare i crociati vicino alla torre di Galata, dalla quale partiva una grande catena che, sospesa sopra le acque, sbarrava l'entrata nel Corno d'Oro. Una gigantesca nave da trasporto veneziana, l'*Aquila*, procedendo a vele spiegate, investì la catena e la strappò via; nel frattempo i crociati, in gran parte francesi (o "franchi", come ancora erano chiamati dai bizantini), lanciati all'assalto di Galata, riuscivano a sopraffare la guarnigione di mercenari inglesi, danesi e pisani. Padroni della parte settentrionale del Corno d'Oro, i crociati e i veneziani si divisero i compiti dell'attacco alla città: i primi dovevano attaccare la parte nord delle fortificazioni, vicino al quartiere delle Blacherne, mentre i secondi avrebbero cercato di prendere le mura dalla parte della spiaggia. Il doppio assalto fu lanciato il 17 luglio: la flotta veneziana avanzò su un'unica linea, con le navi da trasporto fornite di ponti d'assalto mobili, fatti con pennoni sospesi agli alberi di trinchetto. In precario equilibrio su queste instabili piattaforme, gli assedianti venivano comunque a trovarsi allo stesso livello delle sommità delle torri che stavano attaccando. Il combattimento si trascinò a lungo, finché il doge Dandolo non ordinò alla sua galera di avanzare e depositarlo sulla spiaggia. Alla vista del loro vecchio doge che rischiava la vita, i veneziani raddoppiarono gli sforzi e ben presto una bandiera con il leone di san Marco sventolò su una delle torri. In poco tempo ben 25 torri caddero nelle mani della Serenissima. Tuttavia, all'interno della città la guardia varangiana, composta di vichinghi e danesi, impediva ulteriori avanzate e i veneziani si dovettero accontentare di bersagliarla con proiettili infuocati, che ebbero l'effetto di incendiare gran parte della città.

Le cose, per i francesi, andavano decisamente peggio: respinti dai bizantini, si trovarono impegnati contro una sortita nemica addirittura superiore alle loro forze, e solo l'arrivo dei veneziani, che per salvare i francesi avevano abbandonato le loro conquiste, indusse i bizantini a ritirarsi. La battaglia comunque aveva avuto l'effetto di fiaccare il morale dell'usurpatore, che abbandonò Costantinopoli durante la notte. Il giovane principe Alessio fu incoronato imperatore e prese posto accanto a suo padre, il cui potere imperiale era stato restaurato, ma che per la sua cecità non poteva garantire l'autonomia del governo. Tutto sembrava andare nella direzione giusta: in primavera, con l'aiuto bizantino, veneziani e crociati avrebbero fatto vela verso l'Egitto, per sottometterlo e farne una base per la riconquista della Palestina. Purtroppo ben presto nella città si manifestarono atteggiamenti ostili verso i "franchi" e i veneziani, finché un nuovo usurpatore non si impadronì del trono e sbarrò le porte in faccia ai "liberatori" di pochi mesi prima. L'ennesimo imperatore, che si era autobattezzato Alessio V, fece costruire sovrastrutture di legno sulle torri che guardavano verso il mare, per rendere più difficile superarle in altezza con i ponti mobili dei veneziani; quindi attaccò con barchini incendiari la stessa flotta veneziana, che tuttavia riuscì a respingere gli assalitori in un'epica lotta durata tutta una notte di dicembre. In seguito, Alessio V si sbarazzò del giovane principe deposto e di suo padre, e questo evento tolse agli alleati ogni speranza di riprendere la città con gli intrighi di palazzo. Non restava che assalirla nuovamente, e questa volta i cavalieri e i baroni di Francia si imbarcarono sulle navi per combattere insieme ai veneziani.

A causa dei venti contrari, la mattina del 9 aprile 1204 solo le navi più grandi poterono raggiungere, in un primo tempo, la spiaggia; e mentre i ponti mobili non riuscivano a ottenere i successi della volta precedente, alcuni crociati, scesi dalle navi, si diressero sotto le mura e cominciarono a cercare un varco o per lo meno un punto ove la muraglia fosse meno consistente. L'attacco, però, si rivelò ben presto un fallimento e le navi dovettero ritirarsi. L'attacco fu ripetuto il 12 aprile, ma con un'importante innovazione: le grandi navi da trasporto vennero legate a coppie, in modo che i ponti e i gruppi di assalto di due navi potessero concentrarsi sulla medesima torre. La flotta si mosse con il vento favorevole, ma i difensori opposero una strenua resistenza, finché un soffio di vento più forte non spinse le due navi più grandi, la *Peregrino* e la *Paradiso*, dritte contro la battigia; toccò a un francese, André d'Ureboise, l'onore di conquistare la prima torre procedendo in precario equilibrio sul pennone che serviva da ponte per l'assalto. Nel giro di pochi minuti cinque torri caddero nelle mani degli assedianti, mentre alla base del muro altri assalitori riuscivano a praticare una breccia, dentro la quale in breve tempo si riversarono numerosi cavalieri. Alcune porte furono aperte e i cavalieri crociati riuscirono a far entrare i loro cavalli. I bizantini non riuscirono a resistere alle loro cariche, e lo stesso imperatore fu costretto a rifugiarsi nel proprio palazzo.

La conquista della città non era, tuttavia, un fatto compiuto. I crociati e i veneziani erano nettamente inferiori di numero rispetto agli abitanti di Costantinopoli e alla guarnigione e si limitarono a presidiare, durante la notte, i tratti delle mura che avevano occupato; ma l'usurpatore, anziché organizzare la riscossa, preferì darsi alla fuga e così, all'alba, "franchi" e veneziani si ritrovarono padroni della città. I vincitori non seppero controllarsi e la capitale imperiale subì uno dei più rovinosi saccheggi della sua storia, forse peggiore di quello di due secoli e mezzo dopo a opera dei musulmani.

I crociati si distinsero per rapacità e vandalismo, mentre i veneziani agirono con maggiore "professionalità", impossessandosi dei tesori migliori, come i famosi "cavalli di san Marco", che ornano la facciata della basilica di Venezia. Al posto del grande Impero bizantino fu creato un Impero Latino sotto Baldovino di Fiandra, che esercitava una sovranità poco più che nominale e che durò sino al 1262, quando un esponente di una famiglia imperiale bizantina, Michele Paleologo, riuscì a riconquistare la città. Gli antichi domini imperiali erano stati spezzettati in feudi e colonie (in larga parte dei veneziani) e il più solido baluardo contro la riscossa islamica era stato smantellato. Nei due secoli che seguirono, fino all'assedio del 1453, Bisanzio non fu che l'ombra di se stessa, con gravi conseguenze per la sicurezza di tutto il mondo occidentale.

Nel 1453 l'Impero Romano d'Oriente si era praticamente ridotto alla sola capitale, per giunta divisa dall'odio fra latini e greci e dalle dispute religiose tra cattolici e ortodossi. Al momento del bisogno, solo veneziani e genovesi, soprattutto per difendere i loro interessi commerciali, corsero in aiuto della città. In tutto, Costantinopoli poteva disporre di 8.900 uomini, in parte bizantini e in parte italiani, sotto il comando generale dell'imperatore Costantino XI della famiglia dei Paleologi. Il loro nemico era costituito da truppe provenienti da tutto l'Impero ottomano (in prevalenza turchi), comandato dal sultano Maometto II e diviso in 15.000 giannizzeri (truppe scelte) e 35.000 soldati di vario genere, compresi molti mercenari, con il rinforzo di 69 cannoni, I turchi erano uniti sotto il sultano Maometto II, abile, vigoroso e brutale, capace di utilizzare nel miglior modo possibile le tattiche militari e le nuove tecnologie, come l'artiglieria a polvere nera. Deciso a conquistare Costantinopoli, il sultano riuscì a tagliare i rifornimenti della città dalle aree del nord e concentrò 50.000 uomini ad Adrianopoli.

Il fiore dell'esercito turco era costituito dai giannizzeri (da *Jeni cheri*, "nuovi soldati"), un'*élite* di fanteria formata da ragazzi cristiani strappati alle loro famiglie e allevati secondo una severa disciplina militare e mentale, sotto l'influsso dei dervisci e di un codice d'onore basato su un concetto mistico di fratellanza. L'adesione alla fede islamica non era obbligatoria, ma pochi vi si sottraevano. Alcuni giannizzeri erano avviati alle carriere amministrative, ma la stragrande maggioranza andava a formare una sorta di guardia personale del sultano, che lo serviva tutta la vita e i cui membri erano obbligati al celibato e all'astinenza dagli alcolici. Ai giannizzeri, che indossavano una camicia di maglia di ferro leggera ed erano armati di arco, spada e mazza (alcuni anche di archibugio), si aggiungevano varie milizie locali e i *Bashi-bazouks*, un miscuglio di predoni turchi e di rinnegati slavi, tedeschi, italiani, ungheresi (persino greci), senza disciplina né paga, attratti solo dalla prospettiva del saccheggio. La parte più numerosa dell'esercito ottomano era composta dalle milizie di cavalleria, truppe feudali che erano pronte ad accorrere alla chiamata del sultano; in cambio, i soldati potevano coltivare le loro terre pagando un affitto poco più che simbolico. Un gruppo scelto in questa cavalleria era costituito dai *sipahis*, proprietari terrieri liberi e ben pagati per il loro servizio. Tra i 10 e i 12.000, indossavano vesti sfarzose, avevano armi bellissime e cavalli di grande valore. Infine, per l'assedio, Maometto II poté disporre di un'artiglieria decisamente all'avanguardia per il suo tempo: 14 batterie di quattro cannoncini ciascuna e 13 grandi bombarde, che tiravano palle di pietra pesanti fino a 750 chilogrammi. La bombarda più grossa era lunga 8 metri e fu detta di Urban dal nome del suo fonditore ungherese – un personaggio di idee piuttosto aperte, dato che in precedenza aveva offerto i suoi servigi di artigliere e fonditore a Costantino XI, ricevendone però un rifiuto, sia perché Bisanzio non poteva permettersi la spesa dei cannoni sia perché le vecchie mura non erano in grado di sostenere il rinculo delle nuove artiglierie. Urban si mise a disposizione del sultano e i suoi cannoni si distinsero in modo particolare nell'assedio. Questo disinvolto imprenditore militare, un vero precursore nel suo genere, non poté godere il frutto della vittoria perché la sua creatura preferita, la gigantesca bombarda, esplose nelle ultime fasi dell'assedio, uccidendo tutti i serventi, compreso il suo creatore.

Contro questi formidabili mezzi di difesa la città poteva opporre un sistema fortificato notevole ma piuttosto obsoleto. Al tempo dell'assedio Costantinopoli aveva l'aspetto di un triangolo, con la base rivolta verso la terraferma e costituita dalle mura di Teodosio, risalenti al V secolo, mentre gli altri due lati, anch'essi protetti da fortificazioni, si protendevano nel mare e si congiungevano alla punta del Serraglio. Mentre il lato meridionale si affacciava sul mar di Marmara, il lato settentrionale era rivolto verso un'altra lingua di terra, sulla quale era stata edificata la fortezza di Galata, difesa dai genovesi e unita alla città da due ponti e dalla grande catena di ferro di cui si è parlato, che sbarrava l'accesso al tratto di mare interno (il Corno d'Oro, appunto). Le mura di Teodosio consistevano di un fossato largo 18 metri e profondo almeno 7, seguito da un parapetto esterno, quindi da un'ampia strada e da un secondo muro, detto Muro Esterno, alto 7 metri e spesso 3, intervallato da torri ogni 50-100 metri. Dopo questo muro, un'altra ampia strada e quindi il "Muro Interno", alto 12 metri e profondo 4 e mezzo, munito anch'esso di torri alte circa 18 metri.

Se avesse avuto a disposizione gli eserciti dei suoi precursori più fortunati, Costantino XI avrebbe potuto contare su un'armata composta in gran parte da cavalieri, quasi tutti dotati di un forte armamento protettivo e di spada, lancia e arco. La fanteria leggera era fatta in larga misura di arcieri, con una piccola componente munita di giavellotti; la fanteria pesante indossava, come la cavalleria, un giaco di maglia a placchette e portava lancia, spada e ascia. Durante gli assedi si faceva uso del misterioso "fuoco greco", una mistura altamente infiammabile di pece, cherosene, zolfo, nafta, resina e calce viva, che si lanciava sul nemico per mezzo di sifoni o di catapulte. La formula del fuoco greco fu uno dei segreti militari meglio difesi della storia, ma sembra che quest'arma non sia stata molto impiegata nel 1453. Quello che è certo, è che Costantino, per difendere una città di centomila abitanti, aveva meno di 5.000 combattenti greci e un altro migliaio di soldati di varie nazionalità, oltre a poche navi nella rada del Corno d'Oro; a queste forze si aggiunsero 200 soldati inviati dal papa e quindi 700 italiani comandati dal condottiero genovese Giovanni Giustiniani Longo, arrivati a bordo di due potenti navi da guerra. Giustiniani ricevette subito il comando delle difese. Si trattava di un compito tutt'altro che facile, anche perché le fortificazioni erano interrotte da numerose porte. Da nord verso sud le porte principali della città erano quella di Xylo, vicina al Corno d'Oro e al quartiere delle Blacherne, la porta di Adrianopoli, la porta di san Romano (al centro del perimetro) e la porta Militare. Le forze di difesa furono schierate sul Muro Esterno, con l'imperatore e le sue truppe personali al centro, i genovesi e Giustiniani alla destra, greci, genovesi e veneziani a sinistra; le mura che si affacciavano sul mar di Marmara erano difese da soldati catalani, una piccola banda di turchi guidata dal principe Orhan, pretendente al trono ottomano, e alcuni monaci greci; le mura verso il Corno d'Oro erano presidiate da marinai veneziani e genovesi.

Dall'altra parte del Corno d'Oro la Repubblica di Genova controllava un sobborgo, Pera, che conteneva il villaggio fortificato di Galata. Per tutta la durata dell'assedio questa enclave genovese mantenne una difficile neutralità, dando asilo alle spie di entrambi gli schieramenti e commerciando con greci e musulmani; con questi ultimi fu aperta una linea di trattative segrete per ottenere concessioni favorevoli in caso di caduta della città. Comunque Maometto II, non fidandosi di questi interlocutori che dopotutto avevano numerosi compatrioti impegnati nella difesa di Costantinopoli, mantenne una notevole parte del suo esercito sulle colline dietro a Galata.

Il sultano completò il suo schieramento il 5 aprile e si dispose ad aspettare l'arrivo di tutta l'artiglieria. Le sue forze erano state divise in quattro gruppi, due dei quali destinati ad attaccare fra la porta di Xylo e quella di Adrianopoli, mentre il terzo doveva coprire il muro a sud della porta di san Romano, sino al mare. Il gruppo principale, comandato dallo stesso sultano e dal gran visir, era rivolto verso il centro, di fronte alla porta di san Romano. Le prime operazioni consistettero nel riempimento del fossato, effettuato da manodopera comune che lavorava sotto il tiro costante degli assediati. Il 12 aprile ebbe inizio il bombardamento, efficace nell'aprire varchi nelle difese ma insufficiente a piegare la città. Con troppa fretta il sultano ordinò un primo attacco generale, che si risolse in una sconfitta, e un nuovo rovescio, questa volta sul mare, si verificò quando tre navi da guerra genovesi e una grossa nave da carico riuscirono a penetrare nel Corno d'Oro dopo aver respinto i violenti attacchi della flotta turca, composta da navi troppo piccole per impensierire quelle della Repubblica marinara. Per avvicinarsi alla città Maometto II ricorse all'espediente di costruire una strada di tronchi dal Bosforo – il tratto di mare a nord di Costantinopoli – sino al Corno d'Oro: nella giornata del 22 aprile su questa strada ben 70 navi, fra grandi e piccole, vennero trascinate da uomini e animali e "varate" nuovamente nelle acque interne, da dove poterono minacciare tutto il tratto settentrionale delle mura, rendendo praticamente impossibile ai cristiani la difesa di un perimetro così vasto. Un contrattacco navale, pianificato per il 24 ma ritardato sino al 28 per consentire anche ai genovesi di prendervi parte, si concluse con un insuccesso. Gli attacchi per via di terra si susseguirono durante tutto il mese di maggio, comprendendo anche tentativi di minare le mura e superare in altezza le difese mediante enormi torri d'assedio. Nonostante le difficoltà e la progressiva mancanza di munizioni, i difensori resistettero con tutti i mezzi. La notizia che una flotta di soccorso veneziana si stava avvicinando fece scendere ulteriormente il morale dei turchi, e nel consiglio di guerra del 26 maggio si levarono molte voci in favore dell'abbandono dell'assedio, il che avrebbe comportato un'insopportabile perdita di prestigio per il sultano. Prevalsero comunque le opinioni dei comandanti militari e l'avidità dei soldati, disposti ad affrontare i rischi di un attacco in massa pur di saccheggiare la città.

Le operazioni per il grande assalto ebbero inizio quella stessa notte. Le truppe del sultano radunarono i materiali per riempire il fossato e il 27 maggio altri pezzi d'artiglieria vennero concentrati verso il *Mesoteichion* (il Muro Centrale). Intere sezioni crollarono sotto i colpi della bombarda di Urban, e ogni volta furono ricostruite. Nel frattempo Maometto II aveva risollevato il morale dell'esercito promettendo preda e saccheggio per tre giorni, più la distribuzione a tutti delle altre ricchezze che si sarebbero trovate in città. Nella notte prima del 28 maggio i turchi lavorarono alacremente per riempire il fossato al chiarore di migliaia di torce e al suono delle marce militari; poi l'intero esercito assediante per un giorno si dedicò al riposo e alla preghiera, mentre il sultano impiegò la giornata nei preparativi. Alle truppe imbarcate sulle flotte fu dato l'ordine di tenere impegnati i difensori sulle mura prospicienti il Corno d'Oro e il mar di Marmara, mentre l'esercito doveva attaccare lungo tutto il perimetro delle mura di terra, concentrando lo sforzo maggiore sulla zona delle Blacherne, sul *Mesoteichion* e sulla quarta porta militare. Si trattava di aree particolarmente vulnerabili, perché le Blacherne erano difese da un solo ordine di mura, mentre il *Mesoteichion* costituiva il tratto più pianeggiante delle fortificazioni, che su tutto il resto del fronte si innalzavano su creste collinose.

Anche i difensori passarono la giornata del 28 immersi nella preghiera e nei preparativi di guerra; le vecchie ostilità reciproche furono messe da parte e si arrivò a celebrare la messa cattolica nella cattedrale di santa Sofia. Quindi le truppe si schierarono sul Muro Esterno, chiudendo le porte del Muro Interno per evitare che i difensori fossero indotti a facili ritirate. Il punto più difficile da difendere spettò ancora una volta a Giustiniani, che con 2.000 greci e 400 genovesi presidiò il *Mesoteichion*, in gran parte raso al suolo dall'artiglieria nemica. Al posto dei mattoni e delle pietre furono innalzati parapetti di tronchi d'albero e di terra, coperti di pelli a parziale protezione contro le frecce incendiarie.

I turchi si mossero al tramonto del 28 maggio; completarono il riempimento del fossato, spostarono in avanti l'artiglieria e all'una di notte il sultano diede l'ordine di attaccare. I primi a muoversi furono i *Bashi-bazouks*, incalzati dai giannizzeri, che avevano l'ordine di uccidere chiunque si fosse ritirato. Gli sventurati predoni furono in gran parte massacrati dagli esperti soldati della guarnigione cristiana, che approfittarono della calca del nemico e della sua disorganizzazione per colpire nel mucchio. La strage durò due ore, poi i *Bashi-bazouks* ricevettero l'ordine di ritirarsi: il loro scopo non era quello di conquistare la città, ma semplicemente di stancare i difensori, e in questo avevano conseguito un pieno successo. I difensori erano già spossati quando in piena notte la fanteria montata dell'Anatolia, costituita da alcune migliaia di musulmani fanatici, arrivò a ridosso del *Mesoteichion* sotto la protezione dell'artiglieria turca e della bombarda di Urban, e cercò di scalare le difese in più punti.

Tutte le fortificazioni erano sotto pressione. Anche sotto le mura prospicienti il mare le flotte turche avevano sbarcato truppe che venivano respinte di continuo; ovunque gruppi di musulmani cercavano di infiltrarsi nella città e nessun settore della difesa era in grado di inviare rinforzi agli altri. Poco prima dell'alba, grazie a un colpo fortunato della bombarda di Urban, si aprì una larga breccia nel *Mesoteichion* e vi si riversarono centinaia di musulmani, respinti e massacrati fino all'ultimo uomo dai cristiani che disponevano di buone corazze ed erano quindi in condizioni di combattere meglio negli scontri individuali.

Ancora una volta sembrò che per Maometto II le porte di Costantinopoli dovessero restare chiuse; ma poco prima dell'alba il giovane sultano si mise alla testa dei suoi 12.000 giannizzeri e li guidò all'assalto. A passo accelerato, in perfetto ordine di marcia, quella che era forse la migliore fanteria in Europa e nel mondo superò il fossato e giunse a breve distanza dalle mura. Qui la prima fila si fermò e iniziò un tiro ordinato e letale, con archi e archibugi, contro i difensori, mentre la seconda fila, giunta alla base delle mura, dispose le scale che dovevano servire alla terza fila per superare i parapetti tenuti dai cristiani. Intanto nella zona delle Blacherne si stava preparando il principio della fine. Nel punto dove il muro unico del sobborgo si univa al triplo muro delle difese principali, una piccola porta di soccorso, la *Kerkoporta*, era stata lasciata aperta da un gruppo di cristiani che avevano fatto una sortita contro il fianco sinistro dello schieramento nemico. Una cinquantina di turchi riuscirono a infilarsi in quel varco prima che i cristiani tornassero indietro, chiudendo la porta e dando inizio a un furioso combattimento; tuttavia ai turchi rimasti intrappolati si offrì come via di uscita una stretta scala che conduceva proprio all'interno delle difese della città.

In quel momento Giustiniani venne ferito. L'imperatore, dopo aver tentato di convincerlo a restare al suo posto, gli concesse di farsi trasportare in città attraverso una porta del Muro Interno, che venne aperta appositamente. Attraverso quella porta, prima che venisse richiusa, confluirono i genovesi colti dal panico alla vista del loro condottiero che abbandonava la lotta. I greci rimasero soli sugli spalti. Maometto approfittò immediatamente dell'occasione e lanciò un'*orta* di giannizzeri – circa 30 uomini – nella zona ove si era aperta la falla. L'assalto fu inizialmente respinto, ma in breve altri giannizzeri riuscirono a scalare le mura e presto il rapporto di forze divenne di 50 a 1. I greci dovettero cedere terreno, mentre dalla zona delle Blacherne i turchi, usciti dalla strettoia e saliti sulle mura, avevano riaperto la *Kerkoporta* facendo entrare altre centinaia di soldati: e la porta del *Mesoteichion* attraverso la quale Giustiniani era stato portato via dai suoi era ancora spalancata. Qui si affollarono i greci nel tentativo di salvarsi dai turchi ormai padroni di larghe porzioni delle mura di terra, e qui trovò la morte combattendo lo stesso imperatore Costantino.

Ormai la città era caduta, dopo 58 giorni di assedio. I turchi e i loro mercenari si diedero al saccheggio, al quale presero parte anche i marinai delle flotte che riuscirono a scalare le mura marittime ormai abbandonate dai difensori. Circa 4.000 civili furono trucidati e almeno altri 50.000 ridotti in schiavitù. I soldati veneziani e genovesi riuscirono ad aprirsi la strada della ritirata combattendo e rifugiandosi sulle navi, non disturbati dalla flotta turca (gli equipaggi erano impegnati a collezionare prede e ricchezze). Anche alcune centinaia di soldati greci riuscirono a scappare, insieme a una parte della popolazione. Altri 500 furono catturati; i difensori rimasti vennero uccisi, compreso il principe turco Orhan e i suoi pochi seguaci.

Il sacco di Costantinopoli durò effettivamente tre giorni, e nei giorni successivi i turchi mercanteggiarono una parte dei loro prigionieri con gli abitanti dei quartieri cristiani che si erano arresi a Maometto ed erano riusciti a sfuggire alla devastazione. Il sultano, dopo aver arricchito il suo harem con le fanciulle e i ragazzi più belli, si dedicò alla ricostruzione delle zone devastate e fece della città la capitale del suo impero, consentendovi la libertà di culto e stabilendo concessioni commerciali vantaggiose per i genovesi di Galata, in cambio della distruzione delle loro fortificazioni.

La presa di Costantinopoli arrecò un danno gravissimo all'Europa. Ormai consapevole della propria forza, il sultano invase i Balcani e la Grecia, conquistò Trebisonda e la Crimea e nel 1477 spinse le sue truppe sino a 35 chilometri da Venezia; nel 1480 attaccò il regno di Napoli e prese Otranto, massacrando o imprigionando tutti gli abitanti. Forse avrebbe assalito anche Roma, se la morte non lo avesse colto l'anno dopo. Poco dopo la sua morte i turchi si ritirarono dall'Italia. Comunque le speranze del papato in un mondo unito nella fede di Roma erano definitivamente tramontate. Centinaia di migliaia di cristiani si convertirono all'Islam o si organizzarono in comunità cristiane fuori dal controllo cattolico, sotto un dominio turco che andava dai Balcani alla Siria e all'Egitto e che copriva tutto il Nordafrica, per non parlare delle terre orientali.

Anche Venezia e Genova vennero pesantemente danneggiate da un potere che imponeva ai loro insediamenti commerciali pesanti tasse in tempo di pace e le sottoponeva al blocco in tempo di guerra. Inoltre, dopo alcuni anni i turchi furono in grado di allestire, nel Corno d'Oro, una flotta in grado di rivaleggiare con quella delle principali potenze marinare del Mediterraneo.

Può sembrare un paradosso, ma anche per i turchi la caduta di Costantinopoli non si rivelò, con il tempo, un buon affare. La città era praticamente sotto il loro controllo da vari anni prima che Maometto decidesse di conquistarla; come scrisse lo storico Sir Mark Sykes, ciò che essi ottennero fu «... la corruzione di Bisanzio... la burocrazia, gli eunuchi, le guardie di palazzo, le spie, i concussori e i ruffiani – tutte cose che gli ottomani raccolsero, e che sopravvissero tutte in ottima forma. I turchi, nel prendere Costantinopoli, persero un tesoro e guadagnarono una pestilenza». Un'altra nazione, invece, si avvantaggiò della caduta di Costantinopoli, per rivendicarne l'eredità.

Grazie al matrimonio dello zar Ivan III con la nipote di Costantino XI, l'ultimo imperatore, i russi poterono affermare che l'Impero di Bisanzio riviveva nella loro terra, e poterono proclamare Mosca "la terza Roma": un valido pretesto per affermare il primato morale e culturale dei russi su tutti gli altri popoli slavi, un tempo sottomessi o tributari della distrutta città imperiale.

* * *

In passato si riteneva che la caduta di Costantinopoli fosse stata in qualche misura determinante per lo sviluppo dell'Umanesimo e, quindi, anche del Rinascimento, giacché un buon numero di esponenti della cultura bizantina emigrò in Italia, e in particolar modo a Firenze; ma il contatto fra umanisti fiorentini e letterati greci si era già verificato prima del 1453. Ad esempio, nel 1396 un dotto bizantino, Manuele Crisolora, fu chiamato allo Studio di Firenze *ad docendum grecas litteras grecamque gramaticam*, su impulso di Coluccio Salutati, singolare figura di uomo politico e umanista. L'arrivo del Crisolora non era che il coronamento di secoli di intense relazioni culturali, che facevano di Firenze l'erede naturale del mondo classico; sotto la crescente pressione turca, gli ultimi esponenti della cultura greca potevano trovare una nuova patria sulle rive dell'Arno. Si trattò, è ovvio, di un fenomeno circoscritto a poche persone e in ogni caso non fu che uno degli aspetti di un movimento culturale, politico e anche economico di ben più vaste proporzioni.

Dal punto di vista figurativo, la caduta di Costantinopoli del 1453 ebbe un impatto decisamente minore rispetto a quella del 1204, che ispirò al Tintoretto un grandioso dipinto nel Palazzo Ducale di Venezia, che mostra l'assalto anfibio contro le mura della città; per non parlare delle numerose opere trafugate dagli uomini della Serenissima, che in effetti, in questo modo poco ortodosso, furono salvate dalle successive devastazioni e che oggi fanno parte del patrimonio culturale di Venezia e del mondo. L'assedio del 1204 è ricordato anche in lavori artistici minori, come un mosaico nella basilica di san Giovanni Evangelista a Ravenna, che rappresenta i crociati con le spade in pugno, di fronte a una Costantinopoli stilizzata. È curioso, invece, che nessuna opera letteraria o teatrale o cinematografica di grande rilievo sia stata ispirata dalla caduta di Bisanzio.

IX

Da Morat a Pavia: i condottieri, gli svizzeri e le guerre d'Italia

A mano a mano che le campagne militari si facevano più lunghe e impegnative divenne sempre più difficile, per le comunità e soprattutto per le grandi monarchie, servirsi esclusivamente delle milizie paesane, dei feudatari o dei cittadini più facoltosi. L'impiego di soldati di mestiere – i "soldati di ventura" – acquistò il carattere di una prassi comune già intorno al XII secolo.

Comandante o milite semplice, il soldato di ventura era un professionista nel senso autentico del termine. La sua abilità era fuori di dubbio; un po' meno la sua lealtà e soprattutto la sua dedizione a qualunque causa che non comportasse, in ultima analisi, il maggiore interesse per sé.

Tuttavia era nello stesso interesse del condottiero – che era prima di tutto un uomo d'affari – fornire le maggiori garanzie ai suoi clienti per assicurarsi i migliori ingaggi. Le milizie mercenarie potevano essere di varia origine: o seguito personale di un capo di un'importante famiglia feudale, o gruppi di soldati di mestiere, come i cavalieri francesi e tedeschi, i balestrieri pisani e genovesi e le bande di catalani. Avventurieri come i catalani Guglielmo della Torre e Diego de Rat e l'italiano di stirpe germanica Roger da Flor fecero la loro comparsa sulla scena europea e alcuni di loro, come Roger da Flor, agirono anche nell'Impero bizantino.

Le guerre per il predominio in Europa, dalla Francia

settentrionale sino ai confini orientali del Sacro Romano Impero, la lotta secolare in Spagna contro i mori e fra gli stessi regni cristiani della penisola iberica, l'esperienza delle Crociate furono altrettante fucine di combattenti, non più occasionalmente chiamati alle armi dal loro re o signore, ma soldati che ormai avevano fatto della guerra la loro professione. La Chiesa cercò di limitarne la ferocia con l'uso di convenzioni di pace e di "buona guerra", imponendo il rispetto dei deboli e dei luoghi sacri; ma in parecchie occasioni furono le stesse truppe assoldate dai papi a rendersi colpevoli dei peggiori crimini. Anche l'istituzione e il rafforzamento della cavalleria miravano a mitigare, almeno in apparenza, gli aspetti più crudeli della guerra medievale; non si può escludere che la diffusione degli ideali cavallereschi abbia fornito un contributo positivo in questa direzione, anche perché molti soldati di ventura ambivano essere armati cavalieri e l'uso si mantenne anche tra i condottieri italiani del XV e del XVI secolo.

La fine di una guerra dinastica, il fallimento di una Crociata o anche semplicemente la crisi economica di una regione provocavano la dispersione in ogni angolo d'Europa di gruppi di esperti combattenti, in gran parte a cavallo e provvisti di un valido armamento, che in mancanza di un ingaggio si trasformavano facilmente in spietati predoni; e anche quando si ponevano al servizio di qualche stato non rinunciavano a saccheggiare e devastare anche le terre che conquistavano per il loro datore di lavoro, per non parlare di quelle dei suoi alleati. Le prime compagnie di ventura ben organizzate comparvero in Europa e in Italia intorno alla metà del XIII secolo. Si trattava di gruppi abbastanza piccoli, almeno all'inizio; predominavano i cavalieri tedeschi, ma non mancavano catalani, castigliani, provenzali, francesi, fiamminghi, inglesi e ungheresi. L'Italia era un terreno ideale per i desideri di ricchezza di queste truppe di mestiere: le milizie comunali erano in lenta decadenza, perché le lotte tra le fazioni e lo sviluppo delle attività commerciali e artigianali distoglievano i cittadini più facoltosi e politicamente influenti dal servizio militare in favore della comunità, inducendoli a intensificare il reclutamento di mercenari, fossero esuli da altre città oppure stranieri privi di impiego. All'apparenza gli stranieri sembravano preferibili, perché privi di legami con la politica locale e relativamente a buon mercato; ma presto ci si rese conto che potevano diventare più pericolosi degli italiani quando, compresa la propria forza, cominciarono a raggrupparsi in compagnie di maggiori dimensioni e ad agire quasi come potenze autonome sul territorio, terrorizzando le comunità più piccole e imponendo taglie e balzelli. Alcuni, più semplicemente, si dedicarono al brigantaggio e al saccheggio. Le "grandi compagnie", nate nella prima metà del XIV secolo con l'amalgama di unità più piccole, avevano spesso un carattere "democratico": i capi erano eletti, le decisioni più importanti erano prese in assemblea, i contratti erano firmati anche da conestabili e consiglieri; il bottino veniva diviso sulla base del grado e dell'anzianità di servizio. Tutto questo era reso possibile anche dalle comuni origini sociali della maggior parte degli assoldati, che provenivano dalla piccola nobiltà o vi erano stati cooptati come ex scudieri o paggi distintisi in precedenti azioni di guerra. Quasi tutti erano forniti di cavalcatura: alle truppe a piedi, in queste compagnie, era di solito riservato un ruolo ausiliario, a meno che non si trattasse di specialisti come balestrieri e arcieri.

Le compagnie di ventura potevano raggiungere notevoli proporzioni, come la Grande Compagnia, formata da Werner von Ürslingen intorno al 1342 su un nucleo di cavalieri e di balestrieri. La Grande Compagnia arrivò ben presto a contare su almeno 10.000 combattenti, inclusi 7.000 uomini a cavallo e 2.000 armati di balestra, senza contare gli oltre 20.000 addetti ai servizi (mercanti, artigiani, servitori, prostitute) che seguivano le sorti dell'armata mercenaria. A questa temibile compagine fecero spesso ricorso i vari potentati dell'Italia centro-settentrionale, ma ben presto anche gli italiani si fecero promotori di unità militari professionali. Alberigo da Barbiano, della famiglia dei conti di Cunio, è ritenuto il fondatore delle compagnie di ventura italiane. In effetti prima di lui i feudatari che militavano negli eserciti misti della fine del XIII e dell'inizio del XIV secolo dovevano disporre di un buon numero di famigli e seguaci tratti dal loro territorio di origine; ma è probabile che Alberigo sia stato il primo a dar vita a una compagnia di ventura composta interamente di italiani, traendo la maggior parte della mano d'opera dalle sue terre di Lugo, Massa dei Lombardi e Barbiano e aggregando a questo primo nucleo i cavalieri e i fanti che provenivano dalle altre compagnie a maggioranza straniera. La tradizione ha fatto di Alberigo una figura quasi romantica, attribuendogli un sentimento patriottico di fronte alla tracotanza delle compagnie di ventura oltramontane;[1] senza nulla togliere alla sua figura, che fu senz'altro di valoroso combattente, è probabile che il conte di Cunio abbia pensato di creare una schiera di soldati più affidabili dei tanti avventurieri che percorrevano l'Italia in quel periodo, pronti a tradire il loro stesso comandante-imprenditore. Alberigo, inoltre, aveva già avuto modo di studiare la coesione delle milizie provenienti da un unico centro di origine, avendo militato al seguito di John Hawkwood (Giovanni Acuto). Benché Alberigo avesse forse preso parte, secondo alcune fonti, al sacco di Faenza del 1376 e alla repressione di Cesena, le circostanze politiche fecero della Compagnia di san Giorgio allestita dal Barbiano una sorta di simbolo da impiegare nelle controversie politico-religiose del momento.

Morto il papa Gregorio XI il 26 marzo 1378, il conclave elesse l'italiano Urbano VI, al quale pochi mesi dopo (20 settembre) i cardinali francesi contrapposero Roberto di Ginevra, appoggiato dal re di Francia ed eletto papa con il

[1] Se ne fa in un certo senso interprete lo stesso P. Pieri, nella sua pur documentatissima voce ALBERIGO DA BARBIANO del *Dizionario biografico degli Italiani*, vol. 1, Roma 1960.

nome di Clemente VII. Ebbe inizio così lo Scisma d'Occidente, o Grande Scisma, che indebolì fortemente il potere temporale della Chiesa ed ebbe come effetto collaterale, fra l'altro, il rafforzamento delle signorie autonome in Romagna. Chiamato a difendere il nuovo papa Urbano VI contro l'antipapa francese e contro le milizie bretoni assoldate da quest'ultimo, il 29 aprile 1379 Alberigo da Barbiano e i suoi uomini riportarono a **Marino** una strepitosa vittoria contro gli stranieri comandati da Luigi di Montjoie, nipote dell'antipapa. Si trattò di una battaglia manovrata, nello stile di Montaperti e Campaldino, con un buon coordinamento di fanteria e cavalleria: in una prima fase i bretoni ruppero l'avanguardia di cavalieri italiani e si gettarono sulla massa dei balestrieri e dei "pavesati" romani, ma la loro avanzata diede tempo alle altre truppe di Alberigo di attaccarli da destra e da sinistra, ai fianchi e alle spalle, quasi a imitazione della tattica di Annibale a Canne. Uccisi molti nemici e fatti numerosi prigionieri, il fortunato condottiero fu protagonista di un trionfo che univa le caratteristiche della classicità con quelle della tradizione medioevale; dopo la sua entrata in Roma Urbano VI lo nominò cavaliere di Cristo e gli offrì uno stendardo con la scritta *Italia dai barbari liberata*.[2]

Al Barbiano si debbono alcune importanti scelte di ordine tattico, destinate a influenzare profondamente l'arte militare dei condottieri. Contrariamente ad Hawkwood, Barbiano riteneva che far smontare troppo frequentemente gli uomini d'arme, come usavano fare gli inglesi, potesse minare lo *status* della classe cavalleresca: un pregiudizio basato anche su convenienze che potremmo definire "di immagine", dato che un piccolo contingente di cavalleria ben addestrata impressionava un potenziale cliente molto più di un grosso corpo di fanteria del medesimo costo. D'altra parte le milizie locali potevano soddi-

[2] Seguiamo anche in questo caso la biografia del Pieri, che si rifà a studi risalenti, nella migliore delle ipotesi, all'inizio di questo secolo.

sfare adeguatamente il fabbisogno di fanteria. Per ovviare al rischio di cadere sotto le frecce o i dardi dei tiratori di arco e di balestra o per i colpi di picca delle fanterie più addestrate, le armature della cavalleria crebbero di peso e giunsero a proteggere tutto il corpo, articolazioni comprese. Barbiano e altri condottieri favorirono l'uso del bacinetto a visiera e di una più estesa protezione del cavallo, per ridurre il rischio di essere disarcionati per una ferita inflitta alla cavalcatura.

Una diceria abbastanza diffusa, ripresa in seguito da Machiavelli a proposito della battaglia di Zagonara, vuole che negli scontri tra condottieri le perdite fossero sempre assai contenute, per evitare di perdere uomini preziosi e anche per far durare le guerre il più a lungo possibile, con reciproco vantaggio dei comandanti che potevano drenare le risorse dei loro committenti.[3] Invece, a quanto afferma il Block, che condusse uno studio comparato su questa e su altre celebri battaglie del XV secolo, «... non si può parlare di speciali abituali riguardi e di uno svolgimento non sanguinoso delle battaglie dei condottieri, né di "tornei, grandi manovre, giochi e farse". Le cifre delle perdite non restano al disotto di quelle degli altri teatri di guerra dell'epoca».[4]

I condottieri erano comunque destinati a tramontare, di fronte all'affermarsi di nuove figure di combattenti. Del resto, nel corso del XIV e del XV secolo il prestigio della cavalleria pesante non rimase ovunque indiscutibile. Al di là delle Alpi le falangi di picche dei montanari svizzeri inflissero severe sconfitte alla cavalleria austriaca e poi a quella del Ducato di Borgogna. Dalla prima parte del XIV

[3] Niccolò Machiavelli, nelle *Istorie fiorentine,* affermò che «... in una tanta rotta, celebrata per tutta Italia, non morì altri che Lodovico degli Obizzi insieme con duoi altri suoi; i quali, cascati da cavallo, affogarono nel fango» (libro IV, cap. VI).

[4] W. Block, *Die Condottieri, Studien über die sogenannten «unblütigen Schlachten»,* Berlin 1913, citato in P. Pieri, *Il Rinascimento e la crisi militare italiana.*

secolo in avanti, a partire dalla loro lotta per l'indipendenza contro i duchi d'Austria, gli svizzeri svilupparono la picca come arma nazionale, a somiglianza dell'arco lungo degli inglesi. La differenza più importante consisteva nel fatto che l'arco era pur sempre un'arma individuale, legata all'abilità personale dell'arciere, mentre il picchiere svizzero avrebbe potuto fare ben poco da solo, al di fuori dell'istrice di picche formato con gli altri suoi compagni. L'addestramento di un buon picchiere cominciava dalla fanciullezza, ma il suo scopo era di trasformare l'individuo in un membro anonimo, ma perfettamente funzionante, di una grossa falange. Il picchiere svizzero era un rude montanaro – abitante di un borgo o contadino – ed era un uomo libero, motivato prima di tutto dalla difesa del suo cantone contro gli invasori. La sua picca, l'arma principale della falange, si allungò nel corso del XIV e del XV secolo, fino a raggiungere una lunghezza di oltre 6 metri. Il fronte della falange era irto delle picche di almeno quattro file di uomini, impenetrabile salvo che da armi simili e più lunghe. I picchieri indossavano scarse protezioni; quelli nelle prime file talvolta portavano la corazza.

In fase di attacco la picca era tenuta un poco sopra la spalla, con la punta leggermente abbassata, in modo da infliggere un vigoroso colpo dall'alto verso il basso, anche se la cosa più importante era sviluppare la potenza d'urto della massa. In difesa la prima fila teneva le picche molto inclinate verso il suolo, con la punta in avanti, a un'altezza equivalente a quella del petto. Le file retrostanti mantenevano la posizione d'attacco, e quelle dietro le prime 4-6 file tenevano le picche in verticale, pronti a subentrare ai caduti.

La principale arma ausiliaria della picca era l'alabarda, anch'essa una sorta di arma nazionale degli svizzeri, anzi con qualche merito bellico in più, visto che era stata usata con successo nei primi scontri con i cavalieri austriaci. Dopo la battaglia di Sempach (1386) che riuscirono a vincere, ma a prezzo di gravi perdite, gli svizzeri cominciarono a usare estesamente la picca, in unione con le alabarde, che erano maneggiate da specialisti sui fianchi della colonna, il cui compito era quello di caricare il nemico scosso dalla carica dei picchieri. Grazie alla loro organizzazione, al continuo allenamento e a una disciplina di ferro, gli svizzeri diedero vita a qualcosa di molto simile alla falange macedone: una sorta di macchina da guerra umana, capace di caricare in formazione senza perdere la coesione, sfruttando una forza d'urto che diveniva eccezionale. In tal modo i montanari dei cantoni fecero la loro comparsa in Europa e si guadagnarono, entro la metà del XV secolo, una fama di ottimi soldati, pur se talvolta dovettero subire dei rovesci, anche da parte dei condottieri italiani. Nel complesso, però, dato che le armi da fuoco individuali non avevano ancora dispiegato totalmente il loro potenziale offensivo, i quadrati svizzeri divennero la più efficace risposta della fanteria allo strapotere della cavalleria; e chi non voleva arruolare i veri svizzeri, ritenendoli troppo esosi nelle loro pretese, cominciò ad arruolare truppe in grado di combattere "alla svizzera", come i *landsknechte* o lanzichenecchi, truppe di origine tedesca levate nelle terre dell'Impero, che avevano copiato lo stile svizzero – anche se raramente un quadrato di lanzichenecchi possedeva la coesione e la forza di un quadrato svizzero, dove i legami di sangue e di comunità stimolavano l'emulazione e il coraggio in misura ben maggiore di qualunque fanteria composta da uomini arruolati in luoghi differenti.

L'episodio che meglio indica la superiorità militare degli svizzeri sul tipico esercito dinastico, composto da "condotte" e da milizie locali, è la battaglia di **Morat** (Murten), combattuta il 22 giugno 1476. Morat è una località 28 chilometri a ovest di Berna, sulle rive del Murtensee. Qui si affrontarono gli svizzeri e i loro alleati e i soldati del duca di Borgogna, Carlo il Temerario. Da parte svizzera, circa 12.000 picchieri e alabardieri, 5.000 balestrieri e circa 1.800 uomini d'arme; da parte borgognona, circa 3.000 uomini d'arme, 600 arcieri, 6.000 picchieri e parecchi cannoni.

Una delle conseguenze della guerra dei Cent'anni era stata l'ascesa del ducato di Borgogna, che dalle sue posizioni originarie nell'est della Francia si era allargato sino a comprendere la maggior parte degli odierni Paesi Bassi, il Belgio, il Lussemburgo e parti consistenti della Renania e della Svizzera. Per oltre un secolo, con alleanze e matrimoni, i duchi di Borgogna costruirono il loro stato, finché Carlo, giustamente soprannominato "il Temerario", non ereditò il titolo nel 1467. Ansioso di fare della Borgogna una potenza di livello europeo, Carlo cercò di inglobare la Svizzera nei suoi domini, ma i cantoni svizzeri opposero un'accanita resistenza e si impegnarono in una guerra lunga e sanguinosa. Per oltre due secoli gli svizzeri avevano elaborato un sistema militare che ridava forza e qualità alla fanteria, basandosi su una sorta di coscrizione universale maschile e sulla falange di picchieri, sostenuti da piccoli nuclei di alabardieri, arcieri e uomini d'arme a cavallo. Al contrario, l'esercito borgognone era orientato su modelli più tipicamente rinascimentali e comprendeva uomini d'arme, fanti con varie armi in asta, balestrieri e artiglieria: un modello che in parte era stato adottato dalle compagnie di ventura, e infatti vari condottieri, anche italiani, militavano nelle sue file. Queste due armate, totalmente differenti nella loro concezione, si confrontarono in diverse battaglie. Nel caso di Morat, Carlo aveva invaso le aree occidentali della confederazione svizzera con circa 25.000 uomini, e aveva messo la città in stato d'assedio. Gli svizzeri, insieme al loro alleato duca di Lorena, anch'egli timoroso di essere sottomesso dal Temerario, si misero rapidamente in marcia per affrontare il comune nemico.

Informato del loro arrivo, il duca schierò quella che riteneva una sufficiente forza di copertura a est di Morat, in una posizione apparentemente imprendibile. Gli svizzeri, comunque, evitarono di attaccare su tutto il fronte, preferendo puntare al centro, tenuto da circa 3.000 picchieri, fiancheggiati da balestrieri, da circa 1.200 uomini d'arme sull'ala destra (verso sud) e da numerosi cannoni sull'ala sinistra (verso nord), collocati a scaglioni, in modo da assicurare un fuoco d'infilata attraverso il fronte della battaglia. In riserva, nelle retrovie, erano pronti circa 1.800 uomini d'arme, dietro il fianco sinistro. La posizione era coperta da opere campali lungo tutto il suo fronte, e sulla sinistra si appoggiava a una ripida collina. Gli svizzeri si schierarono beneficiando della copertura della foresta di Morat, abbastanza vicina alle linee borgognone, e sparpagliarono i loro balestrieri sul fronte. A un tiro d'arco da questi (100-150 metri) veniva la falange di picche, in tre solide divisioni rettangolari. Alla sinistra della fanteria il duca di Lorena dispose i suoi uomini d'arme.

Il 22 giugno, con il tempo fortemente perturbato da frequenti piogge, Carlo decise che le sue linee erano tanto sicure da poter distaccare verso la retroguardia una consistente forza di fanteria, senza compiere ricognizioni in direzione del nemico. Di conseguenza, quando gli svizzeri irruppero dalla foresta, il loro attacco fu una completa sorpresa. La fanteria svizzera coprì in pochi minuti il breve spazio aperto tra la foresta e le linee borgognone, nonostante il fuoco dell'artiglieria, che aprì terribili varchi tra le loro file. Gli svizzeri, con ammirevole disciplina, mantennero la loro formazione e giunsero ai rialzi di terra che difendevano i borgognoni. Superate queste fortificazioni campali, piombarono sui picchieri nemici e li fecero indietreggiare, facendoli a loro volta urtare con le truppe che Carlo aveva così incautamente mandato nelle retrovie e che stavano ritornando precipitosamente sul fronte. La superiorità militare degli svizzeri si fece evidente e i soldati borgognoni non ebbero scampo: il loro massacro continuò per alcune ore, con l'aiuto dei lorenesi, sopraggiunti a rinforzo.

Con questa battaglia la buona stella di Carlo il Temerario e del ducato di Borgogna cessò definitivamente di brillare, e il duca trovò la morte al principio dell'anno successivo, il 1477, nella battaglia di Nancy, ucciso da ignoti alabardieri svizzeri.

Verso la fine del XV secolo la situazione, dal punto di

vista militare e politico, si andava rapidamente evolvendo a favore delle grandi monarchie nazionali. L'arrivo in Italia, nel 1494, del re di Francia Carlo VIII e del suo esercito, organizzato secondo criteri moderni, sconvolse l'equilibrio politico italiano e apportò sensibili mutamenti all'arte della guerra. Tuttavia occorre ridimensionarne l'importanza sul piano delle innovazioni. Ad esempio si è attribuita ai francesi l'invenzione delle artiglierie su affusto a ruote, di rapido trasporto e pronto impiego. In realtà, già nelle guerre tra milizie mercenarie erano stati impiegati affusti a ruote, trainati da cavalli, né era nuovo il sistema degli "orecchioni", di cui si trovano già esempi nelle colubrine fuse da Sigismondo Alberghetti per la Repubblica di Venezia nella seconda metà del Quattrocento. Gli orecchioni non erano altro che due cilindri di metallo trasversali al pezzo, più vicini alla culatta che alla bocca, le cui estremità poggiavano in due incavi dell'affusto. Era così possibile, grazie a un perno collocato sull'affusto, far ruotare l'arma attorno a un asse trasversale in prossimità del centro di gravità e modificare rapidamente l'elevazione del tiro. La superiorità delle artiglierie di Carlo VIII era dovuta in primo luogo alla loro omogeneità: Jean Bureau, maestro bombardiere, aveva già semplificato sotto Carlo VII i calibri dei pezzi; i proiettili erano sempre di ferro, il che ne aumentava la penetrazione; inoltre il sistema di trasporto su ruote consentiva lo spostamento dei pezzi da un punto all'altro dell'assedio (la manovra in battaglia era ben più difficoltosa) in modo da aprire più brecce nelle mura nemiche, sicché i difensori, non facendo in tempo a richiuderle tutte, erano costretti a disperdersi lungo tutto il recinto, divenendo facile preda delle fanterie francesi, già costituite in esercito nazionale.[5] Carlo VIII vinse an-

[5] Cfr. S. Masini, *Lo sviluppo dell'artiglieria e l'evoluzione dell'architettura militare italiana tra la fine del Quattrocento e la prima metà del Cinquecento*, contributo al Convegno "L'architettura militare veneta del Cinquecento", Centro Internazionale di Studi di Architettura "Andrea Palladio", Vicenza (atti del Convegno, Milano 1988).

che grazie alla divisione dei vari stati italiani, e nel 1495 si sottrasse alla stretta della Lega costituita contro di lui, tornando in Francia. Il mutamento delle condizioni politiche aprì, come è noto, un periodo di oltre mezzo secolo durante il quale l'Italia si trasformò in campo di battaglia per grandi stati nazionali e sovrannazionali (Francia, Spagna, Impero). Fra tutti gli stati italiani, fatta eccezione per le peculiari caratteristiche del dominio pontificio, l'unico che riuscì a conservarsi del tutto indipendente da influssi stranieri fu la Repubblica di Venezia, anche se la guerra della Lega di Cambrai la ridusse a mal partito.

Già da alcuni decenni avevano fatto la loro comparsa corpi di combattenti muniti di armi da fuoco individuali, oggetto di feroce ostilità da parte della nobiltà cavalleresca: un'ostilità che tra la fine del Quattrocento e l'inizio del Cinquecento sarebbe giunta sino all'impiccagione o al taglio delle mani degli archibugieri nemici fatti prigionieri. In effetti, prima del perfezionamento delle armi da fuoco, il cavaliere con armatura era un combattente assai temibile: la combinazione della velocità e della forza d'urto della sua lancia gli consentiva di abbattere la maggior parte degli ostacoli, e con la spada o la mazza ferrata era in grado di infliggere colpi devastanti ad altri cavalieri e soprattutto alla fanteria. L'unico tipo di fanteria che poteva sostenere il suo urto era, come abbiamo visto, quella ordinata in falangi degli svizzeri e dei lanzichenecchi: la selva di picche inalberata da queste formazioni terrorizzava i cavalli e li faceva retrocedere, anche nel bel mezzo di una carica. C'erano, come ben sappiamo, altri fanti specializzati capaci di bloccare la cavalleria, in particolari situazioni: i balestrieri e gli arcieri muniti di arco lungo. Anzi, secondo calcoli recenti, che tengono conto del peso dell'arma e del proiettile, della velocità in uscita di quest'ultimo, dell'energia cinetica e della cadenza di tiro, la tipica arma da fuoco individuale della fine del XV secolo, l'archibugio, pesava 6 chili e mezzo, sparava una palla di piombo di almeno 45 grammi, ed era decisamente meno efficace a distanza rispetto a un arco lungo o a una balestra: la possibilità di colpire con una relativa certezza il bersaglio non andava oltre i 25 metri, rispetto ai 50 delle altre armi da getto. D'altra parte l'archibugiere poteva portare con sé un maggior numero di colpi (una palla di piombo "media" pesava meno di una freccia o di un dardo di balestra), e balestrieri e arcieri dovevano essere ben allenati e abili nell'uso delle loro armi; inoltre le balestre erano delicate e costose e l'uso dell'arco lungo (il *long bow* gallese) richiedeva anche una certa prestanza fisica. Nulla di tutto questo era necessario per l'uso di un "cannone manesco" – come furono denominate talora le prime armi da fuoco – e in seguito di un archibugio: bastavano alcune settimane di addestramento e una certa dose di coraggio nel maneggiare la polvere da sparo e nell'aspettare che il bersaglio giungesse a tiro; e un nobile a cavallo, ovviamente, era sempre il bersaglio preferito. Contro l'insidia dell'arma da fuoco leggera, maneggiata da nemici che si riparavano dietro una staccionata o una siepe o si ritraevano dietro la fanteria ordinaria, il cavaliere poteva solo aumentare le protezioni di metallo: sin dall'inizio del XV secolo si fabbricavano armature che dovevano essere "a tutta prova", ossia dovevano resistere ai dardi delle balestre e soprattutto alle archibugiate. Tuttavia bastava una carica di polvere più forte del solito, o un colpo mandato a segno in una qualunque parte del corpo non protetta a sufficienza (come le gambe o la schiena) per infliggere al cavaliere ferite alle quali spesso l'imperfetta arte medica del tempo non era in grado di porre rimedio: le palle di piombo, deformandosi nell'urto, causavano lesioni incurabili che portavano alla morte del cavaliere, come accadde a Baiardo, morto con la spina dorsale spezzata da un colpo di archibugio, o a Giovanni dalle Bande Nere, spirato sotto i ferri del chirurgo che gli amputò la gamba maciullata da un colpo di colubrina (un pezzo di artiglieria leggera, di poco più potente dell'archibugio).

L'azione delle armi leggere poteva essere appoggiata anche da armi che potremmo definire intermedie, antenate delle cosiddette "armi di squadra". In tale categoria potremmo includere le cerbottane e le colubrine, specie di artiglierie "minute", lunghe da 2 sin quasi a 4 metri: armi cosiddette "da posta", ovvero da appostamento, manovrate da due uomini ma molto simili alle armi manesche, tanto che spesso – ad accrescere la confusione terminologica – certi "cannoni a mano" del Quattrocento sono definiti colubrinette e si parla anche di cerbottanotte; armi che potevano effettuare un tiro mirato e infliggere da lontano ferite mortali. In maggior numero, comunque, erano sempre gli archibugi, o "schioppetti" come li si definì per lungo tempo in Italia; e la presenza di schioppettieri e colubrinieri negli eserciti mercenari e nelle milizie italiane fu abbondante sin dalla seconda metà del XV secolo, come provano numerosi documenti che parlano di compagnie da 50 sino a 400 tiratori. Tuttavia per verificare l'efficacia delle nuove armi occorse aspettare la calata di re Carlo VIII di Francia in Italia, e le successive "guerre italiane" tra francesi, spagnoli, imperiali, mercenari svizzeri e milizie locali, che insanguinarono la penisola per tutta la prima metà del Cinquecento. Fra tutte le battaglie combattute in quel periodo almeno due, Cerignola e Pavia, dimostrano quanto determinante, in particolari circostanze, poteva essere il ruolo delle armi da fuoco individuali, sia contro la temutissima fanteria svizzera sia contro la migliore cavalleria d'Europa.

La battaglia di **Cerignola**, combattuta nel tardo pomeriggio del 28 aprile 1503 tra le forze spagnole comandate dal "gran capitano" Consalvo di Cordova e le forze francesi guidate dal duca di Nemours, ebbe luogo in una pianura pugliese mossa solo da lievi ondulazioni del terreno coltivate a vigneti. Gli spagnoli disponevano di circa 7.000 fanti, di cui ben 5.000 armati di archibugio, e di 1.500 cavalieri; leggermente superiori di forze i francesi, con un deciso vantaggio nell'artiglieria e con una fanteria composta in gran parte di svizzeri. Le truppe spagnole erano stanche, ma i loro comandanti le obbligarono ugualmente a ripulire e approfondire un piccolo fosso che delimitava le vigne, innalzando con la terra di riporto un argine dietro il quale presero posizione i tiratori. Quando la cavalleria francese giunse di fronte a questo ostacolo artificiale dovette fermarsi e fu subito sottoposta a un fuoco infernale. Secondo una fonte di poco posteriore, Consalvo avrebbe addirittura disposto che uno scaglione di 800 archibugieri tirasse sul nemico «*de ducientos en ducientos*», ossia su quattro righe, con scariche successive: un anticipo del tiro a raffica su più file, comune in vari eserciti europei a partire dal XVII secolo. Il fuoco doveva essere a distanza assai ravvicinata, e quindi sufficientemente preciso: il duca di Nemours, mentre cercava di riordinare le truppe, fu colpito da tre pallottole nemiche e cadde da cavallo, lasciando i suoi uomini senza guida; in seguito morì per le ferite. Numerosi altri comandanti furono messi fuori combattimento dagli archibugieri, che fecero strage anche fra le fanterie svizzere. Mentre calava la notte le schiere spagnole e i loro alleati italiani abbandonarono i ripari e assalirono i nemici, tramutando la rotta in una sconfitta disastrosa che costò ai francesi oltre 3.000 morti, numerosissimi feriti e varie centinaia di prigionieri. L'uso tattico degli archibugieri aveva fatto il suo ingresso a pieno titolo nelle campagne militari delle grandi monarchie europee, accanto ai miglioramenti che resero assai più mobile e manovrabile l'artiglieria pesante e alla grande rivoluzione nell'arte fortificatoria, culminata nell'adozione dei bastioni e nel livellamento delle alte e sottili mura medievali.

Ventidue anni dopo la battaglia di Cerignola, il 24 febbraio 1525, si registrò il primo impiego su larga scala di archibugieri in funzione offensiva, durante la battaglia di **Pavia.**

L'assedio di questa città fortificata nell'Italia settentrionale, a sud di Milano, e la battaglia che si combatté nei suoi dintorni costituiscono l'episodio cruciale della prima guerra fra Francesco I e l'imperatore Carlo V per il possesso del Ducato di Milano. Allo scontro presero parte, agli ordini di

Francesco I di Francia, 9.000 picchieri francesi e svizzeri, 9.000 fanti e archibugieri francesi e italiani, 1.200 uomini d'arme, 2.000 cavalli leggeri e 53 cannoni, per un totale di 22.000 uomini. Contro di loro, comandati da Ferdinando Francesco d'Avalos, marchese di Pescara, 12.000 picchieri tedeschi, 6.500 fanti ispano-italiani, 800 uomini d'arme, 1.500 cavalli leggeri e 17 cannoni, per un totale di 23.000 uomini (esclusi i 6.000 della guarnigione di Pavia, comandati dallo spagnolo Antonio de Leyva).

L'esercito imperiale, disorganizzato, si era trincerato sull'Adda, consentendo al re di Francia Francesco I di porre l'assedio a Pavia, nell'ottobre del 1524. Le mura di Pavia erano prive di fossato, e così il re fu libero di far avanzare la sua artiglieria e di farle praticare una larga breccia nelle mura nemiche. Tuttavia, sferrato l'attacco, i francesi trovarono al di là del muro un fosso profondo che il de Leyva aveva fatto scavare a loro insaputa. Inoltre tutte le case prospicienti erano state occupate dagli archibugieri i quali, dalle feritoie che erano state praticate in esse, aprirono un fuoco micidiale sugli assedianti. L'attacco fallì con perdite enormi. Gli ingegneri militari al servizio di Francesco I tentarono allora di deviare le acque del Ticino e del Gravellone, ma le piogge dirotte distrussero in poche ore l'opera di parecchie settimane. Fu quindi necessario ricorrere al sistema d'assedio abituale a quei tempi, cioè isolare la città togliendole tutte le comunicazioni con l'esterno e prendendola per fame. Dopo tre mesi, però, Pavia resisteva ancora, e il 25 gennaio 1525 le truppe imperiali, rafforzate da un corpo di 12.000 lanzichenecchi condotti dal conestabile di Borbone, considerato come traditore dai francesi, andarono, sotto il comando del marchese di Pescara e di Carlo di Lannoy, a prendere posizione in vista dell'esercito nemico. In un primo tempo i contendenti si bombardarono a vicenda attraverso un torrente non guadabile. Francesco I, che aveva indebolito le sue forze inviando due distaccamenti a Genova e a Napoli, si rese conto del pericolo e radunò un consiglio di guerra, che decise di restringere gli accampamenti. Le truppe furono radunate in un solo corpo sulla sinistra del Ticino, al di sotto della città. La loro fronte, verso Lodi, era protetta da una linea di circonvallazione, con la destra appoggiata al fiume e la sinistra al muro del vasto parco di Mirabello che circondava la casa di caccia dei duchi di Milano. Gli imperiali rimasero per tre settimane senza tentare alcuna azione ma questo lasso di tempo fu per loro molto vantaggioso perché due corpi di fanteria italiana, che dovevano raggiungere il campo francese, caddero in una imboscata, parte di un terzo corpo si sbandò e gli svizzeri del cantone dei Grigioni abbandonarono il campo di Francesco I. Ma la cura principale dei marchese di Pescara fu quella di attirare il nemico fuori dei suoi trinceramenti, provocando continue scaramucce, in una delle quali rimase ferito mortalmente Giovanni dalle Bande Nere, che era passato al servizio del re di Francia da qualche mese.

Durante la notte del 24 febbraio il Pescara superò lo stallo marciando a nord per attraversare il torrente Gravellone sotto la copertura di una tempesta e del fuoco dell'artiglieria, lasciando pochi uomini nelle trincee per creare l'illusione che esse fossero pienamente presidiate. Il Pescara fece praticare nel muro del parco una breccia, e attraverso essa, due ore prima dell'alba, il 24 febbraio, fece passare tutta la sua avanguardia. Intanto nel campo francese era stato dato l'allarme e mobilitata la temibile artiglieria. Le truppe del Pescara dovettero attraversare un tratto di terreno scoperto e il fuoco dell'artiglieria nemica fece in mezzo a loro grandi vuoti. Per sfuggire a questo fuoco micidiale, gli imperiali si misero a correre per raggiungere un piccolo avvallamento e mettersi al riparo. A quella vista il re di Francia, credendo che i nemici fuggissero, si lanciò fuori del campo alla testa della gendarmeria, ossia delle sue migliori truppe a cavallo, munite di armatura completa. I cavalieri, però, coprirono con il loro movimento la propria artiglieria, che fu obbligata al silenzio, e non diedero tempo alla fanteria di seguirli. I fuggiaschi, che Francesco credeva di trovare in disordine, fecero dietro-front e presa posizione ricevettero con un ben nutrito fuoco la carica delle lance francesi che si arrestarono di colpo. Il conestabile di Borbone e il marchese di Pescara allora formarono in tutta fretta le loro linee di battaglia e si gettarono nella mischia. Dalle due parti si combatté con estremo furore. A un certo momento gli svizzeri, che si trovavano all'ala destra dell'esercito francese, cominciarono a vacillare, poi voltarono le spalle e fuggirono verso Milano. Al loro fianco, i lanzichenecchi, sopraffatti dal numero, vennero quasi tutti massacrati sul posto. Infine il duca francese d'Alençon, alla vista di questo principio di disfatta, fu colto dal panico e si diede alla fuga trascinandosi dietro la retroguardia che era posta ai suoi ordini. A questo punto tutto lo sforzo della battaglia ricadde sulla gendarmeria e sui gentiluomini che circondavano il re. I combattenti erano invasi da un vero furore; uno squadrone italiano e poi uno tedesco erano stati quasi distrutti e la cavalleria spagnola non avrebbe potuto resistere ancora a lungo al formidabile urto, se il marchese di Pescara, accortosi del pericolo, non fosse ricorso a una manovra i cui effetti furono disastrosi per i francesi. Raccolti da 1.500 a 2.000 archibugieri baschi, abilissimi nel tiro e di una agilità provata, li fece intercalare ai suoi cavalieri. Questi tiratori si spinsero fin contro i ranghi dei gendarmi francesi, scelsero le loro vittime e le colpirono con micidiali archibugiate, mettendosi quindi al riparo dietro i cavalli per ricaricare le armi e quindi ripetere la stessa operazione. Le armature di cui erano rivestiti i cavalieri non bastarono ad arrestare la gragnuola di palle scaricata disordinatamente su di loro da nemici irraggiungibili, che non potevano essere annientati né dall'artiglieria francese, la cui linea di tiro era ancora ostruita dalla loro stessa cavalleria, né dai picchieri impegnati in altri settori dello schieramento.

A giudicare dagli arazzi di J. Gheteels su cartoni di Bernart van Orley che riproducono la battaglia, esposti a Napoli al museo di Capodimonte, i tiratori spagnoli – fra i quali si trovavano numerosi *hidalgos* che non giudicavano poco cavalleresco l'uso delle armi da fuoco – disponevano ancora di archibugi non troppo pesanti, che si potevano usare appoggiandoli alla spalla, alla guancia o al fianco, come dovette fare quel "Vasurte spagnolo" che, visto il signore de La Palice fatto prigioniero da altri cavalieri, «quasi che invidiasse il prezzo e la lode di così gran prigione alla cavalleria, appoggiatogli un grosso archibugio alla corazza, crudelmente l'uccise». Mentre la gendarmeria era messa in disordine, i soldati di Antonio de Leyva, non più trattenuti dal Bussy d'Amboyse che aveva abbandonato il suo posto per correre in aiuto del re circondato da ogni parte, si precipitarono sul campo di battaglia e trucidarono quanti capitarono loro davanti. La strage di illustri cavalieri influì sicuramente sulle ulteriori fasi della battaglia, che vide l'annientamento della fanteria al servizio di Francia e la cattura dello stesso re: caduti o dispersi tutti quelli che si trovavano vicini a lui, Francesco I si dirigeva da solo verso il Ticino per passarlo e mettersi in salvo, quando il suo cavallo, colpito a morte, si abbatté al suolo travolgendolo. Riconosciuto da un gentiluomo nemico, accorso per aiutarlo a rialzarsi, fu chiamato il vicerè di Napoli Carlo di Lannoy, che ricevette la sua spada piegando il ginocchio. La battaglia non era durata più di un'ora; contro solo 500 imperiali morti o feriti i francesi avevano perduto 8.000 uomini, più 5.000 catturati (incluso lo stesso Francesco); erano anche caduti sul campo, oltre a Giovanni dalle Bande Nere qualche giorno prima, i migliori capitani di Francia, fra i quali La Palice, La Tremouille e Bonnivet.

La distruzione dell'esercito francese e la liberazione di Pavia inaugurarono un periodo di controllo spagnolo in Italia, ma non si può trascurare il fatto che Pavia, e prima Cerignola, costituiscono ancora due casi al limite delle possibilità degli archibugi, favoriti in entrambi i casi da notevoli errori tattici dell'avversario. Nella maggior parte dei casi i comandanti sceglievano terreni aperti, ove fosse possibile manovrare la cavalleria e offrire un buon campo di tiro alle artiglierie. In questi casi le armi da fuoco, con la loro lenta cadenza di tiro, perdevano la loro efficacia se non disponevano di un riparo contro la cavalleria; ma nessun condottiero, per quanto conservatore, poteva più fare a meno di loro.

* * *

La letteratura sui condottieri è assai vasta; si comincia con i polemici riferimenti di Francesco Petrarca, che nella sua canzone *Italia mia, benché 'l parlar sia indarno*, scritta probabilmente in riferimento alla guerra combattuta intorno a Parma nell'inverno 1344-45, usa parole di fuoco contro l'introduzione del mercenariato in Italia:

Qual colpa, qual giudicio o qual destino
fastidire il vicino
povero, et le fortune afflicte et sparte
perseguire, e 'n disparte
cercar gente et gradire,
che sparga 'l sangue et venda l'alma a prezzo?
Io parlo per ver dire,
non per odio d'altrui, né per disprezzo.

Né v'accorgete anchor per tante prove
del bavarico inganno
ch'alzando il dito colla morte scherza?[6]
Peggio è lo strazio, al mio parer, che 'l danno;
ma 'l vostro sangue piove
più largamente, ch'altr'ira vi sferza.

Dell'opinione di Machiavelli abbiamo già riferito; tuttavia la figura del condottiero non mancò di esercitare un certo fascino nei secoli successivi, fino a tornare in auge

[6] Si riferisce all'uso di chiedere la resa alzando un dito, usanza a quanto pare piuttosto diffusa tra i mercenari d'oltralpe, che in caso di sconfitta potevano agevolmente salvarsi la vita e accordarsi con i loro "colleghi" vincitori.

con il Romanticismo, trovando nel *Conte di Carmagnola* di Alessandro Manzoni un prototipo ideale. Un altro celebre condottiero, Giovanni dalle Bande Nere, è riuscito a interessare anche la cinematografia, sia in epoca fascista con *Condottieri*, apparso nel 1937 (ulteriore titolo: *Giovanni dalle Bande Nere*) per la regia e l'interpretazione del tedesco Louis Trenker, sia successivamente, nel 1956, con *Giovanni dalle Bande Nere,* interpretato da Vittorio Gassman e Anna Maria Ferrero. Retorico il primo, piuttosto impacciato nella resa dei personaggi il secondo, contengono tuttavia scene di battaglia apprezzabilmente animate, anche se piuttosto confuse.

Svizzeri e lanzichenecchi sono stati più volte rappresentati da celebri incisori, con in testa il grande Albrecht Dürer. Quanto alla battaglia di Pavia, a parte gli arazzi conservati a Napoli e le opere pittoriche ispirate alla cattura di Francesco I, è rimasta famosa per la lettera scritta dal re di Francia alla madre dopo la cattura («Tutto è perduto, fuorché l'onore, e la vita, che è salva») e per la definizione "lapalissiano", ispirata dal nome del capitano francese La Palice, caduto nello scontro e celebrato da una strofetta piuttosto idiota[7] che ha dato origine a un ben noto modo di dire.

[7] *Monsieur de La Palisse est mort, est mort devant Pavie. Un quart d'heure avant sa mort, il était encore en vie*. L'ingenua canzoncina intendeva dire che il prode capitano aveva combattuto sino all'ultimo; ma fu rapidamente volta in burla, con l'aggiunta di altre ridicole ovvietà, donde il termine "verità lapalissiana" per indicare, come dice il Panzini, una verità evidente e inutile da enunciare.

X
La battaglia di Lepanto

Il Cinquecento si era aperto con le vittorie della Spagna cristiana sui musulmani, ma nel corso del secolo l'Impero ottomano riguadagnò spazio e sembrò addirittura sul punto di riprendere il controllo di tutto il Mediterraneo. Il peso maggiore della lotta per la difesa del sistema politico cristiano ricadde sulla Spagna, che tuttavia, per ottenere la vittoria definitiva di Lepanto, dovette contare sul contributo di alcune potenze minori e soprattutto sull'appoggio della Repubblica di Venezia.

La stessa flotta spagnola era in gran parte costituita dalle galere fornite dai vari stati minori fedeli o alleati della corona di Spagna, a cominciare dal vicereame di Napoli; la Repubblica di Genova forniva le sue navi sulla base di un contratto annuale; piccoli contingenti erano forniti occasionalmente da Monaco e dai Cavalieri di Malta. Queste navi si dedicavano a tre tipi fondamentali di missione: la scorta ai convogli, le operazioni contro i pirati e gli assalti alla flotta ottomana o alle sue basi.

Il primo problema strategico della Spagna nel Mediterraneo era costituito dall'Africa settentrionale. I governanti di Madrid avevano costituito sulle coste nordafricane una catena di avamposti che avevano almeno tre scopi: impedire la creazione di basi di pirati che potevano minacciare il commercio spagnolo, esercitare un potere di intervento nella politica locale e contrastare la nascita di uno stato musulmano unitario, che fra l'altro avrebbe potuto costituire una potente attrazione per la minoranza musulmana (i *moriscos*) ancora presente sul territorio iberico. I convogli dovevano in massima parte rifornire questi deboli *presidios*, ma servivano anche per trasportare in Spagna il grano della Sicilia e per collegare i porti spagnoli nel Mediterraneo con Genova, punto di partenza della "strada spagnola" che attraversava le Alpi e giungeva sino ai Paesi Bassi, in gran parte protestanti e quasi sempre in rivolta contro i loro dominatori cattolici. A cominciare dal 1567, quando Filippo II decise di inviare il duca di Alba con un potente esercito di veterani per reprimere la rivolta, concentrare truppe a Genova diventò un compito della massima importanza per la flotta spagnola. Nel 1567 le galere di Spagna erano passate a 70 (dalle 12 del 1562) e 30 erano in costruzione a Barcellona. Questo cambiamento determinante nell'impegno navale si unì con l'esperienza di anni e anni e con lo sviluppo di un efficiente sistema di segnalazioni, che consentiva alla flotta di trasmettere ordini e notizie in tempi ristretti, e in particolare di mantenere compatta la formazione in caso di battaglia.

Oltre alla difesa dei convogli, le navi spagnole utilizzavano una serie di basi come Gibilterra, Messina e numerosi porti nelle Baleari e in Sardegna per lanciare i loro attacchi contro i piccoli potentati musulmani del Mediterraneo dediti alla pirateria. Questa strategia di "ammorbidimento" del nemico fu facilitata anche dai problemi interni dello stato ottomano all'inizio della seconda metà del secolo. Infine, nei cinquant'anni intercorsi tra il 1520 – punto di arrivo della prima fase di conquiste spagnole in Africa – e il 1570 – anno d'inizio della guerra anti-turca che portò alla vittoria di Lepanto – gli spagnoli diedero vita a sei importanti operazioni navali nel Mediterraneo. La prima fu la conquista di Tunisi a opera di Carlo V, nel 1535; sei anni dopo, nel 1541, lo stesso Carlo V tentò vanamente di impossessarsi di Algeri, ma una tempesta improvvisa distrusse la flotta e lasciò l'esercito senza rifornimenti, rendendo necessaria la sua evacuazione dopo che gli erano state inflitte forti perdite. Nel 1559 toccò a Filippo II tentare la sorte inviando un contingente di navi e di uomini sorprendentemente piccolo per conquistare Djerba, una base di pirati posta su un'isola di fronte alla costa nordafricana a sud-ovest di Malta. Requisiti fondamentali della spedizione dovevano essere la rapidità e la sorpresa, ma la flotta, guidata da Gian Andrea Doria, partita alla fine del 1559, arrivò a destinazione solo nel marzo del 1560: quanto bastava alla flotta ottomana per concentrarsi e distruggerla, e all'esercito del sultano per costringere alla resa il piccolo contingente di soldati cristiani sbarcati sull'isola. Questo episodio servì tuttavia di lezione per i futuri scontri, dimostrando la necessità di ottenere la superiorità navale locale prima di invadere una costa controllata dal nemico. Se ne ebbe la prova nel 1565, durante le operazioni di soccorso in favore di Malta, assediata dai turchi a partire dal 18 maggio di quell'anno: una potente flotta turca, il cui nerbo era costituito da 130 galere, con a bordo 30.000 combattenti, più ulteriori rinforzi giunti da ogni parte del Mediterraneo tra giugno e luglio, si logorò nelle operazioni di assedio per tutta l'estate, lasciando a don Garcia di Toledo il tempo di radunare a Messina una flotta di soccorso di almeno 100 galere, e di rinforzare con alcune migliaia di soldati le difese di Malta, ottimamente presidiata dai suoi cavalieri. Il risultato finale fu una ritirata generale dei turchi il 12 settembre, inseguiti dalla flotta spagnola che si addentrò sino alle coste della Grecia e che tornò indietro solo a causa del maltempo.

Le operazioni che portarono alla grande battaglia navale di **Lepanto** cominciarono con il piano turco per impadronirsi della parte di Cipro occupata dai veneziani. Dopo aver stipulato la pace con gli Asburgo d'Austria per evitare un loro intervento al fianco di Venezia e dopo aver probabilmente causato con un sabotaggio il grande incendio dell'arsenale veneziano nel 1569, i turchi inviarono una forza di invasione contro la zona cristiana di Cipro nel luglio del 1570. Con ritardi e incomprensioni reciproche i cristiani radunarono a Creta, il 14 settembre, una flotta ispano-papale-veneziana di ben 180 galere, 11 grandi galeazze e numerose navi da trasporto. Sulle navi erano imbarcati 1.300 cannoni e più di 16.000 soldati. Si trattava di una forza imponente, ma che era stata messa insieme con troppo ritardo per poter intervenire prima che il cattivo tempo rendesse impossibile qualunque missione di disturbo nei riguardi dei turchi, che avevano già invaso la maggior parte di Cipro e avevano cominciato ad assediare Famagosta, ultimo caposaldo veneziano sull'isola.

Le varie parti della flotta cristiana ripararono in porti amici, perdendo lungo la strada alcune unità a causa delle tempeste invernali; e mentre l'assedio di Famagosta si trascinò sino all'estate del 1571, presumibilmente con forti perdite turche, papa Pio V si impegnò a rivitalizzare l'alleanza cristiana, definita Lega Santa, ponendo a capo della flotta il fratellastro di Filippo II, il giovane don Giovanni d'Austria, e assegnandogli come comandante in seconda l'ammiraglio papale Marcantonio Colonna. Benché poco esperto di guerra navale, l'ammiraglio spagnolo seppe esercitare un saldo controllo sulla flotta che gli era stata affidata e al momento giusto ebbe la capacità di impegnare battaglia, andando al di là degli ordini che gli erano stati impartiti dallo stesso re di Spagna.

Purtroppo per i difensori di Famagosta, la nomina di don Giovanni arrivò troppo tardi. La piazzaforte capitolò nell'agosto del 1571, e l'orribile fine del comandante della guarnigione, Marcantonio Bragadin, torturato e scorticato vivo dai turchi, è una probabile prova delle forti perdite subite dai suoi nemici, che non trovarono altro modo per vendicarsi della tenace resistenza veneziana. La presa di Famagosta, comunque, doveva essere l'ultimo successo dei turchi: il loro ammiraglio Ali Pasha non riuscì a prendere Creta, altro possesso di Venezia, e le navi cristiane ebbero il tempo di riunirsi a Messina.

La flotta della Lega comprendeva approssimativamente 316 navi, con 30.000 soldati e 50.000 tra marinai e galeotti. Il contingente spagnolo (comprese le squadre italiane) ammontava a 90 galere, 24 galeoni e circa 50 imbarcazioni minori. La squadra papale annoverava solo 12 galere e sei navi ausiliarie, mentre i veneziani avevano fornito il contributo più importante: 106 galere, sei grandi galeazze, due galeoni e 20 navi più piccole. Altre 17 galere, di varia provenienza, entrarono a far parte della flotta prima della battaglia. Tra i fanti imbarcati sulle navi il posto d'onore spettava a due *tercios* spagnoli, che avevano abbandonato la repressione della rivolta musulmana in Andalusia per combattere contro gli ottomani.

Ali Pasha, forse per sfidare il nemico a battaglia, compì alcune incursioni in Adriatico e si ritirò nella base turca di Lepanto, all'imboccatura del golfo di Corinto. Don Giovanni, contro il parere di Gian Andrea Doria, uno dei suoi subordinati, lasciò Messina il 16 settembre, un giorno dopo la partenza delle galeazze veneziane. Mentre la flotta cristiana procedeva lungo la costa balcanica in cerca del nemico, don Giovanni d'Austria concepì un primo accorgimento tattico: costituire squadre composte da imbarcazioni di varie nazionalità, per evitare che in caso di combattimento qualche contingente nazionale abbandonasse la lotta con tutte le sue navi.

Nella notte fra il 5 e il 6 ottobre il capo degli esploratori turchi riuscì a infiltrarsi tra le navi cristiane ancorate per la notte, ma a causa dell'oscurità sbagliò il conteggio delle navi nemiche. Convinti che i cristiani avessero meno navi, i musulmani decisero di accettare un eventuale scontro. D'altra parte, il 6 ottobre anche don Giovanni ricevette informazioni incomplete: era vero che la flotta turca si trovava a sud, nel golfo di Lepanto, ma le 80 galere comandate da Uluch Ali, corsaro e re d'Algeri, che secondo il rapporto erano salpate verso sud, erano in realtà già ritornate alla base. La flotta cristiana, invece, non era al completo. Disponeva delle sei galeazze veneziane, ma non dei galeoni spagnoli, che per mancanza di venti favorevoli avevano perso il contatto con il resto della colonna. Tuttavia il consiglio di guerra, pensando di aver di fronte solo una parte della flotta ottomana, decise di approfittare dell'occasione per assestare un colpo decisivo al nemico. Così entrambe le flotte si mossero l'una contro l'altra, basandosi sulla falsa aspettativa di trovarsi di fronte un nemico inferiore di numero e impreparato allo scontro.

Erano le 7 del mattino del 7 ottobre, quando le prime galere cristiane, guidate da Gian Andrea Doria, cominciarono a emergere da un canale fra l'isoletta di Oxia e il continente, poco a nord del golfo di Lepanto. D'improvviso avvistarono l'avanguardia della flotta turca in uscita dal golfo, diritto davanti a loro. Doria informò gli altri comandanti e cominciò lo spiegamento previsto dal piano di battaglia.

La flotta cristiana assunse uno schieramento solo parzialmente tradizionale, con un centro e due ali in formazione di linea. La prima novità era costituita da uno squadrone di riserva, la seconda dalla presenza delle galeazze. La squadra di testa, 54 galere comandate da Gian Andrea Doria, prese posizione all'ala destra, con la pesante responsabilità di proteggere il fianco scoperto dello schieramento, rivolto verso il mare aperto. Don Giovanni comandava la squadra più grande, 64 galere al centro: tra queste, le galere più importanti e più fornite di soldati, comandate dai maggiori capi militari, compreso il condottiero papale Colonna e il vecchio Sebastiano Veniero, comandante supremo dei veneziani. L'ala sinistra, vicina alla costa, era comandata da Agostino Barbarigo, un altro veneziano, che aveva ai suoi ordini una maggiore percentuale di galere della sua patria rispetto agli altri comandanti. Di fronte a ciascuna squadra, schierate in linea da nord a sud, erano collocate due galeazze veneziane, molto più grandi e più lente delle ordinarie galere da guerra, ma con batterie di cannoni sulle fiancate e con una sovrastruttura più alta. La riserva cristiana, sotto don Alvaro De Bazan, marchese di Santa Cruz, era composta da 30 galere, e doveva intervenire ovunque se ne fosse presentata la necessità. Infine risultano presenti alla battaglia almeno 80 galere minori, che con tutta probabilità fornirono il supporto logistico e i rimpiazzi di uomini e munizioni per sostenere lo sforzo delle unità principali.

A quanto sembra, il piano di don Giovanni consisteva nel cercare la vittoria al centro, ove aveva concentrato la sua forza principale; la riserva di Bazan, come abbiamo detto, non aveva alcuna manovra particolare da compiere. La principale innovazione cristiana fu la decisione di mandare le galeazze in avanti per più di 800 metri, per scompigliare l'avanzata turca con il loro tiro di bordata.

A quanto è dato sapere, il piano di battaglia ottomano era più accurato rispetto a quello dei cristiani, nonostante siano stati questi ultimi a vincere la battaglia. L'ala destra musulmana, ovvero la squadra più vicina alla costa, consisteva di 54 galere e due galeotte, ed era comandata da Mehmet Suluk, Bey di Alessandria. Il comandante supremo, Ali Pasha, guidava la squadra del centro, composta da 61 galere e 32 galeotte; l'ala sinistra, rivolta al mare, era la squadra più forte, grazie alle sue 87 galere e a otto galeotte, al comando dell'abile Uluch Ali. Infine, dietro la prima linea anche i turchi avevano una riserva, più ridotta di quella cristiana, composta da otto galere, 22 galeotte e 64 fuste (piccole navi a remi, veloci ma decisamente inferiori alle galere cristiane). È chiaro che i turchi – sempre pensando di avere di fronte un numero inferiore di navi nemiche – avevano in mente una manovra di accerchiamento su entrambi i fianchi, e in particolare sul loro fianco sinistro; ma anche dalla parte di terra c'erano buone possibilità che la manovra riuscisse, perché le galere turche avevano un pescaggio minore di quelle cristiane e di conseguenza potevano avvicinarsi maggiormente ai fondali bassi della costa. Un attacco sui lati avrebbe consentito di puntare allo speronamento delle galere nemiche, che avevano fiancate deboli e vulnerabili e non disponevano di artiglierie per il fuoco di bordata. Quanto alla riserva turca, la sua debolezza le consentiva solo operazioni di rifornimento delle navi maggiori, e non certo un impiego come massa di manovra per sfruttare eventuali punti deboli dello schieramento avversario o per coprire qualche buco della prima linea.

Per loro sfortuna, le dimensioni della flotta nemica ridussero la possibilità, da parte dei turchi, di dar corso al loro piano strategico e la battaglia si risolse in una serie di scontri separati, quasi isolati gli uni dagli altri, per gran parte della giornata. L'ala sinistra cristiana, guidata da Barbarigo, fu la prima a impegnare il nemico, alle 10.30 del mattino. Le due galeazze veneziane, come era prevedibile, scompaginarono con il fuoco delle artiglierie la linea delle galere ottomane. I loro comandanti erano Ambrosio e Agostino Bragadin, fratelli di Marcantonio, così orrendamente massacrato dopo la resa di Famagosta, e misero il massimo impegno nell'affondare e danneggiare il naviglio nemico prima dello scontro generale. Le galere turche, a ogni modo, cercarono di approfittare del loro minor pescaggio per accostarsi alla riva e da lì attaccare sul fianco i cristiani, che non conoscendo i fondali erano obbligati a mantenersi al largo. La manovra riuscì a sei o sette galere turche, ma grazie alla grande professionalità di Barbarigo e dei suoi subordinati (per la maggior parte veneziani) alcune navi cristiane riuscirono a manovrare in modo da far fronte al nemico e, anzi, da spingere le galere avversarie contro la spiaggia. La contromanovra riuscì così bene che i turchi, già impegnati a evitare il fuoco delle galeazze, si disunirono ancora di più e un altro comandante veneziano, il Querini, riuscì con le sue navi a inserirsi sulla sinistra della squadra turca e poi a manovrare in modo che l'intera ala sinistra musulmana si trovasse stretta contro la costa da una squadra cristiana che a malapena la eguagliava in numero di unità. Più di 50 navi turche rimasero intrappolate. Dopo ore e ore di mischia furibonda, lo stesso Mehmet Suluk fu mortalmente ferito e catturato. Molti marinai e soldati turchi riuscirono ad abbandonare le navi e a riparare sulla spiaggia, ma la maggioranza perse la vita e quasi tutta la squadra fu catturata. La maggiore perdita per i cristiani fu quella di Barbarigo, anch'egli colpito a morte durante gli scontri.

Al centro, la battaglia cominciò intorno alle 11. Le due galere ammiraglie di don Giovanni e di Ali Pasha, dopo essersi scambiate le prime cannonate, cercarono di affiancarsi e altre galere, dall'una e dall'altra parte, si accostarono alle due navi per rifornirle costantemente di combattenti; ma anche al centro le galeazze veneziane avevano già contribuito a decimare le galere turche, prima dello scontro generale, che coinvolse le navi dei due schieramenti lungo un fronte marino di oltre un chilometro e mezzo, da nord a sud. Tra mezzogiorno e l'una del pomeriggio il Colonna, ammiraglio papale, dopo aver fatto prigioniera la nave che gli si era contrapposta nella mattinata, si mosse in aiuto della galera di don Giovanni e in tal modo i cristiani poterono aver ragione dell'ammiraglia turca. Lo stesso Ali Pasha fu ucciso, e le altre navi turche cominciarono a cedere su tutto il fronte, consentendo a parecchi cristiani di occuparle e cominciare a saccheggiarle, senza rendersi conto del pericolo che poteva provenire dal fianco destro del loro schieramento.

Qui, dove i turchi erano più forti, la battaglia si era accesa in ritardo, perché Gian Andrea Doria, consapevole di quanto la linea turca lo sopravanzasse, aveva diretto le sue unità verso sud, per impedire ai musulmani una manovra avvolgente; ma Uluch Ali, abile quanto lui, si era mosso nella stessa direzione, per mantenere il suo vantaggio. Le due ali continuarono ad allontanarsi dal centro della battaglia, finché verso mezzogiorno una ventina di galere del contingente guidato da Doria cambiarono rotta all'improvviso, dirigendosi verso nord, e quindi verso il centro dello schieramento. Questa mossa indusse i veneziani a sospettare un tradimento da parte del comandante, che essendo genovese non riscuoteva la loro fiducia. In quel momento la squadra di Uluch Ali, per le sue stesse dimensioni, era più vicina al centro cristiano di quanto non lo fosse l'ala destra cristiana, ridotta a 35 galere. Anche la squadra turca fece rotta verso nord, e andò a urtare lo spezzone di galere cristiane che andava nella stessa direzione. Con un rapporto di forze di tre o quattro a uno, l'ammiraglio algerino conquistò in breve tempo 15 navi cristiane e massacrò i loro equipaggi; quindi, con almeno

30 navi, colpì il fianco sud del centro cristiano. Poteva essere l'episodio decisivo della battaglia, in grado almeno di pareggiare le sorti dello scontro: ma il marchese di Santa Cruz, comandante della riserva cristiana, riuscì a radunare un numero sufficiente di galere, che avevano già cominciato a rafforzare il centro, e le inviò a contrattaccare Uluch Ali. Allo stesso tempo Doria, con il resto dell'ala destra, recuperò le galere prese dal re di Algeri e lo attaccò da sud. Il corsaro turco capì che la giornata era ormai perduta e si sottrasse all'accerchiamento con una dozzina di galere; altri 35 vascelli turchi riuscirono a riparare a Lepanto.

Si pensa che circa 60 galere turche siano state affondate durante la battaglia; a queste vanno aggiunte le navi catturate dai cristiani, ossia 117 galere, 10 galeotte e tre fuste. Circa 3.000 turchi furono fatti prigionieri e ben 30.000 restarono uccisi o annegarono durante la battaglia. I cristiani ebbero 10 galere affondate, 8.000 morti e 21.000 feriti, ma queste perdite furono bilanciate dalla liberazione di 15.000 rematori ("galeotti") di fede cristiana, imbarcati sulle navi turche come schiavi.

Il fattore più importante, nella vittoria cristiana, fu costituito dalla capacità di comando del giovane don Giovanni d'Austria, abile nel tenere insieme una forza multinazionale attraversata da odi e diffidenze reciproche. Ebbe un notevole peso anche l'innovazione tattica proposta da Gian Andrea Doria, consistente nel rimuovere gli speroni delle galere cristiane, in modo che i cannoni di prua avessero un campo di tiro maggiore e potessero colpire a distanza ravvicinata gli scafi delle navi turche. Un'altra importante innovazione, come abbiamo più volte osservato, fu l'utilizzo delle galeazze in posizione avanzata per scompaginare la formazione nemica. Nessuna delle sei grandi unità andò perduta e il loro contributo tattico fu certamente notevole. Infine, bisogna tenere nel debito conto il valore delle truppe spagnole imbarcate sulle navi, anche su quelle di Venezia nonostante le obiezioni dei comandanti della Serenissima, che tuttavia non poterono fare a meno di ammettere di non disporre di un numero sufficiente di armati della loro nazionalità e dovettero quindi accettare il contributo dei *tercios* spagnoli.

La sconfitta di Lepanto diminuì in maniera determinante, per alcuni decenni, il potenziale militare della flotta musulmana. Le perdite turche a Lepanto inclusero inevitabilmente una pesante percentuale delle migliori truppe. Benché ci fosse una nuova flotta musulmana attiva nel 1572, essa non fu mai così aggressiva come negli anni che precedettero la battaglia di Lepanto. La vittoria cristiana fece sensazione attraverso tutta l'Europa e negli anni seguenti fu ricordata come il risultato della ferma decisione di cercare e sconfiggere la flotta principale del nemico. Poco dopo Lepanto gli spagnoli presero in considerazione alcuni audaci piani strategici per sfruttare la loro vittoria: don Giovanni era affascinato dalla prospettiva di bloccare la flotta ottomana in Costantinopoli con una spedizione che si impadronisse dello stretto dei Dardanelli. Un'analisi attenta delle sue risorse logistiche e della scarsità di uomini, oltre alla mancanza di un apparato per l'assedio, lo persuase, tuttavia, che il progetto non era realizzabile.

Nel 1572 Filippo II intervenne in modo nefasto sulla condotta delle operazioni nel Mediterraneo. I piani della Lega Santa prevedevano un'azione nell'est contro il nemico principale, gli ottomani, piuttosto che contro i potentati minori musulmani dell'Africa del Nord. L'obiettivo iniziale della flotta era sollevare una rivolta contro i turchi fra la popolazione cristiana della Morea; allora la flotta alleata avrebbe distrutto la nuova flotta ottomana, che si diceva allestita a Costantinopoli. Era un piano ambizioso, ma Filippo II preferiva colpire una delle basi dei pirati musulmani in Africa del Nord, con un beneficio molto più immediato per la Spagna.

Le sue manovre diplomatiche e gli ordini contraddittori differirono la partenza di don Giovanni da Messina fino al 12 luglio. Persino allora Filippo chiese che don Giovanni si lasciasse dietro una forte squadra al comando di Gian

Andrea Doria. Nel frattempo, la flotta veneziana e le galee papali continuarono ad attaccare la nuova flotta ottomana comandata da Uluch Ali che devastava Creta, Zante e Cefalonia. Ci furono due scontri non decisivi ad agosto lungo la costa occidentale della Morea; quindi i veneziani ritornarono a Corfù, dove don Giovanni si era riunito con le galee arrivate dalla Spagna. Da questo momento in poi fu chiaro che non ci sarebbe stata nessuna rivolta cristiana nella Morea: le notizie di sommosse erano state esagerate e la Lega non aveva un piano capace di sostituire quello formulato in precedenza. A metà settembre, di nuovo in rischioso ritardo per le condizioni atmosferiche, don Giovanni mosse la sua flotta a sud, con lo scopo espresso di attaccare la flotta nemica guidata da Uluch Ali, che stava verificando con preoccupazione le condizioni delle artiglierie della fortezza turca di Modone. Dopo parecchie settimane, don Giovanni prudentemente riportò alla base la flotta cristiana. Se fosse arrivato a Modone alcune settimane prima avrebbe potuto sopraffare i turchi, che erano già in preda al panico, o avrebbe avuto il tempo di sbarcare la sua notevole fanteria e cacciare la flotta turca fuori del suo ancoraggio. Ma uno sbarco su una spiaggia ostile, pericoloso in quel periodo dell'anno, avrebbe rischiato di lasciare l'esercito isolato se una tempesta avesse distrutto o spinto al largo la flotta alleata. A ogni modo, don Giovanni era tornato nel sicuro porto di Messina sin dalla fine di ottobre. Venezia, con i suoi importanti traffici marittimi con il Levante danneggiati dalla guerra, negoziò segretamente con i turchi per mesi e finalmente raggiunse un accordo nel 1573, abbandonando la Lega Santa. La Spagna continuò la lotta e prese Tunisi nello stesso anno, ma la perse di nuovo nel 1574. La minaccia ottomana era comunque in fase calante in tutto il Mediterraneo e la Spagna aveva rivolto le sue principali attenzioni verso l'Atlantico, per affrontare il problema dell'Inghilterra e le continue rivolte nei Paesi Bassi.

L'Impero e i veneziani, in particolare, assoldavano periodicamente condottieri e contingenti di stati minori per contenere i ricorrenti tentativi di espansione che sultani più intraprendenti avviavano più per garantire l'ordine interno che per effettiva volontà di conquista. Tuttavia, nel 1683, un grave pericolo proveniente da est tornò a terrorizzare tutta l'Europa cristiana, quando l'Impero ottomano inviò un potente esercito, comandato dal gran visir Kara Mustafà fin sotto le mura della capitale del Sacro Romano Impero. L'assedio di **Vienna** fu interrotto il 12 settembre 1683, quando un grande esercito di soccorso, comandato dal re Giovanni Sobieski di Polonia, assalì i turchi. Gli alleati cristiani contavano circa 76.000 uomini fra austriaci, sassoni, bavaresi e polacchi, più 16.000 all'interno delle difese; dalla parte dei turchi erano schierati circa 107.000 uomini, più 31.000 nelle trincee d'assedio.

L'esercito turco del gran visir Kara Mustafà aveva attaccato la città fin dal 14 luglio, ma non era riuscito a impedire che l'imperatore Leopoldo I fuggisse, favorito dall'energica difesa della guarnigione, guidata dal conte Starhemberg. Giovanni Sobieski schierò a destra le proprie truppe, al centro le ausiliarie e quelle degli elettori di Sassonia e Baviera e a sinistra il corpo del duca di Lorena. Questi, a 6 chilometri e mezzo dalla città, fece occupare il convento del monte Kalhenberg dai volontari e dai granatieri del marchese Parella, che respinse per più ore ripetuti assalti dei turchi, molto superiori di numero. Infine, ricevuti rinforzi, riuscì a respingere il nemico, che occupò il terreno ondulato fra la città e il monte. Gli alleati mossero ad attaccarlo, avendo alla testa il Parella, seguito subito da un migliaio di corazzieri del generale Caprara. I turchi furono respinti sino a Nusdorf e poi, dopo lotta accanita, cacciati anche di là. Un corpo di *spahis* si lanciò sulla sinistra cristiana, ma il duca di Lorena li fece attaccare da tre squadroni di corazzieri (Cavriani, Piccolomini e d'Arco) che li sgominarono: infine il nemico fu ricacciato anche da Elinstadt. Sobieski a sua volta aveva dovuto sostenere una lotta accanita con un grosso corpo nemico. Era dapprima riuscito a prendere un'altura da essi occupata e a dilagare nel piano, quindi fece attaccare la cavalleria turca dalla sua: circondati dai nemici, i cavalieri cristiani furono liberati dalla fanteria tedesca. Alle 17 il duca di Lorena entrava nel campo degli assedianti e poco dopo lo seguiva Sobieski. Nella notte, il gran visir si diede alla fuga con il suo esercito, e fu più tardi giustiziato per il suo fallimento.

La liberazione di Vienna era costata 2.000 soldati tra morti e feriti fra gli alleati, circa 10.000 tra morti e feriti dalla parte dei turchi; sono ignote le perdite della popolazione civile dentro e soprattutto attorno a Vienna. La guerra si protrasse sino al 1699, ma ormai l'Impero ottomano aveva finito di costituire un serio problema per le potenze cristiane.

XI
Breitenfeld, Rocroi e Naseby: le guerre del Seicento

Il XVI secolo si era aperto con le guerre per il controllo dell'Italia; ma nel giro di alcuni decenni i nuovi contrasti di origine religiosa spostarono verso il centro dell'Europa le aree di frizione fra le nazioni e fra le diverse componenti sociali. Se è vero che i rapporti di potere all'interno delle società europee si erano modificati, consentendo alle borghesie degli stati europei di conquistare nuovi spazi di potere politico ed economico, l'aristocrazia, accettando di integrarsi nelle nuove compagini statali, era ancora in grado di condizionarle, specialmente in campo militare. La nobiltà dominava le corti e seguitava ad avviare al mestiere delle armi i propri figli, in particolare i cadetti sprovvisti di beni ereditari. La professione di soldato poteva anzi essere il modo migliore, per un giovane ambizioso e di non oscurissimi natali, di ottenere sensibili avanzamenti sociali. Allo stesso tempo, le guerre crearono masse di sbandati fra i quali era possibile reclutare gli avventurieri necessari per i reggimenti di fanteria e gli squadroni di cavalleria.

La diffusione delle armi da fuoco e il massiccio ingresso dell'artiglieria sui campi di battaglia – l'impiego dell'artiglieria ferrarese, comandata dal duca Alfonso II, era già stato determinante per l'esito della battaglia di Ravenna, combattuta l'11 aprile 1512 – portò alla progressiva modifica delle falangi di tipo svizzero, copiate dai lanzichenecchi e anche dalle milizie di vari stati. Cerignola e Pavia erano stati due casi al limite delle possibilità degli archibugi, che avevano conseguito un risultato decisivo grazie alla particolare conformazione del terreno e ai notevoli errori tattici dell'avversario. Ma in campo aperto, come si è detto, quando era possibile manovrare la cavalleria e offrire un buon campo di tiro alle artiglierie, le armi da fuoco, con la loro lenta cadenza di tiro, perdevano di efficacia se non disponevano di un adeguato riparo. Gli archibugieri si integrarono allora con gli armati di picche, dando vita a unità composite in cui i picchieri erano in maggioranza e integravano la loro forza d'urto con il tiro delle armi da fuoco; a loro volta, in caso di attacco della cavalleria o di altra fanteria, i tiratori potevano rifugiarsi all'interno della selva di picche.

Il modello che si affermò a partire dalla metà del Cinquecento fu il *tercio* spagnolo, un massiccio blocco di picche con compagnie di tiratori agli angoli (le cosiddette "maniche") e una copertura di tiratori sui lati di questo poderoso quadrato, che combinava la forza d'urto della fanteria con l'efficacia delle armi da fuoco. Queste grandi unità, definite in seguito "reggimenti" in Italia, manovravano sul campo di battaglia come le antiche legioni romane, cercando soprattutto di mantenere la coesione e sfruttare al massimo le capacità dei propri combattenti: e per aumentare il potere di fuoco dei tiratori si diffuse sin dalla prima metà del Cinquecento il moschetto, una sorta di archibugio più lungo e più pesante, che richiedeva l'ausilio di un bastone a forcella da piantare nel terreno e su cui andava appoggiata la canna dell'arma. La palla del moschetto era più pesante e di maggiore gittata, ma l'uso di quest'arma comportava una maggiore lentezza delle operazioni di caricamento, complicate dall'ingombrante forcella. Composto da truppe specializzate il *tercio* era un'unità da combattimento formidabile; tuttavia il sistema presentava anche qualche svantaggio, perché una formazione così grande (circa 150 metri di larghezza per 100 di profondità) era difficile da manovrare rapidamente e meno della metà delle armi da fuoco poteva sparare in una determinata direzione. Il *tercio* era uno strumento fondamentale per le azioni difensive, ma si dimostrava piuttosto lento se lo si voleva utilizzare per attaccare e distruggere il nemico. D'altro canto, con le armi da fuoco a miccia e il loro complesso sistema di caricamento era difficile pensare a innovazioni ancora più sostanziali rispetto a quella che, di fatto, era già una vera rivoluzione: il ruolo determinante dei tiratori d'arma da fuoco sul campo di battaglia.

Elemento primario di questa affermazione fu il miglioramento nell'equipaggiamento del singolo tiratore, dovuto a una sostanziale modifica nella logistica militare, a cominciare appunto dal moschetto: infatti, se gli archibugi potevano esser proprietà di ogni tiratore, il moschetto del tardo Cinquecento era una tipica arma "da munizione", fornita dallo stato che arruolava il soldato nelle sue armate. L'uso non era certo nuovo: in tutte le epoche erano esistiti armamenti di base che ogni potere centrale conservava in deposito per rifornire gli eserciti. La differenza è che già a partire dalla seconda metà del XV secolo, in Europa, le dimensioni degli eserciti permanenti avevano comportato la necessità di provvedere a equipaggiamenti sempre più vasti e sofisticati. Accanto ai parchi di artiglierie i depositi si riempirono di picche, corazze, spade, moschetti e pistole, e fu necessario sviluppare industrie armiere, o per lo meno centri di assemblaggio dei materiali comprati all'estero, anche nei paesi che sino ad allora non avevano prodotto armamenti in proprio.

Sempre nel campo delle armi da fuoco altre innovazioni portarono al miglioramento della polvere da sparo. Nella prima metà del Cinquecento i perfezionamenti introdotti nella lavorazione dei metalli consentirono di utilizzare una polvere più potente, detta "granita", per la carica dell'arma, utilizzando per l'innesco un altro tipo di polvere, ridotta a una granitura più fine. L'utilizzo di due tipi di polvere complicò leggermente le operazioni di caricamento e rese necessaria l'adozione di due tipi di recipiente: la carica veniva tenuta in una fiasca o in un corno, mentre la polvere da innesco era contenuta in un fiaschino detto "polverino". Fiasche, corni e polverini erano forniti di appositi dosatori, o misurini, a molletta, per prelevare e poi versare la polvere. L'equipaggiamento dei soldati dovette adattarsi a queste innovazioni, per agevolare le operazioni di caricamento rapido dell'arma. Già nelle incisioni del *Trionfo di Massimiliano I*, apparse per la prima volta nel 1526, si notano soldati che recano appesi a una bandoliera dei piccoli contenitori, destinati a conservare la polvere per un singolo colpo e realizzati generalmente in legno di bosso, donde quasi sicuramente deriva la denominazione di "bossolo" usata ancor oggi per indicare l'involucro delle munizioni che racchiude la polvere di lancio e l'innesco e regge il proiettile. I bossoli, solitamente di forma cilindrica allargata verso la base, erano muniti di due alette laterali entro le quali passavano dei correggioli collegati a una larga striscia di cuoio (la bandoliera) che si portava a tracolla con lo scopo di reggere i bossoli e altri strumenti necessari per sparare – la fiasca o il corno con altra polvere da sparo, il polverino per la polvere da innesco, la sacca con le pallottole.

Non possediamo dati molto sicuri sulla cadenza di tiro di un moschettiere, ma pare che agli inizi del XVII secolo un soldato esperto fosse in grado di sparare due colpi ogni tre minuti, quasi certamente a causa del peso dell'arma (da 6 a 8 chili) e delle complicate manovre necessarie per caricarla; non dobbiamo dimenticare che la maggioranza delle armi da fuoco in dotazione alla fanteria erano a miccia, costituita da una cordicella di lino, canapa o cotone bollita in una soluzione satura di salnitro. La miccia veniva accesa solitamente a entrambe le estremità, in previsione di uno scontro, e si portava nella mano sinistra; bruciava senza fiamma, e bastava soffiarvi sopra per portarla all'incandescenza poco prima di inserirla nell'apposito portamiccia e far fuoco. Durante le battaglie c'era un grande movimento di micce accese all'aria aperta, con i pericoli che ognuno può immaginare.

Per quanto riguarda la cavalleria, il suo prestigio era rimasto scosso dalla resistenza delle falangi svizzere e dal fuoco degli archibugi e dei moschetti; ma i cavalli erano più che mai necessari, visto il disastroso stato delle strade dell'epoca e il vantaggio derivante dalla loro maggiore velocità e mobilità. Inoltre il cavallo "nobilitava" il suo proprietario e lo metteva in una posizione di apparente superiorità rispetto agli altri combattenti. Poiché il mestiere delle armi, e soprattutto i comandi militari, erano ancora appannaggio della nobiltà, in numerose nazioni i maggiori sforzi e i maggiori capitali furono indirizzati verso la cavalleria, nonostante il suo costo assai elevato e i problemi logistici che comportava per il reperimento – spesso forzoso – delle cavalcature, il loro addestramento e soprattutto il loro mantenimento. D'altra parte, la cavalleria divenne qualcosa di ben diverso da ciò che era stata nei secoli precedenti. Ridimensionata dalla polvere da sparo, fu costretta a integrarsi con le altre due armi, la fanteria e l'artiglieria, e ad assistere alla creazione di nuovi tipi di cavalieri. Risale almeno alla metà del Cinquecento la diffusione di corpi speciali di archibugieri a cavallo, che hanno antecedenti probabilmente italiani. Questi soldati a cavallo, gente di mestiere con qualche velleità nobiliare, erano utilissimi nelle scaramucce e nella difesa di posizioni avanzate, che potevano raggiungere più rapidamente della fanteria e mantenere grazie al loro fuoco, in attesa che sopraggiungesse il grosso dell'esercito; si trovavano invece in netta difficoltà nel confronto con la cavalleria pesante, e soprattutto con un particolare tipo di combattente, il *reiter* ("raitro"), munito ancora di un minimo armamento difensivo (un elmo aperto e una corazza) e provvisto di alcune pistole a ruota (di solito tre).

Le pistole, armi da fuoco corte, che potevano essere impugnate con una sola mano, derivavano il loro nome dall'antica *pist'aly* boema e proprio in questo periodo divennero assai più pratiche grazie alla diffusione del meccanismo a ruota, che utilizzava le scintille prodotte dallo sfregamento di un pezzo di pirite sui denti di un rotino, caricato a molla per mezzo di una chiave e che girava a gran velocità su se stesso quando il grilletto, premuto dal tiratore, faceva scattare la molla, collegata al rotino per mezzo di una catena:[1] la pirite urtava i denti della ruota e produceva scintille che incendiavano la polvere di innesco, comunicando il fuoco alla polvere da sparo caricata all'interno della canna dell'arma e facendo partire il colpo. Si trattava di un'arma abbastanza delicata, ma ideale per il combattente a cavallo: non richiedeva complicate manovre di caricamento e poteva essere impugnata con una sola mano, consentendo di trattenere le briglie del cavallo con l'altra; le pistole potevano essere trasportate in due apposite "fonde" disposte ai due lati della sella e una terza poteva trovar posto nella cintura o nello stivale destro del cavaliere. Un combattente poteva così disporre per la prima volta di un elevato "volume di fuoco". I "raitri" manovravano in grosse formazioni, adottando il sistema del "caracollo" (dallo spagnolo *caracol*, "lumaca"): lo squadrone si avvicinava al nemico al piccolo trotto, con le pistole pronte a sparare; quando era a distanza utile, la prima fila di cavalleggeri scaricava le armi sulla formazione avversaria e girava facendo perno su una delle sue estremità, fino a ricollocarsi alla coda dello squadrone; la fila successiva sparava a sua volta, e così via finché la fila che aveva sparato all'inizio non si ripresentava di fronte ai nemici scaricando un'altra delle pistole in possesso di ogni combattente. In questo modo, a patto di mantenere una disciplina di ferro – che i "raitri" in effetti non possedevano – e a patto di non subire perdite troppo forti che avrebbero scompaginato la formazione, una simile tattica era in grado di fiaccare la resistenza dei fanti avversari, purché questi non fossero in grado, a loro volta, di sopportare le perdite e di rispondere con un fuoco ancora più

[1] Per tutti i dettagli riguardanti il funzionamento delle armi da fuoco individuali si rimanda da qui in poi al testo di S. Masini e G. Rotasso, *Dall'archibugio al Kalashnikov. Sette secoli di armi da fuoco*.

deciso. In realtà le pistole dei "raitri" erano utili più che altro come arma ausiliaria della spada: ma l'effetto psicologico di una scarica, sia pur disordinata, compiuta da un nugolo di cavalieri all'assalto poteva rivelarsi decisivo su milizie poco addestrate. Le pistole a ruota potevano essere di tutte le fogge e di tutte le dimensioni. Molto diffuse divennero la terzetta, un'arma che misurava circa un terzo di un normale archibugio, e il terzaruolo, che misurava invece due terzi, e che si può considerare un antenato della carabina, se con questo termine si intende un'arma lunga da usare a cavallo, un poco più piccola e più leggera dell'arma lunga individuale da usare a piedi. Verso la fine del Cinquecento comparvero anche soldati specializzati nell'uso di quest'arma, i "carabini" o "carabinieri", e comparvero anche i "dragoni", fanteria a cavallo munita di armi da fuoco lunghe e corte simili a quelle adoperate dalla fanteria, in modo da poter combattere con efficacia anche una volta smontati da cavallo. Tutte queste nomenclature, ovviamente, hanno un valore puramente indicativo, giacché da stato a stato, da milizia a milizia e da periodo a periodo possono verificarsi notevoli confusioni nei nomi assegnati: ma nello stesso tempo riusciamo ad avere un'idea di quello che l'introduzione delle armi a ruota significò per l'arte della guerra, in termini di specializzazione dei combattenti e di creazione di nuove tattiche e nuovi corpi militari.

Per i soldati a piedi l'arma a ruota era destinata soprattutto a milizie scelte, fornite possibilmente di pezzi di ricambio e di abili artigiani al loro seguito; bastava tener troppo a lungo in tensione il mollone del rotino, facendogli perdere elasticità, o bastava perdere la chiave di caricamento, per trovarsi in mano un oggetto del tutto inservibile. Eventuali riparazioni richiedevano personale specializzato, mentre un'arma a miccia poteva essere riparata dal primo fabbro di paese (sempre che, anche in questo caso, non fosse munita di meccanismi troppo sofisticati). L'arma a ruota, insomma, non poteva essere data in mano a soldati troppo rozzi e inesperti, e soprattutto non era fatta per sopportare le intemperie e i disagi delle marce di trasferimento e delle mischie di fanteria.

Per rispondere adeguatamente all'attacco della cavalleria e superare i tiratori nemici in volume di fuoco occorreva sviluppare ulteriormente il potere offensivo degli archibugi e dei moschetti. Nacque così la "contromarcia", una manovra nella quale righe successive di tiratori sparavano una raffica ciascuna ritirandosi negli intervalli fra gli altri soldati, alle spalle della formazione, dove cominciavano a ricaricare l'arma. Dopo l'introduzione del moschetto fu necessario un minimo di dieci righe per mantenere un fuoco continuo. Secondo alcuni ricercatori la gittata utile del moschetto alla fine del XVI secolo poteva arrivare a 250 metri, il che avrebbe consentito di tirare alcuni colpi efficaci prima di ripararsi fra i picchieri o trovare rifugio dietro qualche riparo; ma non dimentichiamo che Raimondo Montecuccoli, nei suoi *Aforismi dell'arte bellica,* scritti tra il 1665 e il 1670, afferma che «il moschetto non tira più di 300 passi in circa», il che porterebbe a ridurre drasticamente la possibilità di tirare più volte contro la cavalleria lanciata alla carica.

La disponibilità di un ostacolo naturale o artificiale poteva aumentare il tempo necessario per giungere allo scontro diretto: abbiamo già visto che nelle guerre in Italia gli archibugieri spagnoli seppero fare buon uso di questi espedienti, sotto la guida di Consalvo di Cordova. Consapevoli della forza difensiva dei tiratori, i comandanti cercarono quindi di combattere in campo aperto o di sorprendere, con azioni a sorpresa della cavalleria, le colonne di fanteria mentre erano in marcia senza dar loro il tempo di riordinare la formazione: un espediente, quest'ultimo, che sarebbe stato abbandonato progressivamente durante la guerra dei Trent'anni perché giudicato poco leale, ma che venne usato abbastanza spesso durante la lunga guerra combattuta dagli olandesi per liberarsi dal dominio spagnolo.

È proprio a questa epica lotta, che vide contrapposta la migliore fanteria professionale d'Europa ad armate composte in larga parte di milizie locali e di mercenari o volontari stranieri, che si fa risalire l'embrione delle innovazioni che avrebbero portato, con le riforme di Gustavo Adolfo di Svezia, a tattiche rimaste in uso fino alla rivoluzione francese. Il nuovo metodo olandese, inventato dai conti Guglielmo e Maurizio di Nassau, consentiva l'impiego del tiro a raffica in campo aperto e permetteva un utilizzo molto più razionale del potere di fuoco di moschettieri e archibugieri. L'idea si deve quasi certamente a Guglielmo di Nassau: il condottiero olandese aveva attentamente studiato le consuetudini militari degli antichi romani per trarne insegnamenti utili a schierare truppe sul campo di battaglia. Il numero di righe di picchieri fu drasticamente ridotto da 40 a 10 e addirittura a cinque, realizzando un fronte di circa 50 picchieri, con intervalli di meno di un metro tra una riga e l'altra. I moschettieri prendevano posto ai fianchi dei picchieri, ordinati su tre plotoni di 40 uomini ciascuno, profondi 10 file, per utilizzare la contromarcia e mantenere una cadenza regolare di tiro, garantita assai più che nel passato – e anche questa fu una profonda innovazione – da un costante allenamento e da una rigida disciplina. Fu quindi studiata una serie particolareggiata di comandi che dovevano riguardare tutte le fasi dell'impiego dell'arma, dal caricamento alla posizione di marcia, dall'inserimento della miccia allo sparo. A questo provvide un altro membro della famiglia, Giovanni di Nassau, creando il primo manuale moderno di esercitazioni con le armi da fuoco, nel quale erano analizzati tutti i movimenti richiesti per un corretto e rapido uso delle armi: moschetto, archibugio e picca, ancora necessaria per proteggere i tiratori in caso di scontro all'arma bianca. Fra le operazioni richieste per caricare l'arma da fuoco erano compresi anche vari accorgimenti per garantire la sicurezza del tiratore, come soffiare ripetutamente sull'arma per disperdere i residui di polvere da sparo, o maneggiare la miccia accesa in modo da non metterla prematuramente a contatto con la polvere da sparo.

Ogni azione comportava una differente posizione che

tutti i combattenti dovevano assumere nello stesso momento, con la conseguente necessità di un intenso addestramento, curato da Maurizio di Nassau, comandante in capo delle truppe olandesi e coordinatore dell'intera "riforma" militare, al quale fu attribuita universalmente la paternità del nuovo sistema. Le posizioni originarie previste nei disegni del conte Giovanni di Nassau erano 15 per la picca, 25 per l'archibugio e 32 per il moschetto, ma divennero 32 per entrambe le armi da fuoco nel 1606-7; nel 1607 le posizioni furono illustrate in una raccolta di incisioni di Jacob De Gheyn, *Wapenhandligen van roers, musqueten end spiessen* ("Maneggio delle armi per archibugi, moschetti e picche"). Le raccolte di incisioni di questo tipo si moltiplicarono, mentre i mercenari e i volontari stranieri che avevano servito sotto Maurizio di Nassau diffusero in tutta Europa le nuove tattiche olandesi, che contrapponevano alle massicce formazioni di tipo spagnolo, forti di circa 3.000 combattenti ma poco manovrabili, dei battaglioni di circa 500 uomini ciascuno, con un fronte massimo di ben 250 metri, più rapidi ed efficaci in termini di fuoco, ma certo più difficili da coordinare. Le truppe olandesi erano addestrate di continuo, durante le tregue e in tempo di pace. Le manovre divennero così una sorta di danza rituale, nella quale ogni soldato era come l'ingranaggio di una potente macchina; nello stesso tempo la brutalità della guerra veniva sublimata in una serie di movimenti astratti, finalizzati all'uso di uno strumento che colpiva a distanza. Ancora, i movimenti standardizzati creavano una sorta di primitivo legame sociale, simile a quello delle antiche danze tribali, rafforzato dall'introduzione, o dal perfezionamento, di altri insegnamenti, come l'uso di marciare al passo.

In questo nuovo tipo di esercito la preparazione professionale dei comandanti divenne un requisito fondamentale, come fu dimostrato da Giovanni di Nassau con l'apertura di un'accademia militare a Siegen, creata allo scopo di istruire i giovani nobili in tutte le discipline dell'arte della guerra, divenuta ormai una vera scienza, grazie anche alle cognizioni di ingegneria e matematica indispensabili per la realizzazione delle nuove fortificazioni e la conduzione degli assedi. Lo stesso concetto di coraggio si modificò profondamente, passando dalle ultime esibizioni di audacia individuale alla capacità di "dare l'esempio" ai propri soldati mantenendosi calmi sotto il fuoco nemico e continuando a dare gli ordini necessari per il corretto svolgimento delle manovre sul campo di battaglia. Questo nuovo concetto, ovviamente, non poteva impedire che un comandante si facesse tentare dal prendere parte a una carica di cavalleria o si esponesse inutilmente in prima linea: ma azioni di questo tipo erano già universalmente considerate come inutili imprudenze. Sui campi di battaglia emergeva un nuovo tipo di fatalismo, direttamente connesso all'impiego delle armi da fuoco, e legato all'idea che la morte poteva sopraggiungere improvvisa, da un punto imprecisato.

Le riforme di Maurizio di Nassau furono utilizzate da Gustavo Adolfo di Svezia come punto di partenza per la creazione di un esercito moderno, destinato a dominare i campi di battaglia della guerra dei Trent'anni (1618-48), fornire indicazioni ai comandanti di tutta Europa e consentire a un paese scarsamente popolato e collocato in posizione periferica di rivestire un ruolo politico determinante sino all'inizio del Settecento. Basato su un sistema di coscrizione nazionale, che divideva il paese in regioni incaricate di fornire un certo numero di combattenti, l'esercito svedese dovette presto integrare le sue file con unità mercenarie che dovettero adattarsi alle nuove tattiche. L'unità di base era lo squadrone, formato da 408 uomini – 216 picchieri e 192 moschettieri. Le picche costituivano il blocco centrale, profondo sei righe, e i moschettieri si disponevano su due ali di 96 uomini, profonde anch'esse sei righe. Un altro contingente di 96 moschettieri poteva essere unito allo squadrone, ma di solito questi distaccamenti erano utilizzati negli avamposti e nelle ricognizioni. Maurizio di Nassau aveva organizzato il proprio esercito su tre linee, prendendo a modello la legione romana; Gustavo arrivò a una disposizione su due sole linee, come a Breitenfeld, nel 1631, con fanteria e cavalleria tra le due linee e una riserva di cavalleria dietro la seconda linea. Inoltre, sfruttando la formazione di sei sole righe, il re di Svezia sperimentò un impiego più efficace dei moschetti, facendo sparare insieme le prime due righe e organizzando la contromarcia in modo che l'intera formazione muovesse in avanti. Durante questo movimento, i picchieri proteggevano i tiratori mentre ricaricavano. In seguito Gustavo Adolfo introdusse la "salva" di moschetteria: durante la battaglia i tiratori riducevano le righe da sei a tre riempiendo gli intervalli fra gli uomini di fronte a loro, una manovra resa possibile grazie allo spazio esistente tra i moschettieri necessario per caricare le armi senza urtarsi tra loro o dar fuoco accidentalmente alle polveri del vicino. Le tre righe, con i moschettieri disposti spalla a spalla, imbracciavano le armi: la prima riga in ginocchio, la seconda curvata in avanti e la terza in posizione eretta, facevano fuoco tutte insieme, producendo effetti devastanti sul nemico. Il tiro delle armi leggere era coadiuvato da piccoli pezzi d'artiglieria da un chilo e mezzo, i cosiddetti "cannoni di cuoio", distribuiti fra i reparti. Subito dopo la salva i picchieri si gettavano all'assalto, possibilmente sostenuti dalla cavalleria, montata su cavalcature meno imponenti di quelle in dotazione agli avversari, ma nello stesso tempo più maneggevoli e resistenti. La cavalleria svedese agiva in stretta combinazione con le altre due armi, privilegiando la mobilità. Solo la prima riga usava la pistola, mentre il resto del reparto caricava all'arma bianca: il potere di fuoco era fornito dai moschettieri e all'occorrenza alcuni dei loro distaccamenti accompagnavano i cavalieri sul campo di battaglia per proteggerli anche durante lo scontro con la cavalleria nemica. Alle due armi, abituate a combattere in stretto coordinamento, si aggiungeva un'artiglieria resa particolarmente mobile e sostenuta da un'industria metallurgica di prim'ordine, capace di realizzare anche armamenti sperimentali come i "cannoni di cuoio", costituiti da un'anima di metallo, avvolta con corde e racchiusa in una guaina di cuoio bollito: l'intenzione era di creare un pezzo leggero, facile da trasportare al seguito delle truppe. Era un esperimento forse troppo azzardato per quei tempi: benché prodotti in gran numero, i cannoni di cuoio non funzionarono a dovere – il cuoio era un mediocre conduttore e faceva riscaldare i cannoncini, provocandone spesso lo scoppio – e furono sostituiti, come pezzi "reggimentali", da cannoni più tradizionali, sempre piuttosto leggeri, manovrati da artiglieri inseriti a pieno titolo nell'esercito e non più – come succedeva ancora in altre nazioni – da privati cittadini assunti per prestare servizio in una sola campagna.

Sul versante delle armi individuali Gustavo Adolfo introdusse moschetti più leggeri di quelli adoperati dagli eserciti avversari, tanto che talora era possibile adoperarli anche senza la forcella di appoggio; si ritiene che alcuni dei suoi soldati a piedi abbiano potuto adoperare armi a ruota o a pietra. Al re di Svezia è anche attribuita l'invenzione della cartuccia, ossia di un involucro di carta pesante che conteneva la polvere da sparo e la pallottola. L'uso della cartuccia consentiva una maggiore rapidità di caricamento e forniva al soldato molti più colpi, ma presupponeva un impianto logistico di sostegno che forse non sempre era disponibile durante le campagne del "Leone del Nord", come fu soprannominato il re svedese.

Tra le battaglie combattute e vinte da Gustavo Adolfo il posto d'onore spetta a **Breitenfeld**. Presso questa località, situata 8 chilometri a nord di Lipsia, il 17 settembre 1631, Gustavo Adolfo, re di Svezia, e l'elettore di Sassonia, al comando dell'esercito protestante, si scontrarono con il conte Giovanni Tzerklaes de Tilly, al comando dell'esercito cattolico-imperiale. Dopo l'invasione della Sassonia da parte del Tilly i sassoni avevano chiesto l'aiuto di Gustavo Adolfo, schierandosi decisamente al suo fianco; ed egli, riordinate le sue forze a Brandeburgo, aveva passato l'Elba a Wittemberg, si era unito con i sassoni a Düben e si era posto in marcia direttamente su Lipsia, che era nelle mani della fazione cattolico-imperiale. Tilly avrebbe voluto evitare la battaglia in attesa di altri soccorsi, ma per insistenza del suo luogotenente Pappenheim si era infine deciso ad accettarla.

I protestanti avevano a loro disposizione 40.000 svedesi e sassoni, per un totale di 248 compagnie di fanteria, 170 squadroni di cavalleria e 60-70 cannoni, compresi i famosi cannoni di cuoio; a essi si contrapponevano 32.000 cattolico-imperiali, 21.000 dei quali di fanteria e 11.000 di cavalleria, più 36 cannoni.

Tilly schierò il suo esercito a nord di Lipsia a cavallo della strada per Düben, in una sola linea, sul pendio settentrionale di una leggera altura, con la fanteria suddivisa in 16 battaglioni quadrati di 1.800 uomini ciascuno, che formavano quattro gruppi intervallati da squadroni di cavalleria. Sette squadroni di cavalleria furono collocati all'ala destra e sei all'ala sinistra. Tutta l'artiglieria fu appostata sull'altura, ripartita in due batterie, una di 13, l'altra di 23 pezzi. L'esercito protestante era diviso in tre "schiere", ciascuna delle quali poteva essere considerata come un piccolo esercito a sé stante: sulla destra quattro brigate di fanteria, sei squadroni di cavalleria e compagnie di moschettieri da 180 a 300 uomini l'una sulle ali; 30 pezzi di artiglieria erano collocati di fronte alla fanteria, e due pezzi su ciascuna ala oltre i cannoni dei reggimenti; di riserva, due squadroni e tre compagnie di moschettieri. Al centro erano collocate tre brigate di fanteria, sette squadroni alle ali, sei pezzi di artiglieria sulla fronte, due squadroni in riserva.

Le unità svedesi erano più piccole e integrate da due linee di moschettieri a sostegno della cavalleria, mentre la fanteria era sostenuta da 42 cannoni di battaglione, serviti da due uomini ciascuno. La terza schiera era costituita dal contingente sassone, più piccolo ma meno flessibile, posto sulla sinistra svedese, su tre linee di grossi battaglioni e grossi squadroni disposti a scacchiera. Un certo intervallo separava gli svedesi dai sassoni. La destra dei protestanti si appoggiava al villaggio di Klein Podelwitz; la sinistra a quello di Gopschelwitz; il fronte di battaglia era parallelo a quello nemico, ma di ampiezza inferiore. È degno di nota il fatto che Gustavo Adolfo aveva prescritto che la fanteria non dovesse tirare se non «quando il nemico fosse stato così vicino da permettere di scorgere il bianco degli occhi». La battaglia cominciò a mezzogiorno con uno scambio di tiri di artiglieria. L'artiglieria imperiale effettuò subito un tiro continuato e violento; Gustavo Adolfo ordinò alla propria artiglieria di controbattere quella nemica, ma dopo due ore fu costretto a ritirare la sua ala sinistra svedese perché danneggiata fortemente dai tiri nemici. Tilly intendeva compiere un doppio accerchiamento dell'esercito protestante e circa alle 14 la sua cavalleria sull'ala sinistra, comandata da Pappenheim, tentò di aggirare la destra svedese con una manovra che venne frustrata da una semplice estensione della linea svedese grazie al dispiegamento di unità prese da altri punti: in pratica, alla cavalleria di seconda linea, che era sostenuta, secondo la tattica del tempo, da plotoni di moschettieri, fu ordinato di eseguire una conversione a destra e formare un nuovo fronte ad angolo retto con la linea. Pappenheim, nonostante tre ore di feroci combattimenti, non fu neanche capace di sfondare lo schieramento nemico a causa delle tattiche svedesi che alternavano le scariche della moschetteria con le controcariche della cavalleria.

Nello stesso tempo, anche i *tercios* imperiali, coperti sui due fianchi dalla cavalleria dell'ala destra agli ordini di Furstenberg, erano avanzati con un'inclinazione verso destra in modo da attaccare i sassoni, che alle 16 furono messi in rotta e dispersi. Tilly si credette certo della vittoria, essendo riuscito in tal modo a scoprire il fianco sinistro svedese; ma la cavalleria imperiale, con scarso intuito tattico, inseguì i sassoni anziché completare l'avviluppamento del fianco sinistro del nemico, rimasto in aria dopo il ritiro dei sassoni. A sua volta Gustavo Adolfo, che aveva previsto l'esigua capacità di resistenza dei sassoni, ordinò a tutta la seconda linea dello schieramento di effettuare un cambiamento di fronte, per costituire all'ala sinistra un angolo retto con la prima linea, che ancora saldamente resisteva nonostante i reiterati attacchi delle fanterie imperiali (anche perché il suo comandante, lo svedese Gustaf Horn, aveva organizzato prontamente un contrattacco che aveva ributtato parte della cavalleria imperiale addosso ai *tercios* della fanteria, in fase di riorganizzazione dopo il felice esito del loro attacco contro i sassoni). Dopo aver perso tempo prezioso, dando al nemico la possibilità di ricostituire il proprio schieramento, Tilly ordinò l'attacco decisivo su quattro linee profonde, ma il fuoco micidiale degli svedesi ebbe buon gioco sulle pesanti masse delle fanterie imperiali e arrestò definitivamente l'attacco. Gustavo Adolfo ritenne giunto il momento per un attacco risolutivo: pertanto ordinò alla prima linea di avanzare frontalmente, e alla cavalleria di caricare il fianco sinistro. Lui stesso si mise alla testa della cavalleria. L'attacco combinato di fronte e di fianco ebbe pieno successo: la cavalleria arrivò fin sull'artiglieria imperiale e, impadronitisi dei pezzi, gli svedesi li volsero contro le stesse fanterie del Tilly. Sotto un violento fuoco incrociato delle artiglierie, l'esercito imperiale si sfasciò. Tilly, ferito, fuggì verso Halle attraverso Halberstadt con soli 2.000 uomini; 7.000 dei suoi rimasero sul campo morti o feriti, 6.000 vennero fatti prigionieri, mentre altri andarono allo sbando. Gli svedesi persero un migliaio di uomini e i Sassoni circa 2.000.

La strada di Vienna era aperta a Gustavo Adolfo. Lipsia fu ripresa (e altri 8.000 imperiali si arresero), fu assicurata la sopravvivenza del protestantesimo tedesco e la Svezia emerse come grande potenza militare. La battaglia dimostrò oltre ogni dubbio la superiorità del sistema svedese, che combinava flessibilità, mobilità, potere di fuoco e azione d'urto; contro questo sistema le vecchie e più complicate tattiche di cavalleria e fanteria non potevano prevalere.

Tuttavia, i *tercios* spagnoli e imperiali continuarono a dominare la maggior parte dei campi di battaglia, soprattutto dopo la morte di Gustavo Adolfo, un anno dopo, a

Lützen. L'uso di incorporare negli eserciti vittoriosi i nemici che preferivano combattere dall'altra parte piuttosto che restare prigionieri, le continue diserzioni e il frequente passaggio di soldati dall'una all'altra delle tante armate in campo, non aiutavano a incrementare la professionalità dei militari. Le tattiche raffinate degli svedesi dovettero nuovamente cedere il campo ai vecchi e collaudati schemi spagnoli, fino a quando un nuovo esercito, nel quale militavano alcuni "allievi" del defunto re di Svezia, non si affacciò prepotentemente sulla scena del conflitto che da quasi trent'anni insanguinava l'Europa.

Il regno di Francia, emerso dal caos delle sue guerre di religione, scese in campo con un ordinamento militare temprato proprio da quei conflitti intestini, sorretto da una monarchia stabile e ben determinata a ritagliarsi in Europa uno spazio proporzionato alla ricchezza e alla forza del paese. Tuttavia, in un primo tempo gli spagnoli arrivarono a invaderne il territorio, e fu proprio in terra di Francia che i *tercios* spagnoli subirono la loro maggiore disfatta.

Gli imperiali impostarono la loro azione offensiva verso la Champagne e il governatore delle Fiandre, Francisco de Melo, il 13 maggio 1643 investì la fortezza di **Rocroi**, vicino alla frontiera franco-belga, 90 chilometri a nord-est di Rheims. Il comandante spagnolo aveva ai suoi ordini un esercito di 26.000 uomini, in prevalenza spagnoli e italiani, suddivisi in 20 *tercios* di fanteria e 7.000 cavalieri, più 28 cannoni. I francesi si mossero per cercare di salvare il loro caposaldo. Al comando delle truppe era stato posto il ventiduenne duca Louis d'Enghien (che diverrà principe di Condé nel 1646, alla morte del padre). Il giovane condottiero disponeva di 18 battaglioni di fanteria, 32 squadroni di cavalleria e 12 cannoni: in totale 23.000 uomini.

L'esercito francese era diviso in due corpi: uno di 14.000 fanti, con tutta la cavalleria, agli ordini diretti del duca, dislocato sulla Somme; l'altro, nei pressi di Guise, agli ordini del generale d'Espenan. Il futuro principe di Condé, per quanto avesse ordini da Luigi XIII di agire con estrema prudenza, decise di attaccare subito il nemico. A tal fine radunò più truppe che poté togliendo anche parte delle guarnigioni delle piazze non minacciate e ordinando a d'Espenan di unirsi subito a lui a St. Quentin. Nel frattempo mandò verso Rocroi un distaccamento di 1.500 cavalieri al comando di Gassion per tentare di penetrare nella piazza investita e incitare il comandante alla resistenza, informandolo dell'imminente arrivo dell'esercito per la battaglia. Gassion con un abile stratagemma riuscì a compiere la missione e a rientrare nelle linee. Nelle prime ore del 18 maggio l'esercito francese si mosse per l'attacco: in testa a tutti Gassion con parte della cavalleria, seguito da d'Espenan con tutta la fanteria e l'artiglieria e, dietro di lui, il resto della cavalleria agli ordini di La Ferté-Senneterre e la retroguardia (circa 3.000 uomini), comandata da Sirot. Oltrepassata una strettoia attraverso la foresta di Potées, perlustrata in precedenza da Gassion, le truppe francesi si schierarono con l'ala destra verso Sévigny e la sinistra verso alcune paludi. Lo schieramento, che aveva uno sviluppo di circa 2 chilometri e mezzo, seguiva le regole consuete: la cavalleria alle ali, la fanteria al centro, l'artiglieria sul fronte. Francisco de Melo si accorse dei movimenti dei francesi, ma si guardò bene dal disturbarli, limitandosi a schierare il suo esercito tra il mulino di Rouge Fontaine e le paludi a sud-ovest di Rocroi su tre schiere, con l'artiglieria alle ali, assumendo una formazione con un fronte molto ristretto (circa 2 chilometri). La sua fanteria era comandata dal conte di Fontaine, la cavalleria da Albuquerque e Isembourg. Alle 16 cominciò il duello delle artiglierie: quella spagnola, più numerosa, ebbe la meglio e le cose per i francesi non migliorarono di certo quando la loro cavalleria sul fianco sinistro, agli ordini di La Ferté-Senneterre, cercò invano di caricare gli spagnoli proprio dentro Rocroi. Data l'ora tarda la battaglia si interruppe, per essere ripresa all'alba del giorno dopo.

La mattina seguente d'Enghien, senza preoccuparsi di essere il comandante supremo dell'esercito, si mise alla testa della cavalleria dell'ala destra, schierata in due sca-

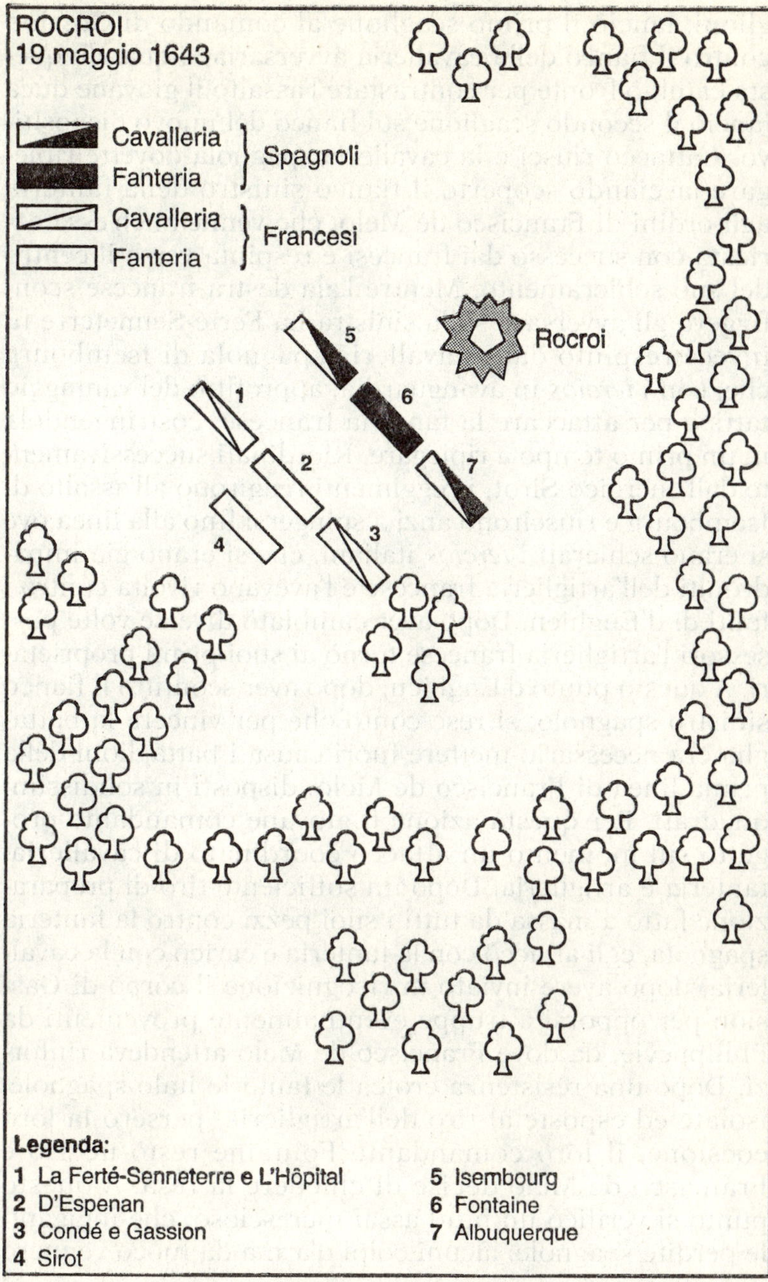

ROCROI
19 maggio 1643
Cavalleria
Fanteria
Spagnoli
Cavalleria
Fanteria
Francesi
Rocroi
1
2
3
4
5
6
7
Legenda:
1 La Ferté-Senneterre e L'Hôpital
2 D'Espenan
3 Condé e Gassion
4 Sirot
5 Isembourg
6 Fontaine
7 Albuquerque

glioni; lanciò il primo scaglione al comando di Gassion contro il fianco della cavalleria avversaria, e quando questa cambiò fronte per contrastare l'assalto il giovane duca lanciò il secondo scaglione sul fianco del nuovo dispositivo. L'attacco riuscì e la cavalleria spagnola dovette ripiegare lasciando scoperto il fianco sinistro della fanteria agli ordini di Francisco de Melo, che venne anch'essa caricata con successo dai francesi e respinta verso il centro del suo schieramento. Mentre l'ala destra francese sconfiggeva gli avversari, sulla sinistra La Ferté-Senneterre fu invece respinto dalla cavalleria spagnola di Isembourg che, con i *tercios* in avanguardia, approfittò del vantaggio tattico per attaccare la fanteria francese, costringendola in un primo tempo a ripiegare. Riordinati successivamente dall'energico Sirot, i reggimenti reagirono all'assalto di Isembourg e riuscirono anzi a spingersi fino alla linea ove si erano schierati i *tercios* italiani, che si erano già impadroniti dell'artiglieria francese e l'avevano rivolta contro i fanti di d'Enghien. Dopo aver cambiato diverse volte possessori l'artiglieria francese tornò ai suoi primi proprietari. A questo punto d'Enghien, dopo aver sconfitto il fianco sinistro spagnolo, si rese conto che per vincere la battaglia era necessario mettere fuori causa i battaglioni della prima linea di Francisco de Melo, disposti in solidissimi quadrati. Per questa azione il giovane comandante progettò sul momento un attacco coordinato di cavalleria, fanteria e artiglieria. Dopo un sufficiente tiro di preparazione fatto a massa da tutti i suoi pezzi contro la fanteria spagnola, egli attaccò con la fanteria e caricò con la cavalleria, dopo avere inviato in ricognizione il corpo di Gassion per opporsi a truppe eventualmente provenienti da Philippevie, da dove Francisco de Melo attendeva rinforzi. Dopo una resistenza eroica le fanterie italo-spagnole, isolate ed esposte al tiro dell'artiglieria, persero la loro coesione, il loro comandante Fontaine restò ucciso e Francisco de Melo decise di chiedere la resa. A questo punto si verificò un fatto assai increscioso, che ingigantì le perdite spagnole: alcuni colpi d'arma da fuoco vennero sparati per errore contro il duca d'Enghien che si era avvicinato ai *tercios* per trattare la resa, e i francesi, infuriati per quello che ritennero un tradimento, aprirono nuovamente il fuoco sul nemico e caricarono con la cavalleria i *tercios*, non più in formazione di battaglia e perciò totalmente indifesi. Il massacro fu arrestato dallo stesso duca d'Enghien ma al termine della battaglia, alle 10 del mattino, 8.000 italo-spagnoli giacevano morti sul campo e altri 7.000 erano rimasti feriti. Solo 8.000 uomini riuscirono a sfuggire alla cattura. I francesi ebbero 4.000 uomini fuori combattimento. Rocroi fu salvata e l'esercito spagnolo distrutto. La Francia rimpiazzò la Spagna come principale potenza militare sul continente. Cinque anni dopo, la guerra dei Trent'anni terminò dopo aver portato la desolazione in tutto il centro Europa. Quasi tutta la Germania era in condizioni pietose, e sarebbero occorsi alcuni decenni perché i suoi stati potessero riprendersi dagli orrori del conflitto; quanto alla Spagna, era stata ridotta a una potenza di second'ordine.

Solo l'Inghilterra era rimasta relativamente estranea al grande scontro, ma mentre l'Europa era ancora percorsa dagli eserciti in lotta, la guerra civile che si scatenò sul suolo inglese obbligò i comandanti delle due fazioni, realisti e parlamentari, a mettere a frutto le nuove tecniche militari. Fecero testo soprattutto gli insegnamenti di Gustavo Adolfo, anche se la grande disponibilità di cavalcature e di aspiranti cavalieri favorì le tattiche e le strategie che facevano largo uso dell'arma montata. Essa comunque fu adoperata spesso come fanteria a cavallo: la figura del dragone, successore dell'archibugiere a cavallo, ebbe particolare successo. Dotata di un armamento difensivo sempre più leggero, che spesso comprendeva solo un elmetto con nasale o un cappello con calotta metallica interna e una corazza leggera o addirittura un semplice farsetto di cuoio, la cavalleria (soprattutto quella di Cromwell) non si faceva scrupolo di smontare per adoperare con maggiore efficacia le proprie armi da fuoco, che sempre più di frequente erano a pietra focaia.

Questo nuovo tipo di meccanismo, che a partire dalla seconda metà del Seicento si era diffuso in tutti gli eserciti, consisteva in un braccio ("cane") munito di un morsetto per trattenere la selce, o pietra focaia, uno scodellino con coperchietto e una lamina d'acciaio, detta "martellina". Il cane veniva tirato indietro manualmente ed era tenuto armato da un arresto collegato al grilletto. La martellina era posta sopra lo scodellino ed era tenuta in questa posizione da una molla a "V" che agiva alla base del braccio. Quando si voleva sparare occorreva spostare il copriscodellino per esporre il polverino di innesco. Premendo il grilletto il cane si abbatteva con violenza contro la martellina che si rovesciava all'indietro; dall'urto di selce e acciaio scaturivano delle scintille che cadendo nel sottostante scodellino incendiavano il polverino d'innesco. La semplicità di questo meccanismo e il ridotto numero di pezzi dai quali è composto ne determinarono il basso costo e la facilità di riparazione. Nel corso dei decenni si affermarono varie tipologie, quasi sempre con l'intenzione di semplificare ulteriormente il funzionamento e ridurre il numero di pezzi, in altri casi con lo scopo di aumentare la cadenza di tiro o la precisione dell'arma.

Tra i comandanti realisti si distinse il principe Rupert, nipote di re Carlo I, mentre il maggiore capitano parlamentare fu Oliver Cromwell, destinato in seguito a diventare il dominatore (Lord Protettore) dell'Inghilterra protestante, durante la parentesi repubblicana. Inizialmente uomo politico, Cromwell si rivelò un abile comandante di cavalleria e un grande organizzatore militare. I suoi uomini, detti *Ironsides* ("fianchi di ferro") non erano mercenari o avventurieri, ma cittadini animati da sentimenti religiosi e dall'amore per la libertà. Ai subordinati Cromwell non richiedeva origini nobili ma serietà, coraggio e fede. In battaglia ricorrevano al modello svedese, caricando all'arma bianca e servendosi della pistola solo a distanza ravvicinata o per un'unica scarica prima dell'impatto. Dalla parte opposta il principe Rupert poteva contare su un solido nucleo di gentiluomini, certamente più abituati dei soldati di

Cromwell a servirsi di ottime cavalcature, ma nel complesso poco disciplinati e fatalmente destinati, nel corso degli anni di guerra, a veder assottigliate le loro file e a essere sostituiti da truppe meno brillanti e preparate.

I due condottieri si affrontarono nella battaglia di **Naseby**, e benché teoricamente fossero subordinati l'uno al re, l'altro a Sir Thomas Fairfax, la loro personalità dominò e influenzò lo scontro. Il confronto ebbe luogo il 14 giugno 1645, tra i villaggi di Naseby e Sibbertoft, nel Northamptonshire, 13 chilometri a sud-ovest di Market Harborough. Dopo la cattura di Leicester da parte dei realisti, i parlamentari erano decisi a forzare un'azione decisiva contro l'esercito del re.

I realisti avevano 4.000 fanti, 5.000 cavalieri e 12 cannoni, per un totale di 9.000 uomini; i parlamentari avevano a disposizione 7.000 fanti, 6.000 cavalieri e 13 cannoni, per un totale di 13.000 uomini. Entrambi gli eserciti erano disposti con la fanteria al centro e la cavalleria ai fianchi, con una piccola riserva retrostante; in aggiunta, i parlamentari schierarono anche un reggimento di dragoni sotto il colonnello John Okey lungo le siepi a occidente del campo di battaglia, coprendo l'accesso alla loro posizione. La battaglia cominciò con cariche di cavalleria delle ali destre di entrambi gli eserciti, che ebbero successo, ma mentre i cavalieri del principe Rupert inseguirono i loro oppositori fino ai carriaggi parlamentari, dove furono respinti dai moschettieri, Cromwell mantenne un controllo più fermo e dopo che ebbe scacciato la cavalleria del nord di Sir Marmaduke Langdale, guidò la seconda linea dei suoi *Ironsides* all'attacco della fanteria realista di Lord Astley che, nonostante la sua inferiorità numerica, stava spingendo indietro il centro dei parlamentari. A questo punto Carlo I avrebbe potuto lanciare la sua riserva e la cavalleria di Langdale, riordinata, in un decisivo contrattacco nel fianco di Cromwell, ma uno dei suoi cortigiani, credendo per errore che la battaglia fosse perduta, tentò di condurre via il re. Nella confusione che ne seguì la riserva non fu impegnata e il momento favorevole passò. I dragoni di Okey montarono a cavallo e presero parte all'attacco contro la fanteria realista che, pesantemente superata in numero e assalita simultaneamente da tre lati, si arrese, sebbene almeno un reggimento combattesse fino alla fine. Dopo questo, il rimanente dell'esercito realista andò in rotta e fuggì, abbandonando cannoni e bagagli. Dalla parte del re 6.000 uomini restarono uccisi, feriti o prigionieri, più tutti i cannoni catturati; i parlamentari persero meno di 1.000 uomini tra morti e feriti.

Fu una chiara vittoria parlamentare, che distrusse la causa realista nelle Midlands. Dato che il nord era già stato perso dalla corona l'anno precedente a Marston Moor, le poche truppe rimaste al re furono confinate a sud e a ovest e non furono in grado di arrestare la marea dei vincitori. Naseby fu la battaglia decisiva della guerra, che si trascinò ancora per alcuni anni in altri conflitti minori, anche se di fatto il confronto principale era finito sin dal 1646. Lo stesso re Carlo I fu giustiziato per ordine del parlamento nel 1649. Cromwell gli sopravvisse fino al 1658, contribuendo a spazzar via le ultime sacche di resistenza e quindi esercitando un ruolo primario nella breve vita politica della repubblica inglese.

* * *

La guerra dei Trent'anni influenzò profondamente il grande incisore Jacques Callot, che pubblicò nel 1633 il ciclo di incisioni intitolato *Grandi miserie della guerra*; altri artisti, compreso l'italiano Salvator Rosa, realizzarono negli anni successivi quadri e incisioni in larga parte ispirati all'immane tragedia che aveva coinvolto tutta Europa. In particolare, in Borgogna e nell'area dei Paesi Bassi si affermò la pittura dei cosiddetti "battaglisti", che rappresentavano battaglie di fantasia, ma sin troppo realistiche nella descrizione dei furiosi scontri di cavalleria. Il principale esponente di questa corrente pittorica fu Jacques Courtois, detto il Borgognone, particolarmente attivo in Italia. Sul piano letterario giova ricordare innanzitutto il romanzo picaresco *L'avventuroso Simplicissimus*, opera (datata 1669) di Hans Jakob Christoffel von Grimmelshausen, che si svolge sullo sfondo della guerra dei Trent'anni; ma l'opera più significativa ispirata a questo periodo resta la trilogia *Wallenstein* del grande drammaturgo tedesco J.C. Schiller, incentrata sulla complessa ed enigmatica figura del principale condottiero degli imperiali, in parte uomo politico, in parte uomo d'affari e in parte comandante militare di ottimo livello, tormentato dall'ambizione e al tempo stesso trattenuto dalla superstizione e dall'indecisione. Attorno a questa figura centrale ruotano numerosi personaggi che contribuiscono alla sua rovina o cadono con lui.

Molte altre opere letterarie contengono accenni alla guerra dei Trent'anni, dal ciclo dei *Tre moschettieri* di Dumas ai *Promessi sposi* di Alessandro Manzoni (si va dalla sapida evocazione del principe di Condé, che dormì profondamente la notte prima della battaglia di Rocroi, alla tragica lista dei comandanti che con le loro truppe attraversarono l'Italia e vi portarono il contagio della peste). Per contro, il cinema non sembra particolarmente sensibile a questo argomento, a parte l'accenno iniziale alla figura di Gustavo Adolfo e alla sua morte in battaglia in *Queen Christina* (*La regina Cristina*) di Rouben Mamoulian, interpretato da Greta Garbo e John Gilbert (1933) e un curioso film, *The last valley* (*L'ultima valle*), per la regia di James Clavell, apparso nel 1970 e interpretato da Florinda Bolkan, Michael Caine e Omar Sharif: un tentativo, non molto riuscito, di veicolare significati pacifisti attraverso una vicenda del tutto fantastica, ambientata in una valle rimasta miracolosamente ai margini delle devastazioni della guerra.

Per quanto riguarda la guerra civile inglese, invece, non si può tralasciare *Cromwell*, per la regia di Ken Hughes, interpretato da Timothy Dalton, Alec Guinness e soprattutto Richard Harris, nella parte del protagonista. Apparso nel 1970, il film ha grandi scene di battaglia ma contiene anche numerose inesattezze storiche.

XII

Da Leuthen a Québec: il potere militare in Europa e fuori d'Europa

L'ultima fase della guerra dei Trent'anni vide l'ascesa della Francia al rango di potenza militare dominante. Superato il successivo periodo di torbidi della Fronda e ottenuto definitivamente il potere assoluto, il nuovo re Luigi XIV si dedicò assiduamente all'edificazione dello stato, avvalendosi di collaboratori di prim'ordine in tutti i settori dell'amministrazione. Il compito di riorganizzare e addestrare l'esercito toccò tra il 1640 e il 1660 a Michel Le Tellier, e suo figlio, il marchese di Louvois, ne proseguì l'opera sotto Luigi XIV. L'ispettore generale della fanteria, il tenente colonnello Martinet, comandante del reggimento-scuola nel quale si formavano gli aspiranti ufficiali di fanteria, seguiva con puntiglio quasi ossessivo tutte le fasi dell'addestramento, dal maneggio delle armi alle evoluzioni in ordine chiuso. Gli ufficiali che uscivano da questa scuola trasferivano nell'esercito la stessa puntigliosità, con l'intento di portare alla creazione di unità militari precise come macchine, fino al punto di poter prevedere in quanto tempo i soldati potevano raggiungere una destinazione o compiere una delicata manovra sul campo di battaglia.

Oltre a questo, dobbiamo registrare la nascita di una burocrazia civile, l'Intendance, incaricata di rifornire l'esercito di denaro, viveri, munizioni, armi, equipaggiamenti (comprese le uniformi, regolamentate per la prima volta in maniera organica e razionale). Gli intendenti provvidero a una rete di magazzini e arsenali che doveva fornire il necessario supporto logistico ad armate che non si sarebbero più approvvigionate sul territorio, come era avvenuto spesso durante le guerre precedenti, ma che lo avrebbero rispettato per evitare di impoverirlo irreparabilmente, come era purtroppo successo per l'Italia nel Cinquecento e per larga parte della Germania nella prima parte del Seicento. Solo in caso di necessità si provvedeva a requisizioni, ma in nessun modo i soldati erano lasciati liberi di foraggiarsi a loro piacimento. Il sistema, ovviamente, non funzionava alla perfezione, e dopo Luigi XIV le ruberie e le truffe ai danni dello stato ripresero piede a tutti i livelli. Tuttavia, il sistema francese costituì un punto di riferimento per tutti gli altri eserciti del continente europeo, compreso quello del nascente stato prussiano.

Dal punto di vista strettamente militare, l'epoca che va dalla seconda parte del regno di Luigi XIV almeno sino alla guerra di Indipendenza americana è stata definita epoca della "guerra in merletti" (*guerre en dentelles*): questo sia per l'eleganza delle uniformi, sia per la maniera di condurre le operazioni militari, finalizzate, nella maggior parte dei casi, al conseguimento di limitati possessi territoriali o all'affermazione di un nuovo ramo dinastico su uno dei troni europei. Le maggiori eccezioni a questa prassi furono costituite dalla Svezia di Carlo XII, che tentò agli inizi del Settecento di bloccare l'ascesa della Russia di Pietro il Grande, e dalla Prussia di Federico II, che nella guerra dei Sette anni fu accerchiata da Francia, Russia e Impero rischiando di essere annientata.

Quanto al materiale umano di cui erano composti gli eserciti, la Svezia, il Piemonte e la Prussia fecero ricorso a forme massicce di coscrizione, mentre gli altri stati europei seguitarono a basare le loro forze armate sull'arruolamento più o meno volontario o su forme di leva a sorteggio, che portavano sotto le armi l'eccedenza dei lavoratori agricoli e dei disoccupati delle comunità urbane. Di conseguenza, il livello culturale medio dei soldati, e in particolare dei fanti, si ridusse ulteriormente rispetto al passato, giustificando ancora di più un addestramento rigido e formale, ritenuto l'unico prontamente assimilabile da reclute rozze e inesperte che dovevano, secondo le parole di Federico di Prussia, «imparare a temere i loro ufficiali più del nemico». A questo orientamento sfuggiva almeno in parte l'arma di cavalleria, che grazie alla propria mobilità, al livello sociale più alto dei combattenti e all'abilità dei comandanti divenne ancor più determinante sui campi di battaglia. L'artiglieria, invece, era ancora considerata un'arma "borghese": ma il suo ruolo seguitò a crescere perché solo con essa era possibile preparare il terreno alle azioni risolutive nelle battaglie.

Queste scelte di carattere tecnico e politico produssero effetti anche sull'armamento. In un'epoca in cui tutte le decisioni sugli equipaggiamenti venivano sempre più centralizzate presso le corti, le armi a pietra faticarono ad affermarsi in alcuni eserciti, legati ancora ai moschetti a miccia e alle armi a ruota (destinate però solo alle milizie scelte e alla cavalleria).

Superate le resistenze dei conservatori, l'esercito francese poté dotarsi di nuove armi a pietra e nel 1670 furono determinate le dimensioni e il calibro del fucile, identico a quello del moschetto già in dotazione alle truppe. Occorsero poi altri 29 anni prima di poter abbandonare completamente le armi a miccia, su molte delle quali furono direttamente montati i nuovi sistemi a pietra.[1]

Nello stesso periodo vide la luce un altro accessorio fondamentale, la baionetta, inventata intorno alla metà del Seicento, secondo alcuni proprio da Martinet, che avrebbe avuto l'idea di inserire nella bocca del moschetto il manico di una specie di lungo pugnale, in modo che i tiratori potessero, all'occorrenza, trasformarsi in picchieri.

[1] In alcuni paesi, e particolarmente in Inghilterra, le nuove armi assunsero il vecchio nome di "moschetto", ponendo le basi per una delle tante incertezze terminologiche di cui è ricca la storia delle armi.

Il primo tipo di baionetta, detto "a tappo", non era sufficientemente pratico sul campo di battaglia, perché impediva di sparare; ma intorno al 1688 il maresciallo Vauban mise a punto una baionetta a manicotto, ossia un tubo di ferro dal quale sporgeva una lunga lama. La parte tubolare si inseriva sulla bocca dell'arma, consentendo di caricare ancora il moschetto (con qualche precauzione) tenendo la baionetta inastata. Il vantaggio dal punto di vista tattico fu subito evidente. Non c'era più bisogno di picchieri: il tiratore poteva caricare il nemico all'arma bianca o difendersi dalla cavalleria riunendosi con gli altri e opponendo agli assalitori una siepe di baionette.

La cartuccia, già sperimentata da Gustavo Adolfo, divenne di uso comune verso la fine del XVII secolo. Anche questo era un espediente di grande praticità: un involucro di carta conteneva polvere da sparo e palla e serviva anche da stoppaccio per ridurre il "vento" tra la palla e le pareti della canna. La polvere da sparo era stata migliorata attraverso lavorazioni più accurate, e così un solo tipo di polvere serviva da innesco e da propellente. Per usare la cartuccia, si doveva strapparne la sommità con i denti, versare quindi una parte della polvere nello scodellino e il resto nella canna; poi si introduceva la palla avvolta nei resti della carta e si calcava il tutto con la bacchetta. A questo punto l'arma era pronta per sparare. Non tutti gli eserciti adottarono subito il nuovo sistema di caricamento: la Francia, ad esempio, dovette aspettare il 1738 per vedere la prima istruzione ufficiale sulla confezione delle cartucce. Altri stati, come la Prussia, misero a punto assai prima una serie di comandi necessari per accelerare la cadenza di caricamento e di tiro, sicché secondo fonti dell'epoca alcune unità prussiane erano in grado, durante le esercitazioni in caserma, di sparare addirittura sino a sei colpi al minuto. La realtà del campo di battaglia era ben diversa: soldati disciplinati e dotati di sangue freddo potevano sparare forse tre o quattro colpi in un minuto; anzi, secondo un ufficiale austriaco, il Cogniazzo, tenendo conto dei diversi accessori che appesantivano il tiratore sul campo di battaglia, la cadenza di tiro poteva scendere a uno o al massimo due colpi al minuto.

La fanteria combatteva e sparava in linee profonde due, tre o quattro file; le due file furono impiegate soprattutto durante le campagne in Nordamerica, mentre le quattro file caratterizzarono la prima metà del XVIII secolo. Federico II adottò la linea di tre file nel 1742, imitato dai francesi nel 1754 e dagli austriaci poco dopo, durante la guerra del Sette anni. A metà del secolo tutti gli eserciti marciavano a passo cadenzato e le truppe potevano eseguire evoluzioni piuttosto complesse sul terreno, per passare dalla formazione in colonna a quella in linea, essenziale per assicurare raffiche efficaci. Quando si sparava su tre linee la prima linea si disponeva con il ginocchio destro a terra, mentre la seconda restava in piedi e la terza sparava fra gli intervalli della seconda. In teoria, le canne dei moschetti erano lunghe a sufficienza per consentire questa manovra, ma sul campo di battaglia le cose cambiavano notevolmente e c'era il pericolo di intralciarsi o addirittura ferirsi a vicenda.

Le file, i plotoni (30-50 uomini) o le divisioni (60-100 uomini) sparavano a raffiche simultanee, che potevano essere coordinate con quelle di altre sottounità del battaglione (circa 800 uomini). Il fuoco più perfezionato era quello dei plotoni prussiani, che alternando le salve di moschetteria mantenevano sia un continuo sbarramento di fuoco sia una riserva permanente di armi cariche. Questa attenzione alla potenza del fuoco è tanto più rimarchevole in quanto, all'inizio, Federico di Prussia era stato un convinto sostenitore dell'attacco all'arma bianca, ma aveva mutato parere dopo aver visto i suoi reggimenti falcidiati dal fuoco austriaco al tempo della guerra di Successione. In teoria, un battaglione poteva rovesciare sul nemico una tempesta di 1.800 colpi al minuto, sparando da una distanza variabile all'incirca da 120 a 18 metri: una cadenza di tiro forse tre volte superiore a quella di una mitragliatrice della Prima guerra mondiale, con una velocità del proiettile molto più bassa, circa 300 metri al secondo, con un forte potere d'arresto a corta distanza, ma ben poco efficace oltre i 300 metri.

I moschetti comuni erano sprovvisti di alzo; si tirava a occhio, mirando alle ginocchia a 90-100 metri, al petto tra i 130 e i 180 metri, alla testa a 230 metri e al copricapo o sopra la testa a 270 metri. Spesso capitava che un'intera linea sparasse senza produrre danni al nemico. Con i moschetti ordinari era ben difficile colpire con tiro mirato qualcuno a una distanza superiore ai 270 metri, ma a 45 metri il fuoco di soldati calmi e precisi poteva risultare devastante, come nel caso del celebre "scambio di cortesie" fra lord Charles Hay, comandante di un reparto inglese, e il conte d'Anterroche, ufficiale delle Guardie francesi. Sul campo di battaglia di Fontenoy, l'11 maggio del 1745, l'inglese avrebbe detto al francese: «Signori Guardie francesi, sparate!» e il francese avrebbe risposto: «Signori, non spariamo mai per primi. Sparate voi!». Più che a motivi di cortesia l'invito era forse dovuto alle indicazioni del cavaliere de Quincy, che insieme ad altri teorici dell'epoca affermava: «Sopra ogni cosa dobbiamo addestrare i soldati a trattenere il loro fuoco e a sopportare il fuoco del nemico. In normali circostanze un battaglione è battuto non appena ha aperto il fuoco, e il nemico ha ancora il proprio fuoco a disposizione». Non andò così bene a Fontenoy, dove una sola scarica inglese uccise 19 ufficiali e 600 uomini; ma è anche vero che gli inglesi, fermatisi per sparare, furono bersagliati dall'artiglieria nemica. Inoltre nel corso di una battaglia, dopo la prima scarica abbastanza precisa, il resto dei tiri poteva anche produrre poco danno, a causa del fumo che ingombrava la visuale, della confusione e della perdita di concentrazione da parte dei soldati, che dopo le prime raffiche precise e disciplinate tendevano a sparare a volontà. In base ai calcoli di E. Mauvillon, pubblicati nel 1756, i prussiani spararono 650.000 colpi di moschetto nella battaglia di Chotusitz, e il nemico ebbe 2.500 morti e altrettanti feriti. In totale, secondo Mauvillon occorrevano 260 colpi per colpire un nemico; una cifra abbastanza vicini ai 200 calcolati per il fuoco inglese a Wandewash in India, nel 1760, ai 300 necessari agli americani a Concord, nel 1775, e ai 460 che occorsero agli inglesi di Wellington, a Vittoria (1813) per abbattere ogni singolo francese.

La dotazione media di ogni soldato era di circa 60 cartucce, ma non bisogna dimenticare che molti colpi potevano andare a vuoto (la cosiddetta "cilecca"): esperimenti condotti nel 1834 in Inghilterra per verificare l'affidabilità del sistema a pietra rispetto al sistema a percussione, fecero risultare un colpo a vuoto ogni sei colpi e mezzo. Altre esperienze danno un numero ancora più ridotto di colpi efficaci, e non bisogna dimenticare che sul campo di battaglia si verificavano numerosi inconvenienti: dopo un certo numero di colpi la pietra focaia perdeva il filo, il focone si intasava con i residui della polvere da sparo e la canna si riempiva di residui carboniosi in modo tale da rendere difficile anche il caricamento. Poi c'erano gli errori umani: il soldato poteva dimenticarsi di versare la polvere nello scodellino, o inserire nella canna la palla prima della polvere. In questo secondo caso l'arma non poteva più sparare e poteva essere usata solo come picca, grazie alla baionetta. La palla incastrata sul fondo della canna poteva essere rimossa solo con un apposito attrezzo a succhiello: un'operazione delicata, ben difficile da praticare nel corso di una battaglia. Talvolta il soldato non si accorgeva che il suo moschetto non aveva sparato, e ricaricava; in tal modo la polvere di varie cartucce inesplose poteva riempire la canna, e se finalmente la carica prendeva fuoco il moschetto esplodeva con risultati letali anche per i vicini dell'incauto tiratore. Un accessorio particolarmente importante, la bacchetta, fu oggetto di controversie. All'inizio era di legno, con il battipalla di ottone, ma si rompeva spesso nella furia del combattimento. I prussiani adottarono sin dal 1698 la bacchetta di ferro, seguiti dagli altri stati.

Anche le altre armi da fuoco individuali, la pistola e la carabina, conobbero un notevole impiego militare, soprattutto come armi ausiliarie della cavalleria; ma la maggior parte dei teorici militari le sconsigliava durante le battaglie a causa della difficoltà nell'adoperarle efficacemente a cavallo e dell'ingombro che potevano causare durante uno scontro con la cavalleria nemica. Erano invece particolarmente utili durante le ricognizioni, o quando i cavalieri dovevano mettere piede a terra (come succedeva spesso ai dragoni).

Come abbiamo visto, la maggior parte delle armi da fuoco per uso militare era a canna liscia; solo alcuni reparti di cavalleria adoperavano carabine a canna rigata. Truppe di fanteria armate di fucili a canna rigata apparvero con regolarità durante la guerra di Successione d'Austria (1740-48), quando l'Impero fece ricorso alle milizie confinarie, costituite soprattutto da croati, impiegate ordinariamente contro il "nemico secolare" (i turchi). Questi soldati diedero vita ai *Grenzregimenten* ("reggimenti di frontiera"). Si arrivò a contarne 11 di fanteria e quattro di cavalleria, composti dai famosi ussari. Molti di loro disponevano di armi rigate (almeno una compagnia per ogni reggimento di fanteria), come di armi rigate dispose il reparto di Feldjägern, attivo durante la guerra dei Sette anni. Tutte queste fanterie leggere, insieme ai loro colleghi a cavallo, ussari e panduri, crearono parecchi problemi all'esercito prussiano, tanto che Federico II cercò di creare a sua volta dei reparti di Jägern: ma a parte il fatto che i guardiacaccia e i boscaioli prussiani erano in numero assai minore dei loro colleghi austriaci, e quindi potevano fornire meno reclute per questi corpi speciali, il concetto stesso di soldati lasciati liberi di agire a loro piacimento, dotati di un'arma precisa da usare con calma, preferibilmente per abbattere i soldati nemici, era in netto contrasto con tutti i principi di base della società prussiana, e ovviamente del suo esercito, nel quale si evitavano le marce notturne perché favorivano le diserzioni.

Sembra inevitabile: nonostante gli indubbi meriti della Francia nell'aver creato il modello di un moderno esercito dinastico, il "punto di vista" dell'esercito prussiano, e di Federico il Grande in particolare, seguita a dominare la storia militare del Settecento. Federico non era un eroe di tipo classico. Con i suoi abiti spiegazzati e la sua aria tutt'altro che guerresca, era piuttosto un grande "burocrate" della guerra. Come scrisse lo storico inglese Macaulay, «la sua efficienza nella scienza militare era semplicemente l'efficienza che un uomo di vigorose qualità intellettuali riesce a raggiungere in qualunque scienza alla quale si applichi con abilità e serietà». Forse, paradossalmente, gli furono di aiuto le sofferenze patite da bambino e da adolescente per colpa del padre, l'ottuso militarista Federico Guglielmo; a causa del suo passato, Federico II divenne un uomo cinico, riservato e stoico, alieno da profondi affetti ma incapace anche di odiare troppo intensamente chiunque; un disincantato osservatore del genere umano, che si considerava il primo servitore dello stato – dal quale, peraltro, pretendeva obbedienza assoluta.

L'esercito lasciatogli in eredità dal padre era una macchina perfetta, forte di 80.000 uomini, ma la struttura più importante era appunto lo stato, centralizzato e completamente sottomesso alla sua volontà. Federico non dovette mai preoccuparsi, neppure nelle circostanze peggiori, del pericolo di non ricevere più le tasse, di restare a corto di reclute o di una crisi dell'apparato burocratico alle sue dipendenze. Ebbe a dichiarare a uno dei suoi generali: «In questo regno sono la sola persona che esercita l'autorità». E aveva perfettamente ragione.

Con questa solida realtà alle spalle, poté permettersi un approccio di tipo intellettuale all'arte della guerra, senza preoccuparsi troppo delle convenzioni in vigore ai suoi tempi ma piuttosto prestando attenzione alla qualità delle sue truppe e ai fattori geografici che condizionavano l'espansione del suo regno, circondato da potenti nemici. Dato che alla Prussia occorreva un esercito attivo e mobile per rintuzzare l'assalto di qualunque nemico prima che fosse in grado di radunare tutte le forze, Federico scelse una condotta di guerra costantemente offensiva, che non rifuggiva dal rischio – sia pure calcolato – di impegnare in battaglia truppe avversarie molto superiori di numero, pur di conseguire con un rapido colpo quel vantaggio decisivo che la mancanza di uomini e di mezzi gli avrebbe negato nel caso di scontri troppo prolungati. Federico, in pratica, non poteva condurre una guerra di "logoramento" ma doveva sempre contare sulla forza d'urto del suo attacco per mettere in rotta il nemico. Altrimenti, come gli accadde in alcune battaglie, poteva restare sconfitto e rischiare addirittura di perdere il trono e lo stato.

Tuttavia Federico imparava presto dai suoi errori e la sua arte militare divenne un punto di riferimento per tutti i comandanti della sua epoca, che cercarono di imitarne le tattiche e le strategie, senza rendersi conto che esse erano il risultato dell'incontro tra il suo ingegno freddo e analitico e il perfetto meccanismo a orologeria costituito dal suo esercito.

Tra tutte le battaglie combattute dal re di Prussia, il posto d'onore spetta senz'altro a **Leuthen**. Vicino a questo villaggio, 16 chilometri a ovest di Wroclaw (Breslau), in Polonia, il 5 dicembre 1757, Federico affrontò il principe Carlo di Lorena e il maresciallo Leopold von Daun al comando degli austriaci in uno degli episodi più rilevanti della guerra dei Sette anni: un conflitto che oppose le nazioni di tutta l'Europa dal 1756 al 1763, al termine del quale la Prussia vide consolidata la sua posizione all'interno della nazione tedesca e la Gran Bretagna – sua alleata – ampliò le dimensioni del suo impero coloniale.

Dopo aver conseguito un'importante vittoria a Rossbach, Federico marciò in Slesia per impegnare l'esercito austriaco; disponeva di 48 battaglioni di fanteria, 129 squadroni di cavalleria e 71 cannoni, per un totale di 35.000 soldati; da parte austriaca, gli si contrapponevano 84 battaglioni di fanteria, 144 squadroni di cavalleria e 65 cannoni, per un totale di 60.000 soldati.

Nonostante la manifesta inferiorità numerica, il re di Prussia decise di attaccare. Il principe di Lorena aveva disposto le forze ai propri ordini su tre schiere, delle quali la terza costituiva riserva ed era composta di fanteria e di cavalleria agli ordini del generale Nadasdy. Il fronte di battaglia si appoggiava a destra alla zona boschiva e in parte paludosa di Nippern, a sinistra al borgo di Leuthen. La posizione austriaca si estendeva per 8 chilometri da Nippern verso nord, e sino al fiume Schweidnitz verso sud, con entrambi i fianchi parzialmente protetti dal terreno paludoso. Alle 5 del mattino del 5 dicembre, Federico II mosse da Neumarkt con un'avanguardia generale (45 squadroni, 12 battaglioni e 10 pezzi) e con il grosso formato su colonne d'ala costituite esclusivamente di cavalleria, in due scaglioni, e colonne interne costituite esclusivamente di fanteria, pure in due scaglioni. L'avanguardia, giunta a Borne, s'incontrò con la cavalleria austriaca, la caricò e riuscì a respingerla facendo 600 prigionieri. La fanteria si fermò a Borne mentre la cavalleria si spinse fino a Nippern, dove fu arrestata dagli avamposti austriaci occupanti il terreno paludoso del Breegs Wasser. Il principe di Lorena, in seguito a richiesta del generale Lucchese che comandava la cavalleria dell'ala destra, si privò della riserva mandandone parte a Nippern, per sostenere Lucchese che temeva di essere attaccato dalla ricognizione della cavalleria prussiana; contemporaneamente il comandante austriaco aveva dislocato l'altra parte a sud di Leuthen, per prolungare il fronte e sbarrarne la zona collinosa, ma di facile percorribilità, che si stende dal villaggio suddetto alla Weisstritz. Nadasdy, che assunse il comando della nuova ala sinistra, schierò le proprie truppe a nord e a sud di Sagschutz, formando un angolo retto presso questo villaggio con la cavalleria di Serbelloni davanti a Gohlau.

A questo punto Federico II mise in atto il suo piano, che prevedeva di far effettuare una conversione a destra a tutto il resto della sua armata, e farla marciare verso sud, su due colonne anziché sulle quattro originarie, attraverso il fronte austriaco, nella regione Lobetinz-Schriegwitz, per attaccare l'ala sinistra nemica. Per marciare di fianco con sicurezza di fronte al nemico, ordinò all'avanguardia di lasciare tre battaglioni a Borne a protezione della linea di comunicazione con Neumarkt, e destinò tre battaglioni a scortare il fianco esposto: il resto dell'avanguardia (altri sei battaglioni) avanzò precedendo la cavalleria, che era alla testa della colonna di sinistra. Lo stesso Federico, alla testa dei 45 squadroni di avanguardia, guidò il movimento che, nonostante fosse in parte nascosto da una fila di basse colline, fu ugualmente scorto dal principe di Lorena e dal maresciallo von Daun; costoro tuttavia ritennero che Federico volesse ritirarsi verso sud e interpretarono positivamente questa decisione del re di Prussia.

A nessuno venne in mente di attaccare i prussiani per colpirli durante la manovra, né di spingere almeno una pattuglia di cavalleria per conoscere con esattezza la direzione del movimento del nemico. Dopo mezzogiorno però i due generali austriaci furono informati che masse di cavalleria prussiana erano state avvistate a oriente di Schriegwitz. Era in effetti la testa del grosso dei prussiani che, dopo due ore di marcia, aveva raggiunto quella località. Federico fermò a questo punto il movimento e schierò l'esercito per la battaglia con il fronte a nord-est su due linee, obliquamente all'ala sinistra dell'esercito nemico, superata dalle sue colonne. Ultimato tale schieramento tolse dal fronte i 45 squadroni d'avanguardia e li fece disporre in terza linea, dietro l'ala sinistra della fanteria. Alle 13 tutto lo schieramento era compiuto senza alcun disturbo da parte del nemico. Federico ordinò l'avanzata a scaglioni con l'ala destra in primo piano e con la copertura dell'artiglieria. I tre battaglioni che avevano fiancheggiato l'ala sinistra attaccarono le alture di Sagschutz mettendo in rotta le truppe bavaresi e württemburghesi che difendevano la località e che si ritirarono in direzioni diverse, parte verso Leuthen e parte verso Gohlau. Contro questi borghi il re inviò i sei battaglioni di avanguardia che avevano marciato in testa alla colonna di sinistra e l'attacco riuscì pienamente. Gli austriaci, superati nel numero nel punto di impatto, cominciarono a cedere.

Anche all'estrema ala destra l'avanzata dei prussiani procedeva, malgrado il terreno paludoso e accidentato. Il principe di Lorena, non appena si rese conto della disfatta della propria ala sinistra, ordinò un cambiamento generale del fronte delle fanterie, che vennero rapidamente mosse per far fronte a sud-ovest, schierandole con la destra a nord-est di Leuthen e con la sinistra sulle ultime falde dei colli che scendono da Leuthen alla bassura paludosa che si trova a ovest di Rathen. Il movimento fu attuato in tempo, tanto che quando gli scaglioni avanzati dell'ala destra prussiana vennero a urtare contro Leuthen riuscirono a impadronirsene, ma furono subito dopo arrestati da un violento fuoco delle fanterie e delle batterie austriache. Gli scaglioni successivi, proseguendo la marcia, vennero anch'essi a impegnarsi a ovest di Leuthen, ma furono ancor meno fortunati dell'ala destra e dovettero, anzi, per un momento, ripiegare per la superiorità del fuoco austriaco. La situazione critica dell'esercito prussiano, tanto inferiore di numero all'avversario, durò tuttavia poco. La nuova linea austriaca formata all'improvviso con il successivo giungere delle truppe dell'ala destra, non poté assumere la rigida coesione alla quale erano abituate le truppe, cosicché esse non seppero subito approfittare del loro parziale successo a ovest di Leuthen e, pur combattendo tenacemente, cominciarono dovunque a cedere anche per sottrarsi all'aggiramento della loro sinistra da parte della cavalleria prussiana di Ziethen che procedeva lungo il fiume Weisstritz. Alla fine Ziethen fu fermato, ma la fanteria prussiana lo raggiunse e completò l'avvolgimento. L'ala sinistra degli austriaci fu allora definitivamente messa in rotta.

Quasi contemporaneamente dovette cedere anche l'ala destra, grazie a un singolare episodio di lotta di cavalleria. Verso le 16 al generale Lucchese, comandante della cavalleria dell'ala destra, era parso che fosse giunto il momento di attaccare l'estrema ala della fanteria prussiana arrestata dal fuoco austriaco, e avanzò a tale scopo con 60 squadroni in colonna. Il generale Driessen, che comandava 50 squadroni prussiani all'ala sinistra, si accorse del movimento della cavalleria austriaca mentre questa, ancora in colonna, si preparava a spiegarsi in linea per buttarsi sulla fanteria. In un attimo Driessen si precipitò sul fianco dell'avversario con 30 squadroni in linea, mentre gli altri provvedevano ad aggirare la testa e la coda della colonna della cavalleria nemica. La cavalleria austriaca fu rapidamente respinta e posta in rotta; gli squadroni prussiani la inseguirono, e travolsero con essa la destra della fanteria austriaca. La battaglia era vinta. Gli austriaci si affrettarono a raggiungere i ponti sul Weisstritz prima che fossero occupati dai prussiani. Quei ponti erano stati costruiti per ordine dello stesso principe di Lorena, che non pensava certo di servirsene per la ritirata. Le perdite austriache furono di 6.750 tra morti e feriti, 12.000 prigionieri e molti cannoni catturati; quelle prussiane di 6.400 uomini. Gli austriaci si ritirarono in Boemia, tranne un grosso contingente (20.000 uomini circa) che si chiuse in Breslavia, dove non tardò ad arrendersi. Il principe di Lorena aveva perduto in pochi giorni la Sassonia e i due terzi dell'esercito. Federico di Prussia avrebbe voluto proseguire l'inseguimento nella notte, ma le truppe, stanchissime, non potevano marciare. Solo con tre battaglioni di corazzieri e cinque squadroni, che si erano offerti volontari, il re si spinse fino a Lissa, incalzando il nemico in quella direzione. Leuthen fornisce un perfetto esempio dell'ordine di attacco obliquo, che fu descritto da Napoleone come «un capolavoro di movimenti, manovre e risoluzione. Da solo è sufficiente per immortalare Federico e collocarlo fra i più grandi generali». Va detto, d'altronde, che anche gli avversari di Federico imparavano in fretta. Dopo Leuthen, il re di Prussia non riuscì più a vincere una battaglia infliggendo al nemico perdite così superiori alle sue e verso la fine del conflitto si trovò sull'orlo del disastro. Per sua fortuna, anche i nemici erano esausti e l'avversario più temibile, la Russia, ritirò le sue truppe nel gennaio 1762, dopo la morte della zarina Elisabetta; in tal modo il "vecchio Fritz" fu lasciato libero di dedicarsi alle opere di pace, ricostruendo e arricchendo il suo paese duramente provato dalla guerra.

Come si è detto, un'altra potenza, la Gran Bretagna, conseguì grandi risultati grazie alla sua partecipazione alla guerra dei Sette anni. Poco più di un anno dopo

Leuthen, il colonnello Robert Clive pose le solide fondamenta del dominio inglese nel subcontinente indiano, frustrando le residue speranze dei francesi di stabilire una presenza coloniale in quell'area. Il 23 giugno 1757, nei dintorni di **Plassey,** sul fiume Hugli nel Bengala centrale, 175 chilometri a nord di Calcutta, un piccolo contingente dell'esercito della Compagnia delle Indie orientali inglesi affrontò le milizie, assai più numerose, del nababbo del Bengala, Suraj-ud-Daula, che si era schierato con i francesi e aveva commesso incredibili atrocità contro gli inglesi a Calcutta l'anno precedente.[2]

La decisione di Clive di ingaggiare una forza più grande, che peraltro non aveva preso iniziative per circondarlo, potrebbe essere considerata impulsiva: ma il comandante inglese sapeva che la maggioranza dei comandanti nemici stavano complottando contro il nababbo, e anche se non si rivoltarono sul campo di battaglia contro il loro capo, la loro inezia fu comunque determinante. Suraj, avvisato che gli inglesi avanzavano contro di lui, mosse immediatamente da Moorshedabat per andare a occupare la posizione di Plassey con il suo esercito, composto di 35.000 fanti indiani, 15.000 cavalieri e 53 cannoni. La sua fanteria, formata in modo piuttosto approssimativo, era male armata; la cavalleria, composta di afgani e patani, era comandata da Mir Jafar, che aveva già intavolato trattative segrete con gli inglesi; solo l'artiglieria era passabile, per la presenza in mezzo a essa di una cinquantina di francesi comandati da Saint-Frais. Gli inglesi avevano mandato

2 Secondo la tradizione, dopo aver preso Calcutta, il nababbo, nella notte del 20 giugno 1756, fece stipare ben 146 prigionieri inglesi in una stanzetta che poteva contenerne al massimo una decina (il cosiddetto "buco nero" di Calcutta). Al mattino dopo, quando la cella fu aperta, erano rimasti in vita solo 23 prigionieri. Più tardi l'episodio fu ridimensionato e si parlò di 43 prigionieri costretti ad accalcarsi in quello spazio limitato, più per incuria dei loro carcerieri che per deliberata crudeltà. L'episodio, comunque atroce, fu utilizzato per dimostrare la necessità di una presenza "civilizzatrice" degli europei e in particolare degli inglesi.

avanti un reparto, agli ordini del maggiore Coote, per impadronirsi del posto di Katwa, dove tutte le forze inglesi si erano riunite il 17 giugno: 950 fanti e 100 artiglieri europei, 50 marinai della squadra navale, e 2.200 *Cipays* (soldati indiani alle dipendenze della Compagnia), con otto cannoni. La posizione degli inglesi a Katwa e quella delle truppe del nababbo a Plassey distavano pochi chilometri ed erano separate dal fiume Baghirati, largo e profondo. La battaglia cominciò con un attacco contro la posizione inglese, che non ebbe alcun effetto.

Il tracollo dell'esercito bengalese fu causato, oltre che dalle congiure, anche dal pressapochismo e dall'impreparazione: durante una pesante pioggia monsonica, verso mezzogiorno, gli inglesi ebbero l'accortezza di coprire la loro polvere da sparo, mentre gli uomini del nababbo non lo fecero, con il risultato che le armi da fuoco di questi ultimi, quando il combattimento riprese, erano inutilizzabili. Clive ne approfittò per passare all'offensiva e assalire nella sua posizione l'esercito nemico che, mal diretto, abbandonato quasi subito dal nababbo che infidi consiglieri avevano indotto a ritirarsi dal campo, scoperto sul fianco sinistro per l'inerzia premeditata di Mir Jafar, fu presto messo in piena fuga. Entro le 5 del pomeriggio l'esercito del nababbo si era già disintegrato. Suraj-ud-Daula fu assassinato poco dopo. Un'indennità sostanziosa fu pagata dal nuovo nababbo, Mir Jafar, e la percentuale di Clive ammontò all'immensa somma di 234.000 sterline. Questa battaglia ebbe conseguenze importantissime poiché garantì agli inglesi il possesso del Bengala e una base sicura di operazioni per la conquista del loro impero coloniale. Gli inglesi contarono solo 18 morti e 45 feriti; approssimativamente 500 indiani restarono uccisi e feriti, più cinque cannoni catturati.

Dall'altra parte del globo, nell'America settentrionale, la Gran Bretagna conseguì due anni dopo un altro successo di grande rilievo, nell'ambito di un conflitto parallelo alla guerra dei Sette anni, combattuto dal 1754 al 1763 fra inglesi e francesi per il controllo dei territori del Nuovo Mondo. Fu una guerra crudele, condotta senza esclusione di colpi, compreso l'impiego senza scrupoli delle tribù indiane, aizzate le une contro le altre e soprattutto contro i coloni della nazione avversaria. In questo confronto – che non rispettava le regole della "guerra in merletti" e non risparmiava donne e bambini – fecero la loro parte i fucili a canna rigata importati dagli emigrati di origine tedesca e svizzera e già divenuti simili ai "Kentucky" della futura guerra di Indipendenza americana. La canna, rigata, era stata allungata e il calibro era diminuito; solo la linea dritta dell'arma e l'astuccio sul calcio testimoniavano delle sue origini, ma l'arma era già più adatta della sua corrispettiva europea a una guerra di imboscate e di tiri mirati, in luoghi ove una ferita non mortale poteva ugualmente significare la fine, per mancanza di cure e di ripari.

Nondimeno, la battaglia decisiva di questa guerra coloniale fu combattuta in campo aperto, di fronte a una città, e precisamente sul pianoro di Abraham a ovest della città di **Québec**. Qui, il 13 Settembre 1759, si affrontarono gli inglesi agli ordini del maggiore-generale James Wolfe, giovane e brillante ufficiale, e i francesi del maggiore-generale marchese Louis-Joseph de Montcalm. Dopo i loro successi a Louisburg e Fort Duquesne l'anno precedente, e a Fort Niagara e Fort Ticonderoga nel luglio del 1759, l'obiettivo principale degli inglesi era divenuto la cattura di Québec, centro del potere francese in Canada. L'esercito di Wolfe, forte di 18.000 uomini e fornito di numerosi cannoni, arrivò da Louisburg in giugno e si stabilì sull'isola di Orleans, a valle di Québec, dando inizio all'assedio. Il problema più grave era che qualsiasi approccio alla fortezza era coperto dalle ripide rive del fiume, facilmente difese dai francesi. Dopo un'estesa ricognizione Wolfe decise di usare un percorso diagonale lungo le rive del fiume partendo da un punto a ovest della città chiamato Anse du Folon, ora conosciuto come la "baia di Wolfe". Durante la notte tra il 12 e il 13 settembre una parte delle sue truppe, circa 4.800 uomini, salirono sul pianoro di Abraham e vi presero posizione.

Montcalm comandava poco più di 5.000 uomini, fra i quali circa 1.500 indiani; tuttavia non poteva fare a meno di attaccare battaglia, dato che Wolfe, giunto sul pianoro, aveva di fronte a sé la città praticamente indifesa. Il comandante francese cercò di aggirare la sinistra inglese, alla quale il generale Wolfe prestò immediato appoggio con tre battaglioni della riserva. Durante il breve ma intenso scambio di fuoco tra i due schieramenti la situazione peggiorò notevolmente per i francesi, a causa della molto più efficiente fucileria inglese, le cui prime salve non furono sparate finché i due eserciti non si trovarono a poco più di 35 metri l'uno dall'altro. Il giovane comandante inglese cadde colpito a morte e il comando venne assunto dal generale Monkton, che contrattaccò con decisione i francesi. Ferito anche Monkton, l'azione proseguì sotto il comando del generale Townsend. I francesi resistettero energicamente ma, essendo stato colpito mortalmente il generale Montcalm, il loro centro e la loro ala sinistra incominciarono a piegare, e ben presto si sbandarono, inseguiti dagli inglesi. Si contarono 58 inglesi uccisi (compreso Wolfe) e 600 feriti; dall'altro lato le perdite furono approssimativamente di 600 francesi uccisi o feriti (compreso Montcalm, ferito mortalmente). L'esercito francese fu sconfitto e Québec si arrese il 18 settembre. Un tentativo francese di ricatturare la fortezza l'estate successiva fu sconfitto e l'8 settembre 1760 il marchese di Vaudreuil, governatore del Canada, si arrese a Montreal. La sorte del Canada fu decisa con questa battaglia, e fu sanzionata nel 1763 con un trattato fra le due potenze, per mezzo del quale la colonia diveniva possesso dell'Inghilterra.

* * *

La figura di Federico di Prussia esercitò un fascino eccezionale soprattutto sui suoi eredi, che ritennero invincibile l'esercito che egli aveva lasciato e che non seppero comprendere le novità apportate dalle guerre del periodo rivoluzionario e del primo periodo napoleonico. Per parte

sua, il "filosofo di Sans Souci", il corrispondente di Voltaire – non senza qualche grossa frizione tra i due –, l'uomo di cultura che non rinunciava al piacere di suonare il proprio flauto nei rari momenti di pace, non fece nulla per alimentare una leggenda personale. Le stampe contemporanee lo raffigurano talvolta in situazioni poco consone alla dignità regale, intento, per esempio, a nascondersi, dopo una sconfitta, agli ussari austriaci che gli danno la caccia. Tuttavia i prussiani adorarono il loro "vecchio Fritz", forse proprio per questa parte residua di umanità, e nonostante il cinismo con il quale era disposto a rischiare le loro vite. A questo proposito, celebre è rimasta la sua frase, rivolta ai soldati che esitavano ad affrontare il nemico: «Cani, volete vivere in eterno?».

Forse il più abile propagandista della fama di Federico il Grande fu proprio Napoleone Bonaparte, il maggiore esperto delle tecniche di guerra che soppiantarono quelle utilizzate dal re di Prussia. Dopo la battaglia di Jena-Auerstadt, nella quale aveva travolto l'esercito prussiano, Napoleone visitò con grande ostentazione la tomba di Federico a Potsdam (e si fece consegnare la spada del re). In quell'occasione l'imperatore dei francesi dichiarò: «Se fosse stato ancora vivo, noi oggi non saremmo qui in Prussia». Un rischio quanto mai improbabile, visto che il grande Federico, per avere l'onore di affrontare Napoleone, avrebbe dovuto vivere fino a 93 anni. In realtà il condottiero corso cercava di legittimare il proprio ruolo di conquistatore e dominatore dell'Europa rendendo omaggio al più importante capo militare del secolo precedente, il cui rango regale non era stato messo in discussione dalle altre dinastie europee. Questo omaggio doveva rivelarsi assai pericoloso negli anni successivi, perché in nome dell'antica fama del loro esercito i prussiani seppero risollevarsi e collocarsi fra gli avversari più pericolosi di Napoleone.

Dopo la fine delle guerre napoleoniche la figura del "re filosofo" cominciò ad appannarsi, anche se le sue opere vennero pubblicate integralmente intorno alla metà del

XIX secolo. Anche il cinema tedesco gli ha dedicato uno spazio ridotto: un film del 1931, *Das Flotenkonzert von Sanssouci* ("Il concerto per flauto di Sans Souci", titolo italiano: *Alle soglie dell'impero*), per la regia di Gustav Ucicky, e un altro del 1955, *Friedrich und Voltaire*, regia di Leni Riefenstahl, interprete d'eccezione Jean Cocteau, coautore con la Riefenstahl della sceneggiatura.

Le guerre del Settecento, invece, sono state più volte trattate nella letteratura e, più di recente, nella filmografia. Alcuni anni fa la televisione tedesca mandò in onda un ottimo sceneggiato ispirato alla battaglia di Lobositz, e un'accurata ricostruzione della vita militare di quel tempo si ritrova anche nello sceneggiato in più puntate *I due Trenck*, ispirato a un romanzo dell'ungherese Mòr Jòkay; e non possiamo dimenticare le impressionanti scene di battaglia in *Barry Lyndon*, per la regia di Stanley Kubrick, dal romanzo *Le memorie di Barry Lyndon* di William Makepeace Thackeray. Il consulente storico, giova ricordarlo, è il grande esperto di eserciti e uniformi John Mollo. Quanto a Robert Clive, ha avuto l'onore di un film biografico del 1935, *Clive of India*, interpretato da Ronald Colman.

Infine, le guerre franco-inglesi sul continente americano sono debitrici a James Fenimore Cooper di gran parte della loro notorietà. Il suo romanzo più famoso, *The Last of the Mohicans* (*L'ultimo dei Mohicani*), oltre ad aver contribuito validamente alla creazione del mito del nobile selvaggio, ha ispirato non meno di quattro film.

XIII
Saratoga e Valmy: battaglie rivoluzionarie

La guerra per l'Indipendenza americana costituisce il primo conflitto su larga scala della storia moderna nel quale l'elemento politico-ideologico risulta determinante per lo scoppio delle ostilità, per il loro andamento e per la conclusione del confronto. A buon diritto si usa il termine "rivoluzione" quando si parla della lotta delle 13 colonie del Nordamerica per liberarsi dal controllo della monarchia inglese: per la prima volta non è la religione o un contrasto di origine dinastica a motivare le azioni dei contendenti ma un diverso modo di intendere il rapporto tra il potere centrale e il suddito, che si ritiene divenuto cittadino e quindi portatore di ben precisi diritti.

La guerra per l'Indipendenza americana obbligò uomini che volevano decidere autonomamente le forme del loro governo a contrapporsi a un potere meno dispotico di altri in Europa, ma seriamente intenzionato a non concedere spazio alle rivendicazioni locali, che oltre tutto portavano a forme di governo totalmente nuove rispetto a quelle praticate nel vecchio continente.

Sul piano militare, questo cambiamento di prospettive fu legato a ulteriori progressi nell'armamento individuale e nelle tattiche di combattimento. Numerosi coloni americani erano armati fin dall'inizio delle ostilità con i loro fucili rigati, ormai giunti alla forma definitiva di quello che più tardi sarebbe stato definito, con una certa approssimazione, "fucile del Kentucky". Nello scontro di **Bunker Hill** (17 giugno 1775) i volontari locali e i "coloniali" – l'embrione dell'esercito regolare degli Stati Uniti – asserragliati su un'altura fecero strage delle truppe britanniche impegnate nella salita lungo il pendio. In particolare, il colonnello Stark, comandante di due reggimenti del New Hampshire, ordinò ai suoi uomini di «tirare alla sommità delle ghette o al panciotto» degli inglesi, prendendo quindi come riferimento per la mira il colore bianco di queste due parti dell'uniforme nemica. Gli uomini del New Hampshire erano tutti tiratori scelti, veterani delle guerre indiane, e fecero un ottimo lavoro. Al termine della giornata gli americani dovettero ritirarsi, ma in poche ore di combattimento gli inglesi avevano perso 1.054 uomini (226 morti e 828 feriti) contro 140 morti, 271 feriti e 30 prigionieri dalla parte dei "ribelli".

La precisione delle armi e la forza d'animo dei combattenti, che affrontavano le sconfitte e l'occupazione di buona parte del loro territorio riorganizzandosi costantemente e impegnando senza sosta le truppe di occupazione britanniche, indussero il governo di Londra, che si rendeva conto di combattere una guerra impopolare, a far ricorso alle truppe mercenarie dell'Assia, dell'Anhalt e di altri piccoli principati tedeschi, armate in buona parte di fucili a canna rigata (che però si rivelarono inferiori ai loro avversari americani, non per la precisione ma per la maggiore lentezza di caricamento). Un'altra soluzione tecnica fu proposta dal capitano Patrick Ferguson, che propose un suo efficace modello di fucile a retrocarica, in gran parte derivato da un modello del francese La Chaumette. Nonostante gli sforzi dell'energico capitano, furono costruiti solo 100 fucili dotati del suo congegno, che andarono a equipaggiare uno speciale corpo di tiratori, posti ai suoi ordini e inviati in America. L'11 settembre 1777 Ferguson e i suoi uomini si distinsero nella battaglia di Brandywine, infliggendo dure perdite alle truppe americane. Ferguson rimase, tuttavia, ferito nello scontro, il suo reparto fu sciolto e gli uomini distribuiti fra le compagnie di fanteria leggera.

I tempi non erano maturi per innovazioni tanto sostanziali nella tattica e nell'armamento; così i fucili a canna rigata dei coloni poterono avere un ruolo determinante anche nella battaglia di **Saratoga**, combattuta poco dopo Brandywine. In effetti quella di Saratoga fu una vera e propria campagna militare, con due scontri principali: il 19 settembre 1777 a Freeman's Farm e il 7 ottobre 1777 a Bemis Heights. La strategia inglese prevedeva puntate convergenti lungo la valle dell'Hudson, con il generale Clinton che avanzava a nord da New York e il maggiore-generale John Burgoyne che marciava verso sud dal Canada, con l'idea di isolare gli stati del New England, considerati l'epicentro della ribellione. La partecipazione di Clinton ammontò a poco più di una dimostrazione: penetrò fino agli altipiani dell'Hudson e poi si ritirò. Burgoyne, invece, si fece strada combattendo verso sud contro una crescente, ostinata opposizione finché non poté ulteriormente proseguire, essendo stato bloccato da un esercito americano trincerato a Bemis Heights ("alture di Bemis"), che egli decise di attaccare, con una forza di circa 6.000 soldati contro 7.000 americani. In questo primo scontro entrambe le forze mantennero le loro posizioni. Burgoyne perse circa 600 uomini contro i 300 del nemico, comandato dal maggiore generale Horatio Gates.

Il 7 ottobre Burgoyne volle ripetere l'assalto. Dato l'avviso contrario dei suoi ufficiali, si giunse a un compromesso, che prevedeva una ricognizione in forze contro la sinistra americana. A questo punto gli inglesi avevano a disposizione 5.000 uomini contro 9.000 americani. La ricognizione in forze fu sconfitta da un contrattacco americano che giunse a catturare alcune ridotte importanti, lasciando scoperta la destra inglese. I britannici persero circa altri 600 uomini, gli americani 150.

Burgoyne si ritirò a Saratoga dove, circondato da una forza tre volte superiore alla sua, dovette accordarsi per la resa con Gates. Questo mise effettivamente termine alle operazioni formali nel teatro settentrionale, ma comportò conseguenze molto più ampie sul piano strategico.

Non solo la Francia riconobbe l'indipendenza degli Stati Uniti, ma dichiarò pure guerra al Regno Unito (1778) e fu seguita in questo dalla Spagna (1779) e dall'Olanda (1780). Le due battaglie attorno a Saratoga, di conseguenza, portarono a un punto di svolta fondamentale nel corso della guerra, che divenne un conflitto mondiale. Il successo americano in entrambi gli scontri derivò largamente dalla spinta e dall'energia dispiegate dal maggiore generale Benedict Arnold, che fu ferito nelle fasi finali della seconda battaglia. Arnold, tre anni dopo, passò al nemico e il suo voltafaccia lo rese la figura-archetipo del traditore, eclissando i suoi molti e grandi servigi alla causa dei coloni.

Burgoyne e Gates firmarono un accordo in base al quale le truppe inglesi e tedesche del primo dovevano essere disarmate, fatte marciare verso Boston e rimpatriate. In maniera abbastanza riprovevole (se non altro dal punto di vista inglese), il Congresso ripudiò l'accordo e gli uomini furono trattenuti in un campo di prigionia virginiano per il resto della guerra. D'altro canto, si trattava ormai di una guerra moderna, nella quale il punto di vista del potere politico era destinato a prevalere sulle convenzioni militari. Lo spazio per i *gentlemen* andava riducendosi notevolmente e ne fu una riprova l'usanza di sparare sugli ufficiali nemici, assai diffusa fra i tiratori scelti di entrambi gli schieramenti. Lo stesso capitano Ferguson, prima di essere ucciso nella battaglia di King's Mountain nel 1780, avrebbe avuto, a quanto si racconta, l'opportunità di uccidere, con un tiro mirato, il generale George Washington, comandante in capo dell'esercito nemico. Sempre secondo l'aneddoto, Ferguson rinunciò a compiere un atto così poco cavalleresco; a quanto pare, comunque, ignorava la precisa identità del suo bersaglio.

La guerra proseguì con alterne vicende, ma il suo esito era ormai segnato, vista la scarsa volontà del Regno Unito di impegnarsi a fondo e anche grazie all'arrivo di truppe francesi a sostegno dei coloni americani. Questi ultimi sin dal 1778 disposero, nella persona del barone prussiano

Frederick von Steuben, di un ottimo istruttore che diede ulteriore impulso a un impiego articolato di tutti i tipi di fanteria. In base ai suoi insegnamenti, i tiratori scelti armati di fucile rigato continuarono a compiere il loro lavoro di specialisti, mentre le truppe regolari furono addestrate a combattere sia in ordine chiuso (in linea e in colonna), sia in ordine aperto, o sparso, adattandosi alle necessità del terreno. Così, l'esercito statunitense, comandato da George Washington, con l'aiuto dei francesi guidati dal conte de Rochambeau, fu in grado di infliggere a **Yorktown** (dal 28 settembre al 19 ottobre 1781) una tale sconfitta agli inglesi da togliere al loro governo qualsiasi illusione di poter vincere la guerra. La pace fu siglata meno di due anni dopo a Versailles, e oltre a riconoscere l'indipendenza degli Stati Uniti d'America, l'Inghilterra fu costretta a cedere Tobago e il Senegal alla Francia, e Minorca e la Florida alla Spagna.

Anche se la Rivoluzione americana fu ben diversa da quella francese, è fuor di dubbio che l'esito positivo della prima influenzò lo scoppio della seconda. I problemi sociali ed economici erano ben diversi e le conseguenze della Rivoluzione francese furono in un primo momento ben più devastanti; tuttavia, le idee di libertà e di eguaglianza avevano avuto la possibilità di manifestarsi oltre Atlantico e questo non poteva non avere conseguenze nel paese che aveva maggiormente contribuito alla vittoria dei coloni americani. Anzi, paradossalmente, furono proprio le enormi spese sostenute dalla Corona francese in aiuto della causa dell'indipendenza degli Stati Uniti a far precipitare una situazione economica già pericolante in conseguenza di un gigantesco debito pubblico, accumulatosi nel corso degli anni.

In un primo tempo furono proprio personaggi legati all'esperienza americana, come il marchese di Lafayette (che era accorso tra i primi sotto le bandiere di Washington), a cercare di pilotare un passaggio indolore dalla monarchia assoluta alla monarchia rappresentativa, accordando maggiore potere alla borghesia (il "terzo stato"). L'operazione era destinata a fallire, perché le forze liberate dal cambiamento non erano disposte a tollerare compromessi con il vecchio regime. Il tentativo di fuga di Luigi XVI, nel giugno 1791, fu un autentico disastro per quanti speravano in un accordo pacifico, tollerato dalle monarchie assolute del resto dell'Europa. La situazione precipitò nel 1792, prima con la dichiarazione di guerra ad Austria e Prussia e poi, il 10 agosto, con l'assalto alle Tuileries e la fine di fatto della monarchia, mentre gli eserciti nemici puntavano verso Parigi.

Lo scontro che decise la sopravvivenza della nuova Francia ebbe luogo a **Valmy**, il 20 settembre 1792. Presso questo villaggio tra Châlons-sur-Marne e S.te Menehould, circa 170 chilometri a est di Parigi, si affrontarono alla testa delle loro truppe il generale François Kellermann, comandante dell'armata francese del Centro, rinforzata dal generale Charles Dumouriez con parte dell'armata del Nord, e Karl Wilhelm, duca di Brunswick, comandante dell'esercito prussiano. L'esercito francese contava 36.000 uomini, con 46 cannoni; i prussiani avevano 34.000 uomini, con 36 cannoni.

Sotto una pioggia battente, che offriva una situazione certamente poco convenzionale per uno scontro decisivo, la battaglia ebbe in Kellermann l'esclusivo protagonista di parte francese sul piano tattico-operativo, ma il suo esito fu influenzato in maniera decisiva dalla strategia di Dumouriez, che aveva consentito ai francesi di occupare posizioni dominanti: la collina del Mulino, dove si trovavano le truppe di Kellermann, era privilegiata rispetto al campo de la Lune, ove erano attestati i prussiani, perché più difendibile da un eventuale attacco frontale della fanteria nemica. Un dato curioso è costituito dallo schieramento dei due eserciti, a fronti rovesciati, perché i prussiani davano le spalle a Parigi e i francesi avevano le spalle rivolte alla frontiera del loro paese, e di conseguenza tagliavano la via di rifornimento dell'esercito nemico.

La battaglia consistette in un primo tempo in un prolungato duello di artiglieria, nel quale i francesi, grazie alla loro superiorità tecnica e alla migliore posizione occupata dai loro cannoni, ebbero la meglio; questo costrinse il duca di Brunswick a tentare un attacco risolutivo delle sue fanterie ma le colonne prussiane, costrette a procedere dal basso verso l'alto, andarono incontro a forti perdite e furono costrette a ritirarsi. I francesi ebbero 300 tra morti e feriti; le perdite totali prussiane furono di 1.800 uomini. Il morale dei francesi salì alle stelle e tutto il furore del loro fervore rivoluzionario fu scagliato sull'Europa, dando inizio a una guerra mondiale che sarebbe durata per 23 anni. Per questa ragione Valmy fu vista da illustri storici quali Sir Edward Creasy e il maggiore-generale J.F.C. Fuller come una delle battaglie più importanti della storia mondiale.

Di certo, lo scontro segnò uno spartiacque fra le guerre formali e limitate del XVIII secolo e il concetto di guerra totale con eserciti raccolti grazie alla *levée en masse*, o coscrizione. Talvolta si usa dire che se Kellermann e Dumouriez avessero perso la battaglia, la Francia rivoluzionaria sarebbe stata condannata e la successiva storia d'Europa avrebbe preso un corso differente. Fuller, al contrario, espone un diverso punto di vista. Benché non lesini critiche alla capacità di comando di Brunswick, egli suggerisce che per ragioni logistiche Parigi aveva cessato di essere un valido obiettivo prussiano prima che la battaglia cominciasse, e che la decisione di ritirarsi fosse di conseguenza corretta. Quel che è certo è che la motivazione dei francesi era più elevata, che essi non cedettero sotto il fuoco nemico come si era previsto, e che Brunswick e i suoi professionisti furono sin dal principio dominati psicologicamente dall'entusiasmo dei loro oppositori.

Il giorno dopo Valmy, il 21 settembre 1792, la Convenzione nazionale proclamò la nascita della Repubblica francese, e la rivoluzione entrò nella sua fase più impegnativa, tanto dal punto di vista politico quanto dal punto di vista militare. In questo campo essa portò a notevoli innovazioni tattiche, ma soprattutto anticipò la logica della moderna produzione di massa degli armamenti, coinvolgendo per un breve periodo la popolazione civile, in una misura che non si sarebbe ripetuta fino alla Prima guerra mondiale. La motivazione ideologica di questo sforzo – che coinvolse soprattutto la città di Parigi, cuore pulsante della rivoluzione – fu costituita dal proclama della Convenzione, che il 23 agosto del 1793 chiamò tutti i francesi alla lotta contro gli eserciti dell'intera Europa. Il Comitato di salute pubblica organizzò a Parigi e in altre località un'attività produttiva improvvisata che prevedeva l'impiego di 6.000 lavoratori e una produzione giornaliera di 500 armi nei primi tempi, sino ad arrivare a una media prevista di 1.000 unità al giorno. Quest'ultima cifra non fu mai raggiunta, ma sembra che in alcune giornate siano state prodotte e consegnate sino a 700 armi complete. Si calcola che nel 1794, nella sola capitale, fossero impegnati a tempo pieno nella fabbricazione delle armi non meno di 5.400 lavoratori. Una cifra apparentemente limitata, che va però integrata con i numerosi operai occasionali e con le famiglie sovente coinvolte in alcune fasi della lavorazione.

L'entusiasmo delle truppe rivoluzionarie e le nuove tattiche di combattimento, basate in larga parte sull'attacco in massa, permettevano di superare tutti gli ostacoli: dai soldati-macchine si passava ai soldati-cittadini, arruolati con la coscrizione obbligatoria (ma con varie possibilità di esenzione). La fanteria tornò a essere la regina delle battaglie, validamente coadiuvata dall'artiglieria; la cavalleria, perdute le velleità aristocratiche, ebbe il compito di sfruttare i risultati ottenuti dalle armi da fuoco leggere e pesanti, di fare da schermo ai movimenti strategici, di compiere manovre avvolgenti e di condurre spietati inseguimenti dopo la battaglia, volti ad annientare completamente il nemico sconfitto. Solo l'armamento di base non cambiò sino alla fine del secolo e l'arma da fuoco individuale più importante restò il fucile mod. 1777, che aveva già armato l'esercito della monarchia.

Uno degli elementi determinanti del successo delle nuove armate rivoluzionarie fu l'artiglieria, trionfatrice di Valmy, i cui ufficiali, quasi tutti di origine borghese, disponevano di un sistema di trasporto dei pezzi sul campo di battaglia pratico ed efficace, concepito da Jean Baptiste Vaquette de Gribeauval. Il "sistema Gribeauval" prevedeva la suddivisione dei calibri di artiglieria da campagna in tre sole classi, un modo più pratico di imbrigliamento dei cavalli da tiro e un tipo di aggancio più semplice dei pezzi ai loro traini, in modo da poterli disporre più velocemente sul campo di battaglia. L'artiglieria fu messa in grado di combinare il suo potere di fuoco con la fanteria e la cavalleria e gli ufficiali ricevettero istruzioni tecniche di prim'ordine, che li ponevano in grado di colpire i bersagli con maggiore precisione e di concentrare il fuoco dei loro pezzi in maniera ben più soddisfacente dei loro avversari. Per di più, a partire dal 1776 – anno nel quale Gribeauval fu nominato ispettore generale dell'artiglieria – agli ufficiali di quest'arma furono accordati aumenti di paga e consistenti miglioramenti nella carriera. Non a caso Napoleone Bonaparte, dominatore della scena militare e politica nella fase finale della rivoluzione – e negli anni a venire – era un ufficiale di artiglieria, e come tale fece le sue prime esperienze nelle armate rivoluzionarie.

* * *

Gli americani hanno fatto della guerra di Indipendenza l'evento fondamentale della loro storia, elevando nella città di Washington un gran numero di monumenti ai protagonisti, tutelando i campi di battaglia e creando, nelle città che videro i fatti più salienti della rivoluzione, veri e propri percorsi per i visitatori. Chi si reca a Boston, per esempio, può seguire per le strade del centro storico una linea rossa disegnata per terra, che congiunge idealmente i palazzi ove si svolsero le riunioni più importanti e i luoghi ove si combatterono gli scontri con le truppe britanniche; senza contare la ricostruzione della nave dalla quale, nel 1774, numerosi bostoniani travestiti da pellerossa buttarono a mare il tè sul quale il governo inglese aveva imposto una nuova tassa (il famoso "Boston Tea Party").

Dal punto di vista cinematografico, invece, non sembra che la guerra d'Indipendenza abbia stimolato molto i produttori. Ricordiamo un film che racconta le esperienze di una giovane coppia nella valle del Mohawk, prima e durante la guerra d'Indipendenza, intitolato *Drums along the Mohawk* (*La più grande avventura*) – per la regia di John Ford, interpretato da Henry Fonda e Claudette Colbert, del 1939). Dopo di allora, il film più significativo – ma con scarso successo di pubblico – è stato *Revolution* (1985), regia di Hugh Hudson, interpretato da Nastassja Kinskij, Al Pacino e Donald Sutherland: qui le battaglie sono trattate con notevole efficacia, anche se il punto di vista piuttosto critico del regista e dello sceneggiatore non consente di farsi un'idea molto precisa della strategia della guerra. Un tentativo di descrivere più analiticamente la parte militare del conflitto, senza rinunciare alla componente avventurosa, si ritrova invece in un film francese del 1961, *Lafayette, una spada per due bandiere*, che intende mettere in evidenza il contributo del giovane aristocratico francese alla rivoluzione americana.

Per la Rivoluzione francese il discorso è ancora più complesso. All'insieme di eventi che possono essere ricondotti sotto questo comune denominatore sono legati cambiamenti tanto fondamentali nella storia politica, nel costume, nell'arte che sarebbe estremamente riduttivo pretendere di condensarli in queste brevi note. Le battaglie, in particolare, furono oggetto di numerosi quadri che si ispirarono ai temi eroici prediletti da David e trasformarono i combattenti della rivoluzione in epigoni degli eroi della Grecia classica e della Repubblica romana.

Per quanto riguarda la cinematografia, a parte le scene di battaglia del tutto immaginarie dei quattro film della serie *Caroline Cherie* e del divertente *Gli sposi dell'Anno Secondo* (1971) interpretato da Laura Antonelli e Jean-

Paul Belmondo, ricordiamo che la battaglia di Valmy è al centro del grande film *La Marseillaise* (*La Marsigliese*) di Jean Renoir, apparso nel 1937 e ricco dei fermenti che agitavano la Francia in quel periodo, durante il governo del Fronte popolare.

XIV
Marengo e il mito di Napoleone

La rivoluzione consegnò a Napoleone un esercito di prim'ordine, composto da soldati esperti e da ufficiali che per la maggior parte avevano fatto carriera per il loro talento e la loro audacia, e non più per la loro appartenenza all'aristocrazia. Anzi, la stragrande maggioranza degli ufficiali di origine nobiliare era emigrata e i pochi rimasti in Francia si erano dovuti guadagnare il grado dimostrando di essere dotati di autentiche capacità di comando. Così, finché la qualità delle sue truppe non diminuì a causa delle perdite di veterani e della mancanza di tempo per addestrare i nuovi coscritti, Napoleone poté contare su una fanteria di livello professionale elevato, assai mobile sul campo di battaglia: a parte i volteggiatori, adibiti istituzionalmente al compito di fanteria leggera, anche la fanteria di linea e i granatieri sapevano combattere in ordine sparso, in linea e in colonna e soprattutto nell'*ordre mixte*, composto da fanteria in linea con ai fianchi colonne pronte a gettarsi sul nemico "ammorbidito" dal tiro dei commilitoni. L'assalto finale alla baionetta, ereditato dalle masse male armate e poco addestrate della rivoluzione, aveva il compito di provocare il cedimento psicologico di un nemico già indebolito.

Contro soldati forniti di un elevato spirito di corpo, dotati di armi di buona qualità, spronati dalle possibilità di carriera offerte ai più abili e coraggiosi, gli eserciti di tipo settecentesco schierati in un primo tempo dalle altre potenze europee avevano poche speranze di successo. Salvo rare eccezioni, la maggior parte dei comandanti contrapposti alla Francia avevano scarse capacità professionali, e soprattutto non disponevano di un materiale umano altrettanto versatile e addestrato.

Eppure, anche Napoleone dovette incontrare gravi difficoltà e rischiare la sconfitta, quando la sua audacia lo portò a gettarsi in situazioni strategicamente pericolose: ma dalla battaglia che avrebbe potuto essere l'ultima di una breve e folgorante carriera politico-militare derivò invece il principio di una leggenda che, abilmente sfruttata dalla propaganda francese, costituì una delle colonne portanti del "mito" napoleonico per i successivi anni dell'Impero. Parliamo, è quasi scontato, della battaglia di **Marengo**, combattuta il 14 giugno 1800 durante la cosiddetta "guerra della Seconda coalizione", o "Seconda campagna d'Italia".

Dopo aver preso il potere in Francia con il colpo di stato del 18 brumaio (9 novembre 1799), Bonaparte sciolse il direttorio e gli organismi parlamentari e proclamò il Consolato, venendo eletto primo console per 10 anni, con l'assistenza di due altri consoli e del consiglio di Stato. Prima ancora di dedicarsi alla grande serie di riforme che avrebbe posto le basi della Francia moderna e sarebbe servita di modello a molte altre organizzazioni statali, Napoleone dovette occuparsi di respingere la minaccia portata dagli austro-russi, che poco prima della sua presa di potere avevano vanificato gran parte delle conquiste francesi. Così, mentre il generale Moreau muoveva le sue truppe sulle frontiere occidentali, il primo console, al comando dell'"armata di riserva", attraversava il passo del Gran san Bernardo e si collocava lungo le linee di comunicazione degli austriaci, comandati dal generale barone Michael Melas.

Gli austriaci, che stringevano d'assedio Genova (coraggiosamente difesa dal generale francese Massena), si resero conto del pericolo costituito dalla manovra di Bonaparte e cominciarono a concentrarsi verso Alessandria. Invece di attendere a Stradella che Melas tentasse di riaprire le sue comunicazioni con Mantova, Bonaparte decise di prendere l'iniziativa, avanzando su Alessandria e costringendo gli austriaci a combattere a qualsiasi costo, prima che riuscissero a prendere Genova; ma anche se questa eventualità si fosse verificata, il primo console contava di riconquistare la città «sulle pianure della Scrivia». Da Milano, Bonaparte indirizzò una quantità di ordini – forse eccessiva – al suo subordinato Berthier, stanziato a Pavia, per effettuare un'avanzata generale per "venire a contatto". Lannes, con più di 8.000 uomini compresa la cavalleria, doveva marciare su Voghera, a metà strada fra Stradella e Alessandria, con l'appoggio dei generali Victor, Monnier e Gardanne (16.000 uomini). Murat e Duhesme (10.000 uomini) dovevano agire di concerto, per esercitare una continua pressione su Melas; al generale Moncey e agli italiani era assegnato il compito di salvaguardare la linea di ritirata. Altri distaccamenti minori dovevano proseguire nei compiti secondari della campagna, come l'assedio del Castello a Milano e la difesa del Ticino.

Tale quantità di ordini provocò una certa confusione: Lannes, per esempio, ricevette non meno di quattro serie di ordini nello spazio di 24 ore. L'ultimo ordine, ricevuto la sera dell'8 giugno, era direttamente legato alla notizia della caduta di Genova, avvenuta il 4 giugno (ai soldati francesi e a Massena era stato comunque consentito di allontanarsi con l'onore delle armi). Con l'ultimo ordine, Lannes dovette avanzare fino a Casteggio, con Victor in appoggio, per venire a contatto con il nemico. Lannes, uno dei subordinati più valorosi di Napoleone, futuro maresciallo di Francia, il 9 giugno si gettò in una battaglia oltre la città, che ebbe comunque esiti interessanti, come presto vedremo. La fretta – e una vecchia carta del 1668, revisionata nel 1772 – fecero commettere a Berthier diversi errori nella trasmissione dei messaggi e anche il flusso dei rifornimenti ne risentì: Lannes e Murat si lamentarono di ricevere le razioni per i loro uomini con giorni di ritardo, e a una divisione furono distribuiti soltanto 30 colpi per soldato, invece dei 60 previsti dal regolamento.

Malgrado tutto, l'audacia di Bonaparte e l'entusiasmo delle truppe fecero sì che i suoi ordini fossero eseguiti; lo stesso giorno in cui il primo console lasciò Milano, il generale Lannes, come avevamo anticipato, si stava impegnando con soli 8.000 uomini contro i 18.000 austriaci del generale Ott a Montebello. Nonostante l'inferiorità numerica, Lannes non esitò a spingersi avanti all'attacco oltre Casteggio, e grazie all'arrivo di Victor con altri 5.000 uomini aggirò l'ala degli austriaci, assicurando una notevole vittoria. Ott si ritirò disordinatamente e con gravi perdite verso Alessandria. La battaglia si verificò in un momento assai delicato per gli austriaci, che stavano completando il concentramento delle loro truppe presso Alessandria. Il morale dei soldati austriaci fu negativamente influenzato da quel primo rovescio e Melas non prese iniziative per i successivi cinque giorni, aspettando che tutte le truppe si fossero radunate. Grazie ad alcuni ponti gettati sul Po, il 10 giugno tutta l'armata di riserva attraversò il fiume a San Cipriano, e 28.000 uomini circa poterono riunirsi a Stradella. Ricostruita l'unità dell'armata, al generale Desaix, suo giovane subordinato nella campagna d'Egitto, Napoleone affidò le divisioni di Boudet e Monnier, per costituire un quarto corpo d'armata. I francesi dovevano colpire gli austriaci mentre erano ancora disorganizzati e prima che potessero ritirarsi a Genova. Nel complesso, da parte francese si contavano 25.500 fanti, 2.000 cavalieri e 15 cannoni, per un totale appunto di 28.000 uomini; da parte austriaca, 26.000 fanti, 5.000 cavalieri e 100 cannoni, per un totale di 31.000 uomini.

Bonaparte decise di provocare ancora di più Melas e ordinò alle sue forze di attraversare il fiume Scrivia. Il mattino del 13 passò sotto una pioggia battente, senza notizie del nemico. Deciso a bloccare le vie di ritirata aperte agli austriaci, verso mezzogiorno il primo console ordinò a Desaix di staccarsi dalla riserva dietro la Scrivia e di marciare con la divisione di Boudet verso Rivalta e Novi, per tagliare la strada principale Genova-Alessandria, congiungendosi poi, eventualmente, con le forze di Suchet che stavano avanzando. Tutto lo schieramento francese si mosse in avanti, alla ricerca del nemico. Il primo console si stava esponendo a un grosso rischio: dopo la battaglia di Montebello era rimasto all'oscuro delle intenzioni dei nemici, grazie alla superiorità tattica della cavalleria austriaca che stendeva un velo impenetrabile tra il grosso delle sue truppe e i francesi. In tal modo, Bonaparte cominciò a convincersi che gli austriaci non avessero alcuna intenzione di attaccare.

All'improvviso, mentre le truppe di Victor e Gardanne avanzavano verso il villaggio di Marengo, incontrarono resistenza da parte di 4.000 uomini della retroguardia austriaca, che si ritirarono verso Alessandria, oltre il fiume Bormida. Tutto faceva pensare che Melas, quando avesse deciso di fermarsi, avrebbe scelto la pianura della Scrivia, terreno ideale per la cavalleria, che avrebbe dato agli austriaci una buona occasione per impiegare la migliore delle loro forze. Il teorico militare Antoine Henri Jomini, nel suo *Précis de l'art de la guerre*, ha osservato che la pianura di Marengo è forse l'unica in tutta Italia dove masse di cavalleria possano caricare a piena velocità.

Il pomeriggio e la notte sembrarono confermare l'ipotesi di una ritirata generale degli austriaci, abbandonando addirittura la stessa Alessandria. Pertanto Napoleone non ritenne necessario richiamare Desaix con le sue truppe. Questo non significa che il comandante in capo fosse tranquillo: dopo aver passato la prima parte della notte a cavallo tra gli uomini di Victor, intenti a cercare i fuochi dell'accampamento nemico, si decise a dormire nella villa di Torre Garofoli, invece di tornare a Voghera. Al contrario di quanto pensava Bonaparte, il suo avversario, il generale Melas, aveva già deciso di ingaggiare battaglia il giorno dopo. Il comandante austriaco voleva impedire il congiungimento tra l'armata di riserva, al diretto comando di Bonaparte e Berthier, e l'armata d'Italia, comandata da Massena e Suchet, che egli riteneva in arrivo da ovest.

Inconsapevoli dell'imminente pericolo di un attacco nemico, i francesi presero soltanto elementari misure di precauzione. La mattina di domenica 14 giugno 1800 il tempo era decisamente migliorato: non più pioggia, ma un normale sole estivo assistette al passaggio delle forze di Melas che attraversavano i ponti sulla Bormida, verso una testa di ponte occupata dal generale O'Reilly. Ci pensarono i 100 cannoni austriaci a svegliare i francesi: gli austriaci, con i loro 31.000 uomini, cominciarono a disporsi su tre colonne. O'Reilly, in testa con 3.000 uomini, scacciò gli avamposti di Gardanne, prima di piegare a sud della strada principale per formare l'ala destra austriaca. Melas era con la seconda colonna, con il capo di stato maggiore, Zach, e i 18.000 uomini dei generali Haddiek, Kain e Elsnitz, che formavano il centro dello schieramento destinato all'attacco principale contro il villaggio di Marengo. La terza colonna, di 7.500 uomini, comandata dal generale Ott, si diresse verso sinistra in direzione di Castelceriolo, dove Melas – sbagliandosi, per la fortuna dei francesi – credeva che fossero dislocate grandi forze nemiche. La ristrettezza della testa di ponte austriaca sulla riva destra della Bormida rallentò lo spiegamento delle loro truppe, che solo alle 9 poterono effettuare un attacco in piena regola. Un altro errore di Melas consistette nell'invio di 2.340 soldati di cavalleria verso Cantalupo, dove gli era stato erroneamente segnalato l'arrivo di Suchet alle sue spalle.

Nonostante il loro vantaggio, i nemici della Francia erano così condizionati dalla fama delle sue truppe e dei suoi generali, da sprecare su posizioni inutili un gran numero di uomini; ma anche così, la mossa inattesa di Melas colse di sorpresa il comando francese. Per alcune ore tutto il peso della battaglia ricadde su due sole divisioni del corpo d'armata di Victor, appostate dietro il profondo torrente Fontanone, davanti a Marengo. Esse mantennero la posizione fino a mezzogiorno, mentre il primo console seguitava a ritenere che il nemico tentasse solo di coprire la sua ritirata, e che quindi le azioni offensive alle quali erano sottoposte le sue truppe fossero solo operazioni di disturbo. Alle 9 confermò addirittura l'ordine per una divisione di marciare a nord verso Valenza, indebolendo ancora la riserva sottraendole altri 3.500 uomini. Anche Desaix doveva continuare la marcia per conto proprio. Tuttavia, alle 10, Bonaparte si era reso conto delle nuova situazione. A quell'ora, Lannes, Murat e le loro truppe si erano già portati in appoggio a Victor, aumentando così le forze francesi impiegate nella battaglia a 15.000 uomini, sempre inferiori di numero rispetto al nemico nella proporzione di due a uno. Le truppe schierate a destra di Marengo furono subito attaccate frontalmente da Melas, mentre il corpo di Ott minacciava di attaccare il lato destro del dispositivo di difesa francese. Giunto sul campo di battaglia alle 11, Bonaparte si rese subito conto della necessità di rinforzare il lato destro; se Ott fosse riuscito a impadronirsi di Castelceriolo sarebbe stato in grado di circondare l'intero schieramento francese e la sua cavalleria avrebbe potuto spingersi verso il Po, minacciando così le linee di comunicazione con le retrovie. Furono inviati in tutta fretta dei messaggeri a Desaix, per richiamarlo indietro d'urgenza. Con grande sincerità, Napoleone scrisse nel suo messaggio: «Credevo di attaccare Melas. Egli mi ha attaccato per primo. Per l'amor di Dio vieni a raggiungermi se ancora puoi». Desaix, fermato da un fiume in piena, ricevette il messaggio all'una del pomeriggio, mentre altre truppe, agli ordini di Lapoype, raggiunto alle 6 di sera, non poterono partecipare a nessuna fase della battaglia.

Da mezzogiorno all'una ci fu un'interruzione, durante la quale gli austriaci riordinarono le loro file per un altro attacco. Agli uomini di Victor, nei dintorni di Marengo, cominciavano a mancare le munizioni, e difficilmente quelle truppe, provate dagli scontri, sarebbero riuscite a tenere a lungo la linea del Fontanone. Tuttavia era prioritario bloccare Ott, che aveva quasi annientato la divisione di Watrin sul fianco destro, e ai 900 uomini della guardia consolare fu ordinato di muoversi in aiuto dei superstiti; l'ultima riserva, la divisione di Monnier, fu incaricata di muovere verso Castelceriolo, per non consentire agli austriaci di impadronirsene. La guardia avanzò a ranghi serrati sotto il fuoco del nemico che la decimò, ma riuscì a soccorrere quanto restava della divisione Watrin, e soprattutto consentì a Monnier di piazzare i suoi uomini sull'estrema destra. Mentre i francesi premevano su Castelceriolo, alle 2 del pomeriggio, perdevano il villaggio di Marengo dall'altra parte, ma la decisione di rinforzare il lato destro consentì ugualmente di ritardare l'intero attacco austriaco e guadagnare un po' di tempo. Ormai tutti i francesi e la scarna artiglieria divisionale – solo 15 pezzi – erano impegnati, mentre la pressione austriaca aumentava sempre più dal lato di Marengo. Verso le 3 del pomeriggio l'esercito francese ripiegava verso San Giuliano, e Melas, affaticato e leggermente ferito, affidò il comando dell'inevitabile, a suo avviso, inseguimento delle forze nemiche, apparentemente disfatte, al suo capo di stato maggiore, generale Zach, ed ebbe la dabbenaggine di inviare messaggi di vittoria. Mentre il nucleo centrale austriaco, con tutta calma, si disponeva in colonna di marcia, Bonaparte, che aveva ceduto spazio in cambio di tempo, attendeva con febbrile impazienza l'arrivo di Desaix. Questi si presentò poco prima delle 3 del pomeriggio e annunciò che la divisione di Boudet con otto cannoni lo seguiva da presso. Fonti degne di fiducia affermano che Desaix, sentito il rombo dei cannoni, aveva già invertito la marcia quando i messaggeri di Napoleone lo raggiunsero; di certo giunse proprio al momento giusto. A Bonaparte, che chiedeva il suo parere, Desaix, tirando fuori l'orologio, avrebbe risposto: «Questa battaglia è completamente perduta, ma sono soltanto le 2» (in effetti erano le 3) « e c'è il tempo per vincerne un'altra».

Siamo forse di fronte alla costruzione di un mito? La scena ha quasi il sapore di un romanzo d'appendice, con i due comandanti che affrontano la situazione con *nonchalance*, come se si trovassero in un episodio dei *Tre moschettieri* di Dumas. Di certo, l'arrivo dei rinforzi diede nuovo vigore alle truppe impegnate da ore in duri combattimenti. Bonaparte cavalcò tra gli uomini gridando: «Soldati, vi siete ritirati abbastanza; sapete che è mia abitudine bivaccare sul campo di battaglia» e un sergente della guardia consolare gli gridò di rimando: «Su con la vita!».

Nel giro di un'ora i rinforzi si schierarono dietro ciò che restava delle truppe di Victor, mentre veniva stilato un nuovo piano di battaglia. Marmont raggruppò i cinque cannoni della sua divisione, gli otto di Boudet, e altri cinque della riserva in una sola batteria e aprì un intenso fuoco contro gli austriaci per 20 minuti, danneggiando molti cannoni nemici e aprendo grandi vuoti nel fianco della grossa colonna di Zach, che nel frattempo si era messa in marcia, ignara del cambiamento di situazione tra le file nemiche. Quindi Desaix portò avanti i suoi uomini, che si immersero nel fumo delle cannonate e delle scariche di fucileria. Quando ne emersero, si trovarono di fronte un battaglione scelto di granatieri austriaci. Marmont, con quattro pezzi di artiglieria leggera, tirò a bruciapelo quattro salve di mitraglia tra le file nemiche. La divisione di Boudet si lanciò all'attacco, mentre l'esplosione di un carro di munizioni creò ulteriore scompiglio fra le linee austriache. Ne approfittò il giovane Kellermann,[1] comandante di cavalleria, che guidò i suoi 400 uomini in un'audace carica contro il fianco sinistro della colonna di Zach, formata da ben 6.000 uomini. Quello fu il momento decisivo della battaglia, che da quasi sconfitta si trasformò in completa vittoria per i francesi.

In breve tempo, Zach e alcune migliaia di suoi granatieri furono fatti prigionieri e gli austriaci si diedero a una fuga disordinata attraverso Marengo, verso il fiume Bormida e oltre le mura di Alessandria. Tutta la linea francese si spinse in avanti con grandi clamori, mentre Kellermann riordinava i suoi cavalieri e li dirigeva contro la cavalleria austriaca. Il generale Ott, resosi conto della

[1] Figlio del Kellermann di Valmy

sconfitta, riuscì a ritirare i suoi uomini dal fianco sinistro dello schieramento austriaco. Il fuoco cessò verso le 9 di sera, dopo 12 ore di battaglia. Nell'attacco finale il valoroso Desaix era stato colpito al petto ed era morto, vicino al paese di Vigna Santa. Bonaparte fu probabilmente sincero nel piangere la perdita del suo compagno d'armi, ma questo triste episodio lo liberava anche di un pericoloso, potenziale concorrente nell'esercizio del potere. Più che mai, ora, il primo console e futuro imperatore era solo al vertice della Francia, dopo aver recuperato, grazie anche alla sua fortuna, l'intera Italia settentrionale a ovest del Mincio.

I francesi ebbero approssimativamente 6.000 perdite tra morti o feriti, mentre si contarono, da parte austriaca, 9.400 soldati uccisi o feriti, 8.000 prigionieri e 40 cannoni catturati. I vincitori erano troppo stanchi per inseguire il nemico e la stessa notte il generale Melas chiese un armistizio. Il 15 giugno venne firmata la convenzione di Alessandria: gli austriaci si impegnarono a ritirare le forze a est del Ticino e a cedere le loro fortezze nel Piemonte e nella Lombardia, oltre ad astenersi da ogni operazione militare in attesa di una risposta all'offerta di pace inviata a Vienna da Bonaparte. Il 17 giugno il primo console partì per Parigi. Pochi giorni dopo, l'armata di riserva era incorporata nell'armata d'Italia, sotto il comando di Massena. In un ordine del giorno del 24 giugno, Napoleone dichiarò: «Il giorno di Marengo rimarrà famoso in tutta la storia». In effetti, da quel giorno il condottiero corso, divenuto capo di Stato, poté cominciare la fase più rilevante della sua straordinaria carriera, che nel giro di pochi anni lo avrebbe fatto diventare, nel bene e nel male, il punto di riferimento di una grande svolta storica.

XV
Da Austerlitz a Waterloo

Napoleone ha avuto il merito – o il demerito, a seconda dei punti di vista – di portare alle logiche conseguenze il sistema della coscrizione di massa attuato dalla Rivoluzione francese, facendo della guerra un evento totalizzante, in grado di coinvolgere intere nazioni, sia per l'ampiezza delle campagne militari, sia per lo sforzo richiesto ai contendenti. Si può già parlare, in questo caso, di "economia di guerra", e cioè di un andamento economico condizionato, nel bene e nel male, dalle fortune della guerra. Durante il periodo napoleonico furono realizzate scoperte scientifiche e attuati cambiamenti nello stile di vita di intere popolazioni, che non si erano visti dal tempo dell'Impero romano. La stessa rivoluzione industriale, lo sviluppo delle prime macchine, il tentativo di dar vita a tecniche di produzione di strumenti a parti intercambiabili (le armi individuali e le attrezzature navali, per esempio): tutto questo era intimamente legato alle esigenze della guerra che, fra brevi pause e instabili armistizi, interessò l'intera Europa dal 1805 al 1815.

Napoleone e il suo periodo sono stati oggetto di un tale numero di testi che un libro sulle grandi battaglie dovrebbe dedicare a questo argomento almeno la metà delle sue pagine.[1] Nel loro insieme, le battaglie di quest'epoca

[1] Per le battaglie napoleoniche, resta insostituibile il trattato di D.G. Chandler, *The Campaigns of Napoleon*.

influenzarono profondamente il pensiero militare e i maggiori teorici di tattica e strategia, al punto che possiamo attribuire all'esempio napoleonico – seguito troppo pedissequamente e senza tener conto dei miglioramenti nelle tecnologie – la responsabilità indiretta di numerosi errori militari e di tanti inutili massacri nei decenni successivi, fino alla Prima guerra mondiale. Come è ovvio, con le armi allora in dotazione e con le specifiche condizioni logistiche ed economiche di quel tempo, le battaglie combattute da Napoleone sono in gran parte dei capolavori di tecnica militare; ma già in questo periodo possiamo cominciare a toccare con mano la fallacia di quanti pensavano, Napoleone compreso, che una grande battaglia potesse risolvere una volta per tutte l'esito di uno scontro tra economie, culture, stili di vita assai differenti. Alla lunga, il numero, il potere economico e la volontà stessa delle nazioni erano destinati a prevalere sull'ingegno, l'abilità e la professionalità delle truppe. Invano l'imperatore e i suoi marescialli cercarono la battaglia risolutiva che avrebbe posto fine alle ostilità e portato la pace francese a tutta l'Europa: a lungo andare, non solo i regnanti ma tutti i popoli si opposero con le armi a quella pace.[2] Di conseguenza, i numerosi scontri che opposero le armate napoleoniche a quelle allestite dagli stati di tutta l'Europa ebbero un effetto "decisivo" solo per pochi anni o per pochi mesi. Non più di cinque o sei fra le grandi battaglie di quegli anni possono definirsi veramente determinanti per l'andamento del conflitto; e tra queste, tre indicano i fattori decisivi che portarono Napoleone al trionfo e nello stesso tempo contrassegnarono la caducità del suo sogno politico e militare. La prima è una battaglia navale, **Trafalgar**, che sancì l'impossibilità di sconfiggere la maggiore avversaria dell'imperatore, l'In-

[2] Sulla ricerca dello scontro risolutivo si vedano le illuminanti pagine di R.F. Weigley, *The Age of Battles – The Quest for Decisive Warfare from Breitenfeld to Waterloo*, Indiana University Press, 1991.

ghilterra; le altre due sono grandi confronti terrestri, Austerlitz e Waterloo, lo zenit e il nadir della gloria napoleonica.

Trafalgar[3] consentì all'Inghilterra di continuare a combattere l'impero napoleonico; stabilì anche la sua supremazia navale, teorizzata negli anni a venire come fondamento del suo rango di grande potenza e di centro del maggiore impero coloniale del mondo. Trafalgar fu l'ultima e la più grande delle tre vittorie di Nelson (le prime due furono Abukir e Copenaghen) e l'ultimo combattimento in mare aperto tra grandi flotte a vela. Anche se la sua flotta non era paragonabile, per efficienza e professionalità di comandanti ed equipaggi, Napoleone disponeva di una notevole quantità di navi grazie all'alleanza con il regno di Spagna. Il piano franco-spagnolo era stato predisposto alla fine di febbraio del 1805 e si basava su tre forze navali: la flotta di Villeneuve a Tolone, la flotta spagnola di Gravina a Cadice e la flotta di Ganteaume a Brest. Purtroppo per loro, ciascuno dei tre ammiragli era bloccato da flotte inglesi, comandate rispettivamente da Nelson, Ordse e Cornwallis. Villeneuve doveva sfuggire da Tolone, dirigersi su Cadice e unire le sue forze a quelle di Gravina. La flotta combinata, eludendo la sorveglianza inglese – e del resto sarebbe stato difficile attaccare una forza così cospicua – avrebbe attraversato l'Atlantico verso le Indie Occidentali per radunare tutte le navi da guerra francesi e spagnole dislocate su quei mari.

In seguito anche Ganteaume, uscito da Brest, avrebbe unito le sue navi a quelle della flotta alleata nelle Indie Occidentali. La grande flotta che si sarebbe così formata avrebbe dovuto riattraversare l'Atlantico e liberare lo stretto della Manica per consentire alle truppe di Napo-

[3] Per ulteriori dettagli su questa e altre battaglie navali dell'epoca si rinvia a R. Humble, *An Encyclopaedia of Naval Warfare* (trad. it. *25 secoli di battaglie navali*), fonte principale di questa parte del capitolo.

leone, ammassate nel grande campo di Boulogne, di prendere il largo su navi da carico e tentare l'invasione dell'Inghilterra. Un piano grandioso, che però aveva un grave difetto: non prevedeva particolari reazioni da parte inglese e non considerava la possibilità che le varie flotte inglesi potessero a loro volta riunirsi. Villeneuve uscì da Tolone con 11 vascelli e otto fregate il 30 marzo, grazie alla buona conoscenza della posizione di Nelson e anche grazie alla volontà dell'ammiraglio nemico: quest'ultimo, stanco di continuare il blocco (con gli ovvi problemi logistici che ne conseguivano) sperava che l'ammiraglio francese si fosse deciso a combattere. Sulle prime Nelson non si rese conto che Villeneuve era diretto verso le Indie Occidentali; quando lo capì si lanciò al suo inseguimento. Villeneuve, arrivato al largo di Cadice il 9 aprile, non aspettò che l'ammiraglio spagnolo Gravina preparasse tutte le navi a sua disposizione e si accontentò di soli sei vascelli, immediatamente pronti. A quanto pare, la stessa prudenza che impediva agli avversari terrestri di Napoleone di sfruttare le loro momentanee posizioni di vantaggio nei confronti dell'imperatore impediva ai suoi ammiragli di affrontare il grande Nelson con maggiore decisione.

Benché inferiore nel numero di navi previsto da Napoleone, la flotta raggiunse la Martinica a metà di maggio e appoggiò l'assalto alla guarnigione britannica che occupava lo scoglio di Diamond Rock. La postazione cadde il 6 giugno: intanto Nelson era arrivato alle Barbados seguendo la flotta nemica. Ne ignorava con esattezza la consistenza, ma era ugualmente desideroso di arrivare a una battaglia navale. «Per quanto possa essere potente la loro forza» osservò «la mia è compatta, la loro dev'essere poco manovriera, e sebbene sia proprio un bello strumento, credo che né Villeneuve né Gravina sappiano suonarlo.»[4] Aveva perfettamente ragione.

Ben presto Villeneuve capì che Ganteaume era ancora a

[4] R. Humble, *op. cit.* (trad. it.), p. 118.

Brest, trattenuto dai venti contrari, e invece di affrontare il nemico rischiando le sue navi ma con la possibilità di infliggergli gravi perdite e soprattutto di tenerlo lontano dalla Manica, l'ammiraglio francese rinunciò all'impresa e ordinò di far rotta verso la Francia. Nelson, che aveva ridotto il distacco a soli tre o quattro giorni, continuò l'inseguimento per tutta la traversata verso l'Europa, mandando in avanscoperta il brigantino *Curieux*, che superò la flotta alleata, ne rilevò consistenza e rotta e giunse a Plymouth il 7 luglio. Le notizie portate dal *Curieux* consentirono a Lord Barham, primo Lord dell'ammiragliato inglese, di emanare alcuni ordini fondamentali. In primo luogo, Cornwallis mantenne il blocco di Brest e rinforzò la squadra di Calder al largo di El Ferrol. A questa squadra toccò l'onore di intercettare la flotta alleata al largo di capo Finisterre, il 22 e 23 luglio – uno scontro abbastanza inconcludente, durato più di due giorni e concluso con la cattura di due sole navi spagnole. La flotta alleata era rimasta intatta, ma aveva subito un primo ritardo. Con un comandante più energico ed equipaggi migliori avrebbe potuto ancora proseguire a nord verso Brest e la Manica, ma Villeneuve preferì dirigersi prima su Vigo e poi su El Ferrol, dove poté trovare ulteriori navi spagnole, giungendo ad avere ben 30 unità sotto il suo comando.

A questo punto sopravvenne il tempo avverso. Quando, nella settimana dal 13 al 20 agosto, Villeneuve salpò da El Ferrol, un forte vento da nord-est lo costrinse a ripiegare su Cadice, anche per evitare un'altra battaglia. Così, le residue speranze di Napoleone per un'invasione dell'Inghilterra finirono, è il caso di dirlo, in un buco nell'acqua. Per giunta, gli inglesi erano adesso in grado di riunire una potente flotta di blocco al largo di Cadice: se Villeneuve fosse uscito e si fosse diretto verso il Mediterraneo la flotta inglese lo avrebbe intercettato e distrutto. Nelson, con le sue navi, aveva raggiunto l'lnghilterra il 18 agosto, prima che la flotta combinata franco-spagnola arrivasse a Cadice. Troppo ansioso di attaccare il nemico, aveva fatto parecchi errori: se a capo della flotta francese ci fosse stato un ammiraglio più audace e abile, forse gli inglesi avrebbero vinto ugualmente in un ipotetico scontro nelle Antille, ma con perdite tali da pregiudicare il loro controllo della Manica. Invece, grazie all'incapacità di Villeneuve, Lord Barham tenne conto delle attenuanti e affidò ugualmente a Nelson il comando della flotta al largo di Cadice, con il viceammiraglio Collingwood comandante in seconda sulla *Royal Sovereign*. Napoleone, per parte sua, aveva capito da un pezzo che con Nelson nelle vicinanze e le flotte inglesi intatte gli uomini del campo di Boulogne non sarebbero mai sbarcati in Inghilterra, e aveva dirottato quelle preziose truppe verso l'interno dell'Europa, come vedremo nel dettaglio tra poco.

A bordo della sua ammiraglia *Victory*, Nelson elaborò un piano d'attacco che mirava alla distruzione di due terzi della flotta combinata franco-spagnola impiegando la sua al completo. La flotta britannica doveva dividersi in tre colonne, poi ridotte a due, dato che Nelson aveva meno navi di quante ne avesse previste. Le due colonne si sarebbero avvicinate alla formazione nemica ad angolo retto, precipitandosi quindi attraverso di essa, per separare l'avanguardia nemica dal centro e dalla retroguardia. Doveva seguire il combattimento nave contro nave – nel quale gli inglesi erano insuperabili – destinato a distruggere il centro e la retroguardia della flotta alleata prima che l'avanguardia potesse intervenire. Il piano di Nelson teneva conto dell'esperienza maturata dalle navi inglesi in tutta la seconda metà del XVIII secolo. Non sempre uno schieramento come quello previsto dall'ammiraglio inglese andava a buon fine: a capo San Vincenzo l'offensiva britannica attraverso la flotta spagnola era stata bloccata da una contromossa nemica e la giornata era stata salvata proprio da Nelson. Le nuove tattiche propugnate da Nelson e dai suoi maestri non erano condivise dall'ammiragliato, che aveva ancora fiducia nella tradizionale formazione di combattimento, e dagli stessi equipaggi, affezionati – è ovvio – alla tradizione della cattura delle prede. Tuttavia, prevalse una visione più moderna:

come disse lo stesso Nelson, «è l'annientamento di cui ha bisogno il paese, e non soltanto una splendida vittoria».

All'inizio di ottobre Villeneuve, tempestato da Napoleone, aveva ricevuto ordine di salpare per il Mediterraneo, sbarcare truppe a Napoli e poi rifugiarsi a Tolone. Altri fattori, più personali, lo spinsero tuttavia a salpare il 19 ottobre. Sapeva che il suo sostituto, ammiraglio Rosily, era già partito per soffiargli il posto; poi un suo maldestro tentativo di catturare le fregate di vigilanza del comandante Blackwood era fallito, lasciando in mare il contrammiraglio Magon con sette vascelli e una fregata. All'alba del 21 Nelson si trovava nove miglia sopravvento alla flotta franco-spagnola e Villeneuve sapeva che avrebbe dovuto affrontare, in condizioni non molto favorevoli, quella flotta e quel nemico che, forse inconsciamente, aveva fatto di tutto per evitare. Segnalò alle sue navi di invertire la rotta e ritornare a Cadice, ma era già troppo tardi. Nelson e Collingwood erano al comando delle due colonne britanniche, 27 vascelli contro 33 alleati (18 francesi e 15 spagnoli). Fu alle 11.45 che Nelson fece innalzare il famoso segnale: «L'Inghilterra s'aspetta che ogni uomo voglia fare il proprio dovere». Le due flotte distavano meno di un miglio l'una dall'altra. La reazione di Collingwood, sulla *Royal Sovereign*, al segnale di Nelson fu abbastanza stizzosa: «Spero che la smetta di segnalare, sappiamo abbastanza bene cosa dobbiamo fare». Aveva qualche ragione di essere irritabile, perché le sue navi cominciavano a trovarsi sotto il tiro della grande nave spagnola *Santa Ana* (110 cannoni) e della francese *Fougueux*. La *Royal Sovereign* passò tra le due navi e rimase agganciata al vascello spagnolo per due ore e mezzo, finché la francese *Neptune* giunse in soccorso della *Santa Ana*, ritardandone la resa fino alle 14.30; intanto la *Belleisle* e la *Mars* avevano già seguito la *Royal Sovereign* attraverso la linea della formazione franco-spagnola, e le navi di coda della divisione di Collingwood avevano accerchiato quanto restava del centro e della retroguardia della flotta nemica.

L'ammiraglio inglese era riuscito a imporre il combattimento nave contro nave, e in questa tecnica le navi britanniche erano imbattibili, grazie ai loro cannonieri e ai loro marinai, che sapevano manovrare anche nel corso della battaglia. Nelson tenne Blackwood e i comandanti delle fregate a bordo della *Victory* fino a quando non fu certo che la fase di avvicinamento e di sfondamento prevista dal suo piano era riuscita. Poi rispedì alle loro navi i comandanti delle fregate perché con le loro veloci unità segnalassero a tutti i comandanti che «se, per il metodo di attacco prescritto, trovassero impossibile entrare immediatamente in azione, potevano adottare il sistema che sarebbe parso loro migliore, purché questo li conducesse rapidamente ad affiancare un nemico».[5] Nelson aumentò la confusione eseguendo una finta in direzione dell'avanguardia nemica: sostenne, senza rispondere, il fuoco – comunque impreciso – della flotta alleata, quindi accostò a dritta, aprendo il fuoco e dirigendosi verso la poppa dell'ammiraglia di Villeneuve, la *Bucentaure.* I cannoni della *Victory* tirarono una doppia bordata attraverso la galleria di poppa dell'ammiraglia nemica, mettendo molti uomini fuori combattimento, dopo di che la *Victory* affiancò la *Redoutable,* agganciandosi al suo sartiame. Nelson non aveva però fatto i conti con l'unica unità efficiente della marina francese, la fanteria di marina, composta in larga parte di tiratori scelti. Uno di questi lo prese di mira dalla coffa di mezzana, alla distanza di circa 15 metri, mentre l'ammiraglio inglese passeggiava in su e in giù sul cassero della *Victory.* Nelson fu colpito intorno alle 13.15, dopo la prima mezz'ora di combattimento con la *Redoutable.* Presa di mira anche dalla *Temeraire,* la coraggiosa nave francese riuscì a danneggiare la stessa *Victory* prima di affondare. Nelson agonizzava a bordo della sua ammiraglia, ma Villeneuve non fu in grado di avvantaggiarsi della morte dell'avversario: rimasto a bordo della semidistrutta *Bucentaure,* che aveva per-

[5] R. Humble, *op. cit.* (trad. it.), p. 120.

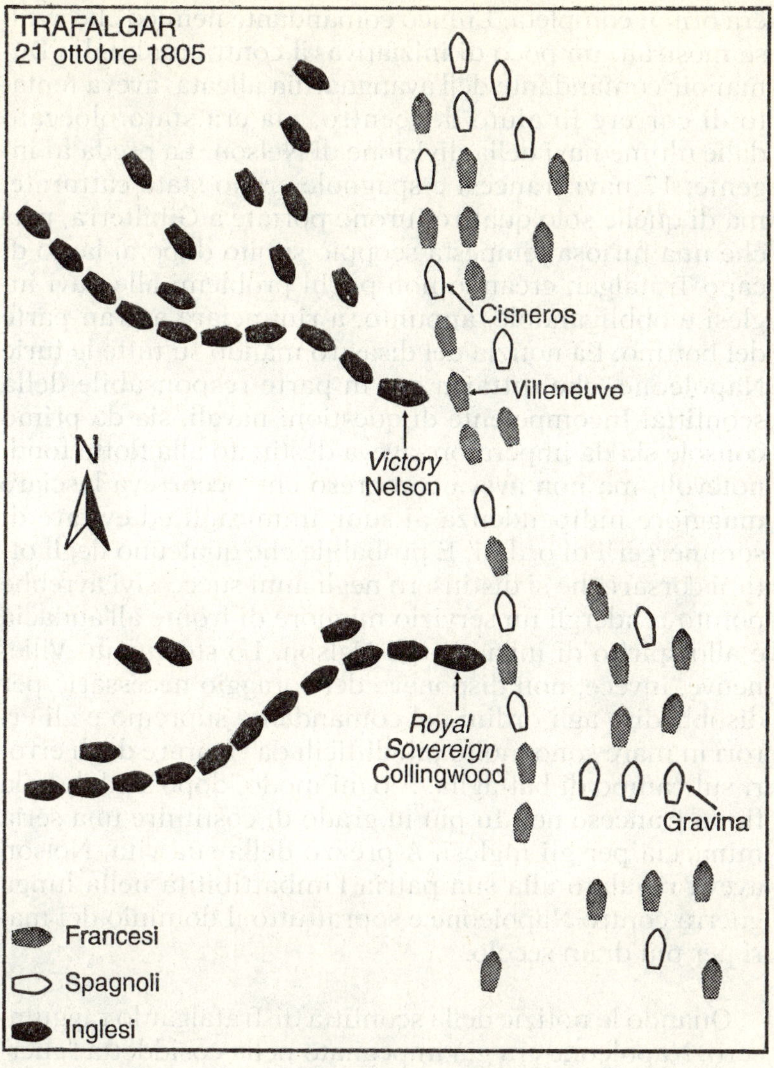

so tutte le imbarcazioni di salvataggio, non riuscì neanche a salvarsi su una delle navi rimaste intatte all'avanguardia e fu fatto prigioniero da una squadra d'arrembaggio della *Conqueror*.

Nelson morì alle 16.30, quando la vittoria britannica

era ormai completa. L'unico comandante nemico che avesse mostrato un poco di iniziativa, il contrammiraglio Dumanoir comandante dell'avanguardia alleata, aveva tentato di correre in aiuto del centro, ma era stato bloccato dalle ultime navi della divisione di Nelson. La preda fu ingente: 17 navi francesi e spagnole erano state catturate, ma di quelle solo quattro furono portate a Gibilterra, perché una furiosa tempesta scoppiò subito dopo al largo di capo Trafalgar, creando non pochi problemi alle navi inglesi e obbligandole, appunto, a rinunciare a gran parte del bottino. La notizia del disastro mandò su tutte le furie Napoleone, che tuttavia era in parte responsabile della sconfitta. Incompetente di questioni navali, sia da primo console sia da imperatore aveva destinato alla flotta fondi notevoli, ma non aveva compreso che occorreva lasciare maggiore indipendenza ai suoi ammiragli ed evitare di sommergerli di ordini. È probabile che qualcuno degli ottimi corsari che si distinsero negli anni successivi avrebbe potuto rendergli un servizio migliore di fronte all'audacia e allo spirito di iniziativa di Nelson. Lo sfortunato Villeneuve, invece, non disponeva del coraggio necessario per disobbedire agli ordini del comandante supremo e gli errori in mare sono molto più difficili da riparare degli errori sul campo di battaglia. A ogni modo, dopo Trafalgar la flotta francese non fu più in grado di costituire una seria minaccia per gli inglesi. A prezzo della sua vita, Nelson aveva regalato alla sua patria l'imbattibilità nella lunga guerra contro Napoleone e soprattutto il dominio dei mari per più di un secolo.

Quando le notizie della sconfitta di Trafalgar lo raggiunsero, Napoleone era già impegnato nella cosiddetta "guerra della Terza coalizione", contro gli alleati dell'Inghilterra. Con abili manovre riuscì ad accerchiare una gran parte dell'esercito austriaco, agli ordini del generale Mack, e a ottenerne la resa. La vittoria di Ulm, ottenuta con limitate perdite, consentì all'imperatore di occupare Vienna. Tuttavia la campagna era appena iniziata, dato che agli austriaci si erano aggiunti anche i russi. I contingenti alleati erano raggruppati in due grandi masse: una di 90.000 uomini, con l'imperatore d'Austria, lo zar di Russia, il generale Kutuzov, presso Olmütz; un'altra di 80.000 uomini a Marburg (arciduchi Carlo e Giovanni). Napoleone occupava, con reparti separati tra loro, una posizione interna fra le due masse avversarie. In pratica, con forze inferiori a quelle degli austriaci e dei loro alleati russi, Napoleone si era collocato in una posizione dalla quale intendeva attirare l'esercito austro-russo in una battaglia su un terreno a sua scelta. Si trattava di un vero gioco d'azzardo di natura psicologica: l'imperatore dei francesi confidava nell'impazienza e nell'inesperienza dei due imperatori avversari e nell'impreparazione dei loro generali. Il trucco riuscì. Contrariamente al loro interesse, che era di attendere la riunione con gli arciduchi Carlo e Giovanni prima di dar battaglia, gli alleati decisero di attaccare senza attendere i soccorsi austriaci – e l'intervento della Prussia – presso il villaggio di **Austerlitz,** in quella che sarebbe divenuta nota come "battaglia dei tre imperatori".

Il concetto degli "strateghi" austro-russi, il cui più insigne rappresentante era il vanesio generale Weyrother, era di tenere riunite le proprie forze e cercare di guadagnare al largo il fianco destro dei francesi in modo da minacciare le loro comunicazioni e con una semplice manovra – proprio loro che erano stati sconfitti a Ulm grazie alle manovre francesi! – obbligare il nemico ad abbandonare Brünn e a ritirarsi dietro il fiume Thaya. Se i francesi non si fossero ritirati, sarebbero stati attaccati con decisione sul fianco destro, approfittando della superiorità numerica.

Il mattino del 27 novembre gli alleati mossero lentamente su cinque colonne verso Brünn preceduti da due avanguardie e seguiti dalla guardia imperiale russa. Il 28 l'avanguardia di destra si scontrò a Wischau e a Raussnitz con la cavalleria di Murat, che si ritirò; gli alleati ritennero che Napoleone volesse sottrarsi alla battaglia e decisero d'impedirgli la ritirata su Vienna. L'imperatore dei francesi, dopo Wischau e Raussnitz, seppe dell'avanzata del nemico e ordinò il concentramento a Brünn di tutte le forze che potevano accorrervi subito, e cioè tre divisioni del III corpo d'armata, due divisioni del I corpo e tre divisioni della riserva di cavalleria. Napoleone temeva un attacco per il giorno successivo e per evitarlo ordinò a Soult (IV corpo) di ritirarsi da Austerlitz dietro il Goldbach a sud della strada Brünn-Olmütz, a nord della quale schierò il V corpo; al centro pose in riserva la guardia di fronte alle divisioni di cavalleria di Murat. Se fosse stato attaccato subito si sarebbe ritirato sulle alture di Brünn. Infatti la sua idea, appena intuì il progetto avversario, fu di riunire le forze, non accettare battaglia se non con le forze concentrate e all'occorrenza retrocedere e concentrarle all'indietro. Ma gli alleati non attaccarono subito. Napoleone rimase quindi anche il 30 sulle stesse posizioni e prevedendo la battaglia per il 1° o il 2 dicembre ordinò al I corpo di accelerare la marcia.

Il terreno sulla sinistra della Schwarzawa sino ad Austerlitz è leggermente ondulato e lievemente degradante verso sinistra in una zona coperta di stagni che raccolgono le acque del Goldbach e della Littawa; fra questi due torrenti si eleva un pianoro leggermente dominante all'intorno, vasto 5 chilometri e denominato Pratzen. I pendii sono in genere dolci, ma solcati da burroni boscosi e scoscesi. Nel giorno della battaglia (2 dicembre 1805) gli stagni erano gelati e il suolo delle depressioni pantanoso. In genere, il terreno era praticabile a tutte le armi. La sera del 1° dicembre gli alleati (87.000 uomini con 270 cannoni), spostarono il grosso verso il Pratzen, e ritenendo che i francesi volessero stare sulla difensiva dietro il Goldbach, fra Kobelnitz e le alture boscose a nord della strada, decisero di passare con il grosso il Goldbach fra Kobelnitz e Telnitz e, aggirando l'ala destra di Napoleone, attaccarlo di fianco e alle spalle. Una parte delle truppe, fra le quali la guardia russa, avrebbe intanto attaccato frontalmente a cavallo dalla strada di Brünn. I movimenti dovevano cominciare alle 7 del 2 dicembre. Napoleone, che vide chiaramente i movimenti degli alleati il 1° dicembre e ne comprese lo scopo di aggirare la sua destra, stabilì di piombare con forze numerose sulle colonne aggiranti, una volta che fossero scese dalle alture, per attaccarle a sua volta sul fianco destro mentre erano in pieno movimento. Il 1° dicembre intanto erano giunte tutte le forze in precedenza dislocate su altre direttrici di marcia, meno una divisione di fanteria che era rimasta a Presburg e una divisione di cavalleria. Alle 17 del 2 dicembre i francesi erano così dislocati: sulla destra 14.000 uomini, al centro 22.000, alla sinistra 12.000. La riserva (23.000 uomini) comprendeva la guardia, la divisione Oudinot e la cavalleria. In totale 71.000 uomini con 140 pezzi.

Alle 7 del 2 dicembre, fra una fitta nebbia, gli alleati iniziarono la marcia e attaccarono la linea del Goldbach, impadronendosi di Telnitz e Sokolnitz; in aiuto dei francesi accorse Davout da Raigern. Alle 8 una colonna alleata mosse su Kobelnitz e alle 9, caduta la nebbia, era ancora a est del Pratzen e quindi invisibile ai francesi. Napoleone decise subito di impadronirsi del Pratzen e ordinò a Soult (IV corpo) di occuparlo. Il IV salì rapidamente sul pianoro e, trovatosi di fronte la colonna russa, dopo aspro combattimento la rigettò nella valle della Littawa. Intanto, anche il I corpo e la guardia con Napoleone giungevano sulla vetta di Stahre Winobrady; sicché alle 11 i francesi erano padroni dell'altopiano e incuneati al centro dello schieramento nemico. Frattanto Davout, compresa la situazione, impegnava le colonne nemiche dell'ala sinistra sul Goldbach, mentre la sinistra francese e le riserve di cavalleria attaccavano la destra nemica che avanzava su Kruh, Holubitz e Blaschowitz e, dopo tenace resistenza, la respingevano su Austerlitz. Occupati il Pratzen e la Stahre Winobrady, ove lasciò il I corpo e la guardia, Napoleone ordinò al IV corpo di Soult una conversione facendolo avanzare a sud-ovest, gettandolo così sul fianco dell'ala sinistra alleata: questa, premuta da Davout e sul fianco e alle spalle da Soult non ebbe altra via di scampo che attraverso i laghi gelati, ma il ghiaccio, incrinato dal fuoco d'artiglieria dei francesi, si spezzò in più punti causando numerosi annegamenti.

Con il fronte spezzato al centro, l'ala sinistra distrutta e l'ala destra in gravi difficoltà, agli austro-russi non rimase che la ritirata generale.[6] La giornata costò ai francesi circa 8.500 soldati tra morti e feriti e 570 prigionieri; gli alleati ne perdettero almeno 27.000 (16.000 tra morti e feriti e 11.000 prigionieri), oltre a 185 cannoni presi dal nemico. Napoleone non li inseguì subito e gli austro-russi ne approfittarono per ritirarsi verso l'Ungheria, avendo perduto la loro linea di ritirata su Olmütz. Il 3 dicembre i francesi iniziarono l'inseguimento e il 4 avevano già raggiunto le retroguardie nemiche allorché vennero sospese le ostilità. Austerlitz fu una rovinosa sconfitta per l'esercito austro-russo. Benché l'Inghilterra e la Russia rimanessero in guerra contro Napoleone, l'Austria intraprese subito trattative di pace e la coalizione crollò.

Ci permettiamo, a questo punto, di saltare a piè pari tutte le campagne di Napoleone. Questa decisione può parere un sacrilegio: se c'è un personaggio legato al mito della battaglia come momento decisivo della guerra, questi è proprio l'imperatore dei francesi. Tuttavia abbiamo già spiegato, all'inizio di questo capitolo, il nostro modesto punto di vista sull'argomento. Jena-Auerstadt, Eylau, Aspern-Essling, Wagram, Borodino, Dresda, Lipsia sono tutti episodi interessanti da esaminare e commentare; in alcuni casi, come Jena-Auerstadt, contribuirono alla mo-

[6] Alla battaglia presero parte anche alcune unità italiane: si distinse particolarmente il III reggimento della divisione Friant, all'ala destra, che venne attaccato sull'altura di Telnitz da una colonna nemica agli ordini del generale Sutterheim. L'urto fu valorosamente sostenuto; e avendo i russi preso il villaggio di Sokolnitz, lo ritolsero loro gli stessi fanti del III insieme a quelli del XLVIII reggimento francese. Si distinsero anche i reggimenti italiani XXVI cavalleggeri, composto di piemontesi, il I e XXI dragoni, il XXVI cacciatori, e infine l'VIII ussari, comandato dal colonnello Franceschi: i cannonieri italiani della guardia reale furono a tal punto valorosi da essere citati nell'ordine del giorno.

difica sostanziale dell'arte della guerra nel paese sconfitto (la Prussia), che imparò assai rapidamente la logica della mobilitazione generale delle risorse allo scopo di conseguire la vittoria finale. In un certo senso, furono capitoli di un corso accelerato per indurre i paesi europei a uscire dalla mentalità della "guerra in merletti" e assimilare fino in fondo quello che von Clausewitz avrebbe poi teorizzato: la guerra come continuazione della politica con altri mezzi.[7] Un concetto discutibile e limitato, secondo l'ottica contemporanea, ma senz'altro valido per il tempo in cui venne scritto. Nella catena quasi ininterrotta di scontri, campagne militari, invasioni che caratterizzò il periodo napoleonico, una singola battaglia poteva dare l'illusione che la guerra fosse arrivata alla fine, ma pochi mesi dopo si ricominciava.

La vera fine arrivò con la battaglia di **Waterloo**, quando le ultime risorse della Francia rivoluzionaria e imperiale, i veterani della guardia, gli uomini che avevano marciato per tutta l'Europa al ritmo battuto da Napoleone Bonaparte si scontrarono con le forze dei due paesi che con maggiore energia e convinzione avevano combattuto contro l'"Empereur", il "gran ladro d'Europa": la Gran Bretagna e la Prussia. E persero. Non poteva andare in altro modo: se le nazioni avessero imparato già allora che sul continente europeo non c'era posto per un solo governo dominante, forse gli orrori di due guerre mondiali sarebbero stati evitati.

Tornato dall'isola d'Elba, dove era stato esiliato dopo la sua abdicazione, Napoleone aveva ripreso il potere in Francia e riorganizzato in brevissimo tempo il suo esercito, o quanto meno quello che ne rimaneva. Non poteva avere a disposizione tutti i marescialli dei tempi migliori, e la qualità delle truppe era decisamente inferiore a quella dei soldati che avevano combattuto a Marengo e ad Aus-

[7] Cfr. Carl von Clausewitz, *Vom Kriege*.

terlitz. I subordinati erano coraggiosi, ma la maggior parte di loro mancava di spirito di iniziativa e quando lo aveva – come nel caso di Ney – sarebbe stato meglio che non ne desse prova.

Fallite le trattative con le altre potenze europee, Napoleone schierò ai primi di giugno del 1815 le sue truppe per contrastare gli eserciti nemici e preparare la sua offensiva.

A Parigi Napoleone – con Soult, Ney e Davout – disponeva di 60.000 soldati; altri contingenti erano dislocati a Lille (20.000 soldati), Metz (15.000), Lione (25.000), Strasburgo (25.000), Amiens (25.000, comandati da Gerolamo Bonaparte, fratello dell'imperatore), Reims (20.000), Tours (10.000), Ginevra (15.000), Marsiglia (5.000). Questa dispersione di truppe era dovuta alla necessità di fronteggiare minacce che potevano manifestarsi da varie direzioni: gli austriaci erano concentrati a Monaco, agli ordini del generale Schwarzenberg e dell'arciduca Ferdinando, con 120.000 soldati, ai quali si aggiungevano a Milano i 60.000 di Bellegarde, a Zurigo altri 40.000, altrettanti a Ulm e 25.000 ancora disponibili nel centro dell'Italia, oltre a contingenti minori di 5.000 uomini ciascuno nel Baden, a Stoccarda e a Wurzburg; gli inglesi e i loro alleati minori si erano radunati a Bruxelles, con Wellington e Uxbridge, al comando di 80.000 soldati, con un altro contingente ad Anversa (15.000 circa); i prussiani si andavano radunando a Namur, agli ordini di Blucher (85.000 soldati), a Liegi, agli ordini di Bulow (30.000) e a Coblenza (30.000). C'erano anche alcuni principati minori che avevano inviato truppe: a Bruxelles c'era il duca di Brunswick, con 5.000 soldati di fanteria del suo ducato, e a Magonza Hohenloe, con 15.000 assiani. Infine erano in arrivo da est ben 225.000 russi comandati da Barclay de Tolly.

Napoleone aveva già scelto: anziché restare sulla difensiva, avrebbe attaccato il nemico nei Paesi Bassi, impedendogli di concentrare le forze. Una schiacciante vittoria lo avrebbe rinforzato politicamente, offrendogli nuove reclute in Belgio e facendo cadere il governo conservatore inglese. L'imperatore pensava – o forse si illudeva – che un nuovo governo avrebbe cercato di stipulare la pace. Ancora una volta il miraggio della battaglia decisiva portava decine di migliaia di uomini a confrontarsi in uno scontro che si preannunciava sanguinoso.

Il 15 giugno cominciò l'offensiva vera e propria. Entro la mattinata le forze francesi seguirono queste direttrici di marcia: l'ala sinistra, costituita dal I corpo d'armata di D'Erlon e dal II corpo d'armata di Reillie, da Lille e da Valenciennes puntò verso Sohr-sur-Sambre; la riserva, e parte dell'ala destra, su Beaumont; la guardia imperiale anch'essa verso Beaumont (quartier generale dell'imperatore); Lobau da Laon a un chilometro e mezzo dal confine; Vandamme, da Mezières con il III corpo d'armata verso la frontiera; il III e IV corpo andarono a far parte dell'ala destra; Gerard mosse da Metz verso Philippeville; Grouchy, con la riserva di cavalleria, si collocò tra Beaumont e Valcourt.

Nel suo complesso, l'"armata del Nord", come era stata denominata, copriva un fronte di 30 chilometri. Gli alleati inglesi e prussiani, ignari del movimento francese, rimasero sulle loro posizioni. Nella mattinata del 15, le truppe francesi compirono una manovra destinata a dividere le forze nemiche, colpendole separatamente: le truppe di cavalleria costituirono uno schermo, dietro il quale si mossero tre grandi colonne in direzione del fiume Sambre: Reille verso Marchienne; D'Erlon su Thuin; Vandamme, Gerard, Lobau e la guardia su Charleroi, perno della manovra.

I prussiani furono i primi a reagire. Blücher si mosse con le sue truppe verso Namur. Wellington, invece, non comprese la manovra di Napoleone e spostò truppe verso Oudenarde, inviando il II corpo d'armata di Hill verso il fiume Dendre e il principe di Orange (I corpo) verso Enghien, Soignies e Nivelles. Uxbridge, con la cavalleria, si concentrò a Ninove, mentre la riserva restava a Bruxelles. Alle 3 del pomeriggio dello stesso giorno Napoleone inviò i corpi d'armata di D'Erlon e Reille, comandati da Ney, verso lo snodo stradale di Quatre Bras; Grouchy, con il corpo d'armata di Vandamme, marciò su Sombreffe. Ney, dopo aver respinto con difficoltà alcuni reparti nemici, si fermò nei pressi di Quatre Bras, senza occuparlo.

Il 16 giugno Grouchy, con 45.000 uomini, cercò di occupare Sombreffe, ma venne bloccato da Blücher. Nel frattempo Wellington, compresa la gravità della situazione, radunò le forze e si diresse verso il quadrivio di Quatre Bras.

Alle 2 del pomeriggio reparti francesi occuparono la zona, ma vennero respinti dalle truppe anglo-olandesi; alle 2.30 si accese la battaglia intorno a Ligny, tra i francesi e i prussiani. Alle 4 i prussiani contrattaccarono e alle 4.30, nella zona di Quatre Bras, morì il duca di Brunswick, alleato degli inglesi, durante una carica contro le posizioni francesi. Alle 5 di sera Ney passava nuovamente all'offensiva su Quatre Bras, mentre sul fronte di Ligny, alla stessa ora, puntava il corpo d'armata francese di D'Erlon che tuttavia, a causa degli ordini confusi, non prese parte allo scontro. L'offensiva di Ney si rivelò un fallimento, mentre alle 7.30 Napoleone riuscì a far indietreggiare i prussiani. Dopo scontri furibondi, Blücher si disimpegnò intorno alle 9.30 di sera, lasciando i francesi padroni del campo di battaglia.

Nella notte tra il 16 e il 17 giugno tutte le divisioni prussiane, comprese quelle di Bulow non coinvolte nei combattimenti, ripiegarono verso Wavre, non disturbate dai francesi; solo intorno alle 11 Napoleone ordinò a Grouchy di inseguire il nemico, con 32.000 uomini, senza dargli indicazioni precise. Grouchy ritenne, erroneamente, che i prussiani si dirigessero in parte verso Liegi e in parte verso Wavre. Nelle stesse ore Wellington cominciava ad abbandonare Quatre Bras e a ripiegare su Bruxelles. Entrambi i comandanti alleati intendevano riunire al più presto le loro forze.

Quando Napoleone arrivò, alle 2 del pomeriggio, a Quatre Bras, la maggior parte dell'esercito nemico si era già allontanata e si dirigeva verso Mont-Saint-Jean. Napoleone lo inseguì e alle 7 di sera arrivò sulle alture di Belle-Alliance, di fronte agli inglesi. In questa area contava di aprirsi la strada verso Bruxelles, dopo aver schiacciato l'esercito alleato. Per la prima volta si trovava di fronte Wellington, che varie volte aveva sconfitto i suoi generali in Spagna. Napoleone confidava di vincerlo, ma non sapeva che lo stesso Wellington aveva chiesto a Blücher, giunto indisturbato a Wavre, di compiere una marcia di fianco per colpire i francesi sulla loro ala destra; e Blücher aveva già ordinato a Bülow di puntare sul villaggio di Plancenoit. Nella notte del 17 giugno, sotto una pioggia battente, si disposero le truppe per la grande battaglia dell'indomani.

Il campo di battaglia, conservato ancora oggi in condizioni simili (ma non identiche) a quelle del 18 giugno 1815, si trova circa 20 chilometri a sud di Bruxelles sulla strada per Charleroi, 5 chilometri a sud del villaggio di Waterloo. L'esercito anglo-olandese era composto da 50.000 uomini di fanteria, 12.500 di cavalleria e 156 cannoni, per un totale approssimativo di 68.100 soldati; l'esercito prussiano contava circa 50.000 soldati; l'armata francese del Nord contava 49.000 soldati di fanteria, 15.759 di cavalleria e 246 cannoni, per un totale approssimativo di 72.000 soldati.

All'alba del 18 giugno la pioggia era finita ma il campo di battaglia era invaso dal fango. Gli eserciti avversari occupavano due basse alture, separate da una vallata di circa 1.400 metri. La zona della battaglia si estendeva per più di 5 chilometri dal castello di Hougoumont al villaggio di Papelotte. La strada Bruxelles-Charleroi, che tagliava in due il campo di battaglia, forniva ai francesi il principale asse per l'avanzata.

A est di Bruxelles erano schierate quattro divisioni di D'Erlon, mentre a ovest della strada c'erano le tre divisioni di Reille. Dietro D'Erlon, i corazzieri di Milhaud e la cavalleria leggera della guardia (Lefebvre-Desnouettes), dietro Reille la cavalleria di Kellerman e la cavalleria di riserva della guardia (Guyot). Ancora più dietro, in posizione centrale, i 10.000 uomini del VI corpo di Lobau e due divisioni di cavalleria; alla retroguardia le divisioni della guardia imperiale.

Wellington schierò la maggior parte delle sue forze sul versante opposto della collina fuori dalla vista e protetto dal fuoco dell'artiglieria francese. Gran parte del II corpo di Hill era disposto tra Merbraine e la strada di Nivelles tranne la divisione del generale Chassé, situata nei pressi di Braine l'Alleud. Sotto la cima e a nord del bosco di Ohain si trovavano cinque brigate del I corpo, comandate dal principe d'Orange. A est della strada principale per Bruxelles, la divisione della riserva del generale Picton e due brigate della VI divisione. All'estrema sinistra del fronte alleato, le truppe del principe Bernardo di Saxe-Weimar e due brigate di cavalleria. Alle spalle del centro si trovava la cavalleria di Lord Uxbridge tranne due brigate a est della strada di Bruxelles, vicino a Mont Saint Jean. Alcune truppe erano in posizione più avanzata nel bosco e nel castello di Hougoumont, nella fattoria di La Haie Sainte; più a est la brigata di Bylandt allo scoperto e infine altri reparti minori nelle fattorie di Papelotte, Frischermont e La Haie.

Napoleone rinunciò a lanciare subito un attacco di fanteria e cavalleria perché il terreno molle impediva un uso adeguato dell'artiglieria. Probabilmente questo errore gli costò la vittoria, anche perché Blücher si stava rapidamente avvicinando da Wavre, mentre Grouchy non riusciva a individuare la direzione delle forze nemiche e non intervenne sul campo di battaglia (i tempi di Desaix erano decisamente lontani).

Alle 11.30 la divisione del principe Gerolamo, che faceva parte del II corpo di Reille, avanzò verso Hougoumont a scopo diversivo, ma il principe si ostinò ad attaccare frontalmente la posizione e impegnò altre forze del corpo di Reille rendendolo di fatto inutilizzabile per la maggior parte della battaglia. Alle 13, 84 cannoni francesi aprirono il fuoco contro lo schieramento nemico ma ottennero scarsi risultati e nello stesso momento Napoleone venne informato che 30.000 prussiani del corpo di Bülow erano arrivati a Frischermont. L'imperatore inviò a Grouchy l'ordine di raggiungerlo sul campo di battaglia ma il messaggio venne ricevuto solo alle 17: troppo tardi.

Per tamponare la falla, truppe di cavalleria e 10.000 fanti del VI corpo di Lobau si schierarono tra Plancenoit e il bosco di Parigi per contenere l'offensiva prussiana. Alle 13.30 il I corpo di D'Erlon mosse all'attacco delle posizioni anglo-olandesi quasi totalmente privo dell'appoggio della cavalleria. Decimate dall'artiglieria e dal fuoco della fanteria inglese le truppe francesi riuscirono a far retrocedere il nemico ma vennero fermate dai 4.000 uomini di Picton (che restò ucciso) e quindi dalle brigate di cavalleria di Ponsonby e Somerset. I francesi si ritirarono disordinatamente e persero circa 4.000 uomini, ma i cavalieri inglesi commisero l'errore di continuare l'inseguimento e puntare sull'artiglieria nemica. I lancieri e i corazzieri francesi intervennero e distrussero la brigata di Ponsonby, caduto egli stesso sul campo. In totale, gli inglesi persero circa 2.500 uomini, ovvero gran parte della cavalleria.

Tuttavia, Wellington rioccupò le posizioni e alle 15.30 Napoleone ordinò a Ney di prendere La Haie Sainte. Subito dopo l'imperatore, sofferente per gravi disturbi allo stomaco, fu costretto a ritirarsi e la sua assenza temporanea ebbe ulteriori effetti negativi. L'attacco di fanteria fallì e per giunta Ney compì un grave errore: credendo che gli inglesi al centro si stessero ritirando, scagliò un attacco di cavalleria, non appoggiata dalle altre armi, che coinvolse ben 5.000 cavalieri francesi. Gli inglesi formarono 20 quadrati, protetti dalla loro artiglieria, e respinsero la carica.

Nel frattempo erano arrivati i prussiani, che costrinsero i francesi a ritirarsi su Plancenoit. Il villaggio fu perduto, ma il fronte venne stabilizzato grazie all'intervento di una divisione di fanteria della giovane guardia. Alle 17 un nuovo attacco di cavalleria coinvolse anche il corpo di Kellermann e la cavalleria della guardia per un totale di circa 9.000 cavalieri, ma anche quest'attacco non ottenne risultati. Solo alle 18 – Napoleone era ritornato in attività – Ney, con un attacco ben coordinato della divisione di fanteria Donzelot, con l'appoggio di cavalleria e artiglieria, prese La Haie Sainte. L'artiglieria francese poteva finalmente cannoneggiare il centro inglese, ma Napoleone, preoccu-

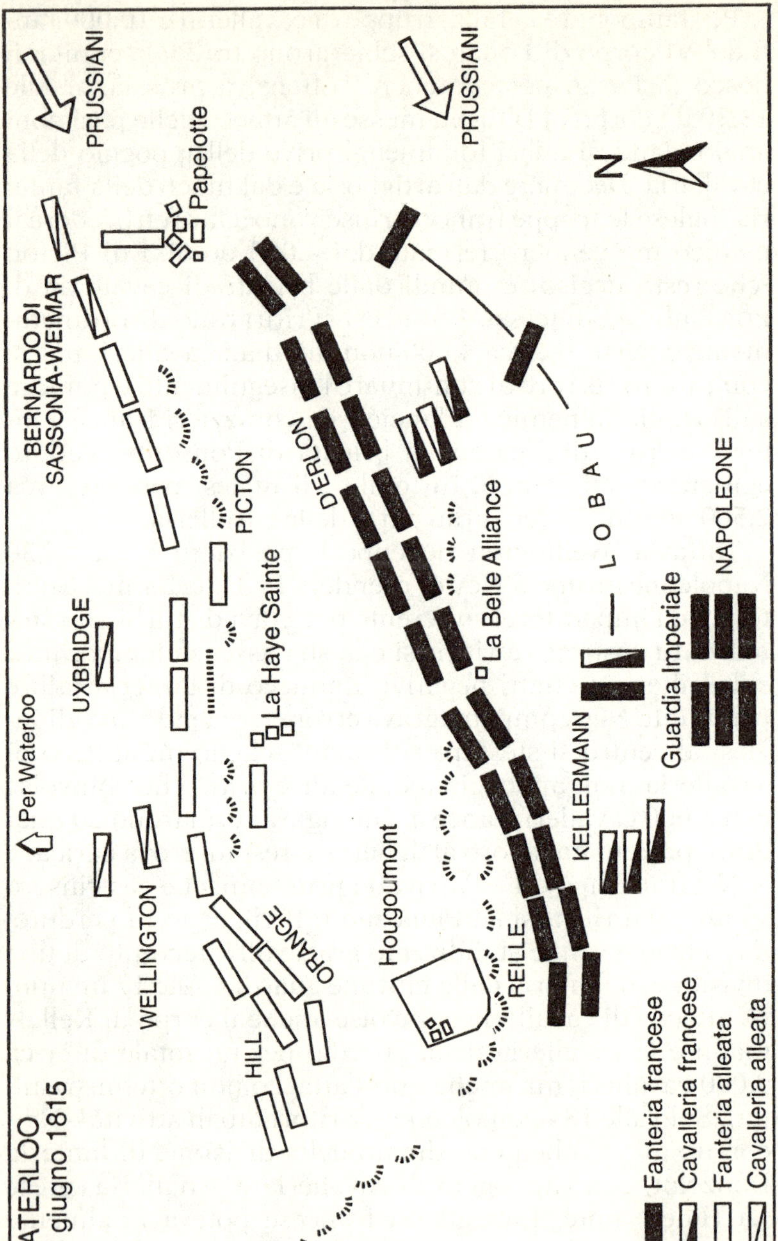
WATERLOO
18 giugno 1815
Per Waterloo
UXBRIDGE
BERNARDO DI
SASSONIA-WEIMAR
PRUSSIANI
Papelotte
PRUSSIANI
N
PICTON
D'ERLON
La Haye Sainte
La Belle Alliance
L O B A U
NAPOLEONE
Guardia Imperiale
KELLERMANN
Hougoumont
WELLINGTON
ORANGE
HILL
REILLE
Fanteria francese
Cavalleria francese
Fanteria alleata
Cavalleria alleata

pato dall'offensiva prussiana, non inviò la guardia ad appoggiare Ney e la adoperò invece per riprendere Plancenoit. Purtroppo per i francesi un nuovo corpo prussiano, agli ordini di Ziethen stava giungendo a Frischermont.

A questo punto Napoleone giocò l'ultima carta e alle 19 ordinò a nove battaglioni della guardia imperiale di avanzare verso il centro inglese; ma Wellington aveva avuto il tempo di rinforzarsi, e ordinò alla sua fanteria di stendersi a terra dietro alla massicciata della strada di Ohain. Le forze attaccanti si disposero a ventaglio lasciando alla loro destra La Haie Sainte. Bersagliati dall'artiglieria e dal fuoco della fucileria i battaglioni della guardia si trovarono improvvisamente di fronte le guardie inglesi – ottimi e disciplinati tiratori – che alla distanza di soli 20 metri aprirono il fuoco a raffica contro di loro. Nel giro di pochi minuti la guardia francese, decimata, voltò le spalle al nemico e ripiegò per il declivio mentre a est i prussiani occupavano La Haie e Papelotte.

Wellington ordinò un attacco generale e 40.000 soldati alleati scesero da Mont Saint Jean contro i francesi. Il resto dell'esercito francese, ormai esausto e consapevole che i prussiani aveva rotto le linee a Plancenoit, vide quasi un significato simbolico nella sconfitta della guardia e non fu in grado di resistere all'urto nemico: l'armata del Nord si disintegrò e soltanto poche unità della guardia resistettero fino alle 9 di sera. A quell'ora Wellington e Blücher si incontravano all'osteria di La Belle Alliance, per festeggiare la vittoria. Wellington commentò così la battaglia: «In tutta la mia vita non avevo sperimentato una simile ansietà, perché debbo confessare di non essere mai stato così vicino alla sconfitta. Non avevo mai visto un confronto così pesante. Napoleone non manovrò affatto. Venne solo avanti alla vecchia maniera, in colonne, e fu respinto alla vecchia maniera».

I francesi avevano perso 25.000 uomini tra morti e feriti gravi, più 8.000 caduti prigionieri e 220 cannoni conquistati dal nemico; inoltre bisogna contare circa 8.000 disertori nei giorni successivi. Le perdite alleate furono di circa 15.000 uomini da parte anglo-olandese, più 7.000 prussiani.

Se il piano strategico di Napoleone era fallito la Francia non era ancora sconfitta. Il giorno 21 giugno nella zona di Philippeville si erano concentrati 55.000 francesi, compresi 25.000 soldati di Grouchy, che se non era intervenuto sul campo di Waterloo era comunque riuscito a tenere a bada i prussiani. Blücher e Wellington erano intanto costretti a presidiare numerose fortezze. Napoleone nel frattempo era giunto a Parigi, per mobilitare nuove truppe. La Francia era ancora ben difesa. In Piemonte l'armata delle Alpi di Suchet aveva battuto gli austriaci e sul medio Reno il generale Rapp teneva testa all'austriaco Schwarzenberg. Nei pressi di Parigi erano disponibili 117.000 uomini. Ma il parlamento francese costrinse Napoleone ad abdicare e il 22 giugno la Francia non aveva più un imperatore.

Questo non impedì agli alleati di continuare l'avanzata lungo il fiume Oise: il 30 giugno furono respinti nei dintorni di Parigi. Il 1° luglio 1815, vicino a Versailles, ebbe luogo l'ultimo scontro di cavalleria. Il 7, 8 e 9 luglio 1815 i corpi prussiani di Ziethen, Thielman e Bülow entrarono per primi a Parigi. Il 15 luglio Napoleone, che non era riuscito a rifugiarsi negli Stati Uniti, si consegnò agli inglesi.

La battaglia di Waterloo è ritenuta a buon diritto una delle più decisive della storia. Essa stabilì l'equilibrio della politica europea per tutto il secolo successivo e restò profondamente impressa nella fantasia popolare. Nel bene e nel male, l'esperienza delle guerre napoleoniche fu determinante per le concezioni tattiche e strategiche di tutti gli eserciti, sino al conflitto mondiale del 1914-18.

* * *

Il periodo napoleonico esercitò un profondo influsso sulla cultura; le battaglie sono spesso i momenti culminanti di alcuni grandi romanzi, in primo luogo di *Guerra e pace* di Leone Tolstoj, con l'accurata descrizione di Austerlitz e di Borodino. La battaglia di Waterloo è descritta anche nella

Certosa di Parma di Stendhal, ma in maniera assai disincantata, da un punto di vista individuale, perciò nella totale inconsapevolezza di quanto accade complessivamente nel corso della giornata. Il punto di vista dei soldati è stato oggetto di numerose opere di narrativa, sino ai nostri giorni. Per precisione e completezza si segnala il ciclo di Sharpe, storia delle esperienze di un ufficiale dei fucilieri inglesi, dalla guerra di Spagna a Waterloo (e oltre), scritto da Bernard Cornwell e divenuto anche soggetto televisivo.[8] A parte, ovviamente, ci sono le innumerevoli memorie lasciate dai soldati, dai semplici fanti sino ai generali.

Nel campo artistico il periodo napoleonico, oltre a ispirare il pennello di Jacques-Louis David e di altri – tra i quali spiccano l'italiano Andrea Appiani e François Gerard –, vide l'affermazione di pittori specializzati nella rappresentazione delle grandi battaglie campali, come Jean-Antoine Gros e quel singolare personaggio che fu Louis-François Lejeune, generale e pittore delle battaglie alle quali egli stesso aveva preso parte. La pittura di genere napoleonico ebbe fortuna anche dopo il 1815, grazie anche alla committenza dei reparti militari, dei governi e di alcuni importanti personaggi che desideravano immortalare questo o quell'episodio: in questo genere di pittura, che si allontanava sempre più dalla realtà sgradevole del campo di battaglia autentico, eccelse Lady Elizabeth Butler, autrice di indubbio talento. Non si può dimenticare, infine, la realizzazione del Foro Bonaparte a Milano e, soprattutto, il profondo influsso nell'arte di Francisco Goya, che forse meglio di chiunque altro dipinse e disegnò gli orrori della guerra.

Le battaglie napoleoniche sono state spesso al centro di film importanti. Si ricordano ovviamente le due edizioni cinematografiche principali di *Guerra e pace*: quella del 1956 per la regia di King Vidor (*War And Peace*), interpre-

[8] L'episodio dedicato a Waterloo, *Sharpe's Waterloo*, è stato pubblicato nel 1990.

tata da Anita Ekberg, Mel Ferrer, Henry Fonda, Vittorio Gassman, Audrey Hepburn; e l'altra, ancor più monumentale, realizzata con un dispendio colossale di mezzi da Sergej F. Bondarcuk (*Voina I Mir*) nel 1965. In questa formidabile produzione, che impegnò decine di migliaia di soldati dell'Armata Rossa, sono descritte in maniera forse insuperabile le battaglie di Austerlitz e Borodino. L'illusione di poter ripetere l'esperimento in piena "distensione" con capitali occidentali portò alla realizzazione di *Waterloo,* con il medesimo regista (e in parte con le stesse comparse) ma con un cast d'eccezione: Andrea Checchi, Ivo Garrani, Jack Hawkins, Christopher Plummer, Rod Steiger (nella parte di Napoleone) e Orson Welles (Luigi XVIII). Apparso nel 1970, il film – che peraltro è uno dei più belli nel suo genere – si rivelò un fiasco colossale (nonostante le musiche di Nino Rota) e segnò il principio della crisi della casa di produzione De Laurentiis. Da questo punto di vista, era andata meglio ai produttori di *Austerlitz* (1960), per la regia di Abel Gance, interpretato da Claudia Cardinale, Martine Carol, Leslie Caron, Vittorio de Sica, Jean Marais, Jack Palance, Orson Welles.

XVI

Da Balaklava a Sedan: le guerre europee

La pace stabilita dai trattati del 1815 non regalò al mondo la pace, ma solo un accordo tra oligarchie a danno della libertà dei popoli. Ciò che era stato ottenuto tra la fine del Settecento e l'inizio dell'Ottocento non poteva essere ripreso tanto facilmente: del resto, le stesse monarchie fautrici della Restaurazione avevano dovuto in parte fare appello ai valori del patriottismo e della libertà per vincere Napoleone. Così, sempre più spesso a mano a mano che le forze si organizzavano, ovunque si accendevano focolai di rivolta e di lotta contro gli eserciti professionali mantenuti dai regimi illiberali. Modi nuovi di combattere, basati sullo spirito di iniziativa dei singoli e di piccoli gruppi, consentivano di rafforzare militarmente le conquiste politiche, per effimere che fossero; mentre ogni volta che gli insorti ricorrevano ai sistemi di guerra tradizionali, erano condannati a soccombere di fronte a forze meglio organizzate. Per parte loro, i governi preferivano evitare di concedere riforme e mantenevano eserciti a lunga ferma, ove i soldati e gli ufficiali restavano isolati rispetto al resto della nazione, come una specie di casta, prestando particolare attenzione al principio che gli ufficiali dovevano provenire dalle file dell'aristocrazia. Unica parziale eccezione a quest'ultima regola, la Francia, che persino nel periodo della restaurazione borbonica dovette impiegare i tanti ufficiali venuti "dalla gavetta" nel periodo napoleonico e mantenere aperto il criterio di riservare una parte dei posti da ufficiale ai soldati promossi per merito e particolari capacità, un criterio che venne imitato anche dal Regno di Sardegna.

Per uno scarto di pochi anni le armi a percussione, che garantivano una precisione e una gittata di tiro decisamente superiori, non furono impiegate nelle guerre napoleoniche; di conseguenza, non esistendo stimoli particolari a dotare di armamenti aggiornati gli eserciti che dovevano servire principalmente a mantenere l'ordine pubblico, l'introduzione delle nuove armi richiese parecchio tempo. Le armi a pietra, a canna liscia, erano in uso in parecchi stati ancora alla metà del secolo, ma Francia, Gran Bretagna e Austria avevano cominciato a interessarsi al nuovo ritrovato e alla sua logica conseguenza: la canna rigata. Mentre diversi sistemi di caricamento erano in corso di sperimentazione, gli stati maggiori non si rendevano conto delle potenzialità di uno strumento bellico tanto perfezionato rispetto alle vecchie armi a canna liscia; ed è un fatto degno di nota che l'unica nazione di rilievo che adottò in quegli anni un altro ritrovato di grande importanza, la retrocarica, fu la Prussia con il fucile Dreyse.

Nel complesso, passarono quasi 40 anni prima che le principali nazioni europee si trovassero nuovamente l'una contro l'altra, e anche in questo caso lo scontro avvenne al di fuori dell'Europa, nella zona ultraperiferica della Crimea. Del resto, la stessa guerra sembrava nata per una questione di puntiglio: la volontà, una volta tanto concorde, di Francia e Gran Bretagna di impedire che la Turchia venisse umiliata dalla Russia e che le flotte dello zar potessero affacciarsi sul Mediterraneo. La spedizione in Crimea per assediare la fortezza russa di Sebastopoli aveva quasi l'aria di una spedizione punitiva più che di una vera e propria campagna di invasione del territorio nemico. In questo conflitto di limitate proporzioni emerse l'impreparazione di strutture militari che negli ultimi decenni erano servite più che altro per conquistare colonie o reprimere rivolte locali. Ma emerse anche un elemento nuovo:

l'opinione pubblica. Soprattutto in Gran Bretagna – ma anche in Francia – la libertà di espressione e un livello di rappresentatività parlamentare più o meno accentuato, uniti a una maggiore alfabetizzazione, avevano portato allo sviluppo di numerosi giornali che erano in grado di influenzare una parte consistente della popolazione: quella, in pratica, corrispondente al corpo elettorale e ai cittadini che pagavano le imposte.

Questo non significa che i governi fossero costretti a tenere conto dell'opinione dei giornalisti, che spesso potevano essere "portati" a sostenere le scelte ufficiali; ma gli errori militari non avevano più scusanti, e le inefficienze e gli sprechi potevano essere denunciati con maggior vigore. Questo, paradossalmente, consentiva al governo di rovesciare sui suoi generali la responsabilità di eventuali sconfitte dovute, in massima parte, all'improvvisazione, alla scarsa conoscenza delle innovazioni tecnologiche e alla disorganizzazione. Insomma, grazie anche al telegrafo che consentiva di trasmettere cronache – e critiche – in tempo reale, era cominciata la guerra tra militari di professione e "inviati speciali" a caccia di notizie. Comunque, anche gli errori più grossolani potevano essere riscattati da poeti e romanzieri disposti a celebrare l'eroismo dei soldati, stendendo un velo pietoso sulla stupidità dei loro comandanti. Anche questa era una conseguenza del maggiore livello culturale, che avvicinava alla lettura più persone che in passato, aprendo nuove prospettive all'utilizzo della guerra e delle battaglie come soggetto particolarmente gradito a un pubblico sempre più vasto e attento.

L'episodio nel quale si compendiano maggiormente le caratteristiche positive e negative della particolarissima guerra di Crimea fu la battaglia di **Balaklava**, combattuta il 25 ottobre 1854, 10 chilometri a sud di Sebastopoli. Le truppe inglesi erano comandate dal feldmaresciallo Lord Raglan, mentre i russi erano agli ordini del generale principe Alexander Menshikov. Da parte inglese, erano schierati 1.500 fanti, 1.600 cavalieri inglesi, 150 cavalieri francesi e nove cannoni, per un totale di 3.250 uomini; da parte russa, 22.000 fanti, 3.400 cavalieri e 78 cannoni, per un totale di 26.000 uomini.

I russi, attaccando la spiaggia di Balaklava, tentarono di tagliare le comunicazioni della parte inglese dell'esercito alleato impegnato nell'assedio di Sebastopoli. Il generale Menshikov, giunto a Ciorgun, tentò di attaccare la destra del corpo di osservazione degli alleati, comandato dal generale Bosquet, sulle alture di Inkermann e di Balaklava. Il mattino del 25 ottobre 1854 il generale russo Liprandi, comandante della XII divisione di fanteria, uscì con 20.000 uomini da Ciorgun su due colonne per attaccare le posizioni di Balaklava. Primo obiettivo dei russi erano quattro ridotte costituite su una catena di basse colline che attraversa la piana della Cernaia, presidiate dai turchi; le ridotte, troppo isolate, furono conquistate dopo viva resistenza. La cavalleria russa avanzò subito in massa nella pianura appoggiata dall'artiglieria, e qui si verificò il primo notevole fatto d'armi: su una collina era schierato un reggimento di scozzesi, il XCIII Highlanders, dietro il quale si erano ritirati i turchi; circa 400 cavalieri russi, staccatisi dal grosso, attaccarono il reggimento sul fianco destro. Il reparto, che in seguito fu celebrato come la "sottile linea rossa", affrontò l'attacco mantenendo la formazione lineare anziché schierarsi in quadrato: merito dei nuovi fucili a percussione e a canna rigata Enfield, che consentirono di rovesciare un fuoco micidiale e preciso sulla cavalleria nemica.

Subito dopo, toccò alla brigata pesante di cavalleria farsi onore. Il grosso della cavalleria russa era comunque sceso nella pianura, ma qui era schierata la brigata del generale Scarlett, che aveva ricevuto ordine di prendere posizione alla sinistra degli scozzesi. La brigata Scarlett mosse contro i russi, li caricò e dopo furiosa mischia li respinse. Gli alleati avevano così arrestato a tempo i progressi dei russi e l'episodio sarebbe rimasto senza importanza, se i russi, che si erano ritirati sulle alture delle ridotte, non avessero voluto portar via i cannoni conquistati. A questo punto si verificò il fatto più famoso – o famigerato – della battaglia: Lord Raglan volle lanciare la cavalleria all'inseguimento del nemico per cercare di riprendere le ridotte perdute. Ma, mentre si impartivano gli ordini, i russi si erano riordinati e avevano schierato numerose batterie sulla fronte e sui fianchi. Dopo la carica della brigata Scarlett, la cavalleria leggera inglese (generale Cardigan) l'aveva raggiunta e tutta la divisione (generale Lucan) si era disposta nella pianura parallelamente alla linea delle ridotte perdute. Intanto, due divisioni di fanteria inglesi erano scese anch'esse nella pianura e si erano schierate su due linee fra la cavalleria e Balaklava, mentre truppe francesi si stavano schierando alla sinistra degli inglesi. Il generale Lucan, ricevuto l'ordine di attaccare, trasmise l'ordine alla brigata Cardigan per mezzo del capitano Nolan, in maniera piuttosto ambigua, con il risultato che Cardigan (oltre tutto in pessimi rapporti personali con Lucan) attaccò i cannoni sbagliati[1] e invece di puntare sulle ridotte si diresse contro l'artiglieria russa in fondo alla vallata, procedendo alla carica lungo tutta quella che in seguito fu chiamata "la valle della morte", spazzata su tre lati dal fuoco nemico. La brigata leggera venne decimata senza alcun risultato, e dovette ritirarsi, protetta da una carica di due squadroni degli Chasseurs d'Afrique francesi. I russi rimasero in possesso delle ridotte e dei cannoni turchi, e dei 670 partecipanti alla carica, 247 furono uccisi o feriti e 475 cavalli andarono perduti. Fra i morti c'era anche il capitano Nolan, che aveva portato il messaggio fatale. Fu così possibile fornire una versione contraddittoria degli eventi, che in parte addossava al defunto la responsabilità di quanto era successo. In effetti, la brigata leggera era stata distrutta e le sue cavalcature sopravvissute morirono di fame nell'inverno seguente.

[1] Basta ricordarsi della carica di Ponsonby a Waterloo per dedurre che i comandanti inglesi di cavalleria avevano una pericolosa tendenza a caricare l'artiglieria nemica.

Nondimeno, la fierezza della risposta inglese, e in particolare l'ostinato coraggio della brigata leggera, impressionarono notevolmente i russi, che non seppero sfruttare il vantaggio potenzialmente decisivo che avevano acquisito nelle prime fasi della battaglia e si ritirarono dopo aver perso 627 uomini contro i 615 caduti inglesi.

A spese della buona fama dei comandanti inglesi, l'esercito francese aveva dato prova di una discreta efficienza durante la guerra di Crimea, riaffermandosi come migliore struttura militare d'Europa; il valore e la professionalità delle truppe nascondevano però numerose magagne di carattere organizzativo, che non vennero sufficientemente alla luce neanche durante la seconda guerra per l'Indipendenza italiana, quando la Francia dell'imperatore Napoleone III si schierò a fianco del Regno di Sardegna contro l'Impero austriaco. La battaglia più sanguinosa del conflitto, quella di **Solferino**, mise in luce la potenzialità distruttiva delle nuove armi da fuoco individuali e in pratica pose termine all'intervento francese, perché Napoleone III restò profondamente impressionato dalla ferocia dello scontro e dalle perdite subite dal suo esercito.

La battaglia fu combattuta il 24 giugno 1859 fra Brescia e Mantova, circa 6 chilometri a sud-est di Castiglione delle Stiviere, in Lombardia. Al comando dei franco-piemontesi, l'imperatore Napoleone III e il re Vittorio Emanuele II; al comando dell'esercito austriaco, l'imperatore Francesco Giuseppe.

L'esercito franco-piemontese intendeva consolidare la sua vittoria di Magenta. Da parte franco-piemontese, erano schierati 217 battaglioni di fanteria, 88 squadroni di cavalleria e 320 cannoni, per un totale di 118.600 uomini; da parte austriaca, 151 battaglioni di fanteria, 52 squadroni di cavalleria e 451 cannoni.

Dopo il combattimento di Melegnano, passato il Chiese, Napoleone III dispose che l'armata franco-piemontese continuasse il movimento verso il Mincio, in modo che il mattino del 24 l'esercito franco-piemontese si portasse sul fronte Pozzolengo-Solferino-Guidizzolo e potesse procedere all'investimento di Peschiera. La componente piemontese, comandata da Vittorio Emanuele II, doveva marciare dalla zona di Rivoltella su Pozzolengo; l'armata francese con il I corpo (Baraguay d'Hilliers) doveva portarsi da Esenta su Solferino; con il II corpo (Mac Mahon) da Castiglione per San Cassiano su Cavriana; con il IV corpo (Niel) e le due divisioni di cavalleria (Desvaux e Partouneaux) da Carpenedolo per Medole su Guidizzolo; con il III corpo (Canrobert) da Mezzane per Visano (ove doveva passare il Chiese) e Acquafredda su Medole; la guardia imperiale (Regnault) da Montichiari per Castenedolo doveva portarsi a Castiglione. L'imperatore Francesco Giuseppe, che intanto aveva assunto il comando dell'esercito austriaco, stabilì di tentare una battaglia decisiva, e anziché attendere oltre il Mincio l'attacco degli alleati, ordinò di ripassare il fiume nella giornata del 23 e di marciare risolutamente verso il Chiese. Egli intendeva attaccare frontalmente con la II armata (generale Schlick) le alture di Lonato e Castiglione e di avvolgere con la I divisione (generale Wimpffen) la destra degli alleati dalla parte della pianura per addossarli alle Alpi. Pensava però che il 24 giugno non vi sarebbe stata battaglia, ma solo il 25. In base a tali previsioni vennero emanati gli ordini per il 24 giugno. Le truppe dovevano muovere, dopo il rancio, verso le 8 del mattino. Per effetto delle disposizioni l'esercito austriaco, che si trovava la sera del 23 giugno sul fronte Pozzolengo-Solferino-Guidizzolo, era pronto a marciare il 24 verso le 8-9 del mattino per occupare la linea Desenzano-Lonato-Castiglione-Carpenedolo, mentre l'esercito franco-piemontese che si trovava, la stessa sera, sul fronte Desenzano-Lonato-Castiglione-Carpenedolo doveva mettersi in marcia, prima dell'alba del 24, per occupare la linea Pozzolengo-Solferino-Guidizzolo. Ne derivò una battaglia cosiddetta "d'incontro", fra due eserciti che casualmente si dirigevano, da parti contrapposte, verso quasi i medesimi obiettivi. Lo scontro si frazionò in una serie di combattimenti indipendenti, raggruppabili in due fasi: nella prima, che durò fino a mezzogiorno, si ebbero tanti combattimenti slegati quante erano le direzioni principali e gli obiettivi di marcia delle colonne franco-piemontesi; nella seconda, che costituisce la battaglia propriamente detta, intervennero i comandi supremi contrapposti nel tentativo di coordinare le varie azioni isolate e tatticamente indecise in un'azione unica, coordinata e decisiva.

Nella prima fase (dalle 6 a mezzogiorno), il I corpo francese (Baraguay) proveniente da Esenta, fu arrestato verso le ore 6 sulle alture a ovest di Solferino dagli avamposti del V corpo austriaco, i quali, rinforzati e valendosi abilmente delle condizioni favorevoli del terreno, resistettero per due ore e mezza per poi ripiegare verso Solferino sul grosso delle truppe amiche. La lotta divenne ben presto accanita. Tutte le truppe di Baraguay furono portate in prima linea; parecchie batterie aprirono un vivissimo fuoco contro il cimitero, il castello e la rocca, ma gli austriaci resistettero con grande tenacia fino a mezzogiorno. Il II corpo francese (Mac Mahon), avanzatosi per la strada Castiglione-Guidizzolo, incontrò invece presso Ca' Morino gli avamposti nemici, che attaccò alle 8.30 impadronendosi dell'obiettivo, per avanzare poi fino al margine del campo di Medole ove schierò tre brigate di fanteria e quattro battaglioni. Le divisioni Desvaux e Pantouneaux con due batterie a cavallo furono collocate all'ala destra per tenere il collegamento col IV corpo di Niel. Contro la sinistra di Mac Mahon si lanciò il colonnello austriaco Edelsheim con quattro squadroni di ussari, i quali, con grande coraggio, rovesciarono la cavalleria e la fanteria francese; tuttavia questi, non sostenuti dal resto della cavalleria, dovettero ripiegare. Il IV corpo di Niel s'impadroniva alle 7 di Medole scacciandone i reparti della divisione di cavalleria Zedltwitz e due battaglioni imperiali; poi proseguiva verso Guidizzolo, ma a Rebecco era arrestato dal IX corpo austriaco sostenuto dal III corpo. Niel, minacciato all'ala destra di aggiramento, chiese aiuti a Canrobert (III corpo), che gli mandò soltanto una brigata perché aveva ricevuto notizia da Napoleone che un grosso corpo nemico, uscito la sera precedente da Mantova, risaliva la sinistra del Chiese verso Acquanegra per prendere l'esercito francese sul fianco destro. Niel tenne duro. Gli austriaci, frazionati a brigate, battaglioni e unità minori, non riuscirono a sloggiarlo e furono arrestati. Il III corpo, rimasto indietro per non intralciare il movimento del IV corpo, passava intanto il Chiese a Visano avanzando per Acquafredda su Castel Goffredo. Alle 7, la sua avanguardia s'impadroniva di Castel Goffredo difeso da reparti della divisione di cavalleria Zedltwitz. Anche all'ala sinistra s'impegnava battaglia. Vittorio Emanuele II, ricevuto il 23 sera l'avviso di avanzare su Pozzolengo, aveva stabilito che la III divisione (Mollard), seguita dalla V divisione (Cucchiari), raggiungesse l'obiettivo passando da Rivoltella e dalla strada Lugana e che la I divisione (Durando), seguita dalla II divisione (Fanti), si affacciasse su Pozzolengo per Castel Venzago e Madonna della Scoperta allo scopo di tenere il collegamento con la sinistra francese. Il re di Sardegna credeva di trovare sulla destra del Mincio soltanto delle retroguardie nemiche: per liberare da esse il terreno e rendere più rapida e facile la marcia delle truppe ordinò alle divisioni I, III e V di farsi precedere da forti drappelli delle tre armi. Al mattino del 24 questi distaccamenti, incontrati gli avamposti nemici a Madonna della Scoperta e presso San Martino, li attaccarono a fondo. Respinti, accorsero in loro aiuto successivamente le truppe delle divisioni retrostanti dando luogo a due distinti combattimenti: quello della Madonna della Scoperta e quello di San Martino. Mollard, giunto da Rivoltella con la brigata di testa (Cuneo) presso la ferrovia, nella speranza di ricacciare facilmente le truppe avversarie dal margine collinoso di San Martino, attaccò il nemico. Respinto, ritornò all'assalto e s'impadronì dell'altipiano (ore 9.30). Ma gli austriaci (una brigata e mezza) ricevuti rinforzi (una brigata), contrattaccarono con vigore e ricacciarono i piemontesi dietro la ferrovia (ore 10). La V divisione sopraggiunse in tempo. La sua brigata di testa (Casale) attaccò l'altipiano e stava per impadronirsene quando venne contrattaccata e respinta dal nemico. Il generale Cucchiari ritentò l'attacco con le sue truppe, che grazie ad alcuni rinforzi gli consentirono di occupare il margine dell'altipiano, mentre la brigata Pinerolo, giunta sul campo di battaglia, era mandata dal Mollard a occupare la Controcania (una grossa fattoria nei pressi di San Martino) per appoggiare a destra la V divisione. Quattro brigate austriache, guidate dal generale Benedek e assecondate da un potente fuoco d'artiglieria, ricacciarono i piemontesi alle 13.30. Cucchiari ripiegò fino a Rivoltella; Mollard, invece, si mantenne a contatto con il nemico. Intanto, anche a Madonna della Scoperta l'azione volgeva a favore degli austriaci. Il generale Durando, giunto con la brigata di testa (Granatieri) presso Madonna della Scoperta, vi trovò il distaccamento inviato in ricognizione, che era stato respinto dagli avamposti austriaci: senza attendere l'arrivo dell'altra sua brigata (Savoia) si gettò all'attacco dell'avversario. Ricacciato fino a Fenile Vecchio, ritornò all'attacco con la brigata Savoia, nel frattempo sopraggiunta. Ma gli austriaci, ricevuti rinforzi, respinsero di nuovo Durando. Il generale Fanti, a sua volta, si mosse da San Polo in soccorso di Durando con la brigata Piemonte. L'altra brigata (Aosta) fu inviata in sostegno della III divisione a Rivoltella per ordine del re.

La seconda fase ebbe inizio dopo mezzogiorno. Durante la prima fase era mancata la direzione superiore della battaglia da ambo le parti; durante la seconda fase i due imperatori cercarono di controllare meglio la situazione. Francesco Giuseppe, giunto alle 9 a Volta Mantovana, decise di accettare battaglia confermando quanto aveva stabilito il giorno precedente e, pertanto, affrettò la marcia del I corpo d'armata verso Solferino per aiutare il V corpo e fece avanzare il VII corpo su San Cassiano per colmare il vuoto tra la II e la I armata. A quest'ultima ordinò di compiere l'avanzata stabilita il giorno avanti e poi di marciare a cavallo della strada Guidizzolo-Castiglione per arrestare l'attacco dei francesi contro il centro, disponendo altresì che la divisione di cavalleria Mensdorff cooperasse con la I armata. Anche Napoleone III era nel frattempo giunto sul campo di battaglia. Vista la situazione, decise di sfondare il centro nemico puntando a massa con il I corpo e la guardia contro Solferino, trattenendolo con le altre truppe alle ali. Fece perciò avanzare da Castiglione la fanteria e l'artiglieria della guardia a sostegno del I corpo, invitò Vittorio Emanuele II a concorrere all'attacco di Solferino e ordinò alla divisione di cavalleria della guardia (Morris) di avanzare per la strada di Castiglione per collegare il I corpo con il II. Dopo ripetuti attacchi appoggiati da un'intensa preparazione d'artiglieria, gli austriaci sgombrarono monte Cornale, la collina dei cipressi, la rocca e il cimitero. Solferino cadde alle 4 del pomeriggio nelle mani dei francesi; il V corpo d'armata austriaco, completamente disfatto, travolse nella ritirata parte delle truppe del I corpo e costrinse a ritirarsi anche le due brigate che avevano respinto i piemontesi alla Madonna della Scoperta. Intanto giungeva a San Cassiano il VII corpo d'armata austriaco. Mac Mahon, portatosi per ordine di Napoleone con una conversione a sinistra verso le alture di San Cassiano, attaccò, rinforzato dalla guardia, il nuovo contingente nemico e lo respinse su Cavriana, ove l'imperatore Francesco Giuseppe ordinò la ritirata di tutta la II armata. La situazione era ormai critica per gli austriaci; soltanto un successo nella pianura poteva ristabilire le sorti della giornata. Ma la tenace resistenza opposta a Rebecco, a Baite, a Casa Nuova, dal IV corpo, rinforzato da due divisioni del III, mandò a vuoto tutti gli sforzi del III e del IX corpo d'armata austriaco. Anche l'azione dell'XI corpo d'armata, mandato in rinforzo, si dimostrò inefficace. Wimpffen, comandante della I armata austriaca, disperando di poter vincere la resistenza dei francesi, decise alle 14 la ritirata su Goito sotto la protezione dell'XI corpo d'armata, informandone l'imperatore, che verso le 16 ordinò la ritirata generale dietro il Mincio. Frattanto i piemontesi potevano riprendere l'avanzata in seguito alla ritirata dalle posizioni della Madonna della Scoperta del V corpo d'armata austriaco. Il generale Durando attaccò alle spalle la posizione di San Martino mentre Mollard, ricevuta in rinforzo la brigata Aosta, attaccava di fronte. Gli austriaci resistettero; la Controcania fu presa d'assalto dai piemontesi. Benedek, minacciato alle spalle da Fanti, ordinò la ritirata su Pozzolengo, lasciando una retroguardia a contrastare l'avanzata avversaria a San Martino e a trattenere Fanti sulle alture tra Madonna della Scoperta e Pozzolengo. Fanti entrò a Pozzolengo alle 22, e l'azione di contenimento di Benedek salvò in parte la giornata sfavorevole per gli austriaci. Questi ultimi approfittarono della notte per passare il Mincio, e le truppe vincitrici, esauste, non li inseguirono. Le perdite della battaglia furono ingenti: i piemontesi ebbero 691 morti e 4.830 feriti e dispersi; i francesi 12.700 uomini tra morti e feriti. Gli austriaci ebbero 2.351 morti e 10.807 feriti, più 8.638 dispersi e prigionieri.

Fu una vittoria assai costosa per i franco-piemontesi. In pratica, tutte le posizioni difensive si erano rivelate difficili da espugnare, vista la nuova potenza delle armi da fuoco individuali e dell'artiglieria, ed era occorso un grande spiegamento di forze per prendere gli obiettivi. Solo la disorganizzazione austriaca aveva giocato a favore degli alleati. Napoleone III, temendo un intervento prussiano, stipulò con l'Austria l'armistizio di Villafranca, a seguito del quale la Lombardia veniva ceduta all'imperatore dei francesi, che a sua volta l'avrebbe ceduta al Regno di Sardegna; quest'ultimo, in base agli accordi segreti di Plombières del luglio 1858, era destinato a cedere alla Francia Nizza e la Savoia. Una conclusione che deluse gli italiani, che avevano sperato che l'Austria sarebbe stata costretta a cedere anche Venezia. Le orribili condizioni affrontate dai feriti giocarono un ruolo fondamentale per la fondazione dell'organizzazione internazionale della Croce Rossa.

Mentre le altre potenze europee si affrontavano senza esclusione di colpi, la Prussia si preparava, con cura e con determinazione, a diventare lo stato egemone dell'Europa centrale. A questo scopo, per via di successive riforme e grazie a una politica di sviluppo industriale strettamente collegata al potenziamento del settore militare, il primo ministro Otto von Bismarck, ben coadiuvato dallo stato maggiore, favorì lo sviluppo di un esercito che, unico rispetto agli altri organismi militari del continente, disponeva di un fucile a retrocarica inventato da Johann Nikolaus Dreyse (più tardi *von* Dreyse), originario di Sömmerda, nei dintorni di Erfurt in Turingia. Dreyse mise a punto tra il 1827 e il 1835 il suo fucile ad ago a retrocarica, destinato a un ruolo fondamentale nella storia delle armi. Oltre a disporre di una cartuccia autoinnescante, che riuniva in un solo involucro di carta la polvere da sparo, l'innesco e un proiettile di forma ogivale, l'arma di Dreyse disponeva di un meccanismo otturatore girevole e scorrevole, costituito da un cilindro azionato da un manubrio, molto simile al normale catenaccio di una porta: un meccanismo che, con vari perfezionamenti, avrebbe caratterizzato la maggior parte dei fucili sino alla Seconda guerra mondiale (e del resto, lo si trova in uso abbondantemente anche oggi).

Il Dreyse non si poteva dire un'arma perfetta: a ogni colpo era opportuno scuotere via i residui della cartuccia e talvolta dall'otturatore poteva scaturire una vampata che, negli esemplari meno riusciti, costringeva il tiratore, dopo un certo numero di colpi, a far fuoco appoggiando il fucile sull'anca. Di norma, però, i soldati muniti di Dreyse potevano sparare in tutte le posizioni, soprattutto sdraiati, senza offrire alcun bersaglio a nemici che invece erano costretti a restare in posizione eretta per caricare le proprie armi ad avancarica. Dopo una breve istruzione, un tiratore poteva sparare sino a nove colpi al minuto (ovviamente in condizioni di tranquillità, in un poligono di tiro).

Dreyse ebbe l'accortezza di presentare la sua arma al principe ereditario di Prussia, Guglielmo (il futuro imperatore di Germania) ottenendo il suo appoggio per imporre il nuovo fucile ai circoli militari prussiani. Nel 1840 l'intraprendente armaiolo ricevette un ordinativo per 60.000 esemplari di quello che doveva divenire il modello 1841 e fu in un primo tempo, per motivi di segretezza, denominato "fucile leggero a percussione". Elevato nel frattempo alla nobiltà, Dreyse fondò una vera fabbrica d'armi a Sömmerda e nel 1847 aveva già consegnato 39.000 pezzi all'esercito prussiano, mentre altre fabbriche statali provvedevano a completare il fabbisogno. L'esercito del regno di Prussia fu così il primo munito di armi a cartuccia autoinnescante e a retrocarica. Il vantaggio insito nei fucili e nelle carabine di Dreyse divenne evidente già durante i combattimenti nelle strade di Dresda, durante i moti del 1849; ma fu solo dopo la guerra del 1864 per il possesso dei ducati dello Schleswig e dell'Holstein, e soprattutto dopo la guerra austro-prussiana del 1866, detta delle "Sette settimane", che le potenze militari di tutta l'Europa si resero conto con stupore e allarme che la Prussia disponeva di un'arma capace di garantire un vantaggio tattico notevolissimo. Gli austriaci, in particolare, disponevano degli ottimi Lorenz ad avancarica, dotati di grande precisione e di una gittata almeno doppia rispetto ai Dreyse. Per loro sfortuna, i soldati austriaci furono mandati a ranghi compatti contro i loro avversari prussiani, ai quali era stato insegnato ad approfittare di ogni riparo e a sdraiarsi per sparare, utilizzando eventualmente l'elsa della loro daga, piantata nel terreno, come appoggio per il fucile.

La guerra austro-prussiana fu anch'essa una curiosa anomalia: più che per conseguire vantaggi territoriali fu combattuta per motivi politici, ossia per togliere all'Impero austro-ungarico, che già cominciava a gravitare maggiormente verso i Balcani, ogni velleità di controllo sugli stati tedeschi "minori", che dovevano rientrare nell'orbita della Prussia. La battaglia principale fu quella di **Königgrätz** (o Sadowa), ed ebbe luogo il 3 luglio 1866.

Il teatro dello scontro si trova 108 chilometri a est di Praga e 8 chilometri a nord-ovest di Hradec Kralove (Königgrätz) in Boemia.

A capo delle truppe prussiane era il feldmaresciallo conte Helmuth von Moltke, coordinatore dell'avanzata di varie armate: la I armata, comandata dal principe Federico Carlo; la II armata, sotto la guida del principe ereditario Federico Guglielmo; l'armata dell'Elba agli ordini del generale Herwarth von Bittenfeld. Il feldmaresciallo Ludwig von Benedek era stato posto al comando dell'esercito austriaco in Boemia, un ruolo che non apprezzava affatto, dato che era un buon conoscitore dell'Italia e avrebbe voluto condurre la campagna in quel settore. Va detto a questo proposito che gli italiani erano alleati dei prussiani contro gli austriaci; abbiamo chiamato questo episodio terza guerra di Indipendenza ma, come ben sappiamo, tra Custoza e Lissa, le nostre forze armate non furono certamente all'altezza del loro compito.

I prussiani intendevano distruggere l'esercito austriaco con un doppio accerchiamento formato dalle loro tre armate, che disponevano di otto corpi d'armata e tre divisioni di cavalleria, per un totale di 278.000 uomini; dall'altra parte, sette corpi d'armata austriaci e un corpo d'armata sassone, più quattro divisioni di cavalleria, per un totale di 271.000 uomini. Come abbiamo già osservato, il fucile a retrocarica prussiano Dreyse aveva una cadenza di fuoco più elevata del fucile ad avancarica austriaco, ma l'artiglieria austriaca era superiore a quella prussiana (questa fu in seguito riequipaggiata, con il contributo determinante del costruttore di cannoni Krupp, e divenne un importante fattore di contributo alle vittorie tedesche nella guerra franco-prussiana quattro anni più tardi).

Il piano di Moltke mirava a schiacciare gli austriaci fra l'armata dell'Elba al sud, la I armata al centro e la II armata al nord. Dopo vari scontri, quasi tutti infelici per le armi austriache, Benedek aveva radunato tutte le sue forze sulla destra dell'Elba presso Königgrätz, dietro alla Bistritz e alla Trotina, lungo una serie di alture di cui le più importanti sono quelle di Chlum e di Lipa, al centro della posizione scelta. La destra austriaca, dalla Trotina a Chlum, comprendeva il II e il IV corpo e la II divisione di cavalleria leggera; il centro, da Chlum a Strezetitz, era costituito dal III e dal X corpo e dalla I e dalla III divisione di cavalleria pesante, con avanguardie fino a Sadowa, sulla Bistritz; la sinistra, sulle alture di Problus e di Prim, era costituita dai sassoni, con avanguardie sulla Bistritz, e dalla I divisione di cavalleria leggera. In riserva, dietro il centro, stavano il I e il VI corpo, la II divisione di cavalleria pesante e 128 cannoni.

I prussiani giungevano da tre direzioni sul campo di battaglia: l'armata dell'Elba (generale Herwarth von Bittenfeld) fu avviata contro la sinistra nemica; la I armata (principe Federico Carlo) contro il centro oltre Sadowa; la II armata, in ritardo sulle altre due, contro la destra nemica. L'azione fu iniziata poco prima delle 6 dalle prime due armate, con intenso fuoco d'artiglieria; verso le 9 il centro prussiano varcava la Bistritz vicino a Königgrätz avanzando a stento, data la forte resistenza austriaca e le numerose artiglierie nemiche bene appostate: 160 cannoni erano stati schierati su questo punto da Benedek. In direzione di Maslove aveva mosso la sinistra della I armata (generale Frannsecky), che doveva però subire la pressione dei due corpi d'armata dell'ala destra nemica, intervenuti contro di lui abbandonando le loro posizioni verso la Trotina, da dove stavano per giungere le truppe prussiane della II armata. Frattanto i sassoni, rinforzati da reparti dell'VIII corpo austriaco e dalla III divisione di cavalleria pesante, tenevano testa senza cedere terreno agli attacchi dell'armata dell'Elba, che aveva attraversato la Bistritz. A mezzogiorno, i prussiani della I armata erano in condizioni critiche, non essendo riusciti a cacciare gli austriaci dalle alture di Lipa ed essendo sottoposti al loro fuoco: ma il III corpo non era stato impegnato, e fu fatto intervenire proprio mentre l'artiglieria della II armata incominciava a tuonare verso Horenoves e Racitz contro la destra austriaca. Il II e il IV corpo austriaci, che si erano impegnati contro reparti della I armata, furono in fretta diretti a fronteggiare la II armata prussiana, ma arrivarono sulle posizioni in disordine, e in breve tempo furono falciati dal fuoco della fanteria prussiana. Caduta questa resistenza, la I divisione della guardia prussiana attaccava e prendeva l'altura di Chlum, alle 14.30. Gli avanzi del II e del IV corpo austriaci varcavano l'Elba in disordine fra Lochenitz e Plotist. Il feldmaresciallo Benedek fece avanzare su Chlum il VI corpo, e poi il I, ma queste truppe, attaccate sul fianco sinistro dai prussiani del principe ereditario, non riuscirono a riprendere le alture: la ritirata dell'esercito austriaco, imposta dalla manovra avversaria, si effettuò nel massimo disordine, sotto la protezione dei sassoni, delle divisioni di cavalleria pesante e dell'artiglieria che si sacrificò rimanendo sul campo in gran parte fino all'ultimo. Le perdite degli austro-sassoni ammontarono a 13.000 morti, 18.393 feriti, 13.000 prigionieri e 174 cannoni catturati. Le perdite dei prussiani a 1.935 morti, 6.959 feriti, 278 dispersi. Gli austriaci avevano riportato una grave sconfitta ma riuscirono a ritirare il grosso del loro esercito. Del resto, Bismarck non voleva distruggere l'avversario: ottenne però che la Prussia e non l'Impero austro-ungarico divenisse la potenza dominante in Europa centrale.

L'ultimo ostacolo al predominio della futura Germania restava la Francia di Napoleone III. In questo caso le conquiste territoriali – il controllo dell'Alsazia-Lorena e di alcuni punti dominanti sul confine – avevano una maggiore importanza: frontiere sicure a ovest, e una Francia fortemente ridimensionata, avrebbero permesso alla Prussia, o meglio alla nazione tedesca della quale la Prussia doveva restare il fulcro, di diventare la maggiore potenza del continente, avendo cura di non guastare, però, i buoni rapporti con la Gran Bretagna (le due case regnanti degli Hannover e degli Hohenzollern erano strettamente imparentate).

Dopo la guerra austro-prussiana i francesi si erano fortemente preoccupati per lo sviluppo dell'apparato militare di Berlino, e in particolare avevano preso atto dell'efficienza del fucile a retrocarica. A dir la verità, le apprensioni dell'esercito francese risalivano al 1864, ma sotto la spinta degli avvenimenti internazionali la Francia dovette ricorrere a una soluzione di ripiego, ideata dal *controleur d'ar-*

mes Chassepot. Il 30 agosto 1866, per decreto imperiale, fu adottato un nuovo fucile che doveva essere prodotto in ben 400.000 esemplari entro il 1° gennaio del 1868. Lo Chassepot assomigliava molto al Dreyse, ma rispetto al suo omologo prussiano era più leggero e più rapido da caricare. L'innovazione più importante era l'eliminazione delle vampate di gas mediante un disco di caucciù vulcanizzato disposto di fronte alla culatta. Lo Chassepot era indubbiamente un'arma migliore del Dreyse; la gittata era maggiore e la cadenza di tiro, secondo osservatori parecchio ottimisti, era addirittura di 19 colpi al minuto. Il fucile fu utilizzato per la prima volta contro i volontari di Garibaldi a Mentana, il 3 novembre 1867, durante il tentativo di invasione degli stati della Chiesa. Il generale francese De Failly comunicò a Parigi, dopo la battaglia, la famosa frase: «*Les Chassepots ont fait des merveilles*» ("Gli Chassepot hanno fatto meraviglie"). In realtà, secondo un resoconto dello scontro, sembra che i soldati francesi, non ancora abituati alla nuova arma, abbiano tirato parecchi colpi troppo alti. A ogni modo si rimane perplessi di fronte alla decisione di costruire in un numero così ingente di pezzi un'arma di tipo già superato, che impiegava ancora una cartuccia di carta, quando già erano disponibili cartucce metalliche. Non fu neppure possibile rispettare le quote di produzione previste, e nello stesso 1867 si dovette correre ai ripari con la trasformazione dei vecchi fucili ad avancarica in armi a retrocarica mediante un sistema alternativo messo a punto dal francese M. Schneider, detto *a tabatière* ("a tabacchiera"), consistente in una culatta in ferro incernierata lateralmente sul retro della canna, che si apriva verso destra per consentire l'introduzione della cartuccia. Il particolare curioso è che mentre lo Chassepot utilizzava fragili cartucce di carta i fucili *a tabatière* utilizzavano cartucce a percussione centrale, con bossolo di cartone pesante, che provocava minori problemi. Purtroppo per i francesi, la loro artiglieria era decisamente inferiore a quella prussiana; e soprattutto la loro organizzazione non era in grado di competere con la perfetta macchina da guerra allestita da

Moltke e Bismarck, in grado di riversare alle frontiere, con un perfetto coordinamento dei trasporti ferroviari, centinaia di migliaia di uomini ben equipaggiati e motivati.

Dopo numerose sconfitte, si giunse allo scontro decisivo di **Sedan**, il 1° settembre 1870. L'armata francese detta di Châlons era comandata dal maresciallo Mac Mahon, e doveva confrontarsi con le armate tedesche III (principe di Prussia) e IV, o della Mosa (principe di Sassonia). Alla battaglia presero parte anche l'imperatore Napoleone III e il re Guglielmo di Prussia. Mac Mahon aveva raccolto le sue forze intorno a Sedan a stretto contatto con gli avamposti nemici, nel pianoro triangolare limitato dalla Mosa, dalla Givonne e dal Floing, schierandole ad arco dal ruscello di Floing fino a Bazeilles, con alcune divisioni e la cavalleria in seconda linea. Nella prima fase (dall'alba a mezzogiorno) due corpi d'armata tedeschi e una divisione württemburghese da ovest e quattro corpi da est e da sud si dispiegarono collegandosi fra loro; nella seconda fase, fino alle 16.30, conversero serrando sempre più le truppe francesi e addossandole a Sedan. 150.000 uomini con 700 cannoni miravano ad avvilupparne completamente 90.000 con 408 cannoni.

L'urto iniziò alle 4 con l'attacco del I corpo bavarese a Bazeilles; il XII corpo prussiano seguì alla sua destra e prese La Moncelle. Le batterie tedesche si insediarono rapidamente e soverchiarono quelle francesi. Mac Mahon rimase ferito verso le 6.30 e incaricò di sostituirlo il generale Ducrot, che ritenne di avere ancora il tempo di ritirarsi a Mezières, e iniziò il movimento poco dopo le 8. Ma verso le 9 un altro generale francese, de Wimpffen, fece valere un ordine scritto del ministro della Guerra, con il quale era designato al comando nel caso che Mac Mahon fosse costretto a cederlo. De Wimpffen revocò l'ordine dato da Ducrot, ma nel frattempo le truppe tedesche avevano occupato la linea della Givonne e stava avvenendo il collegamento con le altre che avanzavano verso l'altipiano di Illy. I villaggi di Balan e Bazeilles furono presi di viva forza. Verso il villaggio di Floing conversero il V e l'XI corpo prussiano e intorno a mezzogiorno l'accerchiamento era eseguito: l'esercito francese era chiuso in una morsa di ferro alla quale tentò invano di sottrarsi. La cavalleria francese di Margueritte e del Bonnemains si sacrificò in una vana carica. Le fanterie tedesche, protette dal fuoco dell'artiglieria, avanzavano inesorabilmente. Alle 15 gran parte dell'esercito francese era in disordine. De Wimpffen compì un ultimo disperato tentativo per aprirsi il varco verso Balan e Bazeilles, radunando 5.000 uomini risoluti e ponendosi alla loro testa. La piccola colonna riprese Balan, ma un contrattacco bavarese la contenne e la ricacciò verso Sedan. Mentre de Wimpffen si batteva ancora, alle 17, sulle mura della città venne alzata la bandiera bianca. L'imperatore si consegnava prigioniero con tutta l'armata al re di Prussia, senza condizioni. La battaglia era costata ai tedeschi circa 9.000 uomini, ai francesi 17.000. Circa 3.000 uomini sfuggiti all'accerchiamento ripararono nel Belgio.

La sconfitta di Sedan non pose termine alla guerra: i francesi proclamarono la Repubblica e proseguirono la lotta, sempre più impari e disperata, contro i prussiani e i loro alleati. Con Parigi già assediata, il 18 gennaio 1871 a Versailles i principi tedeschi proclamarono la nascita dell'impero tedesco, risultato dell'unificazione politica della Prussia e degli altri stati tedeschi. Guglielmo I di Prussia fu proclamato imperatore (*Kaiser*) di Germania. Alcuni mesi dopo la Francia, stremata, dovette arrendersi: venne siglato un armistizio a Versailles, seguito dalla pace di Francoforte, il 10 maggio 1871. Fino all'agosto del 1914, le maggiori potenze europee non avrebbero più combattuto fra loro.

* * *

C'è un termine inglese, piuttosto difficile da tradurre, usato spesso per indicare uno sbaglio di valutazione, un abbaglio dagli effetti disastrosi: *blunder*. *Some one had blunder'd*, "Qualcuno (in alto loco) aveva preso un abbaglio", recita più o meno, con discrezione tutta britannica, il poemetto *The Charge of the light Brigade* di Alfred Tennyson, dedicato da uno dei maggiori poeti inglesi dell'Ottocento allo sfortunato eroismo della brigata leggera di cavalleria a Balaklava. Nei confronti della guerra comincia ad affiorare, in campo letterario, una vena sempre più critica, destinata a culminare nella descrizione sarcastica e amara della battaglia di Sedan a opera di Emile Zola nel suo *La défaite* (*La disfatta*). Fanno eccezione, ovviamente, le opere di propaganda patriottica e politica; per quanto ci riguarda più da vicino, siamo consapevoli che le battaglie del nostro Risorgimento, almeno fino al 1860, sono state descritte, illustrate e dipinte per mettere in evidenza l'eroismo di capi e gregari e soprattutto la validità degli ideali che avevano portato al confronto di tipo militare. Per nostra fortuna, mentre nel resto d'Europa la guerra diventava sempre più un soggetto per pittura d'occasione e di commissione, allontanandosi dalle nuove esperienze figurative, la componente "politica" e culturale faceva sì che la descrizione degli eventi bellici interessasse ancora artisti di grande valore, come Silvestro Lega e soprattutto Giovanni Fattori. Negli anni di pace dopo il 1871 gli eventi bellici del Risorgimento, in parte ingigantiti rispetto al loro effettivo valore dal punto di vista militare, costituirono l'asse portante di una "mitologia" laica volta a costruire, nelle nuove generazioni, l'orgoglio di appartenere a una nazione che aveva saputo esprimere il meglio di sé nelle guerre di liberazione dallo straniero. Basta leggere *Cuore* di Edmondo De Amicis per rendersene conto.

La cinematografia, invece, è arrivata quando già le guerre europee dello scorso secolo erano state oscurate dalla tragedia della Prima guerra mondiale, e a parte i numerosi film italiani sull'epopea risorgimentale, con particolare riguardo a Garibaldi e ai suoi volontari, non si contano molte pellicole dedicate a questo periodo (anche a causa della contemporaneità con gli eventi bellici in Nordamerica, ben più "fortunati" quanto a trasposizione sullo schermo). Fa eccezione la guerra di Crimea, con almeno due film completamente diversi tra loro. Il primo è *The*

Charge of the Light Brigade (1936 – Usa), regia di Michael Curtiz (titolo italiano: *La carica dei Seicento*), interpretato da Errol Flynn, Olivia de Havilland, David Niven. Si può dire che l'intero film sia in funzione del poemetto di Tennyson, che appare in sovraimpressione durante la carica nella valle della morte da parte del XXVII Lancieri britannico. Per esigenze di trama, la sontuosa produzione insiste soprattutto sul racconto romantico di Flynn e della de Havilland in un avamposto militare in India. Il secondo film si intitola anch'esso *The Charge of the Light Brigade* (1968 – Gran Bretagna), per la regia di Tony Richardson (titolo italiano: *I Seicento di Balaklava*) e interpretato da David Hemmings, Vanessa Redgrave, John Gielgud, Trevor Howard. Questa volta il protagonista è il capitano Nolan e il film è fortemente critico verso la guerra e l'ottusa stupidità dei comandanti. È realizzato con grande finezza ma tutto sommato risulta deludente nella sua ricostruzione degli eventi che portarono al coinvolgimento britannico nella guerra di Crimea; tuttavia si riscatta abbondantemente per la sconvolgente sequenza della battaglia e per l'accuratezza della ricostruzione (in particolare le perfette uniformi furono realizzate sotto la supervisione del massimo esperto inglese, John Mollo).

XVII
Gettysburg e Little Big Horn: le guerre americane

La storia militare americana è concentrata in uno spazio decisamente breve rispetto a quella di tante altre nazioni, ma è nota a un pubblico vastissimo e in maniera superiore, o almeno equivalente, alla storia militare dei paesi europei. Se almeno in parte questo fenomeno si può attribuire all'azione martellante dei media, d'altro canto non si può negare l'oggettiva suggestione di guerre causate – almeno apparentemente – da una scelta di libertà o da una spinta umanitaria, oppure dal tragico scontro di due culture inconciliabili. La disillusione della guerra del Vietnam ha portato tutti a riservare un'attenzione più disincantata a quegli eventi, e a rendersi conto, per esempio, che gli eroi di Alamo erano in buona parte avventurieri senza patria o politicanti in cerca di nuovi collegi elettorali; che ai nordisti, più che la libertà dei neri, interessava la conquista delle nuove terre dell'Ovest a danno dei latifondisti del sud; che le guerre contro gli indiani furono in larga misura un susseguirsi di stragi e genocidi.

Il fascino resta, perché una buona parte di quelli che combattevano credeva veramente negli ideali dei quali oggi, con una certa leggerezza, siamo pronti a sorridere. Poi, proprio a partire dalle guerre contro gli indiani, gli stessi americani cominciarono a capire che il tempo degli entusiasmi volgeva alla fine. Almeno sino alla morte del generale Custer le guerre americane furono epopea; e quando il servizio militare ritornò un fatto troppo prosaico, gli scrittori di romanzi di avventure e i giornalisti alla ricerca di sensazioni da trasmettere ai loro lettori si rivolsero a quella sorta di lunga guerriglia che fu la vita di frontiera, facendo assurgere volgari ammazzamenti per la strada al rango di duelli cavallereschi o vere e proprie battaglie.

Per dedicare un capitolo agli eventi di maggior rilievo nella storia militare americana del XIX secolo potremmo cominciare dalla battaglia di **New Orleans**, che al termine della guerra anglo-americana del 1812-15 oppose, l'8 gennaio 1815, circa 7.000 regolari inglesi a una forza mista di 3.500 americani, che comprendeva soldati, civili, schiavi liberati e persino pirati comandati dal celebre Jean Lafitte, tutti subordinati al generale Andrew Jackson, futuro presidente degli Stati Uniti: una battaglia vinta, sorprendentemente, dai "dilettanti" americani che ebbero l'intelligenza di aspettare dietro ottimi ripari l'arrivo delle truppe inglesi, decimandole senza pietà con le loro carabine e i loro "Kentucky".

Oppure potremmo cominciare dall'assedio di **Alamo**, che dal 23 febbraio al 6 marzo 1836 vide la resistenza di 163 texani più una dozzina di volontari del Tennessee guidati dal leggendario David Crockett, contro circa 2.400 regolari messicani comandati dal "generalissimo" e presidente della Repubblica Antonio Lopez de Santa Anna. Ma la battaglia di New Orleans non ebbe alcuna importanza dal punto di vista militare, perché la pace tra Gran Bretagna e Stati Uniti era già stata firmata: i due eserciti lo ignoravano a causa della distanza che li separava dall'Europa. Alamo fu un episodio davvero epico ma poco più di un mese dopo, a San Jacinto, altri texani sconfissero l'esercito messicano, fecero prigioniero Santa Anna e ottennero l'indipendenza del Texas: un'indipendenza durata solo 10 anni, perché la Repubblica texana entrò a far parte degli Stati Uniti nel 1845, provocando la guerra tra Usa e Messico.

Anche questo conflitto, se è di primaria importanza per la storia degli Stati Uniti, non ebbe ripercussioni o particolare notorietà al di fuori del continente americano. Bisogna aspettare la guerra di Secessione, che dal 1861 al 1865 oppose gli Stati del Nord a quelli del Sud in nome della liberazione degli schiavi di colore, per avere un evento che fosse seguito con qualche interesse dalle nazioni europee, salvo non essere compreso nelle sue importanti anticipazioni delle guerre future. Oltre alle armi a ripetizione e a retrocarica furono impiegati vari modelli di artiglierie da campagna e pesanti, entrarono in azione le prime navi corazzate a scafo interamente metallico e furono usate le prime mitragliatrici meccaniche effettivamente funzionanti. Le battaglie della guerra civile americana furono decisamente più sanguinose di quelle delle guerre europee: un fenomeno che solo in parte può essere attribuito all'inesperienza dei comandanti, e deriva piuttosto dalla grande volontà combattiva dei soldati di entrambe le parti, e dal potere micidiale delle nuove armi, in particolare dei fucili a canna rigata. Ancora, tanto per concludere, alcuni lunghi assedi della guerra costituirono una tragica anticipazione della guerra di trincea del 1914-18.

Tra le numerose battaglie della guerra civile, il punto di svolta va senz'altro cercato a **Gettysburg**. In questa località della Pennsylvania, dal 1° al 3 luglio 1863 si confrontarono il maggiore generale George C. Meade al comando dell'armata del Potomac e il generale Robert E. Lee al comando dell'armata della Virginia del Nord: 95.000 nordisti contro 75.000 sudisti.

Lo scopo di Lee era di portare la guerra nel Nord e infliggere una decisiva sconfitta all'armata del Potomac.

Nel giugno 1863 Lee aveva già sconfitto due volte l'armata del Potomac, la maggiore forza militare dell'Unione, nelle battaglie di Fredericksburg e di Chancellorsville; ma la situazione strategica e le sollecitazioni del presidente della Confederazione, Jefferson Davis, non consentivano di restare sulla difensiva. Per fiaccare la volontà nordista di continuare a combattere, impoverire le risorse alimentari della Pennsylvania e allontanare la guerra dalla Virginia, Lee decise di muovere verso nord, invadendo il territorio nemico. Non era neppure escluso che una vittoria clamorosa sull'esercito unionista avrebbe indotto qualche potenza europea – soprattutto l'Inghilterra – a schierarsi attivamente dalla parte dei confederati.

Le forze del Nord erano all'erta. Le opposte unità di cavalleria si scontrarono in parecchie azioni sul confine, mentre Lee spostava il suo esercito lungo la valle dello Shenandoah. Il 24 giugno i sudisti terminarono l'attraversamento del Potomac ed entrarono in Pennsylvania, ma l'armata del Potomac era dietro a loro, distanziata solo da tre giorni di marcia.

A causa della temporanea assenza della cavalleria di Stuart, impegnata in un raid del tutto inutile all'interno del Maryland, Lee non fu avvertito della marcia di avvicinamento dell'armata del Potomac fino al 28 giugno, quando fu anche informato che Meade era stato nominato comandante della stessa armata dopo le dimissioni di Hooker nello stesso giorno, a seguito di un dissidio professionale con il maggiore generale Henry Halleck, generale in capo dell'esercito degli Stati Uniti. Entrambi gli eserciti si diressero verso l'importante nodo stradale di Gettysburg e il 1° luglio cominciò la battaglia fra le rispettive avanguardie: i primi sudisti a entrare in contatto con il nemico furono i fanti della divisione Heth, che si scontrarono con due brigate della I divisione di cavalleria nordista agli ordini del valoroso e abile generale Buford. I cavalleggeri riuscirono a trattenere il nemico per tutto il tempo necessario ad avvertire Meade e per consentire l'avvicinamento dei corpi d'armata distribuiti lungo le strade di accesso a Gettysburg. I soldati a cavallo si ritirarono solo quando si trovarono di fronte tre divisioni confederate. Erano le 10 del mattino e il I corpo d'armata unionista stava già prendendo posizione lungo la McPherson Ridge e la Seminary Ridge. Contro questo corpo d'armata, rinforzato all'una del pomeriggio dall'XI corpo (composto in maggioranza da emigrati tedeschi) si scagliarono le divisioni sudiste di Heth, Pender e Hill: un attacco lanciato alle 2 del pomeriggio fece arretrare i nordisti, che abbandonarono la città di Gettysburg ma si riordinarono su una linea che andava dalla Cemetery Ridge fino alla Cemetery Hill. Secondo alcuni storici, Lee avrebbe potuto vincere la battaglia se avesse attaccato con forza i nordisti prima che avessero il tempo di prendere posizione e aspettare i rinforzi: ma aveva a disposizione poche truppe fresche e il loro comandante, generale Ewell, preferì aspettare l'arrivo della divisione Johnson, che invece si era attardata su una delle vie di accesso al campo di battaglia e non arrivò che verso sera. In quel momento le linee unioniste venivano rinforzate dal XII e dal III corpo d'armata e diventavano davvero troppo forti per Lee, che non disponeva ancora del grosso delle sue truppe, in marcia verso le posizioni nemiche. È degno di nota il fatto che la battaglia era combattuta a fronti rovesciati, in quanto l'esercito confederato attaccava da nord e l'esercito unionista proveniva da sud.

Mentre altre truppe arrivavano durante la notte, la linea unionista fu estesa a sud lungo la Cemetery Ridge fino a due colline note come Big Round Top e Little Round Top; contemporaneamente, i confederati svilupparono una linea parallela lungo la Seminary Ridge, lunga poco più di un chilometro verso ovest. La posizione nordista era forte, ma non imprendibile; il generale Longstreet suggerì a Lee di aggirare il nemico ma quest'ultimo, oltre tutto in cattive condizioni di salute, rinnegò la sua esperienza di abile tattico per puntare tutto su un attacco frontale, che fu scagliato non all'alba (quando avrebbe avuto qualche speranza di successo) ma addirittura alle 2 del pomeriggio del 2 luglio. Tuttavia Meade rischiò ugualmente di perdere la battaglia, quando tre divisioni confederate attaccarono il III corpo d'armata del maggiore generale Daniel Sickles, che senza precisi ordini in proposito aveva abbandonato la sua posizione difensiva avanzando di quasi un chilometro verso il nemico, esponendosi all'attacco di tre divisioni nemiche. Dopo la battaglia, Sickles, che aveva perso una gamba durante gli scontri ed era diventato un eroe di guerra, cercò di far ricadere tutta la responsabilità su Meade, giungendo ad accusarlo di codardia davanti a una commissione parlamentare di inchiesta: ma è fuor di dubbio che la sua iniziativa causò parecchi problemi allo schieramento nordista, facendolo indietreggiare dalla Cemetery Ridge. Comunque, le riserve unioniste tapparono le falle e con un'azione pronta e una lotta disperata impedirono la caduta di Little Round Top, che prendeva di infilata la Cemetery Ridge. La mancanza di coordinamento fra le forze sudiste fece sì che anche gli attacchi confederati su Culp's Hill, a partire dalle 6 del pomeriggio, non conseguirono progressi. In sostanza, avendo cercato di colpire, senza coordinamento tra i reparti, le ali dello schieramento nordista senza aggirare la posizione, Lee aveva solo sottratto risorse preziose alle sue truppe.

Il 3 luglio cominciò con un altro infruttuoso attacco alle posizioni di Culp's Hill, ma presto Meade ebbe il sospetto che si stesse preparando qualcosa di assai più importante. Lee, ignorando il suggerimento di Longstreet di tenere occupati i nordisti con attacchi diversivi e dar luogo a una manovra di aggiramento, fece il più grave errore della sua carriera, decidendo di scagliare un assalto frontale su terreno aperto contro il nemico ben assestato sulla Cemetery Ridge. L'assalto contro Culp's Hill aveva appunto lo scopo di attrarre in quella direzione le riserve nordiste, e l'unica manovra di aggiramento, rivolta al lato destro dello schieramento nemico, doveva essere sostenuta dalla cavalleria di Stuart, ricongiuntasi all'armata. Purtroppo per i sudisti, né l'una né l'altra operazione ebbe successo. All'una del pomeriggio ebbe inizio un intenso bombardamento delle posizioni nordiste sulla Cemetery Ridge, effettuato da 159 cannoni sudisti. I federali sostennero le perdite e la loro artiglieria fece il possibile per far credere al nemico di essere stata messa quasi interamente a tacere. Così, convinti di avere di fronte solo un velo di truppe semidistrutte dalle cannonate, alle 2 del pomeriggio 15.000 confederati avanzarono verso la cresta. Di fronte a tutti marciava la divisione del maggiore generale

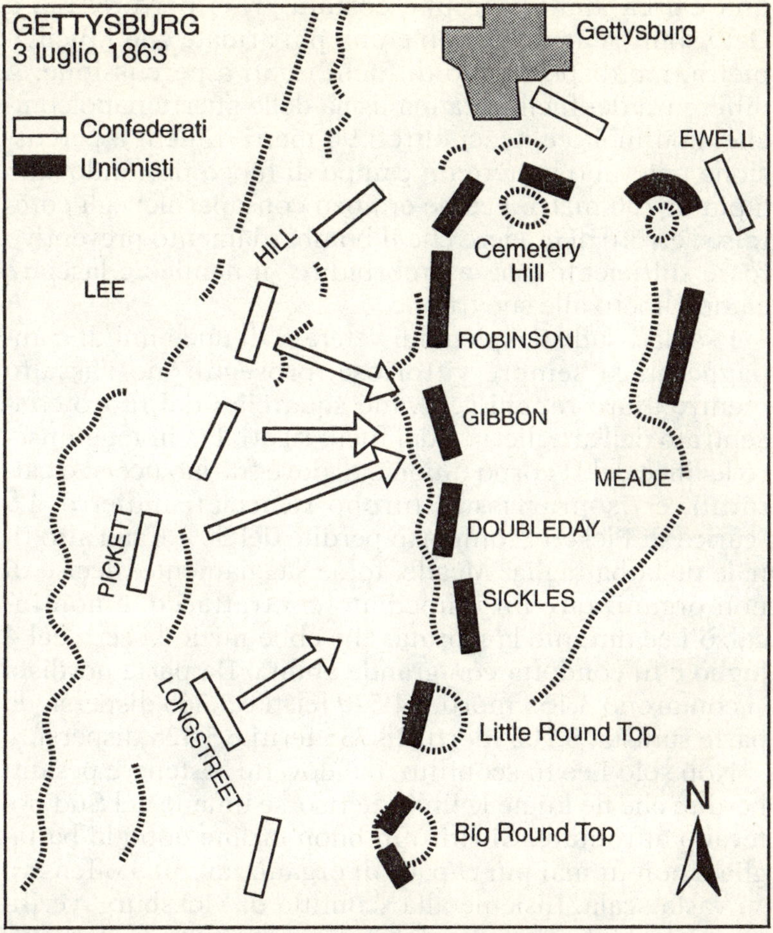

Pickett, sicché quella carica formidabile divenne nota negli annali della guerra civile americana come "carica di Pickett". Ben presto le truppe che risalivano il lieve pendio di circa un chilometro e mezzo di terreno interamente allo scoperto divennero il bersaglio prima della fucileria e poi delle scariche di mitraglia dei numerosi cannoni nordisti sopravvissuti al bombardamento, nascosti dietro i rilievi retrostanti al pendio. Anche al tempo di Napoleone una carica simile sarebbe costata gravi perdite: ma a Gettysburg le fanterie non erano più armate con i fucili a pietra, ma disponevano di fucili rigati a percussione. A differenza dei fucili a canna liscia delle guerre napoleoniche, non molto efficaci oltre i 90 metri, i fucili a percussione potevano battere un campo di fuoco profondo sino a più di 700 metri. Lee ne era ben consapevole; egli commise l'errore di credere che il bombardamento preventivo fosse sufficiente per "ammorbidire" il nemico e lasciare campo libero alle sue truppe.

I soldati sudisti, splendidi veterani di due anni di campagne quasi sempre vittoriose, proseguirono l'assalto mentre i loro ranghi venivano squarciati dal fuoco concentrato dell'artiglieria e dei fucili rigati. Pochi raggiunsero le linee del II corpo unionista, dove furono uccisi o catturati, e i sopravvissuti furono ricacciati indietro. La "carica di Pickett" comportò perdite del 50% e fu l'atto finale della battaglia. Meade, forse saggiamente, decise di non organizzare un immediato contrattacco, e non incalzò Lee durante la ritirata, che ebbe inizio la sera del 4 luglio e fu condotta con grande abilità. Da parte nordista si contarono 3.155 morti, 14.529 feriti e 5.365 dispersi; da parte sudista, 3.903 morti, 18.735 feriti e 5.425 dispersi.

Non solo Lee fu sconfitto, ma dovette sostenere pesanti perdite che né lui né le limitate risorse umane del Sud potevano affrontare. Si ritirò in buon ordine dopo la battaglia e non fu mai più capace di organizzare una offensiva su vasta scala. Insieme alla sconfitta di Vicksburg, verificatasi il 4 luglio, la battaglia, mentre in sé non fu decisiva, segnò un punto di svolta nella guerra, dopo il quale le fortune della Confederazione declinarono rapidamente.

La fine della guerra civile indusse molti veterani dei due schieramenti a cercare fortuna all'Ovest, ove era possibile avere terre a buon mercato e fare fortuna con le ricerche minerarie o la caccia al bisonte. Una parte dei veterani, invece, scelse di raffermarsi nell'esercito regolare, e in particolare nelle piccole unità di cavalleria che dovevano assicurare l'ordine nelle zone di frontiera: un ordine che, nove volte su dieci, significava repressione e morte per le tribù indiane. Per i militari di carriera – come George Armstrong Custer, che si era distinto anche a Gettysburg – il servizio nei reparti dell'Ovest era una scelta obbligata, anche se non necessariamente gradevole. Custer, però, aveva altri progetti: approfittando della sua notorietà, era costantemente alla ricerca di una vittoria clamorosa, che gli assicurasse la popolarità necessaria per lanciarsi in politica. In fondo, Ulysses Simpson Grant, comandante in capo dell'esercito nordista, era diventato presidente degli Stati Uniti e molti altri militari erano diventati uomini politici. Perché non puntare su obiettivi del genere, grazie anche all'appoggio di una stampa favorevole a caccia di eroi da celebrare?

Per ottenere altra fama, tutto era lecito, compreso il massacro di accampamenti indiani colti di sorpresa: uno sport al quale anche Custer si dedicò, guadagnandosi l'odio delle tribù, finché non incontrò il suo destino al **Little Big Horn**, un fiumicello di scarsa importanza nel Montana.

In un certo senso, fu proprio Custer a far cominciare l'ennesima guerra indiana che avrebbe segnato la sua fine.

Nel 1875 i Sioux e i loro alleati Cheyenne si trovarono nuovamente in contrasto con il governo degli Stati Uniti per i soliti motivi. Il trattato di Laramie del 1868 aveva assegnato a queste due tribù vasti tratti di terra apparentemente di scarso valore nel Nord e nel Sud Dakota. Ma nel 1874 George A. Custer aveva inseguito alcuni indiani ribelli fino alle Colline Nere, l'antico territorio sacro delle tribù locali, ed era venuto a sapere che in quei monti si trovavano dei filoni d'oro. Così, senza saperlo, Custer scrisse la condanna a morte per i diritti degli indiani su quell'area, e per se stesso. Il presidente degli Stati Uniti, il generale Ulysses Grant, eroe della guerra di Secessione, si lasciò convincere a deportare tutti gli indiani in altre riserve e a dichiarare atti ostili le loro pretese sulle Colline Nere: tutto questo in chiara violazione del trattato. Come era già avvenuto in passato, il costo di un tale doppio gioco, in termini di vite umane, sarebbe stato assai pesante. Minatori e avventurieri cominciarono ad affluire verso le Colline Nere, cacciando via gli indiani e sterminando i bisonti. Dapprima, gli ordini del responsabile militare per le terre di frontiera, il generale Sheridan, parvero onorare il trattato. I minatori e i coloni furono allontanati dai luoghi sacri, ma agli stessi minatori fu consentito di lasciare sul posto i paletti con i quali avevano marcato le future concessioni. Il significato di questo comportamento non sfuggì agli indiani: molto presto il governo dei "visi pallidi" avrebbe consentito il ritorno sulle Colline e lo sfruttamento delle miniere. Una grande alleanza di Sioux e Cheyenne fu formata sotto i due grandi capi Toro Seduto[1] e Cavallo Pazzo. Il generale Crook, che era già riuscito a trasformare i feroci Apaches in tranquilli contadini, fu incaricato ora di soggiogare indiani che cercavano solo di coltivare le loro terre. All'inizio del 1876 Crook tentò di lanciare un attacco, non riuscito, contro il villaggio di Cavallo Pazzo. Incoraggiati da questo episodio, altri Sioux e Cheyenne scesero sul sentiero di guerra. Per parte sua, Sheridan stava organizzando la sua grande offensiva

Durante l'aprile e il maggio del 1876, tre colonne cominciarono a convergere nel territorio dei Sioux e dei Cheyenne. I comandanti delle colonne erano il colonnello John Gibbon e i generali Alfred H. Terry e Crook. La forza di Terry consisteva principalmente nel VII Cavalleria di George A. Custer, con 600 uomini. Custer era appena ritornato da uno dei suoi viaggi periodici all'Est per farsi pubblicità sui giornali. In questa occasione aveva lanciato accuse contro alcuni parenti di Grant, accusandoli di corruzione, e aveva corso il rischio di essere destituito per insubordinazione. Il 9 giugno la colonna di Crook – 15 com-

[1] In effetti, Toro Seduto non era un capo militare ma un *medicine man*, una via di mezzo tra lo stregone e il guaritore, dotato di grande prestigio e carisma personale.

pagnie di cavalleria e cinque di fanteria, più una certa quantità di guide indiane – fu attaccata da Cavallo Pazzo al fiume Tongue. Crook se l'aspettava: Cavallo Pazzo aveva intimato di non andare in quella direzione e Crook sapeva che questo attacco serviva soprattutto per mostrare che il capo di una tribù Cheyenne manteneva sempre la sua parola. Nessun soldato americano rimase ucciso.

Crook continuò, raccogliendo lungo la strada una grossa banda di esploratori Shoshone (l'ufficio indiano gli aveva vietato di usare i Sioux). Il successivo attacco non fu affatto simbolico. Il 7 giugno gli uomini di Crook erano accampati sul fiume Rosebud, poco a nord del confine tra il Wyoming e il Montana. Gli esploratori Crow tornarono al campo gridando: «Sioux! Sioux!». Erano gli uomini di Cavallo Pazzo, che aveva concepito un notevole piano di battaglia per annientare il contingente di Crook (egli stesso raccontò più tardi i dettagli del piano al suo avversario). Cavallo Pazzo affrontò inizialmente Crook con 1.500 guerrieri, solo un quinto della sua forza. Se i soldati si fossero divisi in distaccamenti, come di solito facevano, i singoli gruppi sarebbero stati schiacciati uno alla volta. Invece, se Crook avesse mantenuto il suo reparto unito, Cavallo Pazzo aveva progettato di attirare i soldati in un canyon e là piombare su di loro utilizzando la sua superiorità numerica. Compreso il piano del suo oppositore, Crook non fece né l'una né l'altra cosa. Al contrario, collocò i suoi cavalli bene in vista come esca per gli indiani; quando questi ultimi si diressero verso gli animali, Crook li fece bersagliare da uomini appostati sulle alture. L'attacco fu respinto, Crook mosse in avanti la sua linea e ricacciò indietro gli avversari. Nondimeno si era trattato di uno scontro molto duro; Crook ne fu scosso, la sua colonna rimase malconcia e priva di approvvigionamenti. Non c'erano notizie dalle forze di Terry e Custer, a 80 chilometri di distanza. Crook non lo sapeva, ma era in pratica già fuori della campagna militare. Né poteva sapere che Cavallo Pazzo e Toro Seduto lo avevano lasciato per il loro appuntamento con Custer e il VII Cavalleria.

Per quanto riguarda George Armstrong Custer, fu una lunga strada a condurlo al Little Big Horn. Malgrado fosse stato l'ultimo della sua classe a West Point, si ritrovò generale nell'esercito dell'Unione all'età di 23 anni. Molte cose avevano caratterizzato Custer fin dall'inizio: il suo esibizionismo (aveva metri di galloni sulla sua uniforme e portava lunghi capelli biondi), la sua fame di pubblicità e il suo incontestabile valore. In effetti, sulla terra ci furono pochi uomini più coraggiosi di Custer, sebbene il suo tipo di coraggio consistesse più che altro nell'attaccare a testa bassa senza preoccuparsi delle conseguenze. Al termine della guerra aveva sposato la bella Libby Bacon; il dono di nozze di Sheridan fu la tavola sulla quale Lee aveva firmato la resa ad Appomattox. Nella parata della vittoria dopo la guerra civile, Custer lasciò correre in avanti il suo cavallo, per poter ottenere da solo gli applausi della folla: fu un comportamento tipico del suo carattere. Nelle pianure dell'Ovest, Custer si procurò rapidamente una reputazione di comandante rigido sino alla crudeltà: faceva frustare i soldati, fucilava i disertori, faceva imprigionare i bestemmiatori in una buca nel terreno. Dopo aver prestato servizio in alcuni comandi con effetti assai variabili (inclusa la sospensione per un anno, più tardi revocata, per cattiva amministrazione), Custer fu messo dal suo vecchio mentore Sheridan alla testa del VII Cavalleria. A differenza di Crook, Custer mostrava scarso interesse nel cercare di comprendere i suoi nemici, il che si accordava perfettamente con la politica di genocidio patrocinata da Sheridan. Dopo il massacro della tribù di Caldaia Nera, Custer era diventato uno degli uomini bianchi più odiati dai Cheyenne. Un capo lo salutò durante una conferenza di pace con il sorriso sulle labbra e dandogli il calumet lo insultò chiamandolo traditore e assassino. Custer, che non capiva il linguaggio Cheyenne, pensò che il capo gli stesse rendendo onore. Anche se Custer qualche volta si comportò con giustizia nei riguardi degli indiani – cosa che i giornali a lui favorevoli misero spesso in risalto – molto più spesso li tradì.

A 30 anni Custer cominciò a scrivere la sua autobiografia – glorificandosi da solo – e non riuscì a finirla, ma molti suoi articoli furono raccolti più tardi nel libro *La mia vita nelle Pianure*. Spesso si recava nell'Est, ove era idoleggiato come il coraggioso combattente delle guerre indiane. Pochi suoi superiori condividevano quell'entusiasmo. Sebbene Sheridan gli rimanesse amico, Crook detestava Custer; un altro superiore lo descrisse come un uomo freddo, insincero e privo di principi morali. Malgrado la durezza di Custer, comunque, il suo VII Cavalleria era una struttura fedele e motivata ed era pronto a seguirlo dovunque. Sapevano che aveva l'abitudine di caricare prima ed eseguire solo in seguito la ricognizione, ma contavano su quella che chiamavano "fortuna di Custer". Come abbiamo visto, i 600 uomini di Custer facevano parte del comando di Terry nell'offensiva della primavera 1876. All'inizio di giugno, gli uomini di Terry mossero attraverso il territorio del Dakota per riunirsi al comando di Gibbon; entrambi, poi, si sarebbero mossi contro i capisaldi indiani. Dopo aver colpito il distaccamento di Crook a metà del mese, Cavallo Pazzo e Toro Seduto costituirono un accampamento di 12.000 indiani provenienti da molte tribù, ma soprattutto Sioux e Cheyenne, nella valle del fiume Little Big Horn. Custer, che aveva corso il rischio di essere destituito per insubordinazione e comunque aveva perso la speranza di comandare la colonna intera, decise di operare indipendentemente da Terry e recuperare la sua reputazione. Terry sembrò consentire una tale condotta: ordinò a Custer di comandare la principale forza offensiva e, benché avesse consigliato Custer di avanzare per unirsi con Gibbon, nondimeno aggiunse: «... a meno che non abbiate una ragione sufficiente per discostarvi dagli ordini». Con questa dichiarazione Terry diede mano libera al suo subordinato.

Custer e i suoi uomini cavalcarono verso la storia. Il 24 giugno seppe dai suoi esploratori dell'esistenza del villaggio indiano sul Little Big Horn, ma ancora non aveva un'idea precisa delle sue dimensioni. Decise quindi di ripetere il suo attacco contro Caldaia Nera, assalendo il villaggio all'alba. Il 25 giugno portò i suoi cavalleggeri più a ridosso del villaggio, sperando ancora nella sorpresa: ma presto scoprì che gli indiani seguivano la sua pista e capì che doveva attaccare immediatamente, se voleva evitare che all'alba il villaggio levasse le tende. L'esperienza gli diceva che il modo migliore per distruggere un accampamento era colpirlo da molti lati e subito. Di conseguenza, mandò il capitano Frederick W. Benteen con 115 uomini a spazzar via qualsiasi villaggio si trovasse a sud, per riunirsi in seguito con la colonna principale nella valle del Little Big Horn.

Custer e il resto dei suoi uomini cavalcarono per un paio d'ore; i 135 uomini della compagnia "B" rimasero indietro senza alcuna ragione, ma questo ritardo salvò loro la vita. Finalmente una guida indiana riferì a Custer che il villaggio sembrava sul punto di levare le tende. Le informazioni erano sbagliate, ma Custer si affrettò a schierare le sue truppe, ordinando a un distaccamento di 140 uomini e 35 *scouts* indiani, sotto il maggiore Marcus A. Reno, di assaltare la parte più bassa del villaggio. A questo punto si era privato della maggior parte della sua colonna. Custer e i due battaglioni che gli erano rimasti si diressero a nord per serrare sulla parte superiore del villaggio. Con lui era suo fratello più giovane, il capitano Tom Custer. A metà del pomeriggio, il maggiore Reno intravide il villaggio e si stupì della sua estensione – una parata di *teepees* lunga 5 chilometri, per tutto il corso del fiume. Perciò, piuttosto che caricare all'interno del villaggio, Reno ordinò ai suoi uomini di smontare e prepararsi a una scaramuccia, per fiancheggiare l'azione di Custer al nord. In breve tempo furono circondati da un vero sciame di guerrieri: la situazione rapidamente si dimostrò senza speranza. Lungo la strada Reno poteva vedere le truppe di Custer sulle colline, troppo lontane per poter venire in loro aiuto. Gli uomini di Reno si ritirarono nella boscaglia a mano a mano che l'attacco contro di loro si faceva più intenso All'improvviso, uno degli *scouts* di Reno fu colpito a pochi passi di distanza dal maggiore; sconvolto, con le cervella dello *scout* che gli imbrattavano la giubba, Reno gridò ordini contraddittori ai suoi uomini. In breve tempo tutti si diedero alla fuga verso il fiume. I guerrieri indiani spinsero i loro cavalli in mezzo a loro e li colpirono con facilità. Il distaccamento di Reno raggiunse le alture sopra il fiume dopo aver perduto 90 uomini su 175 fra cavalleggeri ed esploratori.

Sul fiume i superstiti si congiunsero con Benteen e le sue tre compagnie. Informato della situazione e degli ultimi ordini di Custer, Benteen decise di non muoversi e lasciare che Custer si difendesse da solo. A quanto pare nessuno si rese conto che Custer non si poteva difendere da solo. La sua fortuna, incontestata fino allora, era ormai agli sgoccioli. Un'ora prima, il suo aiutante, W.W. Cooke, aveva scarabocchiato un biglietto: *Benteen – Venite subito. Grande villaggio. Fate in fretta. Portate pacchi* (di munizioni). *P.S. Portate pacchi.*[2] Fu l'ultimo messaggio della colonna, già condannata. Nel portare il messaggio a Benteen, il corriere – che a differenza del suo comandante non aveva esaurito la sua dose di fortuna – oltrepassò Boston Custer, che cavalcava verso la colonna. Boston fece in tempo a congiungersi nella morte con i suoi due fratelli. Mentre le compagnie di Custer scendevano nella valle verso il villaggio, gli indiani galoppavano verso l'alto per incontrarlo dopo aver messo in rotta gli uomini di Reno. Convinto che Reno fosse impegnato nella parte bassa del villaggio e Benteen si stesse avvicinando, Custer cavalcò fiducioso contro il nemico. Nessun uomo bianco sarebbe sopravvissuto per raccontare ciò che accadde in quel 25 giugno. Ma i racconti degli indiani e un'accurata ricerca archeologica hanno consentito, nel tempo, di rivelare molti particolari sul duro destino di Custer e dei suoi uomini. Innanzi tutto, non ci furono indiani a cavallo che attorniarono le "giacche blu" fino a travolgerli con la forza

[2] *Benteen – Come on. Big village. Be quick. Bring packs. P.S. Bring pacs.* [*sic*]

del loro numero. Solo un terzo degli indiani possedeva armi da fuoco, ma questi includevano 200 fucili a ripetizione Winchester e Henry, che da soli erano capaci di un volume di fuoco più elevato di quello delle carabine a colpo singolo degli uomini di Custer; e quindi i guerrieri si diedero da fare per utilizzare nel modo migliore questo vantaggio non trascurabile.

Gli indiani assalirono il fianco sinistro e la retroguardia di Custer, spingendolo fino a una bassa cresta, totalmente priva di ripari. Là, divisi in cinque gruppi, i 210 cavalleggeri fecero fronte al nemico. Gli indiani si fecero avanti, mentre le loro grida di guerra riempivano l'aria. Un capo di nome Cane Basso gridò ai suoi uomini: «Questo è un buon giorno per morire: seguitemi!». Un altro, Gamba di Legno ricordò in seguito: «Dapprima sparavamo a una certa distanza, ma poi cominciammo a strisciare per terra per avvicinarci da tutti i lati della cresta. Ogni guerriero si alzava di scatto, sparava e si buttava a terra rapidamente, ricominciando a strisciare in avanti per un altro piccolo tratto». Al contrario di quel che fanno credere molte raffigurazioni della battaglia, pochi indiani erano a cavallo. Prima dello scontro finale gli stessi indiani avevano messo in fuga o ucciso tutti i cavalli delle "giacche blu", bloccando i loro nemici sulla cresta. La fine arrivò in fretta. Mentre gli uomini erano colpiti uno a uno, il fianco nord del reparto di Custer cominciò a sgretolarsi. Il capo Uomo Bianco Zoppo condusse i suoi uomini alla carica, gridando: «Avanti! Possiamo ucciderli tutti!». Cavallo Pazzo condusse un attacco sul gruppo di uomini che circondavano George Custer, che, già mortalmente ferito, si era barricato dietro ai cavalli morti vicino alla bandiera del suo reggimento. Un indiano così descrisse le ultime fasi della resistenza: «I cavalli correvano sopra i soldati e l'uno sopra l'altro. Si combatteva a distanza ravvicinata, e tutti sparavano quasi senza prendere la mira». Alcuni soldati tentarono una corsa disperata verso il fiume, ma furono rapidamente abbattuti. Poi, come Gamba di Legno ricordò, «dai soldati non arrivarono altri colpi». Mentre gli indiani procedevano carponi in mezzo ai cavalli e ai cadaveri, un cavalleggero morente si alzò all'improvviso su uno braccio, minacciando gli indiani con il suo revolver. Un Sioux gli fece saltare l'arma dalla mano e lo colpì alla testa: dopo di che i soli suoni che si udirono furono le grida di vittoria degli indiani. C'era voluto meno di un'ora perché George Custer causasse una delle peggiori sconfitte della storia americana. Il destino un po' beffardo gli consentì di ottenere, proprio con questa sconfitta, la fama immortale che aveva cercato con tanta insistenza.

Cavallo Pazzo non aveva finito con il VII Cavalleria. In effetti, non si era reso conto di aver ucciso il comandante del reparto. Gli indiani tornarono al galoppo lungo la strada che avevano percorso per assalire Custer e strinsero d'assedio Benteen e Reno per il resto del 25 giugno e fino alla sera del giorno successivo. I cavalleggeri terrorizzati ed esausti tennero duro, sempre più allarmati per l'assenza di Custer. All'alba del 27, gli indiani se ne andarono e i soldati videro avvicinarsi le colonne di Terry e Gibbon. Insieme si diressero a cavallo verso le alture per vedere che fine aveva fatto Custer e trovarono una scena da incubo, che avrebbe tormentato i loro sonni per tutta la vita. La maggior parte dei cadaveri era stata mutilata, molti al di là di ogni possibile identificazione. George Custer era stato spogliato dei suoi abiti in pelle di daino ma per il resto era stato lasciato intatto, a parte le due ferite di arma da fuoco che l'avevano ucciso. Fu probabilmente un caso che non sia stato mutilato come gli altri. Nessuno tra gli indiani lo aveva conosciuto di persona, e per giunta si era fatto tagliare corti i suoi famosi, lunghi "capelli gialli" poco prima dell'inizio della campagna. La maggior parte dei morti fu seppellita sul posto in tombe poco profonde. Come sempre, gli indiani avevano portato via i loro morti, che furono valutati in meno di 50. Dalla parte dell'esercito degli Stati Uniti si contò un solo sopravvissuto: un cavallo ferito, chiamato Comanche, che visse fino al 1891 come mascotte del VII Cavalleria Davanti alla commissione d'inchiesta riunita per esaminare le cause del disastro, il capitano Benteen fornì un epitaffio molto esplicito: «C'era una quantità eccezionale di indiani che erano ottimi tiratori. Noi eravamo vicini alle loro famiglie e alle loro abitazioni ed essi combattevano per tutto ciò che il buon Dio ci ha dato, per il quale valga la pena di lottare».[3]

Gli indiani non continuarono a combattere per molto tempo. Sheridan concentrò tutti i soldati a sua disposizione per schiacciare i Sioux e i Cheyenne in rivolta. Prima che un altro anno fosse trascorso, le tribù furono costrette a ritirarsi nelle riserve e le Colline Nere furono consegnate ai minatori. L'ultima grande rivolta indiana era terminata e Custer era entrato nella leggenda, che gli fu cucita addosso tralasciando a lungo la sua temerarietà e i suoi incredibili errori tattici e strategici.

* * *

Date le dimensioni limitate della loro storia, gli americani conservano gelosamente ogni testimonianza: tutti i campi di battaglia sono mantenuti con cura e costituiscono la meta di veri e propri pellegrinaggi o, se si preferisce, di allegre scampagnate culturali. Il campo di battaglia di Gettysburg è, da questo punto di vista, esemplare. Cannoni, siepi, steccati, ogni cosa è rimasta al suo posto o è stata ricollocata dov'era o dove si suppone che fosse in quei tre primi giorni del mese di luglio del 1863. Ogni reggimento, ogni reparto ha contrassegnato con un cippo o con un monumento il punto dove si trovava quando si distinse maggiormente nei combattimenti. Nel museo del campo di battaglia, il settore più impressionante è il *cyclorama*, il colossale dipinto circolare di Paul Philippot-

[3] *There were a great deal too many Indians who were powerful good shots on the other side. We were at their hearths and homes – and they were fighting for all the good God gives anyone to fight for.*

teaux che rappresenta *tutto* il campo di battaglia al momento della carica di Pickett (c'è un altro *cyclorama*, dello stesso autore, anche a Waterloo). Una voce recitante, con effetti sonori, racconta al pubblico al centro della sala le varie fasi dello scontro.

Non basta. Gli Stati Uniti sono la terra del *reenactment*, ossia della ricostruzione delle battaglie dal vero a opera di migliaia di appassionati, che indossano le uniformi dell'epoca e adoperano riproduzioni di armi antiche, per rappresentare di fronte a un pubblico entusiasta le fasi principali delle grandi battaglie. È un hobby diffuso anche in altri paesi, specialmente in Gran Bretagna, ma negli Usa è un piccolo fenomeno di massa.

Poi, ovviamente, c'è la letteratura. Da Stephen Crane ad Ambrose Bierce, a Margaret Mitchell un numero enorme di autori, noti e meno noti, si è cimentato con la guerra civile o con le guerre indiane, proponendo la sua visione personale degli eventi. Una letteratura dotta e una letteratura popolare di vaste dimensioni si disputano il campo e l'attenzione degli studiosi o, più semplicemente, dei lettori curiosi.[4]

Gli americani, comunque, conservano un rapporto ambivalente con il loro passato, e in particolare con la guerra civile.[5] Lo testimoniano i numerosi film, a partire da *The Birth of a Nation* ("Nascita di una nazione"), di David Wark Griffith, del 1915, che presenta un punto di vista dichiaratamente razzista; per passare all'ambiguo e famosissimo *Gone with the Wind* (*Via col vento*), di Victor Fleming, con Olivia De Havilland, Clark Gable, Leslie Howard e Vivien

[4] Dal punto di vista italiano, l'antologia più interessante resta *40 storie americane di guerra – da Fort Sumter a Hiroshima*, Milano 1964, a cura di Carlo Fruttero e Franco Lucentini.

[5] Di recente è apparso *The civil war in popular culture – A Reusable Past*, di Jim Cullen: un testo particolarmente stimolante, che fa il punto sulle varie immagini della guerra civile, compreso il controverso argomento del ruolo dei neri d'America, sia come causa apparente della guerra, sia come diretti protagonisti.

Leigh, dal romanzo omonimo della Mitchell, apparso nel 1939; e non bisogna dimenticare *Glory* (*Uomini di gloria*), del 1989, regia di Edward Zwick, interpretato da Matthew Broderick, Morgan Freeman e Denzel Washington. Il film è la vera storia del LIV reggimento volontari di fanteria del Massachussetts, la prima unità combattente formata da uomini di colore, un tempo schiavi. Nell'attacco finale contro l'inespugnabile Fort Wagner – considerato un formidabile presidio nella Carolina del Sud – il LIV reggimento, prescelto su domanda di Shaw per aprire la strada alle truppe, si batté eroicamente, lasciando sul terreno la metà degli effettivi. L'eccezionale impresa di questi soldati contribuì a far passare sotto le bandiere dell'Unione 180.000 uomini di colore. Il film è accurato nella sua descrizione della psicologia dei personaggi e soprattutto nelle scene di battaglia.

Se si vuole avere la visione più completa di una battaglia della guerra civile americana, comunque, bisogna fare riferimento a *Gettysburg*, una videocassetta della durata di circa 4 ore, che consente quasi di partecipare "dal vivo" allo scontro (il film è stato realizzato con l'aiuto di numerosi appassionati del *reenactment*). Girato nel 1993 da Ronald F. Maxwell, con attori di primo piano come Tom Berenger, Jeff Daniels e Martin Sheen (quasi tutti irriconoscibili sotto le fluenti barbe in uso a quel tempo), il film si basa sul romanzo di Michael Shaara *The Killer Angels* e pertanto non costituisce un resoconto di tutti gli eventi sul campo di battaglia; ma la forte caratterizzazione di alcuni personaggi minori, peraltro effettivamente esistiti, consente allo spettatore di sopportare agevolmente l'impresa di visionare un film così lungo.

D'altra parte, le varie versioni della battaglia di Alamo, a cominciare da quella più famosa per la regia di John Wayne (1960) e interpretata dallo stesso Wayne, Richard Widmark, Laurence Harvey, e Linda Cristal, dovrebbero aver abituato lo spettatore di film storici americani a esercitare la propria pazienza. In caso contrario, ci sono sempre i film su Custer e la battaglia del Little Big Horn, a cominciare da quello interpretato da Errol Flynn per arrivare a *Piccolo grande uomo*, forse il più veridico nella rappresentazione dell'ultimo scontro tra "Capelli gialli" e gli indiani.

XVIII
Isandhlwana e Rorke's Drift: sconfitte e vittorie di una potenza coloniale

L'impero politico, economico e culturale che aveva il suo centro amministrativo e ideale nella Gran Bretagna governata dalla regina Vittoria raggiunse la sua massima estensione nella seconda metà del XIX secolo. Dal punto di vista strettamente geografico, la sovranità della regina e imperatrice si estendeva sopra un quarto della Terra; ma occorre anche ricordare quanto fosse grande l'influsso esercitato dalla cultura e dai modelli di vita della società vittoriana sulle altre nazioni europee e persino sugli Stati Uniti, che dopotutto restavano un paese di cultura anglosassone.

Per mantenere il controllo del loro impero i britannici potevano contare in primo luogo sulla loro flotta, la Royal Navy, che per numero e qualità di navi e di marinai era senza dubbio la forza navale più grande del mondo; all'interno dei territori, invece, il mantenimento dell'ordine, ed eventualmente la repressione delle rivolte, toccavano al piccolo esercito di professione. Presi individualmente, i soldati britannici potevano essere considerati tra i migliori del mondo; nel periodo di Isandhlwana erano dotati anche di una buona arma, il fucile Martini-Henry a blocco cadente incernierato, o *falling block*, a colpo singolo. Il soldato tirava verso il basso una leva di caricamento situata tra il calcio e il ponticello: in tal modo si abbassava il blocco di culatta dietro la canna, rendendo possibile l'inserimento di una cartuccia e riportando in alto la leva si chiudeva il blocco di culatta. Il fucile, a cane interno, era pronto a sparare la sua palla calibro 450. In condizioni di calma e concentrazione, secondo W.W. Greener,[1] un buon tiratore poteva sparare fino a 40 colpi al minuto. Si tratta di un'evidente esagerazione, ma è innegabile che soldati esperti e con una buona scorta di munizioni potevano infliggere perdite terribili a popolazioni armate in prevalenza di armi bianche e di lance, o di vecchi fucili a pietra. In aggiunta al Martini-Henry le truppe britanniche potevano disporre delle mitragliatrici Gatling a 10 canne ruotanti attorno a un medesimo asse e alimentate da un caricatore. Le cartucce cadevano a una a una nelle scanalature di un trasportatore fatto girare da una manovella insieme alle canne, che sparavano le loro cartucce una alla volta. L'arma era capace di una notevole precisione e soprattutto poteva sparare fino a 100 colpi al minuto, a patto che non si inceppasse (evento che, purtroppo, si verificava sempre nei momenti meno adatti).

La vera, grande debolezza dell'esercito imperiale britannico erano i suoi capi. Non tutti, s'intende: altrimenti non sarebbe stato possibile né conquistare né mantenere per tanto tempo l'impero. È comunque innegabile che l'ottusità di parecchi ufficiali superiori e talora dei comandanti portarono a sconfitte che si sarebbero potute evitare. Questi momentanei rovesci, paradossalmente, erano sempre seguiti da vittorie "riparatrici" nelle quali, grazie a circostanze più favorevoli, comandanti più abili e un corretto uso delle precedenti esperienze, si otteneva una piena vendetta delle perdite subite e soprattutto si tranquillizzava l'opinione pubblica, sempre più attenta e critica grazie alla crescente rapidità con la quale i corrispondenti di guerra dei grandi giornali londinesi erano in grado di informare i loro lettori (e quindi anche di in-

[1] W.W. Greener, *The Gun and its development* (ristampa anastatica della nona edizione, Birmingham 1910), London 1986.

fluenzare le scelte politiche in merito alla prosecuzione delle operazioni militari). All'occorrenza, come vedremo, un evento militare minore risolto in modo positivo poteva essere utilizzato per bilanciare gli effetti di una sconfitta di notevoli dimensioni. Quanto alle doti limitate di parecchi ufficiali inglesi, esse erano dovute in parte al conservatorismo tipico di molte caste militari e in parte agli effetti, in corso di attenuazione, del diritto di acquisto dei gradi rimasto in vigore sino al 1870 e abolito dal ministro della Guerra Edward Cardwell; più in generale, per far parte del corpo ufficiali era quasi indispensabile provenire da una delle poche, grandi scuole private della Gran Bretagna – Eton in testa – e disporre di un cospicuo patrimonio per mantenere il tenore di vita richiesto dalle convenzioni sociali, con spese che superavano sempre l'ammontare dello stipendio. Queste esigenze spesso contavano più della professionalità e dell'inventiva personale, e un ufficiale brillante ma povero era sempre scavalcato nella carriera da ufficiali di buona famiglia, indipendentemente dalle loro doti militari. Per fortuna l'esercito, soprattutto dopo il miglioramento delle condizioni di vita dei soldati e degli ufficiali subalterni, restava sempre un buon posto dove impiegarsi (a parte i rischi personali) e gli errori dei capi potevano essere attutiti o superati grazie al coraggio e alla preparazione dei loro subordinati.

Tra il 1806 e il 1866 l'area del Sudafrica, a parte Città del Capo, restò di scarso interesse per la corona britannica. Coloni di origine olandese e tedesca, i boeri, e tribù guerriere africane, fra le quali dominava l'etnia zulu, scoraggiavano qualunque iniziativa di grande respiro commerciale e militare in una zona poco appetibile anche dal punto di vista agricolo. Poi, nel 1866, qualcuno trovò un diamante e nel giro di quattro anni si scatenò una vera e propria corsa ai diamanti; per soprammercato, nel 1873 fu scoperto l'oro. L'interesse britannico per quei territori adiacenti alla colonia del Capo si risvegliò all'improvviso e prese forma con l'annessione del territorio del Transvaal. Una mossa che indubbiamente irritò i boeri, ma che si attirò soprattutto l'ostilità degli zulu, specialmente dopo che gli inglesi, per ingraziarsi i coloni bianchi, appoggiarono le loro pretese sui territori della tribù africana. Nel 1872 al debole re Mpande succedette il guerriero Cetshwayo, che ridiede forza e coesione a una temibile armata di 40.000 uomini. La situazione si mantenne in bilico per cinque anni, finché il nuovo governatore della colonia del Capo, Sir Bartle Frere, decise di mettere in atto una serie di provocazioni allo scopo di spingere gli zulu alla guerra e quindi schiacciarli una volta per tutte. Frere arrivò a chiedere, l'11 dicembre 1878, lo scioglimento dell'armata zulu e la sottomissione dell'etnia alle leggi inglesi. In mancanza di risposte, il maggior generale Sir Frederic Thesiger, secondo barone di Chelmsford, ricevette l'ordine di avanzare nel territorio della tribù africana.

Chelmsford aveva solo cinque battaglioni di fanteria regolare britannica e due batterie di artiglieria campale leggera: circa 7.000 uomini, ai quali andavano ad aggiungersi oltre 9.000 nativi, arruolati in tutta fretta, più altri 1.100 volontari locali. La preparazione della spedizione richiese due mesi e il piano prevedeva, secondo uno schema di tipo napoleonico, la divisione del contingente di invasione in tre colonne, che dovevano convergere sulla capitale zulu, Ulundi. Una quarta colonna, composta da indigeni arruolati per l'occasione, avrebbe dovuto ritardare gli eventuali attacchi degli *impi* ("reggimenti") zulu, per il tempo necessario a far intervenire il grosso dell'esercito. Il piano poteva essere buono, ma richiedeva abili subordinati, un ottimo coordinamento e soprattutto una maggiore consapevolezza delle capacità militari del nemico.

La mattina dell'11 gennaio 1879, la colonna centrale attraversò il fiume Tugela poco al di sopra di Rorke's Drift, un deposito-ospedale sorvegliato da una compagnia del XXIV reggimento. La colonna inglese, composta anche da truppe indigene, era appesantita da 220 carri: la mancanza di strade rallentò vistosamente l'avanzata, fino ai piedi della collina di **Isandhlwana** ("Stomaco di bue"). Chelmsford, che si trovava con questa colonna, avuta notizia di movimenti zulu a sud-est, lasciò il campo il 22 gennaio, con una parte delle truppe e quattro pezzi di artiglieria, lasciando il tenente colonnello Pulleine con il resto della colonna e i carriaggi. Purtroppo, Pulleine non aveva mai preso parte ad azioni di guerra durante la sua carriera militare. Ai suoi ordini si trovavano sei compagnie di regolari inglesi, due pezzi di artiglieria con 70 artiglieri e un contingente di indigeni, 118 dei quali a cavallo. Gli africani, arruolati in tutta fretta, erano poco addestrati e disponevano di vecchi fucili o soltanto di lance. L'accampamento era collocato sul lato orientale dell'alto promontorio di Isandhlwana e a est e a ovest era protetto da due pendii laterali, tanto scoscesi che neppure gli zulu avrebbero potuto utilizzarli per un attacco. A sud della collina, separata da uno stretto passaggio, si trovava la collina di Stony Hill; a nord il pianoro di Nqutu.

Pulleine riteneva la sua posizione imprendibile, e le sue convinzioni si rafforzarono con l'arrivo del colonnello Anthony Durnford e dei suoi tre battaglioni indigeni, più un gruppo di cavalleria indigena sikali e una batteria di razzi della Royal Artillery. Gli uomini di Durnford erano in pratica la quarta colonna, destinata a controllare i movimenti del nemico, ma avevano ricevuto l'ordine successivo di rinforzare Pulleine. Quest'ultimo offrì il comando al collega, riconoscendone il grado superiore e le maggiori capacità, ma Durnford declinò l'offerta e alle 11.30, avuta notizia di ulteriori attività degli zulu, lasciò il campo con una parte della sua cavalleria e la batteria di razzi. Poco dopo arrivarono alcuni esploratori per annunciare la presenza, a nord, di un intero *impi* – quasi 4.000 guerrieri – che li stava inseguendo. Un contingente nemico ancora più numeroso fu avvistato a nord-est, ma Durnford ignorò l'avvertimento, fino a quando l'orizzonte, a meno di 2 chilometri di distanza alla sua sinistra, non si coprì di un immenso numero di zulu diretti contro di lui. Invece di ritirarsi in buon ordine, Durnford ebbe la splendida idea di far scendere i suoi uomini da cavallo e di aprire il fuoco sui nemici. Con un rapporto di forze di 30 a uno, i suoi uomini furono costretti a retrocedere verso una collina a forma di cono, alcuni chilometri a est del campo principale, per aspettare in quella posizione l'arrivo degli zulu, che ormai attaccavano su tutto il fronte.

Pulleine, dopo aver mandato un messaggero a Chelmsford per informarlo dell'attacco, dispose le sue truppe commettendo un altro tragico errore: allo scopo di sostenere Durnford, allungò la sua linea di fuoco da nord a sud-est, lungo tutto il perimetro del campo fino quasi a congiungersi con le truppe del collega. In questo modo disperse il potere di fuoco dei fucili inglesi, effettivamente notevole se concentrato su più righe di soldati che sparavano a turno mentre gli altri ricaricavano. Gli zulu, armati solo di mazze e soprattutto di corte lance – gli *assegai* – usate per colpire a distanza ravvicinata come grossi pugnali, subirono comunque pesanti perdite e il primo *impi* fu costretto a ritirarsi in disordine; ma anche la linea inglese era stata scompaginata ed era impossibile ridurre il fronte, poiché gli zulu continuavano l'attacco usando la loro tattica favorita, la *izi Cwe* o "corna del bufalo". Un *impi* centrale, il "petto", era destinato a impegnare la linea nemica, mentre le "corna", ossia un *impi* per ciascun lato, eseguivano un movimento avvolgente. Un ulteriore *impi*, le "reni", era tenuto di riserva. Con il loro fuoco gli inglesi avevano inflitto dure perdite al "petto", ma le "corna" erano riuscite a portare avanti il loro movimento aggirante. Tanto per peggiorare la situazione, i soldati stavano finendo le munizioni. Ogni fante inglese aveva 100 colpi, mentre gli indigeni ne avevano forse 10 per ciascuno. La riserva di munizioni era abbondante: ma le casse erano ermeticamente chiuse, e mancavano i cacciavite per aprirle! Per questo grottesco contrattempo la maggior parte dei difensori di Isandhlwana non fu in grado di mantenere a lungo la cadenza di fuoco che aveva causato tante perdite al nemico anche se, data la cattiva posizione delle truppe, il reparto era comunque destinato a essere spazzato via dai guerrieri africani.

Completato il movimento aggirante, gli zulu erano riusciti a bloccare ogni via di ritirata. Pochi uomini riuscirono a fuggire, alcuni gruppi organizzarono sacche di resistenza isolate, ma ben presto Pulleine si rese conto che la fine era vicina e tentò di salvare la bandiera nazionale, affidandola a due ufficiali, che peraltro restarono uccisi nel tentativo di attraversare il fiume Tugela, perdendo la bandiera nel fiume (lo stendardo fu in seguito recuperato e riconsegnato al reggimento). Nel frattempo la tragedia si era compiuta: gli zulu, padroni del campo, entro la metà del pomeriggio avevano massacrato chiunque avesse cercato di opporsi al loro assalto, e si erano impegnati a saccheggiare i carriaggi o ad aprire il ventre dei cadaveri, perché i corpi dei caduti non diventassero dimore degli spiriti del male.

Nel complesso, comprese le truppe di Durnford, Pulleine aveva avuto ai suoi ordini circa 1.800 uomini. Solo 55 regolari britannici su 950 sopravvissero; gli indigeni scampati furono di più, circa 300, perché si diedero alla fuga prima del disastro finale. Tra i caduti europei, la maggioranza – 21 ufficiali e 578 tra soldati e sottufficiali – apparteneva al XXIV reggimento di fanteria, composto in larga parte di gallesi e denominato in seguito South Wales Borderers. D'altro canto, gli zulu avevano pagato a caro prezzo la loro vittoria. Tra i 2.000 e i 3.000 guerrieri erano caduti sotto il piombo dei Martini-Henry e molto più numerosi dovevano essere i feriti destinati a morire nei giorni successivi. Come dichiarò re Cetshwayo: «Un *assegai* è stato piantato nel ventre della nazione: non ci sono lacrime sufficienti per piangere tutti i morti».

Anche per gli inglesi, comunque, si trattò di un vero shock. La regina Vittoria scrisse nel suo diario: «Non riusciamo ancora a capire come sia potuto succedere» e il generale Wilkinson, nelle sue *Memorie*, dichiarò: «Penso che nessun essere vivente immaginasse da parte degli zulu un simile indomabile coraggio e un più intenso disprezzo della morte sotto il fuoco devastante di truppe disciplinate». Sorge subito alla mente il confronto con le sconfitte italiane in Africa Orientale: Dogali nel 1887 e soprattutto Adua nel 1896. In entrambi i casi le ripercussioni sul fronte interno furono assai gravi e ritardarono l'espansione coloniale (sarebbe stato meglio, a conti fatti, che l'avessero interrotta completamente). Invece la corona britannica continuò a inviare truppe in Africa – almeno 10.000 uomini in sei mesi – e per tranquillizzare l'opinione pubblica, la stampa ebbe a immediata disposizione lo scontro di **Rorke's Drift**.

L'*impi* di riserva – le "reni" – fu mandato a spazzar via, in quel medesimo pomeriggio del 22 gennaio, l'unica compagnia rimasta del XXIV reggimento, vicino al guado di Rorke's Drift, in una fattoria che era anche sede di una missione, trasformata temporaneamente in ospedale da campo e deposito di provviste. In ospedale c'erano 36 malati, un chirurgo, un cappellano e un infermiere; a guardia del guado, 84 uomini della compagnia "B" del II battaglione del XXIV e una compagnia di indigeni (Kaffir); in aggiunta, si trovavano sul posto un tenente del Genio reale inglese, addetto al passaggio dei carri, e alcuni civili.

Al comando della compagnia "B" si trovava il tenente Gonville Bromhead. La sua famiglia aveva dato ufficiali al XXIV da ben 120 anni; suo fratello, Charles Bromhead, maggiore nel medesimo reggimento, si era comportato in maniera brillante in altre campagne coloniali e in quel momento si trovava presso il ministero della Guerra a Londra. Gonville, invece, all'età di 33 anni si ritrovava tenente da otto, non aveva preso parte ad alcuna azione di guerra ed era quasi completamente sordo. Il fatto che si trovasse nelle retrovie a occuparsi dei bagagli dimostra la riluttanza di Pulleine ad affidargli un comando in battaglia. L'altro ufficiale – il maggiore medico non poteva comandare un reparto – era John Rouse Merriot Chard, 32 anni di età, di cui 11 passati con il grado di tenente del Genio, senza mai combattere né ricevere una promozione. Per una manciata di giorni era il più anziano in grado e a lui sarebbe toccato comandare le truppe, in un episodio destinato a illustrare il coraggio e l'ostinazione dei soldati e degli ufficiali di Sua Maestà britannica.

A metà del pomeriggio, Chard e Bromhead furono informati del disastro di Isandhlwana e della loro pericolosa posizione. Non esistevano postazioni difensive a Rorke's Drift, ma Chard non voleva abbandonare i feriti e i malati e decise di fare il possibile per fortificare la missione. Carri, scatole di gallette, sacchi di granaglie e tratti di muretto furono gli elementi costitutivi di una linea di difesa improvvisata, che includeva la casa, il cortile e il recinto del bestiame. Un grande punto debole era costituito dal tetto di paglia della casa-ospedale. Tutti i degenti che erano in grado di maneggiare un fucile vennero armati e riforniti di munizioni.

Chard contava di avere circa 300 uomini per difendere la posizione, ma gli indigeni che erano con lui, tanto quelli a piedi quanto quelli a cavallo, si diedero alla fuga con in testa i loro ufficiali e sottufficiali di origine europea. Questo atto di vigliaccheria sortì il curioso effetto di innalzare il morale degli inglesi, che per la rabbia di vedersi abbandonati giunsero a sparare ai loro alleati in ritirata (uno degli uomini piazzò una pallottola nella schiena di un sottufficiale europeo delle truppe africane). Nonostante fossero rimasti in 140, compresi i ricoverati dell'ospedale e qualche volontario, i soldati in uniforme rossa erano decisi a vendere cara la pelle.

Nel tardo pomeriggio, un uomo di guardia sulla collina si precipitò giù nel recinto gridando: «Arrivano, neri come l'inferno e fitti come l'erba!». Un *impi* di 4.000 guerrieri stava calando su Rorke's Drift. Gli zulu dovevano attraversare un largo tratto di terreno scoperto prima di arrivare alla linea di difesa inglese e i soldati, dotati di un'inesauribile provvista di munizioni, ebbero il tempo di abbattere molti nemici. Addestrato, come i suoi compagni, a un tiro rapido e preciso, un soldato riuscì a colpire otto guerrieri con otto colpi. I superstiti della prima ondata arrivarono al parapetto e impegnarono gli inglesi in feroci corpo a corpo, baionette contro *assegai*, fin dentro l'ospedale, che fu abbandonato solo dopo lo scoppio di un incendio, provocato dal fuoco che gli spari avevano acceso sul tetto di paglia. Al combattimento prendevano parte, dalle colline dietro la missione, anche alcuni zulu armati con i fucili presi ai morti di Isandhlwana, ma il loro tiro non era paragonabile a quello degli inglesi. La vera possibilità, per gli africani, di aver ragione dei loro nemici europei consisteva nell'imporre la loro superiorità numerica in uno scontro diretto, basato sull'abilità e la forza nell'uso dell'*assegai*; ma a differenza di Isandhlwana, dove ogni soldato aveva combattuto allo scoperto, qui gli inglesi erano addossati a una buona posizione difensiva e potevano rovesciare un fuoco regolare, devastante e concentrato sui loro nemici. È sufficiente un rapido calcolo: un centinaio di tiratori con una cadenza di 10 colpi al minuto significavano una potenza di fuoco di 1.000 colpi al minuto, superiore a quella di due mitragliatrici della Prima guerra mondiale.

Gli zulu non ne erano consapevoli, e venivano avanti ondata dopo ondata. Quando arrivavano al corpo a corpo, i superstiti erano respinti a colpi di baionetta e con i calci dei fucili usati come mazze. I combattimenti proseguirono nella notte, alla luce dell'incendio dell'ospedale. Il perimetro difensivo si restrinse al granaio e al recinto del bestiame e infine allo spazio antistante al granaio, trasformato in una ridotta. I fucili avevano sparato tanto e con tale rapidità che le canne bruciavano le dita e i meccanismi, pieni di residui di polvere da sparo, si inceppavano sempre più spesso; ma ormai gli zulu avevano esaurito le forze, e alle 4 del mattino gli attacchi cessarono. Dalla boscaglia, ogni tanto, giunsero degli *assegai* scagliati dai guerrieri in ritirata: poi, più nulla.

Alle prime luci del mattino, gli inglesi superstiti (c'erano stati 15 morti e parecchi feriti) poterono contemplare il risultato del loro lavoro. Almeno 500 zulu erano rimasti uccisi, senza contare i feriti che erano riusciti a raggiungere le colline. In tutto, gli europei avevano sparato 20.000 colpi, come testimoniavano le cartucce vuote che ricoprivano il terreno dello scontro. I soldati rimossero i cadaveri degli zulu dalla loro cucina da campo e incominciarono a preparare il tè.

Alle 7.30 gli zulu riapparvero. Chard richiamò i suoi uomini e li dispose nuovamente per quella che, al momento, sembrò l'ultima disperata difesa. Ma gli zulu si sedettero su una collina fuori della portata dei fucili. Anche loro erano esausti, e in più non mangiavano da due giorni. Non avevano alcun desiderio di riprendere la lotta. Sotto gli occhi stupiti di Chard e dei suoi, gli zulu si alzarono e si ritirarono al di là delle colline. Più tardi, nel corso della mattinata, lo stesso Chelmsford si presentò con i resti del suo esercito, rilevò i superstiti di Rorke's Drift e si ritirò nel Natal.

Senza dubbio l'ostinata difesa di Rorke's Drift rappresenta un fatto d'armi degno di nota nell'ambito di una campagna militare mal condotta e male organizzata: ma il fatto che si sia verificata subito dopo la sconfitta di Isandhlwana fornì al governo inglese l'occasione di bilanciare l'esito negativo di un fatto d'armi davvero importante con l'esito positivo di uno scontro minore. Undici "Victoria Cross", la decorazione più importante dell'esercito britannico, furono conferite ai difensori di Rorke's Drift: la cifra più alta assegnata per una singola battaglia, e ce ne sarebbero state ancora di più, se già a quei tempi fosse stato possibile conferirle alla memoria. Oltre a Chard e a Bromhead, la medaglia fu assegnata ad altri sette inglesi, a un ufficiale boero e a un europeo, di origine svizzera, ufficiale della milizia del Natal.

Sei mesi più tardi, Chelmsford tornò all'attacco. Questa volta aveva 10.000 soldati inglesi in più, armati sempre di ottimi Martini-Henry; e aveva quattro mitragliatrici Gatling a 10 canne rotanti. Con tutte le sue forze puntò dritto su Ulundi e il 4 luglio 1879, di fronte alla capitale zulu, dispose le sue truppe in un rettangolo perfetto, contro il quale si infransero le cariche disperate dei guerrieri africani, decimati dal tiro preciso dei fucili a retrocarica, dalle scariche di mitraglia dei cannoni e dalle pallottole delle due Gatling impiegate nello scontro. Quando il fumo della battaglia si diradò, gli inglesi avevano avuto 10 morti e 97 feriti; ma più di 1.000 zulu giacevano senza vita tutto intorno al "quadrato del diavolo", come i vecchi guerrieri superstiti, molti anni dopo, avrebbero descritto ai loro figli la figura geometrica che aveva segnato il destino della loro nazione.

* * *

Nel 1964 l'attore inglese Stanley Baker, protagonista di vari film di intensa analisi sociale, volle concedersi una sorta di evasione nella cinematografia d'avventura e produsse un film, *Zulu*, incentrato sulla battaglia per circa metà dei 138 minuti della sua durata: le sequenze d'azione sono spettacolari ed esaltanti e l'impiego delle armi è mostrato con precisione davvero rimarchevole. Dato che il XXIV reggimento era composto in larga parte di gallesi, è possibile che Baker abbia voluto rendere omaggio alla sua terra d'origine. L'attore-produttore si riservò la parte di Chard, prendendosi la notevole libertà di abolire la gran barba "a spazzolone" inalberata dal tenente dei Royal Engineers, che avrebbe nascosto il suo maschio profilo gallese; e del resto appare senza barba anche Bromhead, interpretato da un giovanissimo Michael Caine, alla sua prima apparizione cinematografica. Degna di nota, anche se un po' sopra le righe, l'interpretazione di Jack Hawkins nella parte di un missionario svedese pacifista. In effetti il film risente di qualche "libera interpretazione" del soggetto, ma nel complesso descrive abbastanza fedelmente gli eventi militari.

Quindici anni dopo, una coproduzione olandese-americana si occupò dell'"incidente" prima di Rorke's Drift, e cioè della battaglia di Isandhlwana, con il film *Zulu Dawn*, che tende a esaltare il punto di vista della nazione zulu: un doveroso omaggio, ma con parecchie forzature, al punto da presentare gli inglesi come una nazione in decadenza, messa in crisi dalla sua stupidità militare, dalla dignità di Cethswayo e dal valore dei guerrieri africani.

Zulu Dawn ha in comune con il film precedente il soggettista, Cy Endfield, che era stato anche il regista di *Zulu*; le scene di guerra sono ugualmente notevoli, anche se in questo caso, dal punto di vista degli europei, sono decisamente frustranti (si pensi alla sequenza delle casse di munizioni, che non si riesce ad aprire per mancanza di cacciavite, mentre i soldati inviati dalle varie compagnie attendono in fila, con le mani tese, la loro razione di cartucce). Fra gli attori, primeggiano Peter O'Toole (nella parte del fatuo Chelmsford) e Burt Lancaster, perfettamente a suo agio nelle parti di ufficiali condannati alla sconfitta dalla stupidità dei superiori (un ruolo già affrontato un anno prima in *Go Tell the Spartans*, un film sulla guerra in Vietnam).

Ricordiamo infine che la guerra contro gli zulu, oltre a far scorrere fiumi di inchiostro da parte dei corrispondenti di guerra inglesi, ha ispirato persino il nostro Giosuè Carducci, che nella sua poesia *Per la morte di Napoleone Eugenio* (*Odi Barbare*, XVII) ricorda la triste fine toccata all'unico figlio di Napoleone III, che aveva voluto prendere parte alla spedizione inglese ed era stato ucciso a 23 anni dagli zulu, a seguito di uno sfortunato incidente. In pratica l'erede imperiale, esule in Inghilterra con la sua famiglia dopo la guerra franco-prussiana e l'abdicazione del padre, doveva essere solo un ospite di riguardo, da tenere lontano dai pericoli; ma il caso e l'insipienza dell'ufficiale inglese incaricato della sua scorta fecero sì che il principe, caduto da cavallo, rimanesse isolato di fronte a un manipolo di guerrieri zulu, che lo trafissero con i loro *assegai*, la *inconscia zagaglia barbara* della quale parla Carducci, che paragona il fato del figlio di Napoleone III con quello del figlio di Napoleone I, l'*Aiglon*, morto di tisi a 21 anni nella prigione dorata della corte austriaca.

XIX

Da Tsushima allo Jutland: le grandi battaglie per la supremazia navale

Le origini della guerra russo-giapponese non si perdono certamente nella notte dei tempi. Fu solo nel 1830 che il cosacco Yermak, al servizio del governo russo, arrivò con la sua banda di avventurieri fino alle spiagge siberiane affacciate sul mar del Giappone. Trent'anni dopo, grazie a un trattato con la Cina, la Russia si impadronì della costa della Manciuria. Nel 1875, la marina zarista prese l'isola di Sakhalin. Proprio in quel periodo il Giappone stava emergendo dall'isolamento politico, economico e culturale e stava creando industrie pesanti sul modello occidentale. Alla ricerca di materie prime, i governanti nipponici si accorsero che gli europei avevano conquistato la maggior parte dello spazio attorno alle loro isole. L'unica area ancora libera era costituita dalla Corea, formalmente legata all'Impero cinese ma in realtà regno indipendente. Nel 1894, con deboli pretesti, il Giappone dichiarò guerra alla Cina e occupò la penisola coreana. La Russia reagì esercitando forti pressioni sui giapponesi perché abbandonassero la penisola di Liaotung e soprattutto l'importante base navale di Port Arthur. I giapponesi furono anche costretti a riconoscere l'indipendenza della Corea, sulla quale poterono solo esercitare un protettorato.

L'orgoglio nazionale nipponico era stato gravemente offeso, e la situazione non migliorò di certo quando, nel 1898, proprio i russi ottennero dalla debole Cina l'uso per

25 anni della penisola di Liaotung e di Port Arthur. La Russia ora aveva un porto nel Pacifico, a breve distanza dal Giappone. L'afflusso continuo di forze militari nella regione non permetteva illusioni sulla durata dell'"affitto" di Port Arthur: la Russia voleva installarsi definitivamente e bloccare per sempre l'espansione giapponese. L'unica alternativa era la guerra, che portasse alla conquista della Corea, del Liaotung e di Port Arthur. Il 7-8 febbraio 1904 la prima armata del generale Kuroki sbarcò nel porto coreano di Chemulpo e si diresse a nord, verso il confine con la Manciuria, sul fiume Yalu; l'8 febbraio, poco prima di mezzanotte, senza dichiarazione di guerra, la marina giapponese attaccò la flotta russa alla fonda a Port Arthur. Le ostilità erano cominciate.

Il più importante problema strategico era il controllo del mare. Le vittorie della flotta consentirono ai giapponesi di sbarcare e rifornire, in Manciuria, i loro eserciti, mentre i russi erano costretti a mobilitare le riserve in Siberia e a far arrivare le truppe attraverso la ferrovia Transiberiana. Eppure i russi, almeno sulla carta, erano in netto vantaggio: potevano contare sulle squadre di Port Arthur, di Vladivostok e dell'Estremo Oriente, senza contare il possibile intervento della flotta del Baltico. Tuttavia i giapponesi avevano alle spalle l'esperienza della guerra con la Cina, combattuta nel 1894: e appunto in quella guerra avevano sviluppato un sistema di collaborazione tra esercito e marina, volto appunto a far affluire il maggior numero possibile di forze terrestri nei punti focali della guerra, più che a cercare di distruggere la flotta nemica. Consapevoli del fatto che le loro navi erano preziose e non sostituibili, i comandanti giapponesi tentavano di infliggere perdite al nemico con azioni di sorpresa, finalizzate sempre allo sbarco di nuove truppe, ma erano pronti a interrompere il contatto quando la situazione diventava troppo pericolosa.

Alla luce di questa cooperazione tra esercito e marina, la conquista di Port Arthur divenne il primo obiettivo della guerra, sia per eliminare la flotta russa di stanza nella rada, sia per evitare che la base navale fosse utilizzata da altre flotte nemiche. Nell'assalto di sorpresa dell'8 febbraio 1904 la flotta russa aveva subito gravi perdite, ma avrebbe potuto lanciarsi al contrattacco; invece preferì restare sulla difensiva, consentendo ai giapponesi di bloccarla e di scaricare intere armate in Corea e in Manciuria. Le operazioni di blocco costarono, in effetti, più navi di quante furono perse dai nipponici nella battaglia di Tsushima, senza contare poi le decine di migliaia di caduti nelle operazioni di assedio di Port Arthur per via di terra; ma, nel complesso, le navi zariste furono tenute a bada e da parte russa l'unico modo per rompere il blocco sembrò l'utilizzo della flotta del Baltico (la flotta del mar Nero non poté attraversare il Bosforo per i veti delle altre potenze europee, e in particolare dell'Inghilterra).

Purtroppo per i russi, la sfortuna si accanì sin dal principio su un progetto già decisamente audace. In particolare, la morte nell'aprile 1904 dell'ammiraglio Makarov, l'unico comandante navale energico e deciso a disposizione dei russi, rese ancora più inerte la flotta di stanza a Port Arthur, e nella fortezza assediata dalla III armata giapponese del generale Nogi cominciò a serpeggiare il malcontento tra gli ufficiali dell'esercito e gli ufficiali della flotta, accusati dai loro colleghi di codardia. Un tentativo di rompere il blocco il 10 agosto portò alla battaglia del mar Giallo. Saggiamente, l'ammiraglio Togo, comandante della flotta giapponese, evitò di portarsi troppo a ridosso delle navi russe; le due flotte si cannoneggiarono a una distanza di circa 6 chilometri e mezzo e le navi nipponiche subirono notevoli danni a causa della maggiore potenza dei cannoni nemici. Al tramonto, un colpo fortunato sulla *Tsarevitch* uccise il comandante russo, ammiraglio Vitgeft, e approfittando della confusione Togo accorciò le distanze, portandosi a circa 4.500 metri dall'avanguardia russa; ma ormai calava la notte, e la flotta zarista ruppe il contatto, dovendo registrare la perdita di un altro ammiraglio e di una corazzata (la *Tsarevitch*, danneggiata, riparò nel porto – concessione tedesca di Kiao-chou – e venne subito internata). Per parte loro, i giapponesi intrapresero un serio programma di addestramento dei loro cannonieri e acquistarono dagli inglesi dei nuovi sistemi ottici per l'avvistamento.

Il risultato finale di questo scontro apparentemente inconcludente fu che i russi tornarono a Port Arthur, restandovi bloccati sino al gennaio 1905, quando la base cadde nelle mani del generale Nogi, comandante della III armata giapponese. In un colpo solo, la flotta zarista perse cinque corazzate e, soprattutto, numerosi ottimi marinai e cannonieri, avviati verso la prigionia.

Forse tutto sarebbe stato diverso se la flotta russa del Baltico, partita nell'ottobre del 1904 per raggiungere la zona delle operazioni, fosse arrivata in tempo. Ma il governo di Mosca era troppo dominato dalle camarille per poter organizzare seriamente, con qualche speranza di successo, lo spostamento di una vera e propria *Armada* all'estremo opposto del pianeta. La spedizione partì con i peggiori auspici, aggravati da uno spiacevolissimo incidente diplomatico verificatosi poco dopo la partenza, nella zona di Dogger Bank nel mare del Nord: alcuni pescherecci britannici, scambiati nella notte per siluranti giapponesi, vennero cannoneggiati dai russi, che causarono così la morte di vari pescatori. L'Inghilterra fu a un passo dal dichiarare la guerra, e in ogni caso la flotta zarista si giocò tute le possibilità di potersi rifornire regolarmente di carbone durante il lunghissimo tragitto; in sostanza il comandante, ammiraglio Rozhdestvenski, fu costretto a rallentare la velocità del convoglio, già ritardato da numerose navi di vecchio modello, per riparare nei pochi porti "amici", mercanteggiare con le autorità locali per i rifornimenti e aspettare i trasporti con il carbone. La flotta russa era composta da una quarantina di navi, ma di queste solo otto erano all'altezza delle corazzate delle altre potenze navali. A loro sostegno erano schierati sei incrociatori; il resto era una raccolta di vascelli di tutti i generi, dalle vecchie navi per la difesa costiera sino a una nave-ospedale. Gli equipaggi erano composti da riservisti e ufficiali impreparati. A conti fatti, fu un miracolo che questa “armata Brancaleone” riuscisse ad arrivare nel Pacifico.

Dopo un viaggio allucinante, con le navi piene di malati, Rozhdestvenski decise di dirigersi verso Vladivostok, sulla costa della Siberia. Tra le diverse strade per arrivarci (lo stretto di Corea e il mar del Giappone, lo stretto di Tsugaru fra le isole Honshu e Hokkaido o lo stretto di La Perouse fra Hokkaido e Sakhalin), l'ammiraglio scelse lo stretto di Corea, che ha al centro l'isola di **Tsushima**. Togo lo aspettava al varco. Del resto, qualunque fosse stata la via scelta da Rozhdestvenski, i giapponesi potevano sempre spostare la loro flotta in tempo utile per affrontarlo: e la flotta russa, a corto di carbone, era addirittura costretta a percorrere la via più breve. Senza nemmeno mandare qualche nave minore a lanciare attacchi diversivi, Rozhdestvenski concentrò tutte le navi in un'unica massa e puntò verso nord.

Durante la notte fra il 26 e il 27 maggio 1905 la flotta zarista cominciò a entrare nello stretto. La nave-ospedale, con le luci accese secondo le regole di guerra, fu avvistata da uno degli incrociatori giapponesi disposti da Togo lungo la probabile rotta nemica, e da quel momento le navi russe furono seguite passo passo, grazie al nuovo sistema-radio di cui disponevano i giapponesi. Anche i russi avevano la radio, ma tutto quello a cui servì fu rendere noto al povero Rozhdestvenski che il loro convoglio era stato individuato. Alle 6.45 del mattino fu addirittura avvistata una piccola nave da ricognizione giapponese, anch'essa provvista di radio, ma non fu fatto alcun serio tentativo per eliminarla, consentendo al nemico di conoscere nei minimi dettagli la posizione delle unità russe.

Dopo una breve scaramuccia con la III divisione della flotta giapponese – che sparì subito dall'orizzonte – Rozhdestvenski tentò di cambiare formazione, mettendo le sue navi in linea anziché in colonna, ma la differenza di velocità tra le singole unità e l'impreparazione di comandanti ed equipaggi rese impossibile il passaggio a questo schieramento che almeno avrebbe potuto impedire ai nipponici la manovra che, in effetti, diede loro la vittoria: il "taglio della T", ovvero l'inserimento della propria formazione, in linea, perpendicolarmente alla flotta nemica, concentrando tutto il fuoco di bordata delle navi su poche unità avversarie, costrette a rispondere al fuoco con un numero limitato di cannoni.

Il mare era agitato quando, alle 13.19, i giapponesi avvistarono l'intera flotta russa.

Gli uni e gli altri schieravano 12 navi da battaglia, ma le navi russe erano decisamente inferiori per qualità e condizioni di combattimento. Le quattro unità della I divisione erano sovraccariche, con la corazzatura dello scafo letteralmente immersa nell'acqua, e questo le rendeva instabili e più facilmente danneggiabili. Quanto alla II e alla III divisione, alcune navi erano veri pezzi da museo o avevano incredibili difetti: per esempio la *Osliabia*, dotata di un armamento superiore a quello di qualunque incrociatore giapponese, aveva una gigantesca sovrastruttura che la rendeva un facile bersaglio; la *Imperator Nikolai I* era lenta e sparava proiettili pesanti ma con scarsa capacità di penetrazione; e si potrebbe continuare l'elenco dei difetti di tutte le navi russe, mentre quelle dei giapponesi, oltre a essere più veloci e meglio armate, erano state riparate e dotate di recente di nuovi proiettili ad alto esplosivo, confezionato con la speciale polvere "Shimose". Infine, i giapponesi avevano un piano, sviluppato dal loro migliore esperto, il comandante Akiyama Saneyuki, che prevedeva attacchi iniziali con siluranti e cacciatorpedinieri, quindi un'azione generale con tutta la flotta e seguito di attacchi notturni con siluranti; infine, i resti della flotta nemica sarebbero stati sospinti verso il tratto di mare di fronte a Vladivostok, cosparso di mine a contatto. I russi, a meno di un incredibile colpo di fortuna, erano sconfitti prima ancora di cominciare. E la fortuna non arrivò.

A dir la verità, Togo cominciò la battaglia con una mossa azzardata: invertì la direzione della sua flotta in modo che la sua nave, la *Mikasa*, potesse guidare la formazione, e questo permise ai russi di piazzare alcuni colpi sull'ammiraglia nemica e su altre navi mentre effettuavano la manovra. I giapponesi risposero al fuoco e la *Osliabia*, ripetutamente colpita, affondò poco dopo. La nave ammiraglia, la *Suvorov*, fu ripetutamente colpita e Rozhdestvenski rimase ferito intorno alle 14.35. Questa differenza di risultati si spiega anche con la maggiore velocità media dei giapponesi (15 nodi contro 10 dei russi), che consentiva a un maggior numero di navi di tirare sul nemico.

La *Suvorov*, comunque, fu costretta a defilarsi e a cedere il passo alla *Aleksandr III*, che a sua volta divenne bersaglio degli incrociatori giapponesi dell'ammiraglio Kamimura; presto la polvere "Shimose" causò incendi sulla *Aleksandr III*, la *Borodino* e la *Sissoi Veliky*. Anche la *Aleksandr III* dovette abbandonare la colonna, cominciando ad affondare, mentre la *Suvorov*, con l'ammiraglio Rozhdestvenski gravemente ferito, si trascinava fuori dalla battaglia ma veniva ripetutamente colpita dalle corazzate giapponesi, talvolta a meno di 2.500 metri di distanza. Quanto alle navi giapponesi, il fuoco impreciso e poco potente dei russi faceva danni limitati, salvo alle piccole siluranti. Lo stesso ammiraglio Togo rimase illeso, benché assistesse alla battaglia sul ponte della sua nave, totalmente allo scoperto.

Mentre gli incrociatori giapponesi facevano a pezzi le navi da trasporto russe, le navi della retroguardia zarista poterono mettere a segno alcuni colpi su queste unità nemiche meno potenti, costringendo quattro di esse a ritirarsi; ma questo successo locale non ebbe effetto sulla battaglia principale, che vedeva soprattutto la *Suvorov* bersagliata dalle corazzate nipponiche. Verso le 17, tuttavia, anche a causa di una manovra sbagliata da parte dei giapponesi, sembrò che la flotta russa potesse sfuggire al massacro; ma intorno alle 18 la prima divisione di Togo riuscì a portarsi a meno di 6.500 metri dal nemico, concentrando il fuoco sulla *Borodino*, che presto fu avvolta dal fumo degli incendi, passando il comando della sventurata colonna alla *Orel*. Nel frattempo, la *Aleksandr III* affondava con tutto il suo equipaggio. Intorno alle 19, al tramonto, la *Borodino* fu colpita ripetutamente e alle 19.23 un proiettile colpì una torretta dando fuoco al magazzino delle munizioni. Con il fumo che usciva da tutti i boccaporti, la nave scivolò sotto le onde, portandosi via tutto l'equipaggio tranne un marinaio.

Calata la notte, le malridotte unità russe diventarono bersagli per le siluranti. Molti comandanti commisero l'errore di usare i fari per orientarsi nel buio, attirando le siluranti come lucciole verso una lampadina. La *Suvorov*, dopo aver trasbordato Rozhdestvenski a bordo di un caccia, fu colpita da almeno due siluri e si capovolse, affondando alle 19.30. Per colmo di sfortuna, il mare si calmò e 35 siluranti giapponesi poterono dedicarsi alla strage in maniera metodica. La *Admiral Nakhimov* e la *Vladimir Monomakh*, colpite, si arenarono sulla spiaggia di Tsushima; lo stesso destino toccò alla *Sissoi Veliky*. La *Navarin* fu meno fortunata: affondò, colpita da siluri e danneggiata dalle mine scaricate dalle imbarcazioni giapponesi. All'alba, solo tre siluranti erano affondate, mentre quattro navi russe erano riuscite a sganciarsi, facendo rotta verso Manila.

Restavano, per salvare l'onore russo, cinque corazzate e un incrociatore: la divisione dell'ammiraglio Nebogatov, che era rimasta distante dal luogo dello scontro. Togo li incontrò intorno alle 10.30 del mattino, aprì il fuoco e il nemico non rispose: Nebogatov si era arreso prima ancora di cominciare a combattere. Solo una corazzata e l'incrociatore si defilarono verso nord, sottraendosi a questo atto di inconcepibile vigliaccheria, ma in seguito si incagliarono e furono anch'esse perdute.

Di tutta la flotta si salvarono solo l'incrociatore *Almaz* e due caccia, che ripararono a Vladivostok. Tutte le altre navi furono affondate o internate. Rozhdestvenski, ridotto quasi in fin di vita, fu fatto prigioniero dai giapponesi, assistito con ogni riguardo e in seguito restituito al governo zarista, che cercò di farne il capro espiatorio della sconfitta in un processo dal quale l'ammiraglio, circondato dalla solidarietà popolare, fu assolto. Infatti, venne facilmente dimostrato che il terribile disastro era dovuto non a lui ma all'incompetenza e alla follia del comando supremo.

I russi ebbero 4.830 morti e 5.917 prigionieri, contro 117 morti e 583 feriti da parte giapponese. Per ironia della sorte, l'esercito russo in Estremo Oriente era diventato così forte che se non ci fosse stata la sconfitta navale e soprattutto il crollo del fronte interno, avrebbe potuto infliggere gravi danni ai giapponesi; ma i fuochi della rivoluzione si erano accesi in tutto l'immenso impero zarista, isolato diplomaticamente e ridotto al tracollo finanziario. Il presidente nordamericano Theodore Roosevelt interpose i suoi buoni uffici e la Russia dovette firmare la pace. In base al trattato di Portsmouth, il Giappone ottenne mano libera in Corea e ricevette dalla Russia la concessione della penisola di Liaotung, di Port Arthur e di Dalny, più il controllo della parte meridionale della ferrovia orientale cinese e della parte sud dell'isola di Sakhalin, mentre i russi continuarono a occupare la parte a nord. Così, per la prima volta, una potenza europea cedette le armi di fronte a uno stato asiatico: era ormai aperta la strada della liberazione dell'Asia dalle potenze coloniali, anche se il loro ruolo rischiava di essere ricoperto, in futuro, da un Giappone sempre più imperialista e aggressivo, destinato a diventare una grande potenza economica e militare.

A ogni modo, non solo il Giappone si era prepotentemente affacciato sulla scena mondiale. Pochi anni prima gli Stati Uniti avevano mostrato alle altre nazioni, con la guerra contro la Spagna, di essere pronti ad assumersi responsabilità e spazi di prim'ordine, e anche in questo caso le battaglie navali erano state lo strumento più autorevole per dimostrare la forza della nazione emergente.

La guerra ispano-americana fu originata dalla volontà degli Stati Uniti di affermarsi come grande potenza assicurando la propria protezione alle colonie spagnole del

Centroamerica che volevano liberarsi dai loro oppressori. In particolare i rivoluzionari dell'isola di Cuba, dopo la rivolta durata dal 1868 al 1878, ottennero l'appoggio nordamericano e consistenti aiuti, che andavano dal finanziamento diretto a interventi contro l'economia coloniale spagnola, come la tassa sullo zucchero imposta nel 1894 al preciso scopo di provocare forti danni al sistema cubano, basato appunto su questa monocultura. La rivoluzione, scoppiata subito dopo, costrinse le truppe spagnole a mettersi sulla difensiva. Il contrasto fra gli occupanti, costretti a una politica sempre più repressiva, e i rivoluzionari fornì ampio materiale ai corrispondenti nordamericani, che infiammarono progressivamente l'opinione pubblica. I sostenitori della corona spagnola nell'isola dimostrarono sempre più apertamente la loro ostilità verso i rappresentanti statunitensi, e il presidente McKinley fu costretto a inviare una corazzata, la *Maine*, per difendere i propri concittadini.

Per cause rimaste ancora oggi oscure, il 15 febbraio 1898 la *Maine* saltò in aria nel porto dell'Avana. Con la nazione sempre più indignata, McKinley cercò di indurre la corona spagnola a modificare radicalmente il proprio atteggiamento e a fare concessioni a favore dei ribelli cubani. Le trattative fallirono e la guerra fu dichiarata il 25 aprile.

Mentre le due potenze sbarcavano truppe sull'isola, e negli Stati Uniti Theodore Roosevelt arruolava volontari, le due flotte si preparavano allo scontro. Le navi americane imposero un pesante blocco a Cuba, mentre gli spagnoli cercavano di radunare il maggior numero possibile di unità da mandare nei Caraibi. Il comandante della flotta di Capo Verde, ammiraglio Cervera, partito poco dopo lo scoppio delle ostilità, diresse le sue navi attraverso l'Atlantico puntando verso San Juan di Portorico. La sua flotta aveva numerosi problemi: scarseggiavano viveri e carte nautiche, alcune munizioni erano difettose e un incrociatore, il *Colon*, di recente acquistato in Italia, era privo di artiglieria pesante.

Nondimeno, i nordamericani erano al loro primo confronto militare internazionale dopo la guerra con il Messico del 1846-47 e non erano affatto sicuri di vincere. Perciò, dopo un vano pattugliamento dei Caraibi, il dipartimento della Marina e l'ammiraglio William T. Sampson fecero ricorso alle congetture per stabilire il luogo ove si sarebbe venuta a trovare la flotta spagnola al suo ingresso nelle acque centroamericane. Le navi statunitensi presero la direzione di San Juan, ma gli spagnoli non erano giunti all'appuntamento. In effetti, ancora ignaro della sconfitta di un'altra squadra spagnola nella baia di Manila, Cervera si era diretto verso la Martinica, alla ricerca delle navi da trasporto che dovevano fornirgli il carbone per le sue corazzate. Senza aver trovato i mercantili, Cervera si diresse prima verso Curaçao e quindi verso **Santiago** di Cuba, sul lato meridionale dell'isola.

Nel frattempo le navi americane, a causa dell'incertezza sulle decisioni di Cervera, si erano divise in due gruppi: l'ammiraglio Schley – con tre navi da battaglia, altre unità minori e la corazzata *Brooklyn* – si diresse verso Cienfuegos, sempre sul lato meridionale di Cuba ma a notevole distanza da Santiago, mentre Sampson – con la sua ammiraglia *New York* e il resto della flotta – stazionava nelle acque della Florida, di fronte all'Avana. Schley non trovò Cervera neanche a Cienfuegos, e ricevette da Sampson l'ordine di far rotta verso Santiago. Dopo alcuni giorni di esitazione (Schley pensava che effettivamente Cervera potesse trovarsi in qualche punto della costa vicino a Cienfuegos), le navi americane si diressero verso la nuova destinazione. Vi arrivarono il 26 maggio, senza trovare in un primo tempo traccia degli spagnoli, tanto che Schley, irritato dagli ordini, che riteneva sbagliati, di Sampson, passò oltre, diretto verso la Florida. Ma, raggiunto da nuove informazioni circa la posizione della flotta nemica, ritornò sui suoi passi e il 29 maggio, di fronte al porto di Santiago, ebbe la conferma della presenza della flotta spagnola grazie all'avvistamento del *Colon*. Bloccato il porto nemico e rinforzata dalle navi di Sampson, arrivato di fronte a Santiago il 1° giugno, la flotta statunitense non era tuttavia in grado di stanare Cervera dal suo rifugio, né di ridurre al silenzio le batterie costiere ed entrare nel porto nemico.

A questo punto intervenne l'esercito: con imbarcazioni di fortuna, che non avrebbero retto a un'eventuale tempesta, scortate da navi da guerra per timore di attacchi da parte delle... inesistenti cannoniere spagnole, circa 17.000 uomini, compresi giornalisti e osservatori di ogni genere, vennero sbarcati a Daiquiri a partire dal 22 giugno, con l'intenzione di prendere Santiago e costringere la flotta spagnola a dare battaglia.

Il timore di sabotaggi e attacchi da parte dei ribelli cubani indusse il generale spagnolo Linares a disperdere le sue truppe – circa 36.000 uomini, per giunta meglio armati dei nordamericani grazie ai loro fucili Mauser a ripetizione ordinaria e ai loro cannoni Krupp – nella provincia di Santiago. I soldati statunitensi, in larga parte volontari come i pittoreschi *Rough Riders* organizzati dal futuro presidente Theodore Roosevelt, erano invece armati di fucili Krag-Jørgensen, anch'essi a ripetizione ma decisamente inferiori ai Mauser, di carabine Winchester e addirittura di vecchi fucili Springfield monocolpo. In alcuni casi, quando i loro comandanti erano abili e le posizioni favorevoli, poche centinaia di spagnoli erano in grado di tener testa a varie migliaia di nordamericani; ma gli attaccanti avevano dalla loro parte anche il "fronte interno", perché gli insorti cubani bloccavano i movimenti delle truppe spagnole e nella città i viveri cominciavano a scarseggiare. Perciò il 2 luglio Cervera ricevette l'ordine di salpare, nel tentativo di rompere il blocco delle navi di Sampson.

Scartata l'idea di una sortita notturna, troppo rischiosa per via delle mine (se una nave fosse affondata a causa di una mina, avrebbe bloccato tutte le altre) le navi spagnole uscirono dal porto la mattina del 3 luglio, alle 9.30. Sampson era assente: con alcune navi era andato a Guantanamo a rifornirsi di carbone, lasciando Schley al comando.

L'ammiraglio vide uscire le navi nemiche una alla volta, ogni 10 minuti e alla distanza di 5-600 metri l'una dall'altra: l'incrociatore corazzato *Infanta Maria Teresa*, seguito dagli altri incrociatori *Vizcaya*, *Colon* e *Oquendo*, e dai cacciatorpedinieri *Pluton* e *Furor*, tutti diretti a ovest, sottocosta. Lo scontro era già deciso in partenza: le navi nordamericane erano molto più potenti delle loro avversarie, e si trattava solo di vedere se le unità spagnole sarebbero riuscite a forzare il blocco. Il *Teresa* aprì il fuoco sulla nave da battaglia *Iowa*, mancando il bersaglio, mentre prima il *Brooklyn*, poi la nave da battaglia *Texas* mandarono a segno i primi colpi sulla nave nemica. Mentre le cannonate spagnole erano imprecise e sorvolavano le unità statunitensi, i colpi di queste ultime andavano quasi sempre a segno. I due caccia spagnoli tentarono di lanciare i loro siluri, ma lo yacht armato *Gloucester* riuscì a colpire il *Pluton* in un punto critico, provocandone l'esplosione e l'affondamento, mentre il *Furor*, colpito sotto la linea di galleggiamento, andò ad arenarsi sulla spiaggia.

Il *Teresa*, dopo aver distanziato le navi da battaglia *Indiana* e *Iowa*, fu raggiunto dalla *Oregon* e dal *Brooklyn* e sottoposto a un fuoco micidiale, finché non fu costretto ad allagare le paratie per bilanciare le falle; quindi andò ad arenarsi sulla costa. I colpi della flotta nordamericana si concentrarono sull'*Oquendo*, che alle 10.30 dovette seguire lo stesso destino dell'*Infanta Maria Teresa*. Poi toccò al *Vizcaya*, bersagliato a meno di 900 metri; anche questa unità fu costretta in breve tempo a incagliarsi e a consegnarsi al nemico.

Rimaneva solo il *Cristobal Colon*, più veloce di tutte le unità nemiche, a parte la *Oregon*, il *Brooklyn* e la *Texas*. Inseguito dalle navi statunitensi, l'incrociatore spagnolo intorno alle 12.30 esaurì il carbone di migliore qualità e fu costretto a rallentare la corsa. Quando fu raggiunta dai primi colpi delle artiglierie pesanti, la nave spagnola fu costretta ad aprire i boccaporti e a dirigersi verso la spiaggia. Erano le 13.15. In meno di quattro ore la Spagna aveva perso una flotta e 2.000 marinai: di questi, 323 erano morti e il resto erano prigionieri. Gli Stati Uniti ebbero un solo morto, sei feriti e praticamente nessun danno alle loro navi. Santiago fu presa il 17 luglio e i negoziati di pace con la Spagna ebbero inizio il 22 luglio. Il trattato fu firmato il 10 dicembre 1898 a Parigi. Cuba divenne indipendente (di fatto, un protettorato degli Usa) e il governo di Washington ottenne la cessione di Porto Rico e di Guam e la sovranità sulle Filippine. Prima del Giappone, un'altra potenza extraeuropea era riuscita a imporsi a una nazione del vecchio continente.

Le navi che combatterono a Manila, Santiago, Tsushima furono classificate come "pre-Dreadnought": vascelli tra le 10.000 e le 16.000 tonnellate di stazza, armati con una batteria principale da 12 pollici per il tiro a distanza e con almeno una dozzina di cannoni di calibro variabile tra i 5 e gli 8 pollici. Questo armamento serviva per il tiro a corta gittata, perché i sistemi di avvistamento e di rilevazione delle distanze erano ancora rudimentali e ogni cannoniere doveva compiere i suoi aggiustamenti "a occhio". Tuttavia i cannoni di piccolo calibro non erano in grado di infliggere seri danni a una nave da battaglia, e di conseguenza le loro dimensioni aumentarono fino a rendere necessaria la creazione di nuove navi, più grandi e con numerosi cannoni dello stesso calibro (creando notevoli difficoltà ad alcune potenze navali, come i tedeschi che dovevano vedersela con le ridotte dimensioni del canale di Kiel).

L'italiano Vittorio Cuniberti fu il primo a proporre questo nuovo tipo di nave, sulla scorta dei primi risultati della guerra russo-giapponese: e il primo esemplare di questa nuova stirpe, che doveva dominare i mari sino alla Seconda guerra mondiale, la *HMS Dreadnought*, fu varato nel 1905 nei cantieri britannici. Creatura di Sir John "Jacky" Fisher, primo Lord dell'ammiragliato, e di Sir Philip Watts, capo delle costruzioni navali della Royal Navy, la *Dreadnought* montava 10 cannoni da 12 pollici, otto dei quali potevano sparare dalle fiancate, mentre sei potevano essere orientati in avanti per tirare durante l'inseguimento di un'unità nemica. La nave utilizzava il nuovo motore a turbina, e la corazzatura era stata accresciuta in modo che non fosse più possibile affondare la nave con un solo siluro. Quando, 16 mesi dopo, la nuova unità entrò a far parte della flotta, tutte le navi precedenti divennero obsolete.

Si aprì a questo punto una vera "corsa agli armamenti": tedeschi, americani, giapponesi, italiani, austro-ungarici e varie nazioni sudamericane si impegnarono nella costruzione di navi di tipo *Dreadnought*, e altre sei navi con la stessa tipologia furono costruite dalla marina britannica tra il 1905 e il 1908. Per molto tempo queste poderose unità si rivelarono imbattibili, salvo che da altre unità della medesima classe, oppure dai siluri lanciati dalle torpediniere e, in seguito, dai sommergibili. Fu introdotta anche una variazione sul tema, l'incrociatore da battaglia corazzato, ossia una *Dreadnought* di dimensioni più ridotte, con corazzatura più leggera e maggiore velocità.

La gara fra Germania e Gran Bretagna nel campo delle costruzioni navali fu senz'altro la più rilevante nel periodo prima della Grande guerra, ma le due nazioni avevano scopi del tutto differenti. La flotta tedesca d'alto mare doveva funzionare come deterrente per i britannici in funzione difensiva e per scoraggiarli dall'intraprendere una guerra che sarebbe costata gravi perdite, sia pure con il risultato finale di distruggere la forza navale germanica. Le navi tedesche dovevano operare in un solo teatro di guerra – il mare del Nord – mentre le navi inglesi dovevano essere in grado di muoversi ovunque, superando anche le lunghe distanze oceaniche. Di conseguenza, le *Dreadnought* della Royal Navy erano potentemente armate e veloci, ma poco protette, a paragone delle loro rivali tedesche, pensate per una guerra essenzialmente difensiva. Inoltre, le unità germaniche erano divise in un maggior numero di compartimenti stagni (requisito essenziale per diminuire i rischi di affondamento) e non avevano bisogno di grandi spazi per alloggiare equipaggi abituati a vivere per quasi tutto il tempo in caserme (le unità britanniche, invece, dovevano assicurare spazi confortevoli e ampi per equipaggi destinati a passare alcuni mesi a bordo durante le navigazioni in alto mare). Ancora, il tiro sulle navi inglesi era coordinato da un'unica centrale di tiro, mentre sulle navi tedesche ogni torretta determinava le distanze dal bersaglio. Infine, l'acciaio germanico era decisamente superiore a quello britannico (poteva sopportare il 15% in più di sollecitazioni).

Era inevitabile che le due grandi flotte, nel corso della Prima guerra mondiale, dovessero giungere a un confronto diretto. È quanto si verificò nel maggio del 1916, in seguito alla decisione della flotta tedesca d'alto mare di indebolire la *Grand Fleet* britannica con un combattimento: questa decisione coincise, all'insaputa delle due parti, con un'analoga volontà degli inglesi. I primi a muovere furono i tedeschi, partiti all'alba del 31 maggio. La flotta nemica, che poteva decodificare i loro messaggi, li attendeva al largo della penisola dello **Jutland**.

Alle 14.28 del 31 maggio si scontrarono gli incrociatori leggeri di entrambi gli schieramenti, mentre sei incrociatori da battaglia inglesi, rinforzati da quattro navi da battaglia della classe *Queen Elizabeth* si affrettavano a raggiungere la zona del combattimento. Dalla parte opposta arrivavano in soccorso delle loro imbarcazioni minori solo cinque incrociatori da battaglia tedeschi. Tuttavia, quando alle 15.31 tra le unità più importanti delle due flotte la distanza si era ridotta a 14 chilometri, gli inglesi furono fortemente infastiditi dal vento contrario, che mandava il fumo delle cannonate a oscurare la visuale dei direttori di tiro. Il duello a colpi di cannone durò per circa un'ora, poi, uno dopo l'altro, tre incrociatori inglesi furono colpiti alle torrette; il fuoco si trasmise ai depositi delle munizioni e due navi su tre saltarono in aria. Nonostante questo tragico rovescio, le navi tedesche si portarono ancora più vicine al nemico, sino a quando, intorno alle 16.30, non apparve in lontananza l'intera flotta tedesca. Il comandante inglese, conscio della superiorità nemica, cominciò a sganciarsi e grazie alla maggiore velocità le unità britanniche, intorno alle 17.30, riuscirono a rompere il contatto con il nemico.

In apparenza i tedeschi avevano vinto la prima mano della partita, ma in effetti le navi dell'ammiraglio Scheer, inseguendo gli incrociatori avversari, stavano andando esattamente nella direzione delle *Grand Fleet* dell'ammiraglio Jellicoe, superiore per numero e potenza di artiglierie. Alle 18.15, quando già era cominciata una nuova scaramuccia tra le navi minori delle due flotte, l'ammiraglio inglese ordinò alle sue unità di disporsi in linea di battaglia, e due minuti dopo furono avvistate le navi tedesche. Nonostante l'esplosione di un altro incrociatore inglese, Scheer si rese conto ben presto della disparità di forze e dopo soli 18 minuti di combattimento ordinò alle sue navi di ritirarsi verso sud, salvo ripensarci dopo un'altra manciata di minuti e compiere un'altra conversione di rotta, questa volta dritto sul nemico. Alle 19.12 le due flotte erano nuovamente a distanza di tiro, e Scheer dovette finalmente prendere atto che il confronto era a tutto danno delle sue unità. Dopo soli sei minuti l'ammiraglio tedesco ordinò una nuova inversione di rotta, lanciando i suoi caccia in un attacco con i siluri, appoggiati da una puntata "suicida" degli incrociatori da battaglia. Queste azioni furono sufficienti per ritardare l'inseguimento da parte degli inglesi, che a loro volta non ottennero risultati esaltanti con un'azione di siluramento intrapresa durante la notte. Comunque, nel corso della ritirata, i tedeschi persero anch'essi un incrociatore da battaglia. Nel complesso, il sistema di comando inglese, troppo centralizzato e rigido, fu il maggiore ostacolo al conseguimento di qualche risultato degno di nota nei confronti di un nemico dotato di un potenziale di fuoco inferiore, ma con un tiro più preciso e una maggiore flessibilità nel movimento delle singole unità. Entrambi gli schieramenti, alla ricerca di una grande battaglia decisiva sullo stile di Tsushima o addirittura di Trafalgar, non si erano resi conto che era assai difficile affondare una moderna nave da battaglia, a meno che non saltasse in aria come gli incrociatori inglesi o fosse fatta metodicamente a pezzi dal fuoco concentrato di varie unità nemiche. Tuttavia, nonostante il suo esito inconcludente, la battaglia dello Jutland ottenne almeno il risultato di sancire la continuazione del blocco navale inglese ai danni della Germania, ridotta progressivamente alla fame: un dato di fatto che avrebbe finito con il provocare il crollo del "fronte interno" tedesco e quindi, in prospettiva, agevolare la fine della guerra.

* * *

La guerra russo-giapponese e la battaglia di Tsushima sono state rappresentate in numerose stampe popolari dall'una e dall'altra parte; per i russi, ovviamente, era importante mettere in evidenza il valore delle truppe, mentre ai giapponesi premeva anche mostrare l'efficienza della loro macchina bellica. Non dobbiamo dimenticare, sempre nel campo dei media, un episodio collegato in modo apparentemente marginale alla guerra: l'ammutinamento dell'incrociatore *Potemkin* nel porto di Odessa, collegato alla grande rivolta del 1905 contro il governo zarista, che vasti settori dell'opinione pubblica russa ritenevano responsabile della grave crisi economica causata dal pessimo andamento della guerra con il Giappone. L'ammutinamento del *Potemkin*, come è noto, fornì il soggetto per uno dei più importanti film di tuta la storia del cinema, *Bronenosec Potemkin* (*La corazzata Potemkin*) di Sergej M. Ejzenstejn, girato nel 1926. Non è descritta la battaglia di Tsushima, ma la vita a bordo dell'incrociatore russo, con il suo carico di miserie e contraddizioni, spiega più di qualunque trattato di arte militare perché la flotta zarista non avesse alcuna speranza di vittoria. I giapponesi, nel 1969, hanno dedicato un film alla battaglia, tradotto un po' genericamente *La battaglia di Port Arthur*, per la regia di Seiji Maruyama e interpretato, fra gli altri, da Toshiro Mifune.

La guerra ispano-americana, invece, fu oggetto di grande *battage* giornalistico durante il suo svolgimento, ma venne presto dimenticata, a parte gli episodi nei quali era stato coinvolto Theodore Roosevelt, che vennero sfruttati abilmente dalla propaganda a lui favorevole. Un residuo di ricordo del conflitto si rintraccia nel personaggio dello zio folle in *Arsenic and old lace* (*Arsenico e vecchi merletti*) di Frank Capra (1944), convinto di essere Roosevelt e impegnato, ogni tanto, in furiose "cariche" su per una scala di casa che dovrebbe rappresentare, nella sua fantasia, la collina di San Juan.

Quanto alla battaglia dello Jutland, a nessuno è venuto in mente di ricavarne un film. Troppo costoso e, tutto sommato, ben poco esaltante per entrambi i contendenti.

XX
La Prima guerra mondiale

Dopo la guerra franco-prussiana, l'Europa attraversò un lungo periodo di pace basato sull'equilibrio delle forze. Le grandi nazioni si dedicarono alla costruzione o al consolidamento dei loro imperi coloniali, confrontandosi con paesi o semplici etnie per le quali la battaglia aveva ancora un profondo significato rituale, che ormai stonava con le nuove tecnologie. Questa diversità di approccio all'attività bellica – e ancora di più la disparità di armamenti – consentì ai paesi industrializzati di schiacciare con forze limitate la resistenza di popolazioni assai numerose, e imprimere su gran parte del mondo il sigillo della loro cultura, delle loro leggi, del loro sistema di vita. Si chiamò colonialismo, e fece affluire in Europa grandi ricchezze, oltre a consentire agli stati europei di liberarsi del loro *surplus* di popolazione inviandola a controllare le terre conquistate. Poi qualcosa si guastò. La Germania fu ritenuta la maggiore responsabile della rottura dell'equilibrio europeo, ma in effetti la responsabilità va equamente divisa con le altre nazioni:[1] la Francia, che non aveva mai pensato di rinunciare per sempre ai territori perduti più di 40 anni prima; la Gran Bretagna, che cominciava a non

[1] È una tesi accuratamente sviluppata, fra l'altro, da D.J. Goodspeed in *The German Wars, 1914-1945*.

tollerare più la concorrenza commerciale tedesca; l'Italia, che era attraversata da fermenti nazionalisti; l'Austria-Ungheria che aveva bisogno di successi militari per tenere insieme le schegge del suo impero; la Russia che voleva bilanciare i problemi sociali interni garantendosi il ruolo di protettrice delle nazioni slave nei Balcani; infine le stesse nazioni balcaniche, in lotta tra loro per strapparsi zone fertili e vendicare antichi torti.

Tutto questo costituiva un miscuglio esplosivo, e i colpi di pistola di Sarajevo non fecero che dar fuoco alla miccia. Tuttavia, nessuno era consapevole del disastro che ne sarebbe derivato: la distruzione totale del mondo che tutte le borghesie e le aristocrazie dei paesi coinvolti volevano comunque far continuare, dopo una guerra che ritenevano breve, e che ognuno voleva combattere non per annientare, ma solo per ridimensionare i propri avversari. Al massimo, gli stati maggiori pensavano a un conflitto simile a quello franco-prussiano, forse sanguinoso ma circoscritto nel tempo, con alcune grandi battaglie decisive.

Le battaglie, appunto. La Prima guerra mondiale avrebbe dimostrato quanto era mutato il concetto stesso di battaglia. Già alcuni scontri della guerra civile americana erano durati giorni, e non ore; il conflitto russo-giapponese aveva dimostrato oltre ogni dubbio il potere della mitragliatrice come arma di interdizione. Le artiglierie avrebbero presto dimostrato a quale grado di spaventosa potenza erano capaci di arrivare, ora che le nuove tecniche di lavorazione dell'acciaio e le scoperte della chimica applicata al munizionamento rendevano possibile la costruzione di cannoni sempre più grandi, dotati di proiettili con un potere distruttivo sempre più vasto.[2]

[2] L'industria chimica era al lavoro sin dalla metà del XIX secolo per produrre nuovi e più potenti esplosivi. Dopo l'invenzione della nitroglicerina da parte di Ascanio Sobrero (1846), Alfred Nobel riuscì a produrre la dinamite nel 1867, facendo in modo che la nitroglicerina fosse assorbita da farina fossile (*kiesel guhr*). Il nome "dinamite" fu poi assegnato anche ad altri composti di natura differente, come appunto la nitroglicerina, il fulmicotone e la

Prima che la guerra fosse finita altri strumenti, come gli aerei e i carri armati, avrebbero dimostrato le loro enormi potenzialità. E accanto alle innovazioni tecnologiche si sarebbe assistito a spaventose carneficine, volute da comandanti assolutamente incapaci di pensare con nuovi schemi mentali a un nuovo tipo di guerra, che potesse portare a risultati strategicamente apprezzabili senza un pauroso spreco di vite umane e di materiali. Alcuni comandanti, geniali ma isolati, furono in grado di ideare nuovi sistemi tattici, che sfruttando adeguatamente le nuove armi consentivano di ottenere vantaggi momentanei tanto significativi da aprire varchi nelle impenetrabili catene di reticolati che attraversavano tutta l'Europa; e quando questi risultati furono conseguiti, la guerra riconquistò il movimento e parve tornare ai tempi delle grandi manovre napoleoniche. Furono illusioni: la guerra fu vinta grazie all'impiego della forza bruta, di risorse tanto abbondanti che gli imperi centrali non riuscirono a resistere alla valanga che si abbatteva su di loro e i loro fronti interni crollarono.

Il fronte interno è il nuovo protagonista della guerra. Più che in passato, il sostegno garantito dalla nazione alle truppe impegnate sulla linea di combattimento si rivelò un fattore determinante. Il mantenimento del consenso divenne un elemento tanto essenziale da spingere molti esperti a teorizzare la necessità di fiaccare con ogni mezzo la volontà della popolazione, coinvolgendola ancor più nella guerra e ponendo le basi degli orrori della Seconda guerra mondiale. I primi tentativi di bombardamento aereo delle città sono la prova che qualcosa cominciava a muoversi anche in questa direzione.

nitrocellulosa, ottenuti immergendo cotone o cellulosa in acido nitrico o in una miscela di acido nitrico e acido solforico. La sostanza ottenuta da questo procedimento, una volta depurata da tutti gli acidi, può essere lavorata in forma pastosa e poi compressa, per essere poi tagliata in pezzi sempre più piccoli. La caratteristica comune a tutti questi nuovi esplosivi, e ai loro numerosi derivati, è quella di esplodere con violenza solo se compressi in uno spazio limitato e accesi mediante un detonatore.

Nel complesso, la Prima guerra mondiale lasciò tracce così indelebili nella memoria dei popoli che la combatterono da influenzare profondamente la politica internazionale sino alle soglie della Seconda guerra mondiale. I sentimenti pacifisti ispirati nella maggior parte delle nazioni europee non erano il frutto dell'opera di pochi agitatori, ma erano il diretto risultato di quattro anni di sofferenze, che avevano decimato intere generazioni e lasciato un carico di odio e di problemi irrisolti, alcuni dei quali si trascinano ancora oggi e sono tornati tragicamente alla ribalta dopo il crollo dell'Impero sovietico. La stessa Rivoluzione di ottobre e la nascita dell'Unione sovietica sono intimamente legate alla Prima guerra mondiale: probabilmente, senza la guerra non si sarebbero verificate, e forse non vi sarebbero stati gli scontri sociali e gli esasperati nazionalismi che portarono al fascismo, al nazionalsocialismo e infine alla Seconda guerra mondiale, con il suo fardello ancora più pesante di devastazioni e di morte.

Con queste premesse, dovremmo saltare a piè pari la Prima guerra mondiale. E invece giova parlare di alcune delle sue battaglie, perché furono avvertite dall'opinione pubblica come tali, e in effetti talvolta contribuirono almeno a far acquisire la consapevolezza che la guerra che si stava combattendo era di natura del tutto diversa da quella affrontata qualche decennio prima e per la quale gli stati maggiori avevano addestrato uomini e ufficiali.

La prima battaglia della quale intendiamo occuparci è quella della **Marna**, combattuta dal 5 al 10 settembre 1914 in un vasto settore, che da est di Parigi e a sud della Marna corre lungo la linea del Grand e del Petit Morin fino, a est, alla località di Fère Champenoise.

In seguito all'invasione del Belgio e della Francia del Nord da parte delle armate tedesche, all'inizio della guerra mondiale i francesi si trovarono costretti a ripiegare verso il cuore della Francia, per guadagnare il tempo e lo spazio necessari per riorganizzare le proprie forze. Il generale Joffre, con le sue direttive del 1° settembre 1914, aveva prescritto che la riorganizzazione delle forze francesi dovesse avvenire a sud della Senna, lasciando che la piazza di Parigi si difendesse con la propria guarnigione, comandata dal generale Gallieni. Senonché i tedeschi, sia per mancanza di forze disponibili alla loro estrema ala destra, sia per l'errata iniziativa del generale von Kluck, che, per incalzare il nemico ritenuto in fuga, dimenticò (o meglio, trascurò deliberatamente) di guardare con un adeguato distaccamento Parigi, finirono con l'esporre il loro fianco destro a eventuali offensive in arrivo dalla capitale. Di conseguenza il generale Gallieni propose, e Joffre sanzionò, di sferrare un attacco da Parigi diretto contro il fianco destro nemico, in modo da obbligare questo a fermarsi e parare il colpo, che minacciava anche le sue comunicazioni con il Belgio. Perciò tutto l'esercito francese arrestò il suo ripiegamento subito dopo aver attraversato la Marna, muovendo alla controffensiva, mentre con truppe tratte dall'Alsazia (ove il fronte si era stabilizzato), dalla Lorena e dalla guarnigione di Parigi si formò una VI armata francese, comandata da Maunoury, e incaricata appunto di sferrare il colpo contro il fianco destro nemico. In conseguenza di tali misure, il 6 settembre si ebbe questa situazione: VI armata francese, a nord della Marna tra Dammartin e Claye Souilly, protetta di fronte dalla cavalleria di Sordet; armata inglese di Lord French, al limite sud della foresta di Crécy; V armata francese, da Provins a Sézanne, anch'essa protetta dalla cavalleria; distaccamento d'armata Foch (poi IX armata), da Sézanne a Sommesous, con le divisioni di riserva a sud dell'Aube e con le paludi di Saint Gond di fronte; IV armata francese, a sud dell'Ornain, collegata con il distaccamento Foch e con la III armata francese, situata tra Revigny e Verdun. Di fronte, la situazione tedesca era la seguente: I armata, sul Grand Morin, con un solo corpo d'armata (il IV) ancora a nord della Marna; II armata, a sud del fiume, con la testa delle colonne lungo la rotabile da Montmirail a Châlons-sur-Marne; III armata, a sud-ovest delle paludi di Saint Gond; IV armata, di fronte alla IV armata francese, nella zona di Vitry le François; V armata, in marcia lungo i fianchi delle Argonne. Frattanto la I e la II armata francese fronteggiavano, con guerra ormai già di posizione, la VI e VII armata tedesca in Lorena e in Alsazia.

L'attacco sul fianco destro tedesco, ossia contro la I armata di von Kluck, iniziò nel pomeriggio del 5 settembre e si sviluppò nel mattino del 6. Nei giorni 6, 7 e 8, in complesso, le sorti della battaglia volsero favorevoli per i tedeschi. Infatti von Kluck, più direttamente minacciato dalla controffensiva francese, intuita tale minaccia sul proprio fianco destro e alle spalle, fece schierare il IV corpo d'armata contro la VI armata francese, richiamando nello stesso tempo a nord della Marna i corpi d'armata che già l'avevano passata. Riuscì così non solo a contenere l'offensiva della VI armata francese ma anche a prendere la controffensiva, respingendo i francesi su Parigi, tanto che il giorno 8 il generale Gallieni dovette rinforzare la VI armata con le truppe del presidio della capitale, portate sulla linea a mezzo di tutte le auto pubbliche requisite in poche ore (i famosi "taxi della Marna"). Il rinforzo giovò ben poco: i francesi di Maunoury non resistevano più, sicché poco dopo mezzogiorno del giorno 9 settembre, l'ordine di fare rientrare le truppe in Parigi era pronto per essere diramato. A quel punto, però, il generale von Kluck ordinò il ripiegamento della I armata, dando così partita vinta ai francesi. Cosa era successo allo stato maggiore tedesco? La II armata tedesca aveva continuato la sua marcia verso sud, ma per effetto dell'avvenuto ripiegamento a nord della I armata, e di questa avanzata verso sud della II, si creò un pericoloso vuoto di circa 20 chilometri fra le due armate tedesche, vuoto attraverso il quale potevano agire sia gli inglesi da Crecy, sia l'ala sinistra della V armata francese. Intanto tutta la II armata tedesca si buttò sul centro e sulla destra della V francese, che si sostenne a stento, mentre la sinistra di questa armata avanzava cautamente nel vuoto sopra descritto. Al centro dell'immenso campo di battaglia il distaccamento d'armata Foch, alle paludi di Saint Gond, nei giorni 6, 7 e 8 si sostenne eroicamente contro quasi tutta la III armata tedesca; sulla sua destra, la III e la IV armata francese (sempre complessivamente nei giorni 6, 7 e 8), erano state respinte dalla IV e dalla V armata tedesca, su Saint Dizier l'una, e addirittura travolta su Bar-le-Duc l'altra. Come si vede, la situazione la mattina del 9 settembre era assai favorevole per i tedeschi quando, presso la I e II armata, giunse il tenente colonnello di stato maggiore von Hentsch, uomo di fiducia del capo di stato maggiore tedesco von Moltke junior, con il mandato di controllare sul posto la situazione, e al caso prendere, in nome di Moltke, i provvedimenti urgenti ritenuti necessari. Si tenga presente che il tenente colonnello von Hentsch proveniva il 9 settembre dal comando supremo tedesco, ove in quei giorni prevaleva un pessimismo assai spinto, a causa dei rovesci austriaci in Galizia e della presenza dei russi nella Prussia orientale, nonostante la sconfitta da essi subita a Tannenberg tra il 26 e il 30 agosto. Con queste preoccupazioni von Hentsch giudicò troppo azzardata la prosecuzione dell'offensiva, mentre l'ala sinistra della V armata francese e gli inglesi si stavano incuneando nel vuoto esistente fra la I e la II armata tedesca; anziché consigliare di porre riparo a tale minaccia, egli decise la ritirata, per non correre troppi rischi, data l'incerta situazione sul fronte orientale. Il comandante della II armata decise pertanto la ritirata sull'Aisne, imponendo così la necessità di ritirarsi su tale linea fluviale a tutte le altre armate, compresa quella di von Kluck che stava per raggiungere, inseguendo il nemico in ritirata, Parigi. A far decidere i tedeschi per la ritirata sull'Aisne influirono molto anche la scarsa disponibilità di munizioni e il pessimo funzionamento dei servizi, conseguenza dell'essersi spinte le armate tedesche troppo velocemente su Parigi, mentre non potevano venire, in così breve tempo, sufficientemente organizzati i trasporti dalla Germania per il Belgio, fino quasi alle porte di Parigi. La battaglia della Marna obbligò i tedeschi a rinunciare al loro piano di guerra iniziale (battere prima la Francia e poi i russi), e a sostituirlo con un piano completamente diverso, che portò alla guerra di posizione.

Le perdite della Marna sono difficili da determinare poiché la battaglia comprese una complessa serie di manovre oltre che di scontri diretti. Comunque, segnò la fine della prima fase di combattimenti sul fronte occidentale e si è stimato che durante questo periodo, durato tre settimane, entrambe le parti dovettero sopportare oltre 500.000 caduti.

Sul fronte italiano, la più tragica dimostrazione dell'assurdità della guerra venne fornita dalle battaglie – 11, per l'esattezza – scatenate tra il 1915 e il 1917 per il controllo della linea del fiume Isonzo.[3] Comandava gli italiani il generale conte Luigi Cadorna, capo dello stato maggiore generale italiano; per gli austro-ungarici lo stesso grado era rivestito dal feldmaresciallo Conrad von Hotzendorff. Gli italiani speravano di acquisire territorio austro-ungarico, soprattutto Trieste e l'area circostante. Per questo impiegarono nelle battaglie tutte le loro risorse. Le perdite, da entrambi i lati, furono costantemente pesanti. Per esempio, durante la sesta, settima, ottava e nona battaglia gli italiani sostennero un totale di 126.000 perdite e gli austriaci di 103.000; durante la decima battaglia le perdite italiane furono di 157.000 uomini e quelle austriache di 75.000.

Gli italiani avanzarono di pochi chilometri ma non riuscirono ad aprirsi un varco. Il costante attrito abbassò il morale di entrambi i contendenti, ma alla fine dell'undicesima battaglia gli austriaci erano vicini al collasso e richiesero l'assistenza tedesca.

[3] La prima dal 23 giugno al 7 luglio 1915; la seconda dal 18 luglio al 3 agosto 1915; la terza dal 18 ottobre al 4 novembre 1915; la quarta dal 10 novembre al 2 dicembre 1915; la quinta dall'11 al 29 marzo 1916; la sesta dal 6 al 17 agosto 1916; la settima dal 14 al 17 settembre 1916; l'ottava dal 10 al 12 ottobre 1916; la nona dal 1° al 4 novembre 1916; la decima dal 12 maggio al 4 giugno 1917; l'undicesima dal 18 agosto al 15 settembre 1917.

Purtroppo per gli italiani, i tedeschi disponevano dello strumento per modificare, se non l'andamento della guerra, almeno la situazione sul fronte italo-austriaco. Del resto, già sul fronte orientale la Russia era in pieno marasma e non costituiva più una vera minaccia; più tardi, dopo la Rivoluzione d'ottobre, avrebbe abbandonato completamente la guerra e sottoscritto una pace separata. Nel frattempo, mentre i paesi dell'Intesa richiedevano ai loro combattenti inutili e assurdi sacrifici, mandandoli a morire a decine di migliaia per il controllo di piccole fette di territorio senza importanza, lo stato maggiore tedesco aveva elaborato una nuova tattica, che avrebbe dovuto consentire il ritorno alla guerra di movimento, e quindi a quella battaglia decisiva che gli stessi tedeschi, come i loro avversari, seguitavano a desiderare.

In realtà si illudevano entrambi: gli alleati dell'Intesa, credendo con le proprie spallate – in Francia come sul fronte italiano – di potersi aprire un varco nel fronte nemico, dove riversare a valanga le proprie truppe; e i tedeschi, con i loro alleati austro-ungarici, credendo che bastasse una nuova tattica per bilanciare la differenza di materiale tecnico e umano tra i due schieramenti. In verità, dopo anni di guerra, le potenze centrali stavano rinunciando a molte illusioni di egemonia, ma volevano almeno mantenere lo *status quo* di prima del conflitto conseguendo importanti vittorie, capaci di far crollare il morale delle altre nazioni come già era successo con la Russia zarista.

Per quanto riguarda il fronte italo-austriaco, a ogni modo, le cose andarono molto bene per gli imperi centrali. La tattica ideata dai tedeschi consisteva nello scatenare un furioso ma breve bombardamento non solo della prima linea nemica, ma anche delle sue retrovie, in un tratto di territorio abbastanza limitato. Scopo di questo bombardamento preliminare era sconvolgere l'apparato logistico del nemico e impedirgli di far affluire rinforzi e materiali alla prima linea. Subito dopo reparti specializzati, denominati *Stosstruppen* o *Sturmtruppen*, equipaggiati con piccoli pezzi d'artiglieria campale, mitragliatrici e bombe a mano, avevano il compito di infiltrarsi nei varchi della prima linea e dilagare nelle retrovie, lasciando al resto dell'esercito il compito di spazzare via le sacche di resistenza rimaste isolate e prive di aiuti. Tra il 24 ottobre e il 9 novembre 1917, in quella che sarebbe stata denominata "la battaglia di **Caporetto**", a partire dall'ala nord della II armata italiana (da Plezzo a Tolmino), tutto lo schieramento italiano fu investito dall'attacco di divisioni austriache e tedesche. L'obiettivo era ricacciare le truppe italiane dalla zona del Carso e dietro il Tagliamento, raggiungendo la linea Gemona-Cividale. Le cose andarono oltre le più rosee previsioni degli alti comandi austro-tedeschi, grazie anche ai dissidi tra il generale Cadorna e il generale Capello, comandante della II armata italiana, convinto dell'opportunità di prendere di sorpresa con una controffensiva il nemico che si stava ancora schierando, mentre una volta tanto il comando supremo era convinto che fosse opportuno restare sulla difensiva. Pesavano poi sul morale delle truppe la lunghezza della guerra, la durezza dei sacrifici e il disagio economico del paese, percorso da movimenti e tendenze sempre più ostili allo sforzo bellico.

In sostanza, l'assalto riuscì perfettamente. Interi settori del fronte italiano crollarono, mentre alcuni reparti davano vita a una resistenza disperata. La disorganizzazione portata nelle retrovie dalla nuova tattica tedesca si unì al desiderio degli uomini di farla finita con la guerra, trasformando quello che poteva essere ancora un ripiegamento ordinato in una rotta senza controllo. Alle 15 di quello stesso 24 ottobre le truppe tedesche si impadronivano di Caporetto. Il giorno 26, con la caduta di Monte Maggiore e il conseguente irrompere degli austro-tedeschi in val Resia, anche l'ultima linea di difesa fu scardinata e aperta la via per Cividale, così che il comando supremo italiano fu costretto a ordinare la ritirata al Tagliamento e, quindi, al Piave. Territori conquistati con la terza guerra di Indipendenza tornavano nelle mani dell'impero austriaco; e, ciò che più conta, centinaia di migliaia di italiani cadevano prigionieri. Tra i tedeschi che si distinsero in quelle giornate c'era un giovane tenente, Erwin Rommel. Con pochi uomini fece prigionieri centinaia di italiani, e questa esperienza non contribuì certo alla sua stima nei riguardi dei suoi futuri alleati italiani nella Seconda guerra mondiale, durante la campagna del Nordafrica.

La clamorosa sconfitta segnò anche un punto di svolta sul fronte italo-austriaco. L'occupazione di una parte del territorio nazionale e la minaccia diretta al cuore del sistema produttivo – le zone industriali e le aree agricole più rilevanti – portarono l'Italia a un grado di mobilitazione e di coesione fino a quel momento impensabili. Numerosi generali, a cominciare da Cadorna, furono sostituiti; nel governo entrò anche quella parte di forze progressiste che si erano dichiarate a favore dell'intervento; furono potenziati i reparti speciali, dotati di maggiore autonomia e in grado di intervenire rapidamente per contrastare nuovi assalti nemici. Presero il nome di "Arditi", e la propaganda si incaricò di farne subito degli eroi, forse a detrimento di tutti gli altri soldati che, senza tanta retorica, erano ancora pronti a combattere.

Per parte loro, gli austro-ungarici avevano esaurito la loro principale carica offensiva. I tedeschi non potevano dare che un appoggio temporaneo, e le preziose truppe d'assalto, compreso il reparto del tenente Rommel, furono spostate su altri fronti. Eppure le forze della duplice monarchia effettuarono ancora una spallata sul Piave, tra il 15 e il 24 giugno 1918, per estromettere gli italiani dalla guerra. Il comandante italiano era cambiato: al posto di Cadorna c'era il generale Armando Diaz, più politico e più attento a mantenere buoni rapporti con i subordinati e la truppa. Gli austro-ungarici disponevano di 50 divisioni e 5.005 pezzi d'artiglieria; gli italiani avevano 44 divisioni (incluse alcune di altre nazionalità, e precisamente tre inglesi, due francesi e una cecoslovacca) e 2.886 pezzi d'artiglieria. La presenza di unità di altri paesi, anche se non potevano essere determinanti per l'esito dello scontro, dimostra che qualcosa era cambiato nel rapporto tra gli alleati: tutti si erano resi conto, dopo anni di guerra, che per rispondere alla durezza dell'avversario occorreva una maggiore cooperazione, che si traduceva sia in piani di guerra comuni, sia nella presenza di contingenti di altri paesi sui diversi fronti (verso la fine del conflitto, sul fronte occidentale presero posizione anche alcune divisioni italiane, e un contingente multinazionale agiva nei Balcani, per prendere alle spalle le potenze centrali).

Le armate austro-ungariche erano divise in due gruppi: uno agli ordini di Conrad, l'altro di Boroevic. Il primo non riuscì a ottenere risultati, mentre il secondo riuscì ad attraversare il Piave su di un largo fronte. Comunque, piogge abbondanti fecero innalzare l'acqua del fiume e molti dei suoi ponti vennero distrutti, lasciando le avanguardie isolate ed esposte al contrattacco, e durante la notte tra il 22 e il 23 giugno le truppe furono ritirate.

Approssimativamente si contarono 70.000 austriaci morti, contro gli 85.000 alleati; ma soprattutto la battaglia dimostrò che gli italiani si erano ripresi dal disastro di Caporetto e distrusse anche ciò che restava del potenziale offensivo dell'esercito austro-ungarico per gli ultimi mesi di guerra.

"Qui non si passa", "O il Piave, o tutti accoppati" non erano invenzioni della propaganda: erano scritte effettivamente tracciate dai soldati sui muri delle case diroccate, in faccia al nemico che aveva tentato di sfondare. Esse dimostravano che il morale delle truppe era tornato sufficientemente elevato e che il fronte interno non costituiva più una preoccupazione, grazie anche alle promesse di riforme agrarie che erano state agitate davanti agli occhi dei soldati semplici, per la maggior parte poveri contadini. D'altro canto, dopo quell'ultimo tentativo gli austro-ungarici avevano perso ogni velleità combattiva, e con calma il comando supremo italiano programmò l'offensiva finale, scatenata dal 24 ottobre al 4 novembre 1918. Il piano era semplice: separare le armate austro-ungariche sul settore del Piave da quelle nel Trentino, e poi eliminare le prime. Per questo scopo, Diaz aveva a disposizione nove armate, per un totale sull'intero fronte di 57 divisioni, incluse tre britanniche, due francesi, una ceca e un reggimento americano, con il sostegno di 7.720 cannoni. Dalla parte degli austro-ungarici, il gruppo di armate del Tirolo, il gruppo di armate Boroevic (feldmaresciallo barone Svetozan Boroevic von Bojna) con la VI armata austro-ungarica (generale von Schönburg-Hartenstein) e l'armata dell'Isonzo (colonnello generale von Wurm), più il nuovo gruppo "Belluno", per un totale sull'intero fronte di 58 divisioni, con il sostegno di 6.030 cannoni.

Alle spalle della monarchia austro-ungarica c'era ormai il vuoto. Gli alleati bulgari erano crollati, aprendo la strada al contingente alleato che risaliva dalla Macedonia per i Balcani, e le ultime offensive tedesche erano fallite. Gli americani erano intevenuti massicciamente e la guerra di movimento era destinata a riprendere grazie all'invenzione dei carri armati, i nuovi veicoli corazzati in grado di aprire varchi nei reticolati e proseguire l'azione offensiva fornendo riparo ai reparti di fanteria. Così fu programmata un'azione che dal settore Brenta-Piave doveva separare la massa austriaca del Trentino da quella della pianura; un'altra azione, invece, a partire dal corso mediano del Piave, aveva il compito di disgiungere le due armate austro-ungariche schierate lungo il fiume e cercare di recidere le comunicazioni della VI armata, che fronteggiava la zona del Montello, in modo da renderle impossibile la difesa e la ritirata. L'offensiva, ritardata di qualche giorno a causa di un rigonfiamento improvviso del Piave, ebbe inizio il mattino del 24 ottobre. Le truppe nemiche resistettero ovunque tranne che sulla destra, dove la brigata Aosta riusciva a espugnare e a mantenere il Valderoa. Sul Piave altre truppe, nella notte del 24, avevano occupato di sorpresa le Grave di Papadopoli, agevolando il successivo passaggio del fiume, fissato per la sera dello stesso 24; ma, per le abbondanti piogge, il livello delle acque, anziché decrescere, salì ancora così da costringere a rimandare il collocamento dei ponti alla sera del 26. Una sola armata, quella del Grappa, si trovò così a dover sostenere da sola, per tre giorni, tutto il peso della battaglia. Gli austriaci, frattanto, decisi a non cedere, fecero accorrere in fretta rinforzi, e il giorno 25 opposero ai nuovi attacchi una vigorosa resistenza. La lotta continuò nei giorni 26 e 27; anche il Valderoa ricadde, il mattino del 27, in mano agli austro-ungarici. In mano agli italiani restava solo la posizione del Pertica. Entrò in azione l'artiglieria, nella giornata del 28, per paralizzare ogni controffensiva, tuttavia anche il mattino del 29 le truppe resistevano ancora. L'esito dello scontro fu deciso sul Piave, grazie ai ponti che si erano cominciati a gettare fin dalla notte del 27. Le Grave di Papadopoli furono interamente occupate. Dopo che altri reparti avevano dovuto vincere gravi difficoltà per attraversare il fiume, sotto il fuoco nemico e con la corrente ancora forte, la mattina del 28, su suggerimento del generale Caviglia, il XVIII corpo d'armata della riserva fu fatto passare sui ponti collocati dagli inglesi e fu lanciato sul fianco degli austro-ungarici che ostacolavano il passaggio di un altro corpo d'armata, l'VIII. Questa manovra decise della vittoria. L'attacco del XVIII corpo riuscì, aprendo la via all'VIII corpo, e, davanti alla nuova situazione determinatasi, il maresciallo Boroevic fu costretto a ordinare, la mattina stessa del 28, il ripiegamento graduale sulla seconda linea di difesa. Nella notte tra il 28 e il 29, tutti i ponti furono collocati e tutte le truppe ancora sulla destra varcarono il fiume. Nella giornata successiva reparti celeri dell'VIII corpo d'armata raggiunsero **Vittorio Veneto**, e truppe del XVIII conquistarono Conegliano; anche a nord, truppe della XII armata occupavano la stretta di Quero.

L'avanzata ormai non incontrava più ostacoli, e il comando supremo dette ordine al corpo di cavalleria di passare il Piave e di puntare ai passaggi del Tagliamento. Nel pomeriggio del 29, il comando supremo austro-ungarico ordinò lo sgombero metodico del territorio veneto occupato dopo Caporetto; nella giornata del 30, l'avanzata italiana proseguì ormai inarrestabile verso l'Isonzo. Il crollo arrivò il 31. Nelle prime ore del mattino fu passata la Livenza e raggiunto da alcune pattuglie di cavalleria il Tagliamento. Nel settore trentino, il 1° novembre, fu bloccata la ritirata a vasti contingenti austro-ungarici e le truppe italiane giunsero a 15 chilometri da Bolzano. La sera del 2 fu raggiunta Rovereto; il giorno seguente, nelle prime ore del pomeriggio, venne occupata Trento. Quasi alla stessa ora, un corpo di spedizione composto in prevalenza da bersaglieri sbarcava a Trieste. Il tricolore sventolava sul castello del Buon Consiglio e sulla torre di san Giusto. Nel Trentino e nella pianura veneta l'avanzata italiana non era ostacolata che dall'ingombro prodotto dalle truppe nemiche in ritirata. Non bisogna dimenticare, d'altra parte, che proprio il 2 novembre la "duplice monarchia" aveva di fatto finito di esistere, perché il nuovo governo dell'Ungheria aveva richiamato dal fronte tutte le sue unità, aprendo ulteriori varchi nello schieramento delle truppe in ritirata. Di conseguenza, il 3 novembre ciò che restava dell'esercito imperiale non poté far altro che chiedere un armistizio, che fu firmato quello stesso giorno a Villa Giusti. Alle ore 15 del 4 novembre, quando, in virtù dell'armistizio, le truppe italiane si fermarono, avevano occupato parti consistenti del territorio nemico, oltre ad aver recuperato tutto il territorio perduto in precedenza.

I caduti alleati furono circa 40.000; le perdite austro-ungariche assommarono a 330.000 uomini, compresi 300.000 prigionieri; più di 5.000 furono i cannoni catturati.

Sul fronte occidentale, la resistenza dei tedeschi non fu infranta da una battaglia decisiva, ma dal crollo del loro fronte interno e dalle rivolte scoppiate dovunque alle spalle dell'esercito, che non era riuscito a conseguire più alcuna vittoria significativa ed era in lenta, ma costante ritirata. Tuttavia, quando l'11 novembre 1918 i rappresentanti politici del nuovo governo provvisorio firmarono l'armistizio – il Kaiser si era già rifugiato in Olanda – l'esercito occupava ancora parti di territorio belga e francese, mentre il territorio tedesco era sostanzialmente intatto. Il peso della sconfitta, con l'occupazione militare e soprattutto le pesantissime indennità di guerra, si fece sentire dopo e rafforzò nel popolo germanico la pericolosa idea che la guerra fosse stata perduta non per naturale esaurimento, ma in forza non si sa di quale "pugnalata" alle spalle. Questa convinzione, abilmente alimentata da mestatori politici, fu uno dei punti di forza dell'ascesa del nazismo.

* * *

La Prima guerra mondiale fu ricordata con timore e dolore dal popolo, idealizzata dalla propaganda, raccontata senza troppi peli sulla lingua da grandi romanzieri. Sono rimaste indimenticabili le pagine dedicate da Hemingway alla sconfitta di Caporetto in *Farewell to Arms (Addio alle armi)* e il terribile romanzo breve *Niente di nuovo sul fronte occidentale*, di Erich Maria Remarque; per gli italiani, ricordiamo *Kobilek* di Ardengo Soffici e *Un anno sull'altipiano* di Emilio Lussu.

Anche la musica – soprattutto quella popolare – fu profondamente influenzata dall'esperienza bellica. Numerosi artisti di varietà recitarono e cantarono nelle retrovie per rallegrare le truppe e distoglierle dall'orrore delle trincee; molte canzoni patriottiche ebbero fortuna e restarono tra le favorite del pubblico per molti anni, a cominciare da quella *Leggenda del Piave* che E.A. Mario scrisse dopo il ripiegamento dell'esercito sul fiume.

Su un piano più elevato, non possiamo dimenticare, in Italia, il ruolo di propagandista di prim'ordine che si assunse il poeta Gabriele d'Annunzio: un ruolo che gli restò attaccato addosso, condizionando pericolosamente il resto della sua vita e portandolo a diventare, anche al di là della sua volontà, strumento della svolta autoritaria nel nostro paese.

La Grande guerra divenne il soggetto di numerosi film.[4] In un primo tempo – siamo in piena era del cinema muto – si trattò di soggetti di propaganda, soprattutto antitedesca: una parte notevole dei cineasti americani era favorevole all'intervento e dipingeva i tedeschi come i nuovi unni. Il primo ad andare controcorrente fu Charlie Chaplin, con il suo *Shoulder Arms* (*Charlot soldato*), del 1918, che mostra la vita di trincea in tutta la sua sordida realtà. A mano a mano che ci si allontana dagli anni del conflitto la guerra viene descritta con la giusta crudezza: cominciano gli stessi cineasti germanici, con *Westfront* di Wilhelm Pabst (1930), contemporaneo dell'americano *All Quiet on the Western Front,* basato a sua volta sul romanzo di Remarque. L'analisi spietata continua con *La Grande Illusion* di Jean Renoir (1937), splendidamente interpretato da Erich von Stroheim e Jean Gabin, e proseguirà sino a *Paths of Glory* (*Orizzonti di gloria*) del 1957, interpretato da Kirk Douglas, e *La Grande guerra* di Mario Monicelli, interpretato da Vittorio Gassman e Alberto Sordi. Tutto sommato, tra i film recenti dedicati alla Prima guerra mondiale, quest'ultimo è uno dei meno amari: in fondo, i due protagonisti si riscattano con un atto di eroismo finale che non sarà conosciuto, ma proprio per questo meriterà più rispetto, come il sacrificio di tanti ignoti caduti nella guerra che doveva porre fine a tutte le guerre

[4] Due libri, praticamente introvabili, trattano in particolare di questo argomento: *War movies* (*I film di guerra*) di Tom Perlmutter (Milano 1975) e *The War Film* (*I film di guerra*) di Norman Kagan (Milano 1978).

XXI
La Seconda guerra mondiale

Con la Prima guerra mondiale tutto il piancta fu coinvolto in un conflitto di immani proporzioni. Soprattutto grazie ai mezzi di comunicazione di massa, in tutti i continenti si diffuse la consapevolezza che si combatteva per decidere i destini del pianeta. È ovvio che in larghe parti del globo, fuori del circuito delle comunicazioni, questa notizia non era ancora chiaramente percepibile, ma dovunque esistevano giornali, cinematografi, uffici del telegrafo la popolazione, o per lo meno quella che disponeva di un minimo livello culturale, poteva essere informata dell'andamento generale dello scontro. In più, numerosi paesi erano coinvolti direttamente mediante la richiesta continua di materiali e di uomini da inviare nella grande fornace; nei mari più lontani si svolsero confronti navali; in Africa le truppe coloniali della Germania furono protagoniste di notevoli imprese contro forze preponderanti. E, più di tutto, la nuova potenza statunitense intervenne nel conflitto con tutto il peso delle sue risorse, determinandone la conclusione. Ciò che, purtroppo, non si determinò fu la scelta dell'umanità per un futuro senza guerre. La Società delle nazioni, creata per impulso del presidente americano Woodrow Wilson, non riuscì a impedire agli stati dittatoriali di attaccare le nazioni più piccole, né le potenze europee riuscirono a fermare l'ascesa di Hitler.

Quando in uno stato – soprattutto se a regime autoritario – si fa strada la convinzione che sia possibile risolvere le controversie con l'uso delle armi, gli altri stati hanno diversi mezzi per ridurlo alla ragione. Possono cercare di colpirlo economicamente, con le sanzioni (così chiamate negli anni Trenta; oggi definite "embarghi"). oppure possono favorire, al suo interno, la nascita di un governo più moderato, oppure debbono colpirlo militarmente. In alternativa, possono lasciarlo libero di agire. Questo è ciò che accadde con il nazismo, anche perché negli stessi stati che avrebbero dovuto fermarne la mano erano in parecchi ad avere interessi in comune con la Germania, così come non mancavano quelli capaci di considerarlo il male minore rispetto al rischio dell'espansione dell'Unione sovietica e dell'ideologia comunista. Del resto, lo stesso Hitler era in parte figlio dell'egoismo delle potenze vincitrici della Prima guerra mondiale, che avevano soffocato la Germania democratica con sproporzionate imposizioni ma che non avevano osato muovere un dito quando lo stato tedesco, occupato dai nazisti, aveva cominciato a riarmarsi.

Così tutto era pronto per lo scoppio di un nuovo conflitto mondiale, ancora più devastante del primo e soprattutto destinato a coinvolgere le popolazioni in una misura fino a quel momento insospettabile. C'erano stati parecchi teorici militari che avevano previsto questa degenerazione: in particolare l'italiano Giulio Douhet aveva preconizzato l'impiego dell'arma aerea per fiaccare la resistenza delle città e distruggere le loro risorse economiche. In verità, durante la guerra non bastarono i bombardamenti aerei: alla fine occorse sempre battersi casa per casa per conquistare terreno. Nessuna nazione si arrese per il solo terrore dei bombardamenti, a parte il Giappone, rimasto da solo e costretto a confrontarsi con un'arma che per orrore e capacità di sterminio superava tutte quelle messe in campo sino ad allora: ma in questo caso la Seconda guerra mondiale era ormai finita e con la bomba atomica eravamo già entrati in un'altra era.

Si assistette al ritorno della battaglia in quanto evento isolato, o isolabile, all'interno di più grandi campagne militari. Tuttavia occorre intendersi. A parte gli scontri navali (soprattutto quello delle Midway, di cui avremo modo di parlare) tutte le altre battaglie durarono giorni e giorni, a volte mesi; alcuni assedi – valga per tutti quello di Leningrado – durarono anni. L'estensione nel tempo di questo nuovo modello di battaglia rende difficile il paragone con gli scontri del passato, che decidevano tutto nel giro di una giornata. In questo genere di confronti non c'era più spazio per la fortuna o per il caso (tranne che a Midway, che rappresenta appunto un'eccezione). Tutto doveva essere attentamente pianificato e nel corso dei giorni venivano alla luce, inevitabilmente, le carenze dell'uno o dell'altro schieramento. Spesso l'esito era scontato: si trattava solo di vedere quante perdite lo sconfitto sarebbe stato in grado di infliggere al vincitore prima di soccombere. In questo modo, con il sacrificio di qualche reparto, la forza perdente avrebbe sempre potuto sperare di guadagnare tempo per spostare risorse su un altro settore e riprendere in seguito il sopravvento. Era la ripetizione, con in più il movimento e le sofferenze della popolazione civile, della mentalità che aveva dominato la Prima guerra mondiale. I contendenti miravano a occupare il territorio, ma soprattutto a indurre il nemico a mollare e a chiedere la resa; e non è un caso che gli Stati Uniti, veri vincitori del precedente conflitto, abbiano sempre insistito per la resa incondizionata delle potenze dell'Asse. In questo nuovo modo di fare la guerra non c'era più spazio per le trattative.

Eppure, specialmente nei primi anni, si tentò di accreditare un'immagine quasi cavalleresca della guerra, specialmente quando i protagonisti erano i carri armati, sorta di versione moderna della cavalleria medioevale. Attorno alla battaglia di **El Alamein** e più in generale attorno a tutta la campagna di guerra dell'Africa settentrionale si creò una specie di mito, incentrato sulla figura del comandante tedesco, il feldmaresciallo Erwin Rommel, comandante della *Panzerarmee Afrika*, forse perché il suo modo di combattere, spavaldo e non privo di inventiva, sconvolgeva i piani degli alti comandi alleati. Il mito venne alimentato anche dopo la fine della guerra e il suicidio di questo notevole esempio di professionista militare moderno: Rommel fu costretto a uccidersi per ordine di Hitler, per aver preso parte alla grande congiura del 1944. Su Rommel furono scritti libri che ne elogiavano le capacità militari e ne mettevano in evidenza anche le indubbie doti umane, e fu girato anche un film, *Rommel the Desert Fox* (*Rommel la volpe del deserto*), per la regia di Henry Hathaway, nel 1951, ben interpretato da James Mason.

Neanche Rommel, con tutta la sua abilità tattica, poteva evitare la sconfitta, anche se al nome di El Alamein sono legate non una ma due battaglie, di cui la prima, combattuta tra il 1° e il 27 luglio 1942, non lo vide perdente.

Comandava le truppe inglesi e del Commonwealth il generale Sir Claude Auchinleck, comandante in capo delle forze terrestri in Medio Oriente, personalmente al comando dell'VIII armata inglese; il suo avversario nominale era il maresciallo d'Italia Ugo Cavallero, comandante supremo delle forze dell'Asse in Nordafrica, ma in realtà il vero capo militare era appunto Rommel. Sua intenzione era di aprirsi la strada per il Cairo e Alessandria: gli inglesi volevano fermare l'avanzata dell'Asse, per aprire poi un passaggio verso occidente. Il 1° luglio tedeschi e italiani contavano approssimativamente 20.000 uomini e 252 carri armati (più una cifra presunta di altri 232 in riparazione nelle officine); gli inglesi avevano circa 15.000 uomini e 85 carri armati (più una stima di altri 300 nelle officine). Entrambi gli schieramenti ricevettero sostanziali rinforzi durante la battaglia, e le rispettive forze salirono intorno al 27 luglio rispettivamente a 124.000 e 57.000 combattenti. Entrambi gli schieramenti, stanchi e in disordine dopo le battaglie del mese precedente a Gazala e Tobruk, raggiunsero la postazione di El Alamein nello stesso tempo. Ne derivò una serie di feroci scontri, incentrati sulla cresta di Ruweisat e Tel-el-Eisa, ma mentre ciascun esercito riceveva rifornimenti, né l'uno né l'altro ricevettero rinforzi determinanti né furono sufficientemente forti da imporre la propria volontà al nemico. Alla data del 27 luglio i due eserciti erano esausti e la battaglia era finita in un apparente stallo. Gli inglesi dovettero lamentare la perdita di circa 13.000 soldati e 193 carri, mentre furono messi fuori combattimento circa 22.000 soldati dell'Asse, compresi 7.000 prigionieri (le perdite di carri sono incerte ma probabilmente non raggiunsero le 100 unità).

Gli inglesi riuscirono a fermare la corsa dell'Asse ma non furono capaci di sfondare le linee nemiche con nessuno dei loro contrattacchi. Tuttavia si trovavano nella migliore situazione strategica, essendo vicini alle loro basi, e rafforzati in una quantità che le forze dell'Asse, con le loro linee di rifornimento estese sino al limite, non avrebbero mai potuto eguagliare.

La seconda battaglia, quella decisiva, si svolse tra il 23 ottobre e il 4 novembre 1942. I comandanti inglesi erano cambiati. il generale Sir Harold Alexander comandava tutte le forze terrestri del Medio Oriente, e in più aveva alle sue dirette dipendenze uno dei migliori generali alleati della guerra, il tenente generale Bernard Montgomery, al comando dell'VIII armata con 195.000 uomini, 1.029 carri armati (più 200 in riserva immediatamente disponibili e altri 1.000 nelle officine) e 2.311 pezzi di artiglieria. Grande organizzatore, non particolarmente fantasioso ma combattente tenace, Montgomery, fornito di notevoli mezzi, era l'uomo che occorreva per guidare il contrattacco britannico. Per colmo di sfortuna i tedeschi non ebbero subito Rommel al comando delle truppe: per ragioni di salute, il feldmaresciallo si era assentato dal campo, non immaginando quello che stava per accadere. Lo sostituì il generale Georg Stumme (dal 23 al 24 ottobre), sostituito subito dopo dal generale Ritter von Thoma, dal 24 al 26 ottobre, cioè fino a quando Rommel tornò garantendo la sua presenza per il resto della battaglia e riassumendo il comando della *Panzerarmee Afrika* e di altre formazioni dell'Asse, con 104.000 uomini (50.000 tedeschi e 54.000 italiani), 520 carri e 1.219 pezzi di artiglieria.

Al corrente della scarsità di carburante che affliggeva i suoi avversari, Montgomery decise di combattere quella che egli stesso definì una battaglia di "sbriciolamento", spostando il fulcro del suo attacco da un punto all'altro dello schieramento e costringendo quindi i carri armati dell'Asse a reagire. La prima fase fu caratterizzata da un attacco del XIII corpo d'armata sul settore sud mentre, più a nord, la fanteria del XXX corpo combatté per assicurare due corridoi tra i campi minati del nemico nell'area delle creste di Miteiriya e Kidney, attraverso i quali poterono passare la I e la X divisione corazzata. L'avanzata fu lenta e il 26 ottobre la IX divisione australiana attaccò sulla costa, isolando un certo numero di unità dell'Asse e provocando un pesante contrattacco dei corazzati. Montgomery immediatamente riportò la maggiore quantità di mezzi nell'area della cresta Kidney: ne seguì un'importante battaglia di carri armati a Tel-el-Aqqaqir, il 2 novembre. In questo scontro le perdite più gravi toccarono agli inglesi, ma le forze dell'Asse non erano in grado di reggere all'attrito al quale erano state sottoposte e la sera del 3 novembre rimanevano disponibili solo 30 corazzati tedeschi. In obbedienza alle direttive di Hitler, Rommel si trattenne un po' più a lungo, ma il giorno successivo cominciò a ritirare i resti della sua armata. L'inseguimento inglese fu lento e venne ulteriormente ritardato dalla pioggia torrenziale e dalla scarsità di carburante, consentendo a Rommel di sganciarsi.

Gli inglesi ebbero 2.350 morti, 8.950 feriti e 2.260 dispersi, più 500 carri fuori uso (la maggior parte riparabili) e 111 pezzi di artiglieria; le perdite dell'Asse furono 10.000 morti, 15.000 feriti, 30.000 caduti prigionieri e quasi completamente distrutti o perduti i carri e l'artiglieria. I britannici avevano conseguito una grande vittoria, dovuta alle risorse preponderanti, alla capacità professionale dei soldati e al controllo del Mediterraneo, che consentì di bloccare i rifornimenti alle forze dell'Asse e ridurle all'impotenza. È singolare pensare che le battaglie di questa campagna militare, spesso decise dalla scarsità di carburante, si svolgevano in buona parte vicino ad aree che dopo la guerra sarebbero diventate preziose zone petrolifere.

In sostanza, El Alamein – insieme agli sbarchi angloamericani in Algeria e Marocco l'8 novembre (operazione "Torch") – segnò la fine delle speranze dell'Asse nel teatro di guerra nordafricano.

A ulteriore dimostrazione che l'abilità dei comandanti non era sufficiente a bilanciare gli errori strategici e le follie dell'alto comando, e di Hitler in particolare, da una parte, e la forza preponderante degli uomini e dei materiali, dall'altra, non ci resta che cambiare fronte e considerare la battaglia di **Stalingrado**.

Tra gli obiettivi giudicati prioritari da Hitler c'era la città di Stalingrado, sia per l'importanza delle sue industrie, sia per la stessa forza evocativa del suo nome, che ricordava il dittatore rivale. Incaricato della manovra, il gruppo di armate "B", comandato dal feldmaresciallo Freiherr Maximilian von Weichs; al comando del fronte sovietico di Stalingrado era il generale Andrei Yeremenko.

Per quanto deboli fossero le forze sovietiche che gli sbarravano la direzione di Stalingrado, il maresciallo von Weichs, in virtù di una direttiva del 23 luglio, disponeva soltanto della VI armata, comandata da Friedrich von Paulus,[1] per sfondare le linee, e non era neppure tutta in-

[1] Friedrich von Paulus, nato a Breitenau, in Assia, il 23 settembre 1890, terminò la Prima guerra mondiale con il grado di capitano e fu uno dei 4.000 ufficiali tedeschi che, grazie a una clausola del trattato di Versailles, poterono restare in servizio nell'esercito della repubblica tedesca. Promosso maggiore nel 1931, condusse una tranquilla vita di impiegato in uniforme, senza manifestare, come del resto fecero molti altri ufficiali tedeschi, alcuna particolare simpatia per il nuovo regime nazista. Le cose cominciarono a cambiare nel 1934 quando, divenuto tenente colonnello, ebbe un comando di truppe motorizzate; nel 1939, nominato maggiore generale, partecipò alla campagna di Polonia e nel 1940 divenne capo di stato maggiore dell'armata

tera, perché Paulus, aspettando che l'VIII armata italiana (generale Gariboldi) raggiungesse la II armata ungherese (generale Jany) sul Don, doveva proteggere i propri fianchi; d'altra parte, il carburante gli veniva distribuito con parsimonia ed egli si trovava nell'impossibilità di muovere i suoi mezzi corazzati simultaneamente. Da questo la lentezza dei suoi progressi, a partire dalla testa di ponte che aveva conquistato il 20 luglio a Bokovskaja sul Cir. Il 30 luglio, Hitler restituì la IV armata corazzata al gruppo di armate "B", ma il comandante della IV armata, Hoth, nel momento in cui ricevette la sua nuova missione, si trovava 150 chilometri a sud-ovest di Cimljanski, mentre gli veniva ordinato di dirigersi verso Stalingrado, lungo la riva sinistra del Don. Il 4 agosto, la VI armata riuscì ugualmente a raggiungere Kalaç, all'estremità dell'ansa, ma i russi avevano fatto attraversare il fiume alla loro I armata corazzata e resistettero ostinatamente per una settimana. Paulus li sgominò per mezzo di un attacco a tenaglia, con la sua XIV divisione corazzata (generale von Wietersheim) che premeva da nord a sud, e operando il congiungimento con il XXIV corpo d'armata corazzato alle spalle del nemico. La VI armata non fu in grado di sfruttare il successo prima del 21, quando il LVI corpo d'armata, appoggiato dalla IV flotta aerea, a prezzo di perdite minime formò due teste di ponte sulla riva orientale del Don, a monte di Kalaç. Nella serata del 23, la XVI divisione corazzata, avanzando alla testa del XIV corpo d'armata corazzato, raggiunse Rynok sulla riva occidentale del Volga, al termine di un'avanzata di oltre 50 chilometri. Contrattaccato da nord e da sud, von Wietersheim decise di ritirarsi, e di conseguenza ricevette l'ordine di cedere il suo corpo d'armata al tenente generale Hube, comandante della XVI divisione corazzata. Fu così costi-

impegnata sul fronte occidentale. Promosso, durante la campagna contro l'Unione sovietica, generale di corpo d'armata per le truppe corazzate, assunse il comando della stessa VI armata al principio del 1942, con l'incarico di occupare Stalingrado.

tuito un fronte difensivo fra il Don e il Volga, a monte di Stalingrado. Un altro corpo d'armata, il LI, sfruttò il suo successo in direzione sud-est, e ciò consentì a Paulus di coordinare le sue operazioni con quelle di Hoth. Quest'ultimo, riprendendo la direzione del gomito del Volga, sulla riva sinistra del Don, era stato ridotto a sei divisioni, di cui una corazzata e una motorizzata. Rinforzato da due divisioni fornite da Paulus, Hoth, con la sua IV armata corazzata, riprese i suoi attacchi e riuscì a occupare le alture che dominano il Volga a valle di Stalingrado.

Ora Paulus disponeva di una forza notevole: nel suo ordine di attacco del 19 agosto assegnò come obiettivo al LI corpo d'armata il sud e il centro di Stalingrado, e i quartieri del nord al XIV corpo d'armata corazzato; quest'ultimo, poi, in collaborazione con l'VIII corpo d'armata, aveva il compito di provvedere alla sicurezza della VI armata nell'istmo Volga-Don. Questa dispersione di forze non teneva conto che una città come Stalingrado, con 445.000 abitanti e notevoli forze militari al suo interno, avrebbe opposto una strenua resistenza alla conquista, come in seguito gli stessi tedeschi compresero.[2]

Il 14 settembre 1942, il tenente generale Cuikov, al comando della LXII armata sovietica che difendeva Stalingrado, non disponeva che di 50.000 combattenti. La notte seguente la XIII divisione fanteria della guardia agli ordini del maggiore generale Rodimtzev venne inviata in rinforzo attraverso il Volga, permettendo di riconquistare

[2] Il 16 settembre il colonnello generale von Richthofen, comandante della IV flotta aerea, accusò di scarsa aggressività la VI armata, scrivendo nel suo diario: «Se si mettesse un po' di slancio, la città dovrebbe cadere in due giorni». Meno di una settimana dopo, però, annotava: «22 settembre. Nella città stessa, l'avanzata è disperatamente lenta. La VI armata non ne verrà mai a capo, in questo modo. Prima di tutto perché la minaccia che i russi le fanno pesare addosso dal nord la paralizza, poi perché le nuove divisioni di rinforzo arrivano con il contagocce. Si impegnano combattimenti interminabili per guadagnare terreno, per conquistare una cantina dopo l'altra» (citato in E. Bauer, *Histoire controversée de la deuxième guerre mondiale*, trad. it. a cura di A. e R. Pelà).

la collina detta Mamai Kurgan. Tre altre grandi unità di fanteria e una brigata meccanizzata accorsero in difesa di Stalingrado, ma la VI armata tedesca, potentemente sostenuta dalla IV flotta aerea, intorno al 20 settembre raggiunse le banchine del Volga, un poco a valle della stazione ferroviaria che aveva già conquistato. Di conseguenza, la LXII armata sovietica, alla sua sinistra, si trovava tagliata dalla LXIV armata (maggior generale M.S. Sumilov) e addossata al fiume su un fronte che si estendeva per circa 25 chilometri. Nonostante ciò, e nonostante fossero superiori per numero e per mezzi, i tedeschi non riuscivano a prevalere perché il combattimento all'interno del centro abitato non consentiva il pieno utilizzo dei mezzi corazzati e dell'aviazione.

Nelle sue memorie, lo stesso maresciallo Cuikov ricorda che i difensori ai suoi ordini si asserragliavano negli edifici più solidi, con guarnigioni poco numerose ma in grado di difendersi da ogni lato: veri centri di resistenza dai quali i difensori falciavano i nemici con il fuoco delle loro armi automatiche.[3] Furono costituiti dei gruppi d'assalto che entravano in azione ogni volta che i tedeschi riuscivano a conquistare un obiettivo, sia pur minimo. Durante gli attacchi dell'artiglieria e dell'aviazione i soldati sovietici cercavano di arrivare il più vicino possibile al nemico, costringendo aviatori e artiglieri tedeschi a sospendere il fuoco per evitare di colpire i loro stessi camerati. L'esperienza della guerra civile di Spagna aveva dimostrato che i grandi complessi in cemento armato (fre-

[3] I sovietici disponevano già del nuovo mitra PPSh, entrato in produzione nell'autunno del 1941. Già in quello scorcio di anno ne furono costruiti 100.000, ma la produzione del 1945 doveva raggiungere i due milioni e mezzo di esemplari. Facile da smontare, fornito di caricatori "a padella" da 71 colpi, il PPSh era la semplificazione di un precedente modello PPD, ma con volume di fuoco pur sempre superiore, a distanza ravvicinata, rispetto alle pistole mitragliatrici MP 38 o MP 40 fornite alle truppe tedesche; ancora più efficace si rivelò l'ulteriore variante PPS, con calcio metallico ripiegabile, costruita in un milione di esemplari, con caricatore amovibile da 35 colpi (cfr. Masini-Rotasso, *op. cit.*).

quenti in una città industriale come Stalingrado) resistono ai colpi di artiglieria di medio calibro: ognuno di questi fabbricati divenne teatro di una resistenza accanita. Gli stessi bombardamenti aerei ebbero il risultato di accumulare le macerie nelle strade, ossia di accrescere gli ostacoli ai cingoli dei carri armati, mentre i pionieri tedeschi non disponevano di bulldozer per spianarle sotto il fuoco nemico.

I carri armati non erano in grado di sfruttare la portata del cannone, mentre i sovietici potevano colpirli con bottiglie Molotov, granate anticarro e fucili da 14 mm. Allo stesso tempo i fanti tedeschi erano tenuti lontani dai carri con il tiro delle armi semiautomatiche e delle mitragliatrici, spezzando in tal modo l'unità tattica costituita dal binomio fanteria-carri. Questi ultimi ripiegavano con gravi perdite, lasciando la fanteria allo scoperto e incapace di proseguire l'avanzata.

Per espressa volontà di Hitler gli attacchi proseguirono, con l'appoggio degli Stukas dell'VIII corpo aereo della Luftwaffe che moltiplicavano i loro interventi. Gli attaccanti il 14 ottobre si lanciarono all'assalto dei grandi complessi industriali chiamati "Dzerzinski" e "Barricate". I carri armati tedeschi annientarono un reggimento della guardia, sfondarono l'ala sinistra di un altro reggimento di fanteria e conquistarono lo stadio di una fabbrica di trattori. Mentre la battaglia infuriava su tutto il fronte, dal cielo gli Stukas avevano duramente colpito la sede del comando avanzato dell'armata nemica. Fu una giornata di furiosi combattimenti corpo a corpo, con i mezzi corazzati che si infilavano nei vicoli o salivano sui mucchi di macerie, sparando a bruciapelo e spesso saltando in aria sulle mine seminate dai sovietici; ma come ogni notte, attraverso il Volga, arrivarono ulteriori rinforzi per l'Armata Rossa. Così, nonostante fossero riusciti a raggiungere l'argine del fiume, i tedeschi si resero conto di essere ritornati a un punto morto. Eppure Hitler era sicuro di avere già la vittoria in pugno, e il 10 novembre il LI corpo d'armata compì un nuovo disperato assalto, isolando i difensori della fabbrica "Barricate", conquistando la città operaia dipendente dalla fabbrica "Ottobre rosso" e penetrando nelle officine di quello stabilimento; ma ormai le compagnie di fanteria erano ridotte a 80 o anche a 60 uomini, e le tre divisioni del XIV corpo d'armata corazzato non avevano in tutto più di 199 carri.

Nel frattempo i russi preparavano una controffensiva destinata a prendere di sorpresa i tedeschi nel Caucaso e a isolare Stalingrado. Vari corpi d'armata, artiglieria, unità lanciarazzi e quattro armate aeree furono dislocate sul fronte sud-ovest e sui fronti del Don e di Stalingrado. Enormi forze furono concentrate sul fianco della VI armata. Vari indizi avevano indotto il generale von Paulus a dedurre che il nemico si preparava ad agire a tenaglia, manovra pericolosissima, in quanto le armate rumene in appoggio ai tedeschi in quella zona avevano pochissime armi anticarro. Per questo mandò una parte dei suoi mezzi corazzati a sostenere la sua ala sinistra e indusse il generale Zeitzler, al comando centrale dell'esercito tedesco, a proporre a Hitler di abbandonare l'attacco a Stalingrado. Ma il dittatore fu irremovibile, convinto che bastasse inserire come "stecche di balena" alcune divisioni di campagna della Luftwaffe in ciascuna delle tre armate alleate, ovvero l'VIII armata italiana (generale d'armata Gariboldi) che, dal mese d'agosto, sbarrava la direttrice per Rostov, la II armata ungherese, a sinistra, e la III armata rumena.

Il 19 e il 20 novembre le due branche della tenaglia sovietica, per un totale di 9 armate, ossia circa 50 o 60 divisioni, si strinsero su 7 divisioni tedesche e 15 rumene, sprovviste di mezzi anticarro in grado di opporsi efficacemente ai T 34 in dotazione alle brigate corazzate dell'Armata Rossa. Come se non bastasse, il fronte messo sotto pressione era troppo esteso e scarsamente difeso. Tra la destra della III armata rumena, appoggiata dalla VI armata tedesca, e la sinistra della II armata ungherese (colonnello generale Jany), in contatto con la II armata tedesca, il fronte del Don misurava circa 500 chilometri, e tre armate (due rumene e una italiana, al centro) lo difendeva-

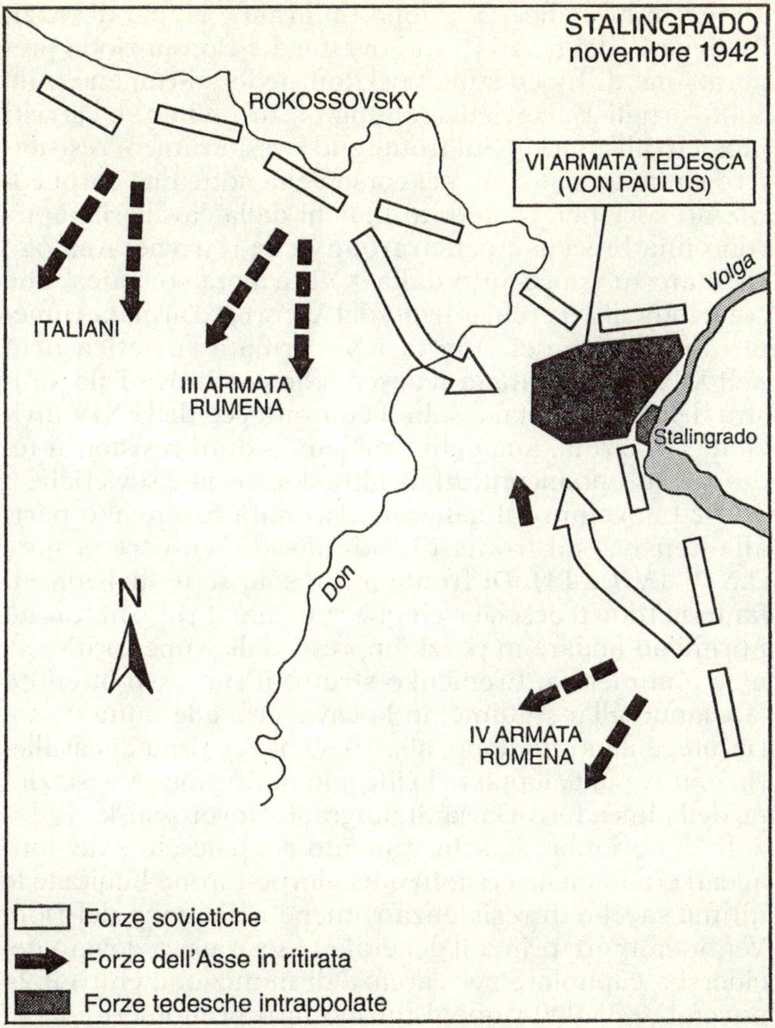

no con una trentina di divisioni, tutte piuttosto deboli come fanteria, poco mobili e soprattutto male armate quantitativamente e qualitativamente per affrontare i carri.

L'operazione "Uranus", come era stata definita la manovra affidata al generale Zukov, si svolse in due tempi. Il

19 novembre, alle 7.30, dopo un grande lancio di razzi, l'artiglieria dei fronti di sud-ovest e del Don iniziò la preparazione di fuoco sulle posizioni tedesco-rumene. Alle 8.48 l'artiglieria sovietica allungò il tiro e fanti e carristi mossero all'attacco. Sul fronte sud-ovest i rumeni resistettero strenuamente, ma nel corso della notte due corpi corazzati sovietici, protetti ai fianchi dalla cavalleria, aprirono una breccia e penetrarono nelle retrovie. Analogo risultato fu conseguito dalla XXI armata sovietica, che contribuì all'accerchiamento del V corpo d'armata rumeno. Sul fronte del Don la LXV armata sovietica urtò nell'XI corpo d'armata tedesco, che costituiva l'ala sinistra della VI armata, e subì il contrattacco della XIV divisione corazzata; analoghi problemi – dura resistenza tedesca – furono incontrati da altre due armate sovietiche.

Il 20 novembre il generale d'armata Eremenko partì all'offensiva sul fronte di Stalingrado, con tre armate (LXIV, LVII e LI). Di fronte a lui, solo sette divisioni di fanteria (due tedesche e cinque rumene). I rumeni furono i primi ad andare in pezzi, oppressi dalla superiorità tecnica e numerica. Eremenko sfruttò il successo ottenuto lanciando all'inseguimento la cavalleria e le unità motorizzate, e il giorno dopo, alle 10.30, il IV corpo di cavalleria entrava al galoppo nel villaggio di Abganerovo, stazione della linea ferroviaria Stalingrado-Novorossijsk.

Il 22 novembre lo schieramento dei tedeschi e dei loro alleati era in piena crisi. In quel giorno furono liquidate le ultime sacche di resistenza rumene nella zona del Don. Ventiquattr'ore prima il generale Lascar aveva dovuto decidersi a capitolare per carenza di munizioni; entro il 24 novembre 33.000 rumeni furono fatti prigionieri e la VI armata rimase praticamente isolata. L'unica contromisura predisposta da Hitler fu l'ordine: «La VI armata si disponga a istrice e attenda il soccorso dall'esterno».

Dopo aver consultato i suoi comandanti di corpo d'armata, la sera del 23 novembre Paulus fece appello al Führer, facendo presente di avere la possibilità di ritirarsi in direzione sud-ovest; le sue riserve di carburante e di munizioni di artiglieria erano in via di esaurimento e l'armata rischiava l'annientamento. Era prioritario salvare i soldati compiendo una generale manovra di arretramento e von Paulus si assumeva tutta la responsabilità di una decisione tanto penosa. Il capo di stato maggiore del gruppo di armate "B", colonnello generale von Weichs, sostenne le argomentazioni di Paulus: era impossibile assicurare per via aerea il rifornimento di un'armata di 22 divisioni e le forze della VI armata gli sarebbero state assai utili per ricostruire il fronte e organizzare una controffensiva.

Ma il 24 novembre Hitler ribadì l'ordine di resistere sul posto, convinto dalle stupide vanterie del Reichsmarschall Hermann Göring, che affermò di essere in grado di rifornire con un ponte aereo la VI armata, basandosi su precedenti esperienze positive ma senza tener conto di alcuni dati oggettivi: il ponte aereo avrebbe dovuto coprire una distanza enorme (da 200 a 400 chilometri), l'aviazione sovietica si era fatta particolarmente agguerrita e naturalmente occorreva risolvere una grande quantità di problemi logistici (per non parlare del fattore atmosferico). I risultati, infatti, furono deludenti. Dal 1° al 12 dicembre i tedeschi bloccati a Stalingrado ricevettero in media 94,16 tonnellate di rifornimenti al giorno, cioè il 19% del necessario, al prezzo della perdita di 488 apparecchi. Unico dato positivo, l'evacuazione di circa 25.000 feriti.

Ligio alla disciplina, pur con gravi dubbi, von Paulus obbedì a Hitler. La sacca nella quale era rinchiusa la VI armata misurava 60 chilometri tra Stalingrado e la sua estremità occidentale, e 40 chilometri in direzione nord-sud. I reparti consistevano in quattro corpi d'armata, suddivisi in 15 divisioni di fanteria, tre divisioni motorizzate, tre divisioni corazzate e una divisione di cavalleria: ossia, circa 250.000 uomini. Per ordine di Hitler, il maresciallo von Manstein assunse il comando di un nuovo gruppo di armate "Don", che avrebbe incluso la IV armata corazzata, la VI armata e la III armata rumena. Il 12 e il 13 dicembre, il LVII corpo d'armata corazzato tedesco forzò il passaggio del fiume Aksaj per colpire sul fianco la LI armata sovietica del fronte di Stalingrado. Mentre i sovietici facevano affluire riserve su quella parte del fronte, a loro volta i tedeschi proseguirono l'attacco nonostante le scarse risorse di uomini e di mezzi. In otto giorni furono guadagnati circa 80 chilometri: Stalingrado distava solo 48 chilometri dalle punte avanzate del raggruppamento di von Manstein. Purtroppo per i tedeschi, già il 16 dicembre il comando supremo sovietico lanciò l'operazione "Saturno" che prevedeva l'azione a tenaglia dei fronti di sud-ovest e di Voronez, per schiacciare la III armata rumena e l'VIII armata italiana. Superata la resistenza dei rumeni, la III armata della guardia sovietica dilagò nelle retrovie dell'VIII armata italiana, ridotta a 30.000 uomini (nove divisioni) su un fronte di 270 chilometri. Sul piano dei mezzi corazzati, il generale Gariboldi poteva contrapporre ai poderosi carri dell'Armata Rossa solo poche manciate di carri armati antiquati e inefficienti. La tragedia dell'VIII armata si concluse in 48 ore, e il 18 dicembre cinque corpi corazzati penetrarono nella breccia. Gli italiani che riuscirono a sottrarsi alla prigionia si ritirarono a piedi con temperature intorno ai 35 gradi sotto zero. Il contrattacco sovietico fu almeno in parte contenuto, ma intanto l'Asse aveva perduto almeno 10 divisioni.

Era ormai divenuto impossibile portare aiuto alla VI armata, a meno che non fosse quest'ultima a tentare di rompere l'accerchiamento: ma gli uomini erano esausti e le provviste erano sempre più scarse. Mancavano persino gli indumenti invernali, e i famosi rifornimenti aerei di Göring erano stati resi ancora più improbabili a causa della perdita di alcuni aeroporti. Anzi, l'attacco dei russi, che minacciava Rostov, rischiava di coinvolgere nel tracollo sia il nuovo gruppo di armate "Don" sia tutto il gruppo di armate "B".

Il 24 dicembre 1942 fu lanciata la temuta offensiva del fronte sovietico di sud-ovest in direzione di Rostov. L'arretramento delle formazioni della Luftwaffe fece sì che l'aeroporto più vicino a Stalingrado diventasse quello di Salsk, a 340 chilometri di distanza. Dal 4 al 21 gennaio, furono solo sei i giorni nei quali gli assediati ricevettero più di 100 tonnellate di rifornimenti. In queste condizioni qualcuno propose di limitarsi a lanci con i paracadute, ma era imperativo che i soccorritori continuassero ad atterrare per poter fornire, sempre in quantità troppo limitata, il prezioso carburante per continuare a muovere i mezzi corazzati e i mezzi di trasporto all'interno della sacca.

Anche il freddo aveva cominciato a mietere le sue vittime. La guarnigione della "grande fortezza" seguitò a mancare di adeguati indumenti invernali, rimasti inspiegabilmente fermi nei depositi, e la crescente scarsità di proiettili per l'artiglieria portò ad abbandonare definitivamente ogni speranza di rompere l'accerchiamento. Per parte loro, i sovietici avevano deciso di stringere i tempi. Il compito di eliminare la sacca di Stalingrado fu riservato al generale Rokossovskij, comandante del fronte del Don, che venne ulteriormente rinforzato sino a portarlo alla consistenza di sette armate, per un totale di 90 brigate e divisioni, di fronte alle 22 divisioni (tutte al di sotto del loro normale organico) della VI armata tedesca. Rokossovskij poté contare anche sull'appoggio della XVI armata aerea, sempre più padrona del cielo sopra Stalingrado.

L'8 gennaio, prima di sferrare l'offensiva, i sovietici offrirono la resa agli assediati, a condizioni complessivamente onorevoli: consegna delle armi e degli equipaggiamenti, libero ritorno in Germania o in un paese a scelta dei prigionieri alla fine della guerra, permesso (ai soli membri della Wehrmacht e non alle SS) di conservare uniformi, grado, decorazioni e oggetti di valore, comprese le spade degli ufficiali superiori. Ai prigionieri sarebbero stati garantiti viveri e cure mediche. Tuttavia von Paulus ritenne di non accettare la proposta, sia per non contravvenire agli ordini da Berlino, sia per non compromettere le sorti dell'intero fronte tedesco. In sostanza, la VI armata si sacrificava per consentire al resto delle forze armate germaniche di stabilizzare le proprie posizioni e impedire un ulteriore arretramento, con conseguenze fatali sull'esito della guerra. Da questo punto di vista – ragionando in base a quanto avvenne dopo – von Paulus offriva il suo contributo alla continuazione di un conflitto destinato a mietere ancora milioni di vite umane. Comunque, data la situazione a Stalingrado e l'approssimarsi dell'offensiva sovietica, si trattò di un contributo di breve durata, che si sarebbe potuto evitare se Hitler non si fosse ostinato a inchiodare l'armata alle sue posizioni, confidando nelle vuote promesse di Göring.

Il 10 gennaio 1943, alle 8.05, l'artiglieria del fronte del Don aprì il fuoco sulle posizioni tedesche nella sacca di Stalingrado; poco dopo, la LXV e la XXI armata sovietica si lanciarono all'attacco del saliente di Martynovka e lo eliminarono in tre giorni. Il 17 gennaio Rokossovskij aveva preso il controllo di due terzi della sacca e minacciava l'aeroporto di Gumrak, l'ultimo rimasto agli assediati, impedendo di fatto agli aerei tedeschi di atterrarvi.

Von Paulus segnalò a Hitler i progressi del nemico e l'impossibilità di tappare le falle nel suo sempre più debole schieramento e chiese urgentemente nuovi ordini, considerata anche la realtà di oltre 12.000 feriti privi di cure. Von Manstein cercò di convincere Hitler ad autorizzare la capitolazione, ma il Führer non era certo disposto a consentire un atto dalle conseguenze incalcolabili per il fronte interno del regime nazista. I sovietici andarono avanti. Il 26 gennaio 1943 la XXI armata raggiunse sulla collina di Mamai Kurgan ciò che restava della LXII armata sovietica, che era riuscita a impedire la totale occupazione di Stalingrado. La sacca tedesca era praticamente tagliata in due. Nella sacca meridionale ci furono tra i comandanti veri e propri suicidi ma anche inevitabili prese d'atto delle circostanze, e i reparti cominciarono ad arrendersi uno dopo l'altro.

Von Paulus, che aveva ricevuto all'ultimo momento (29 gennaio) il grado di Generalfeldmarschall, fu fatto prigioniero all'alba del 30 gennaio. Alcuni reparti della sacca settentrionale resistettero sino al 2 febbraio. Poi, su quella parte del fronte, cessò definitivamente il fuoco. Hitler, nella tranquillità del suo quartier generale a Rastenburg, montò su tutte le furie quando gli venne riferita la resa di von Paulus: egli avrebbe preferito una sorta di suicidio collettivo da parte del generale e del suo stato maggiore. Comunque, almeno ufficialmente, il dittatore si assunse la responsabilità della sconfitta a Stalingrado, pur ricordando di aver dato eccessivo credito alle vanterie di Göring. D'altro canto, venendo meno ai compiti di un vero comandante in capo, si sottrasse alle richieste di von Manstein di recarsi in Russia a esaminare le condizioni effettive delle sue armate.

I russi contarono 147.200 morti tedeschi e rumeni nella sacca di Stalingrado ed ebbero a loro volta, nel corso dell'ultima offensiva, circa 46.700 morti. I prigionieri appartenenti alle truppe dell'Asse furono circa 91.000, compresi 24 generali e 2.500 ufficiali, oltre a più di 6.000 cannoni e 60.000 veicoli a motore.[4]

La guerra sul fronte orientale, ovviamente, non si esaurì con la battaglia di Stalingrado, anche se l'evento segnò il punto di svolta della guerra. Benché negli anni successivi – almeno fino al 1944 – restasse difficile prevedere con certezza il crollo del Terzo Reich, la sconfitta e l'arretramento in quello scenario di guerra crearono un forte turbamento nelle gerarchie militari tedesche e nella madrepatria, infondendo al contrario nuova speranza e ben altro vigore alle truppe degli Alleati e, in particolar modo, alle truppe sovietiche, sempre più abbondantemente rifornite dagli Stati Uniti e dalle fabbriche trasferite all'interno del terri-

[4] Quanto allo sfortunato von Paulus, durante la prigionia prese contatto con i militari tedeschi antinazisti e nell'agosto 1944 entrò nel Comitato Nazionale Germania Libera, e dai microfoni della radio sovietica lanciò diversi appelli ai soldati tedeschi affinché deponessero le armi, rinunciando a combattere una guerra inutile e già perduta. Testimoniò al processo di Norimberga e nel 1953 tornò in patria, stabilendosi in Germania orientale, dichiarandosi contrario al riarmo della Repubblica federale tedesca. Morì il 1° febbraio 1957, a Dresda, dopo aver scritto un resoconto sulla battaglia di Stalingrado, pubblicato in Italia nel 1961.

torio nazionale. Nell'ambito delle varie offensive scagliate dall'Armata Rossa per riprendere il controllo del paese e preparare la controinvasione dell'Europa Orientale, la battaglia di **Kursk** (5-17 luglio 1943), combattuta 160 chilometri a nord di Kharkov, assunse un ruolo fondamentale.

Il feldmaresciallo Erich von Manstein era al comando del gruppo di armate sud e il feldmaresciallo Gunther von Kluge comandava il gruppo di armate centro; dalla parte dei sovietici, il maresciallo Georgi Zhukov era coordinatore della difesa del saliente, che era tenuto dal fronte centrale di Rokossovskij (settore nord), dal fronte di Voronezh di Vatutin (settore sud) e dalla riserva di Konev, o fronte della steppa (in riserva nelle immediate vicinanze).

I tedeschi intendevano eliminare l'ampio saliente che si era formato intorno a Kursk come risultato della battaglia di Kharkov all'inizio dell'anno. Schieravano 2.380 carri armati e cannoni da assalto, 10.000 pezzi di artiglieria, 2.500 aerei e 900.000 uomini; da parte sovietica, 3.300 carri armati e cannoni da assalto, 20.000 pezzi di artiglieria, 2.650 aerei e 1.337.000 uomini.

Quando il fango di primavera arrestò la controffensiva di von Manstein nell'area di Kharkov, un saliente sovietico largo 160 chilometri e profondo 70, avente il suo centro a Kursk, rimase incuneato nelle linee tedesche. Hitler ritenne che lo si potesse eliminare dirigendo puntate convergenti nei suoi fianchi, indebolendo l'esercito sovietico a un punto tale da indurre Stalin a preparare negoziati di pace. Il piano dettagliato dell'operazione, denominato in codice "Zitadelle", fu elaborato dal generale Zeitzler, capo di stato maggiore generale, ma molti ufficiali superiori tedeschi avevano serie riserve sulla possibilità di realizzarlo. Tenuti pienamente al corrente delle intenzioni tedesche dalla rete di spie "Lucy", i sovietici fortificarono il saliente per una profondità di 42 chilometri, con tre cinture difensive concentriche che comprendevano campi minati, con una densità di 4.200 mine antiuomo e 3.700 mine anticarro per ogni chilometro di fronte, coperte da artiglieria e cannoni anticarro. La strategia di Zhukov mirava a drenare la forza dei tedeschi mentre tentavano di farsi strada attraverso le difese, e poi contrattaccare. La battaglia cominciò il 5 luglio e fu, sin dal principio, basata sull'attrito. A nord, i tedeschi penetrarono per una profondità di 17 chilometri e furono infine bloccati. A sud, invece, riuscirono quasi a ricavare una breccia, e il 12 luglio la battaglia raggiunse il suo punto più alto su questo settore quando i 700 carri armati della IV armata Panzer di Hoth si scontrarono con gli 850 carri della V armata di carri della guardia, agli ordini di Rotmistrov, in una feroce ma inconcludente mischia vicino al villaggio di Prokhorovka. Il giorno dopo, a seguito degli sbarchi alleati in Sicilia del 10 luglio, Hitler informò i suoi ufficiali che il fronte russo sarebbe stato privato di truppe per formare armate fresche in Italia. Nello stesso momento, i sovietici lanciarono una controffensiva nel saliente di Orel – un'immagine speculare del saliente di Kursk situato poco più a nord – usando il fronte ovest di Sokolovsky e il fronte di Briansk di Popov. La II armata Panzer ne uscì assai malridotta e Manstein fu costretto a trasferire parecchie delle sue divisioni corazzate a Kluge. Il 17 luglio Hitler annunciò formalmente che "Zitadelle" era terminata.

I tedeschi persero circa 120.000 uomini e soprattutto 1.500 carri; perdite sovietiche, circa 100.000 uomini e 1.500 carri (molti dei quali furono più tardi recuperati e riparati).

A seguito del fallimento di questa ultima grande offensiva tedesca a est, l'iniziativa lungo l'intero fronte russo passò nelle mani dell'esercito sovietico, che la mantenne per il resto della guerra. Kursk rimane la più grande battaglia di carri armati della storia, e aprì ai sovietici la via della Germania.

Compiamo ora un nuovo balzo, come erano abituati a fare i cinegiornali dell'epoca, su un altro teatro di guerra, per occuparci di quell'apparente anomalia costituita dalla battaglia delle **Midway**.

Si tratterebbe di una vera anomalia, se ammettessimo

che gli statunitensi erano in condizione di svantaggio rispetto ai loro avversari giapponesi, come ci hanno abituato a pensare i film e anche le numerose ricostruzioni storiche della battaglia. In realtà, il 4 giugno 1942 la marina statunitense era inferiore dal punto di vista numerico ma aveva alle spalle un potenziale tecnico e industriale di prim'ordine, un materiale umano enorme, ben preparato e ben motivato e facilmente sostituibile e integrabile, ed era in grado di decodificare i messaggi dell'avversario. I giapponesi non lasciavano grandi margini di iniziativa ai loro subordinati, ed erano appesantiti dalle controversie di corte, che opponevano l'esercito alla marina (anche tra esercito e marina americani non correva buon sangue, ma seppero cooperare). Tutto questo non intende sminuire il merito della marina americana, costretta a proseguire i combattimenti per un obiettivo che non poteva essere abbandonato, e che comunque vinse la battaglia delle Midway, mettendo fine in un solo giorno alla superiorità aeronavale della marina giapponese (piuttosto fragile, in verità, se bastò un solo giorno di battaglia per metterla fuori uso).[5]

L'atollo di Midway, all'estremità delle isole Hawaii, una volta conquistato avrebbe assicurato al Giappone il controllo delle restanti isole hawaiane. Privati delle loro basi nell'arcipelago, gli americani si sarebbero ritirati verso la costa occidentale degli Stati Uniti, lasciando ai giapponesi il dominio sul Pacifico settentrionale e centrale e perdendo i contatti con l'Australia, la Nuova Zelanda e le isole del Pacifico meridionale. L'ammiraglio Isoroku Yamamoto, comandante in capo delle flotte giapponesi e buon conoscitore degli americani, era convinto che i suoi avversari avrebbero fatto di tutto per non perdere le Midway. Egli ignorava che i crittografi americani erano in grado di conoscere in anticipo i preparativi giapponesi per l'attacco

5 Per ulteriori particolari si rinvia a R. Humble, *op. cit.*, e al suo resoconto della battaglia delle Midway al quale ci si è attenuti in questa parte del capitolo.

alle Midway. Per giunta, i giapponesi avevano compiuto l'errore di combattere la battaglia del mar dei Coralli, che aveva ridotto la forza delle loro portaerei da sei a quattro unità, lasciando invece gli americani con tre portaerei con le quali battersi ancora alle Midway.

A Pearl Harbor i crittografi ritenevano che i giapponesi stessero preparando un'operazione su vasta scala nel Pacifico centrale, che avrebbe seguito l'offensiva contro Port Moresby nella Nuova Guinea. Il nuovo obiettivo di cui parlavano i messaggi-radio giapponesi era l'"AF". Con uno stratagemma – un messaggio in chiaro che denunciava un falso guasto al dissalatore – i crittografi riuscirono a definire con precisione l'obiettivo (le Midway) soltanto il 15 maggio, una settimana dopo la battaglia del mar dei Coralli. L'ammiraglio Chester Nimitz, comandante in capo della flotta statunitense del Pacifico, richiamò le tre portaerei superstiti dal Pacifico sud-occidentale, l'ammiraglio Fletcher con la *Yorktown*, che necessitava di grandi riparazioni dopo il mar dei Coralli, e l'ammiraglio Halsey con la *Enterprise* e la *Hornet*. Prima di dirigersi a nord verso Pearl Harbor, la forza operativa di Halsey (TF 16) fu localizzata da un ricognitore giapponese, che riferì la notizia, ma indusse il servizio segreto navale giapponese a ritenere – sbagliando – che le navi si trovassero ancora nel Pacifico meridionale. Questo errore venne ad aggiungersi all'incosciente iattanza ed eccessiva fiducia nelle proprie forze che contraddistinse i giapponesi nella prima parte della missione alle Midway; in seguito, di fronte alla determinazione americana, i giapponesi avrebbero compiuto errori di giudizio ancora più fatali.

Il 25 maggio i soliti crittografi captarono tutti i particolari relativi alle forze giapponesi interessate all'operazione contro le Midway. Nei 10 giorni seguenti le difese nella zona vennero rinforzate, compresi i preziosi aerei da combattimento. La *Enterprise* e la *Hornet* attraccarono a Pearl Harbor il 26 maggio e la *Yorktown* il 27. Gli operai dell'arsenale di Pearl Harbor riuscirono, lavorando senza sosta, a rattoppare la *Yorktown* nel tempo record di tre giorni. Se avessero lavorato in condizioni normali, avrebbero impiegato forse tre mesi. Entro il 29 maggio gli americani riuscirono a sapere che ci sarebbe stata una seconda invasione giapponese nelle Aleutine, ma che si sarebbe trattato di un diversivo. Il piano giapponese prevedeva di indebolire la resistenza delle Midway con i mezzi della forza operativa dell'ammiraglio Nagumo, composta da almeno quattro portaerei e appoggiata da corazzate e incrociatori; quindi sarebbe entrata in azione la forza di invasione. Gli americani sapevano pure che le portaerei di Nagumo si sarebbero accostate alle Midway da nord-ovest, mentre il grosso della flotta e la forza di invasione sarebbero giunte da ovest.

Era un buon vantaggio conoscere i piani del nemico, ma la forza che i giapponesi stavano concentrando era davvero notevole. Oltre a quattro portaerei pesanti con 272 velivoli, le flotte nipponiche schieravano 11 corazzate – compresa la gigantesca *Yamato*, da 71.659 tonnellate, con 9 pezzi da 460 mm –, 13 incrociatori pesanti e cinque leggeri, 61 cacciatorpedinieri e 25 sommergibili. La flotta statunitense del Pacifico aveva a disposizione tre portaerei, otto incrociatori e 14 cacciatorpedinieri; inoltre, questa piccola flotta doveva anche tenere conto della minaccia di 12 sommergibili giapponesi, sguinzagliati a ovest di Pearl Harbor per individuare il percorso della flotta statunitense del Pacifico. Il piano giapponese, però, prevedeva che gli americani salpassero verso ovest, per rispondere all'attacco contro le Midway, mentre grazie al lavoro dei decodificatori la *Enterprise* e la *Hornet* salparono da Pearl Harbor il 28 maggio, e la *Yorktown* li seguì il 29. I sommergibili giapponesi, presi in contropiede, non furono in grado di avvistare le tre portaerei americane che andavano da tutt'altra parte, verso il punto di ritrovo di Point Luck, circa 420 chilometri a nord-est delle Midway. Entro il 3 giugno le portaerei statunitensi erano nella zona, mentre i giapponesi le stavano ancora cercando. L'ammiraglio Fletcher aveva il comando generale ed era a bordo della *Yorktown*, mentre Halsey, ricoverato in ospedale a

Pearl Harbor per una malattia della pelle, era stato sostituito, al comando della forza rappresentata dalla *Enterprise* e dalla *Hornet*, dal suo comandante degli incrociatori e dei cacciatorpedinieri, contrammiraglio Spruance.

Fletcher intendeva aspettare fino a quando le ricognizioni aeree delle Midway avessero rintracciato le portaerei di Nagumo, e quindi fare tutto il possibile per immobilizzare quella forza. Se vi fosse riuscito, i giapponesi avrebbero dovuto riconsiderare il progetto di attaccare le Midway e affrontare gli aerei da combattimento di base sull'isola. Gli idrovolanti americani fecero il primo avvistamento alle 9.25 del 3 giugno; nelle ore successive fu chiaro che si trattava della forza di invasione giapponese. In nome del principio "colpisci prima di essere colpito", dalle Midway fu lanciato il primo attacco aereo, nove bombardieri B17, alle 12.30. Questo primo attacco fu un fallimento: a causa della distanza, si verificò solo alle 16.38 e nessun danno fu arrecato al nemico. Un attacco notturno di aerei armati con siluri riuscì solo a colpire una nave cisterna, senza poter impensierire il convoglio. Inoltre, c'erano sempre le portaerei giapponesi da avvistare. Entro le 4.30 del 4 giugno le portaerei di Nagumo, *Kaga, Akagi, Soryu* e *Hiryu*, erano pronte a mandare i loro aerei a bombardare le Midway. Nagumo trattenne sulle navi metà dei velivoli a sua disposizione, armati con siluri e bombe perforanti, per un eventuale attacco contro qualsiasi nave da guerra americana che fosse localizzata. Nagumo inviò in esplorazione gli aerei da ricognizione della *Kaga*, dell'*Akagi* e degli incrociatori *Chikuma* e *Tone*, ma il lancio dell'aereo del *Tone* subì un ritardo di mezz'ora, fino alle 5. Questo ritardo si rivelò, più tardi, veramente fatale.

Gli idrovolanti americani avvistarono le portaerei di Nagumo alle 5.30 e la forza aerea d'attacco in arrivo alle 5.40. Tutti gli aerei di stanza sulle isole si alzarono in volo per attaccare le portaerei giapponesi, evitando così di essere distrutti al suolo quando arrivò la forza aerea giapponese, tra le 6.30 e le 7.30. Il comandante degli aerei giapponesi comunicò per radio a Nagumo che era necessaria una seconda incursione, perché la prima non era riuscita a radere al suolo le difese. Nagumo aveva appena fatto riarmare con bombe gli aerei di riserva per questo secondo attacco, quando l'aereo da ricognizione del *Tone* avvistò la scorta di incrociatori e di cacciatorpedinieri della forza di Fletcher, alle 7.28; un'ora dopo Nagumo fu informato che la forza americana comprendeva almeno una portaerei. Erano le 9.18 quando tutti gli aerei che avevano attaccato le Midway, ritornati alle portaerei, avevano fatto rifornimento di carburante e avevano cominciato a riarmarsi con siluri e bombe perforanti. Nagumo intendeva mandare la sua forza aerea a nord-est per attaccare la forza americana, ma era ormai troppo tardi. Gli aerei di Fletcher erano già in volo.

Alle 7.03 del mattino la *Enterprise* e la *Hornet* iniziarono a lanciare i loro velivoli mentre la *Yorktown* rimaneva indietro in attesa dei suoi aerei da ricognizione. I piloti degli aerosiluranti statunitensi si separarono dalla loro copertura di caccia e si lanciarono a testa bassa contro le portaerei giapponesi: dei 41 aerosiluranti solo sei tornarono alla base. Tuttavia il loro attacco non fu vano, perché ritardò l'offensiva aerea di Nagumo contro le portaerei statunitensi. Alle 10.20 le portaerei di Nagumo si misero sopravvento per far decollare gli aerei. Nello stesso momento apparvero i bombardieri in picchiata dell'*Enterprise* e della *Hornet.* Le portaerei giapponesi erano in quel momento estremamente vulnerabili, perché i loro ponti erano ingombri di aerei, contenitori di carburante e bombe. I bombardieri americani le centrarono tutte e tre nel giro di 10 minuti: alle 10.30 erano già ridotte a relitti in fiamme, tormentati dalle esplosioni che si susseguivano ovunque. Restava indenne solo la *Hiryu.* Alle 10.54 questa portaerei superstite lanciava il primo contrattacco giapponese sulla forza americana, colpendo solo la sfortunata *Yorktown,* che alle 14.45 dopo due attacchi si ritrovò danneggiata in maniera ormai irreparabile. La *Enterprise* e la *Hornet*, comunque, non avevano subito danni, e furono quindi libere di sferrare un nuovo attacco che distrusse anche la *Hiryu*, poco dopo le 17. L'ultima portaerei di Nagumo affondò verso le 9.10 del mattino seguente.

Senza le portaerei, e soprattutto senza i loro preziosi piloti, la superiorità navale giapponese serviva solo se gli americani erano tanto sciocchi da accostarsi a tiro utile dei cannoni e dei siluri. In effetti, l'intera battaglia delle Midway era stata combattuta a distanza, evento verificatosi già nella precedente battaglia del mar dei Coralli. Le portaerei si erano lanciate addosso i loro velivoli, senza mai avvistarsi direttamente, e gli americani ne erano stati senz'altro avvantaggiati. Spruance, che aveva assunto il comando dopo che Fletcher aveva abbandonato la *Yorktown* alle 15, evitò ogni manovra e rimase in attesa di attaccare se i giapponesi avessero tentato una nuova offensiva. Yamamoto rinunciò ad attaccare le Midway e si ritirò a partire dalle 2.55 del 5 giugno. La flotta giapponese era già in ritirata verso ovest quando gli americani colpirono gli incrociatori *Mogami* e *Mikuma*, affondando quest'ultimo. Magra consolazione per i giapponesi, la *Yorktown* fu colpita da un loro sommergibile e affondò all'alba del 7 giugno 1942. Nel giro di pochi mesi, dopo il proditorio attacco giapponese a Pearl Harbor, la flotta americana aveva ristabilito la parità con la flotta nemica, con la considerevole differenza che il Giappone non sarebbe mai riuscito a riequilibrare le perdite di uomini e di mezzi, mentre gli Stati Uniti, producendo a tutto regime, nel giro di pochi anni avrebbero potuto schierare decine di nuove portaerei e centinaia di navi da guerra.

Il successo delle Midway consentì di iniziare la riconquista del Pacifico, utilizzando fra l'altro i famosi *marines,* sui quali venne imbastita una poderosa azione di propaganda. Si trattava – e si tratta, in effetti – di truppe scelte, ma la loro esaltazione serviva anche a garantire l'identificazione della popolazione in questi combattenti, con ovvii esiti positivi sullo spirito combattivo della nazione. Gli episodi di guerra che videro i *marines* in azione furono accuratamente seguiti dalla propaganda e dalla stampa e rappresentati in vari film. Il più significativo è probabilmente la conquista di **Guadalcanal**, che richiedette un lungo periodo di tempo, dal 7 agosto 1942 al 7 febbraio 1943.

Gli americani intendevano impedire ai giapponesi di usare l'isola, che fa parte dell'arcipelago delle Salomone, come base aerea, e volevano usarla essi stessi come base di lancio per le future operazioni contro i territori occupati dal nemico. A capo dell'area del sud Pacifico furono posti dapprima il viceammiraglio Robert L. Ghormley, poi il viceammiraglio William F. Halsey; il loro avversario fu l'ammiraglio Shigeyoshe Inouye, al comando delle forze giapponesi a Rabaul.

Sull'isola fu impegnata la I divisione Marines del maggiore generale Alexander A. Vandergrift, sostituita in dicembre dal XIV corpo (divisioni II Marines, America e XXV) del maggiore generale Alexander M. Patch; resistevano contro l'attacco truppe giapponesi trasportate sull'isola, più tardi designate come XVII armata, sotto il comando del maggiore generale Haruyoshi Hyakutake, per un totale approssimativo di 20.000 uomini, più i rinforzi.

La conferma che i giapponesi stavano costruendo un aeroporto a Guadalcanal portò direttamente agli sbarchi americani del 7 agosto. La piccola guarnigione giapponese fu eliminata e il campo di aviazione, successivamente noto come Henderson Field, fu completato e messo in opera il 20 agosto. I giapponesi cominciarono a riversare rinforzi sull'isola allo scopo di ricatturare il campo e diedero inizio a un'offensiva aeronavale contro la testa di ponte americana. Tra il 12 e il 14 settembre assalti di grande importanza vennero portati contro il settore del perimetro dei *marines*, più tardi noto come Bloody Ridge; questi attacchi furono respinti con la perdita di 600 giapponesi, mentre le perdite americane totali assommarono a 143 uomini. Ulteriori assalti scoordinati su tutto il perimetro furono respinti tra il 23 e il 25 ottobre, costando ai giapponesi altri 2.000 morti. Quindi Vandergrift assunse l'offensiva, respingendo il nemico finché Henderson Field non fu più a portata dell'artiglieria giapponese. Dopo aver rilevato la I divisione Marines la pressione fu mantenuta dal corpo di Patch, che spinse i giapponesi affamati e fiaccati dalle malattie a ovest verso capo Esperance durante il mese di gennaio. I sopravvissuti dell'armata di Hyakutake, circa 10.000 uomini, furono evacuati dalla marina imperiale giapponese tra il 1° e il 7 febbraio in una serie di operazioni notturne. In parallelo con la campagna terrestre, ebbe luogo una serie di impegnative operazioni navali, che costarono a entrambe le parti 24 navi da guerra. Tuttavia, mentre le perdite americane potevano essere rimpiazzate, quelle dei giapponesi non lo potevano essere, e alle perdite militari bisogna aggiungere circa 300.000 tonnellate di naviglio mercantile affondato. I giapponesi ebbero pesanti perdite anche nell'intensa guerra aerea.

La battaglia, o meglio la campagna per la conquista dell'isola, terminò con 1.600 americani uccisi, 4.200 feriti e 12.000 disabilitati per malattie; andò assai peggio ai giapponesi, che ebbero 14.000 uomini uccisi in azione, 9.000 morti per malattie o fame, un numero imprecisato di dispersi e 1.000 prigionieri.

Fu la prima importante sconfitta subita dall'esercito giapponese, ed ebbe l'effetto di rafforzare la situazione strategica degli Alleati. La disparità delle perdite, se indica da un lato il coraggio dei giapponesi, dall'altro lato mostra quanto poteva pesare la differenza di armamenti e la possibilità di ottenere rifornimenti continui, spesso negati ai soldati nipponici. La situazione si ripeté sino alla fine della guerra, con uno spreco incredibile di vite umane da parte dei giapponesi, che riuscirono solo a rallentare l'azione americana.

Di fronte a truppe meglio organizzate e addestrate della fanteria giapponese, peraltro, anche gli statunitensi potevano avere dei problemi. Il caso di **Cassino** mostrò con chiarezza che non erano ammesse improvvisazioni o il semplice uso della forza, ma che occorreva un più chiaro disegno strategico per battere i tedeschi.

L'attacco all'Italia, intrapreso con l'invasione della Sicilia, era servito solo a levare di mezzo il regime fascista, ma la mancanza totale di intesa e coordinamento con il governo Badoglio e con le strutture militari italiane aveva portato a un massiccio ingresso, totalmente indisturbato, di truppe tedesche in Italia tra il 25 luglio e l'8 settembre 1943. Se ci fosse stato un immediato rovesciamento di alleanze, le truppe anglo-americane sarebbero potute sbarcare indisturbate nei principali porti italiani e la guerra avrebbe certamente avuto un esito più rapido, con minori sofferenze per la nazione: ma come il fascismo aveva la colpa di aver portato l'Italia alla guerra totalmente impreparata, così il regime badogliano ebbe il torto di vivere alla giornata, senza il coraggio di azioni spregiudicate, fino all'armistizio dell'8 settembre. A quella data i tedeschi erano già saldamente insediati nel paese e controllavano tutti i punti nevralgici: così, quando gli Alleati cominciarono a risalire la penisola, si trovarono di fronte insormontabili capisaldi, come quello di Cassino.

La battaglia durò dal 17 gennaio al 22 maggio 1944 e si concentrò sull'abitato di Monte Cassino nella valle del Rapido, a sud di Roma. Le forze germaniche erano guidate dal feldmaresciallo Albert Kesselring, comandante in capo del settore sud; il suo avversario era il generale Sir Harold Alexander, comandante degli eserciti alleati in Italia.

I tedeschi intendevano portare l'avanzata alleata a un completo blocco di fronte alle formidabili difese della linea Gustav, nella quale la postazione chiave di Cassino impediva ogni ulteriore progresso verso Roma. A questo scopo utilizzarono la X armata del generale Heinrich von Vietinghoff con, inizialmente, quattro divisioni corazzate e cinque divisioni di fanteria (100.000 uomini), ridotte in seguito a una divisione *Panzergrenadiere* e a cinque di fanteria (80.000 uomini). Gli Alleati schierarono la V armata americana del tenente generale Mark Clark e l'VIII armata inglese del tenente generale Sir Oliver Leese con, inizialmente, una divisione corazzata e sei divisioni di fanteria, elevate in seguito a tre divisioni corazzate e tredici divisioni di fanteria (300.000 uomini).

Contro l'area di Cassino furono mandati reparti di tutte le nazionalità, comprese le truppe italiane del futuro Cil (Corpo italiano di liberazione) e i famigerati *goumiers* marocchini, feroci combattenti ma anche selvaggi devastatori, che compirono stupri e atrocità di ogni genere risalendo lungo la penisola. Si arrivò all'inutile bombardamento del monastero benedettino in cima alla montagna, un tesoro d'arte e cultura, a causa dell'erronea decifrazione di un messaggio tedesco. L'unico risultato di questo vano atto barbarico fu che i paracadutisti tedeschi, anima della difesa, si insediarono agevolmente fra le macerie, contendendo meglio di prima il terreno ai reparti alleati mandati all'attacco.

Dopo quattro mesi di combattimenti gli Alleati sfondarono, a caro prezzo, le linee nemiche effettuando una congiunzione con la testa di ponte di Anzio (che a sua volta si era rivelata un fallimento, per l'insipienza dei comandanti) e riuscirono a conquistare Roma.

Erano caduti approssimativamente 60.000 tedeschi contro 115.000 soldati alleati. La penosa e lenta salita della penisola richiese altri mesi e mesi e altre decine di migliaia di morti.

Le esperienze negative della campagna d'Italia non furono tuttavia del tutto inutili, quando si arrivò al **"D-Day"**, il giorno dell'invasione dell'Europa. Questa volta non si badò a spese e furono mobilitate tutte le risorse, a un livello mai raggiunto prima. Mentre si combatteva ancora sotto Cassino, per il 6 giugno 1944 venne programmata la più grande offensiva combinata della storia: uno sbarco in forze sulla costa della Normandia fra la penisola del Cotentin e il fiume Orne. Quasi nessuno, nell'alto comando tedesco, si aspettava un attacco in una zona così arretrata, e con un braccio di mare tanto lungo da superare. I servizi segreti alleati riuscirono a tenere nascosta fino all'ultimo la destinazione delle truppe guidate dal generale Dwight D. Eisenhower, comandante supremo delle forze alleate in Europa; il feldmaresciallo Gerd von Runstedt, comandante in capo del fronte occidentale, era oltre tutto un acerrimo critico di Hitler, dal punto di vista militare, e questo non agevolava certamente l'intesa tra chi doveva organizzare un'eventuale difesa e chi doveva fornire i mezzi per rinforzarla.

Gli Alleati intendevano stabilire una testa di ponte principale sulla costa della Francia occupata dai tedeschi, per iniziare da qui una campagna contro le forze germaniche nell'Europa occidentale. Sul campo, il generale Sir Bernard Montgomery aveva il compito di comandare il XXI gruppo di armate alleate (I armata americana e II armata inglese) con tre divisioni aerotrasportate e sette divisioni di fanteria, più tre brigate corazzate e due brigate di *commandos*, per un totale di 175.000 uomini; contro di lui doveva trovarsi una vecchia conoscenza, il feldmaresciallo Erwin Rommel, al comando del gruppo di armate "B", e tra queste la VII armata nel settore dell'invasione, con elementi di una divisione corazzata e di tre divisioni di fanteria, per un totale di 80.000 uomini. Curioso gioco del destino, anche quel giorno Rommel, che per altro aveva fatto il possibile per rafforzare le difese costiere della "fortezza Europa", era in licenza a casa e non fu in grado di raggiungere immediatamente il luogo dello sbarco nemico; l'aviazione tedesca nella zona era inesistente; l'artiglieria costiera largamente incompleta.

L'invasione della Normandia, denominata in codice "Overlord", fu come abbiamo detto la più grande operazione anfibia della storia e coinvolse non meno di 1.213 navi da guerra, 4.126 navi e mezzi da sbarco di vario tipo, 763 imbarcazioni di appoggio e 864 navi mercantili, con la copertura di una schiacciante superiorità aerea. Poco dopo la mezzanotte le divisioni aerotrasportate LXXXII e CI degli Stati Uniti furono paracadutate sul fianco occidentale della testa di ponte prescelta, per assicurare dei corridoi di passaggio attraverso il terreno inondato nella regione dei fiumi Merderet e Douve; simultaneamente, la VI divisione aerotrasportata inglese fu paracadutata sul fianco orientale e catturò alcuni ponti sul canale di Caen e sul fiume Orne. Gli sbarchi cominciarono durante la mezza marea, cioè dalle 6.30 in avanti, quando la maggior parte degli ostacoli tedeschi sulla spiaggia diventarono visibili. Gli sbarchi furono realizzati con la I armata degli Stati Uniti (generale Omar Bradley) sulla destra e con la II armata britannica (generale Sir Miles Dempsey) sulla sinistra. Sulla spiaggia "Utah", che si prolungava oltre l'estuario della Vire, la IV divisione americana (VII corpo d'armata degli Stati Uniti) sbarcò un chilometro e mezzo a sud del punto stabilito ma avanzò nell'entroterra e alle 13.00 entrò in contatto con i paracadutisti americani. A mezzanotte la testa di ponte "Utah" era ampia 6 chilometri e profonda 14. A est della Vire il II battaglione Ranger degli Stati Uniti catturò la batteria della difesa costiera a Pointe du Hoe. Sulla spiaggia "Omaha", invece, la I divisione (V corpo degli Stati Uniti) fu bloccata da difese consistenti e a mezzanotte era penetrata solo 2 chilometri e mezzo nell'entroterra, nonostante la perdita di almeno 3.000 uomini. Gli sbarchi britannici godettero il vantaggio di un bombardamento navale più prolungato e gli elementi di punta includevano le squadre di veicoli d'assalto dei genieri della LXXIX divisione corazzata, che erano stati realizzati espressamente per superare le difese del vallo atlantico di Hitler. La L divisione (XXX corpo) sbarcò sulla spiaggia "Gold", catturando Arromanches, e a mezzanotte aveva raggiunto la periferia di Bayeux. La III divisione canadese (I corpo) sbarcò sulla spiaggia "Juno" e a mezzanotte aveva raggiunto un punto lontano 11 chilometri nell'entroterra. La III divisione britannica (anch'essa del I corpo) sbarcò sulla spiaggia "Sward" e a mezzanotte era arrivata in vista di Caen.

La risposta tedesca agli sbarchi venne impacciata da una complessa struttura di comando, cattive comunicazioni e l'impressione che gli stessi sbarchi fossero semplicemente una finta per distogliere l'attenzione dall'area del

Pas de Calais. Come risultato, Hitler rifiutò di impegnare la sua riserva di carri armati finché non fu troppo tardi. Durante il pomeriggio la XXI divisione Panzer, che era già presente nell'area della battaglia, lanciò un contrattacco da Caen nell'area fra le spiagge "Juno" e "Sword", ma fu fermata e ricacciata indietro. A mezzanotte 57.000 americani e 75.000 britannici e canadesi, più il loro equipaggiamento, avevano messo piede a terra ed era cominciato il collegamento tra le varie teste di ponte.

Quel primo giorno era costato agli Alleati 2.500 morti e 8.500 feriti, mentre si ignorano le perdite dei tedeschi.

Anche se alcuni degli obiettivi della giornata rimasero in mano al nemico, gli Alleati riuscirono a stabilire una testa di ponte sicura, dalla quale non fu possibile sloggiarli. Era cominciata la marcia verso est, che salvo alcune interruzioni – come l'offensiva tedesca nelle Ardenne – e alcuni colpi di testa degli Alleati, pagati duramente – come l'operazione "Market-Garden" –, non si sarebbe più arrestata fino alla congiunzione con le truppe sovietiche e all'annientamento della potenza hitleriana.

Dopo, sarebbe cominciata la "guerra fredda".

* * *

A partire dalla Seconda guerra mondiale, un'analisi dell'influsso esercitato dagli eventi bellici sulla letteratura, sull'arte e più in generale sull'opinione pubblica non può essere condensato in poche righe, anche perché si tratta di un campo di indagine ancora incompleto. Ci limiteremo a notare che numerosissimi film[5] si sono occupati degli episodi descritti in questo capitolo: su Stalingrado, oltre ai vari film di propaganda sovietica, è apparso nel 1944 un film tedesco, che ha ovviamente incontrato scarso successo in Italia; sulla battaglia di Midway resta ottimo il film omonimo per la regia di Jack Smight,

[5] Per ulteriori dettagli, si rinvia alle opere citate nel precedente capitolo.

con un cast notevole di interpreti (James Coburn, Henry Fonda, Glenn Ford, Charlton Heston, Toshiro Mifune, Robert Mitchum), girato nel 1976; sul "D-Day" fa ancora testo, nonostante la sua retorica della guerra, *The longest day* (*Il giorno più lungo*) per la regia di Ken Annakin e Darryl F. Zanuck, con un cast di interpreti ancora più formidabile: Paul Anka, Richard Burton, Sean Connery, Mel Ferrer, Henry Fonda, Gert Frobe, Curd Jurgens, Peter Lawford, Robert Mitchum, Rod Steiger, John Wayne. Il film, del 1962, dura ben 180 minuti. Pochi anni dopo, non sarebbe stato più possibile girarlo: qualcosa era cambiato, anche negli Stati Uniti.

XXII

Le guerre del dopoguerra: la fine o il ritorno della battaglia?

L'equilibrio internazionale imposto al mondo dagli arsenali atomici ha consentito, per 40 anni, il mantenimento di una pace turbata solo da conflitti in aree "periferiche" rispetto ai territori delle grandi nazioni già coinvolte nel secondo conflitto mondiale.

Questo non ha evitato, ovviamente, nemmeno alle maggiori potenze i periodi di crisi, dovuti a una guerra "locale" che coinvolgeva però larghi strati della loro popolazione. Questo è accaduto, in particolare, agli Usa con la guerra del Vietnam e, in misura minore, all'Urss con la guerra nell'Afghanistan. I problemi che ne sono sorti hanno influito sulla storia di questi grandi stati, sulle loro società, sulla loro cultura e sulla loro vita politica. La crisi dei grandi apparati bellici, pronti a una guerra di distruzione totale ma incapaci di sconfiggere una nazione "minore" o di assicurarsene il totale controllo, è il prodotto delle nuove tecnologie e delle limitazioni all'azione militare imposte dalle regole internazionali e dai rapporti di forza.

Per questo l'ultimo capitolo della nostra ricerca si apre con una sonora sconfitta di una potenza coloniale, la Francia, a opera di un esercito di una piccola nazione, il Vietnam, armato ed equipaggiato modernamente e soprattutto fortemente motivato dal punto di vista ideologico; un piccolo paese, ma sostenuto apertamente sia da altre potenze maggiori, sia da movimenti d'opinione all'interno del paese da cui partiva l'attacco, e all'interno dei paesi vicini. Si trattava di una situazione del tutto nuova, che non si era verificata neanche per la precedente guerra di Corea, combattuta anzi in nome delle appena sorte Nazioni Unite; una situazione che, ulteriormente ingigantita, sarebbe stata sperimentata con risultati dirompenti al tempo della guerra condotta dagli Stati Uniti per "democratizzare" – secondo il loro punto di vista – quel Vietnam che aveva già estromesso il dominio francese.

La battaglia di **Dien Bien Phu**, combattuta dal 20 novembre 1953 al 7 maggio 1954, fu l'ultimo atto della cosiddetta guerra franco-indocinese, che tra il 1946 e il 1954 portò alla ritirata dei francesi da tutta la regione del sud-est asiatico. A Dien Bien Phu si confrontarono due concezioni strategiche e tattiche, due mentalità, due culture totalmente opposte.

La strategia francese intendeva stabilire una base fortificata a ridosso della linea di comunicazione dei Viet Minh con il Laos, provocando in tal modo i Viet Minh a combattere una battaglia decisiva: per questo venne costituita una base fortificata nella valle di Nam Yum, nel nord-ovest del Vietnam, vicina al confine con il Laos, denominata appunto Dien Bien Phu.

Le truppe della guarnigione francese erano comandate dal brigadiere generale Christian de Castries; di fronte a lui, nascosto nella giungla con i suoi soldati dei Viet Minh, il generale Vo Nguyen Giap.

Inizialmente i francesi avevano sul posto sei battaglioni, che nel giro di pochi mesi furono portati a 13 (dei quali sette di paracadutisti). Scarso il parco d'artiglieria: quattro cannoni da 155 mm, 24 cannoni da 105 mm e 10 carri armati leggeri M 24. In totale la base arrivò a ospitare 16.000 uomini. Da parte Viet Minh, erano operative le divisioni CCCIV, CCCVIII, CCCXII e CCCXVI, più la divisione pesante CCCLI e un reggimento regolare cinese di difesa aerea, 144 pezzi di artiglieria campale da 75 o 105 mm, 48 mortai da 120 mm, 30 cannoni senza rinculo da

75 mm, 12 lanciarazzi a sei canne e 180 cannoni antiaerei da 102,7 mm e 37 mm. Si ritiene che Giap abbia avuto ai suoi ordini circa 50.000 uomini.

I francesi volevano rifornire la base dall'aria e appoggiare la sua guarnigione con attacchi aerei. Ma Dien Bien Phu si trovava in una valle circondata da colline fittamente boscose, che arrivano sino a 5-600 metri di altezza (il che rende il volo difficile nella stagione dei monsoni) ed era distante 230 chilometri dalla base aerea più vicina; inoltre, la base era così lontana dal delta del fiume Rosso controllato dai francesi, che non era possibile soccorrerla con forze di terra. La possibilità che i Viet Minh potessero schierare armi pesanti nell'area fu largamente sottovalutata, con fatali conseguenze. Giap, interpretando correttamente la strategia francese, mobilitò una forza lavoro di 75.000 persone che trasportarono la sua artiglieria e i suoi cannoni antiaerei un pezzo dopo l'altro all'interno dell'area; poi piazzò le sue bocche da fuoco sui versanti opposti delle colline circostanti. Scontri di pattuglie, seguiti da fuoco d'artiglieria di interdizione, cominciarono nel gennaio 1954, ma Giap ritardò il suo primo assalto fino al 13 marzo. L'artiglieria francese fu sopraffatta quasi immediatamente. Uno a uno i capisaldi francesi cominciarono a cadere, sebbene le tremende perdite subite durante i brutali assalti a ondate di Giap portassero a un certo punto i suoi uomini sull'orlo dell'ammutinamento. L'alto comando francese continuò a rinforzare la guarnigione, e quando la pista per l'aviazione divenne inutilizzabile si fece ricorso al lancio dei rifornimenti con il paracadute, con il risultato che solo un terzo dei lanci finì all'interno del perimetro che si restringeva progressivamente. Quando Giap lanciò l'assalto finale, il 1° maggio, la guarnigione aveva a disposizione solo razioni per tre giorni, e nonostante ciò riuscì a mantenere le sue ultime posizioni fino alla sera del 7 maggio.

Al termine dei combattimenti si contarono 2.293 francesi uccisi e 11.000 prigionieri, inclusi 4.143 feriti (solo 3.000 prigionieri sopravvissero). Tutto l'equipaggiamento fu distrutto o catturato, compresi 62 aerei abbattuti o seriamente danneggiati. Tra i Viet Minh, si pensa a un minimo di 8.000 uccisi e 15.000 feriti.

Sebbene le perdite ammontassero a non più del 5% delle truppe francesi disponibili in Vietnam, esse includevano la crema della riserva strategica. La vittoria comunista di conseguenza pose i delegati Viet Minh alla Conferenza di pace di Ginevra in una forte posizione. In luglio la Francia consentì che al Vietnam, al Laos e alla Cambogia fosse garantita la piena indipendenza; che il Vietnam fosse temporaneamente diviso lungo il 17° parallelo in attesa di elezioni nazionali e che nello stesso tempo le forze francesi e Viet Minh si ritirassero rispettivamente dal nord e dal sud del Vietnam.

L'episodio di Dien Bien Phu ci mostra l'opportunità, nel giudicare le guerre successive alla Seconda guerra mondiale, di compiere, oltre alla valutazione di tipo militare, anche una valutazione di tipo politico. Tale valutazione ha un diretto influsso anche sul problema che abbiamo cercato di affrontare in queste pagine: il ruolo della battaglia nella storia dell'uomo.

Il fattore politico è entrato a far parte dell'andamento quotidiano della guerra. L'affermazione di Clausewitz – in sé già largamente discutibile – è stata ulteriormente stravolta: la battaglia è sempre più condizionata dalla politica, perché è inserita in una complessa strategia di pressioni economiche, deplorazioni, manifestazioni di sostegno o di condanna, trattative non più sottobanco ma esposte al pubblico, condotte mentre le parti in causa continuano a combattere.

Per tutto il periodo nel quale è esistita la divisione del mondo in due blocchi fondamentali, questo sistema ha consentito a molte nazioni di ottenere o difendere la propria indipendenza contro le potenze maggiori; e quando a scontrarsi sono state nazioni di pari livello, il risultato positivo di una o più battaglie è bastato per porre termine al conflitto.

È il caso di Israele, soprattutto al tempo della guerra dei Sei giorni, del 1967. Per Israele vincere le battaglie è stato uno strumento politico di primaria importanza per garantirsi contro vicini ostili: la vittoria militare è stata usata per mettere fuori uso l'apparato bellico dell'avversario e conquistare zone cuscinetto di protezione al cuore produttivo del paese. La più significativa di queste vittorie, nella guerra del 1967, fu la battaglia del **Sinai**, combattuta dal 5 all'8 ottobre 1967. Al comando degli israeliani, il maggiore generale Yeshayahu Gavish, responsabile del comando meridionale israeliano; al comando degli egiziani, il generale Abd el Mohsen Mortagy, comandante in capo nel Sinai.

Da parte israeliana, tre divisioni corazzate, due brigate corazzate indipendenti e una brigata di paracadutisti – per un totale di 680 carri, più 70 di riserva; da parte egiziana, la II, III, VII e XX divisione di fanteria, la VI divisione meccanizzata, la IV divisione corazzata e la Task Force Shazli, per un totale di 800 carri e cacciacarri, più 150 di riserva.

Gli israeliani intendevano distruggere l'esercito egiziano nel Sinai e avanzare sino al canale di Suez, per ottenere una frontiera difendibile a sud: come si vede, un risultato militare strettamente legato a risultati politici, senza velleità di sconfiggere totalmente il paese nemico (operazione del resto totalmente impossibile e impensabile). L'offensiva israeliana del 1967 ebbe inizio subito dopo un attacco preventivo da parte delle loro forze aeree, che distrussero la forza aerea egiziana negli aeroporti. Mentre una brigata corazzata indipendente sosteneva un attacco di paracadutisti sulla striscia di Gaza, la divisione corazzata del maggiore generale Tal irruppe attraverso le difese egiziane a Rafah e poi a Jiradi per avanzare lungo la strada costiera e catturare El Arish. Più a sud, la divisione del maggiore generale Sharon assaltò il complesso fortificato di Abu-Agheila nel corso di un pesante combattimento che incluse l'infiltrazione via-elicottero di paracadutisti dentro le posizioni di artiglieria egiziane. La IV divisione corazzata egiziana, avanzando al contrattacco durante la notte, cadde in un'imboscata tesa dalla divisione del maggiore generale Yoffe a Bir Lahfan e fu costretta a ritirarsi, ridotta a mal partito, quando Tal distaccò una brigata corazzata da El Arish per farla ricadere sul suo fianco. Rotto il guscio protettivo delle difese egiziane, la strategia israeliana portò all'avanzata delle divisioni di Tal e Yoffe attraverso il nemico in ritirata e alla presa dei passi di Mitla, Giddi e Tassa che conducono dal pianoro del Sinai fino al canale di Suez; la divisione di Sharon, avendo completato i rastrellamenti nell'area di Abu-Agheila, spinse davanti a sé i resti dell'esercito egiziano attraverso il Sinai, intrappolandoli fra l'incudine e il martello. L'intera operazione fu appoggiata da vicino dalle forze aeree israeliane, che bersagliarono senza pietà le colonne egiziane. Solo una parte della Task Force Shazli riuscì a raggiungere la sicurezza della riva occidentale del canale in condizioni di unità operativa; il resto delle divisioni di Mortagy fu distrutto quando cercarono di resistere o si disintegrò in piccoli gruppi mentre tentavano di sfuggire alla trappola.

Gli israeliani ebbero 278 morti e 800 feriti (parecchi carri danneggiati in battaglia furono recuperati e riparati); gli egiziani contarono 15.000 tra morti, feriti e prigionieri, e persero 800 carri e cacciacarri (inclusi 300 in fase di riparazione), 450 cannoni e 10.000 tra camion per il trasporto di truppe e altri veicoli.

L'esercito egiziano fu distrutto e gli israeliani stabilirono una linea di difesa lungo il canale di Suez. Non dobbiamo dimenticare che gli egiziani, nella successiva guerra del Kippur, avrebbero tentato, con un certo successo, di recuperare il loro territorio perduto: anche stavolta per conseguire un vantaggio politico al tavolo delle trattative e non certo, al di là della propaganda, per distruggere Israele, protetto dagli Stati Uniti.

Dopo la caduta del muro di Berlino e il progressivo sfaldamento del blocco ex comunista, le regole del gioco sono state ulteriormente modificate e adoperate a vantaggio di capi di stato o capi di fazione totalmente privi di scrupoli, che hanno saputo e sanno giocare abilmente sulle differenze di interessi fra gli stati più forti, e si servono di pulsioni religiose e di ideologie nazionaliste per ottenere il consenso popolare. In un tale contesto, con il mondo cosiddetto "civile" dilaniato dalle incertezze e dal timore che l'opinione pubblica non voglia sopportare i sacrifici di una guerra su larga scala, si sono aperti spazi di manovra per ogni genere di avventurieri. A questo punto, la grande battaglia risolutiva che deve spazzare via il nemico diventa un'inutile esibizione di forza, se non si ha il coraggio di programmare una guerra di lunga durata. È esattamente quanto è avvenuto durante la cosiddetta guerra del Golfo per liberare il Kuwait dalle truppe dell'Iraq di Saddam Hussein, che lo avevano proditoriamente attaccato e invaso.

Il momento culminante di quella strana guerra, con corrispondenti di guerra della principale nazione belligerante che trasmettevano direttamente dalla capitale della nazione nemica, si ebbe con l'operazione "**Desert Sabre**", dal 24 al 28 febbraio 1991. Al comando dell'esercito di coalizione il famoso generale Norman Schwarzkopf; dall'altra parte, il presidente Saddam Hussein, comandante in capo delle forze armate irachene.

Obiettivo: la liberazione del Kuwait, che, in dispregio delle risoluzioni delle Nazioni Unite, era stato occupato dall'Iraq sin dal 2 agosto 1990.

Da parte Onu, furono utilizzati 17.000 uomini della forza anfibia da sbarco del corpo statunitense dei Marines, ai quali vanno aggiunti, pervenuti per via di terra, la II divisione Marines, la IV divisione corazzata egiziana, contingenti della Siria, dell'Arabia Saudita, del Kuwait e di altri paesi arabi, il VII corpo d'armata Usa (formato dalla I divisione corazzata britannica, dalla I e dalla III divisione corazzata Usa, dalla I divisione di fanteria Usa e dal II reggimento di cavalleria corazzata Usa) e dal XVIII corpo d'armata Usa (VI divisione francese di mezzi corazzati

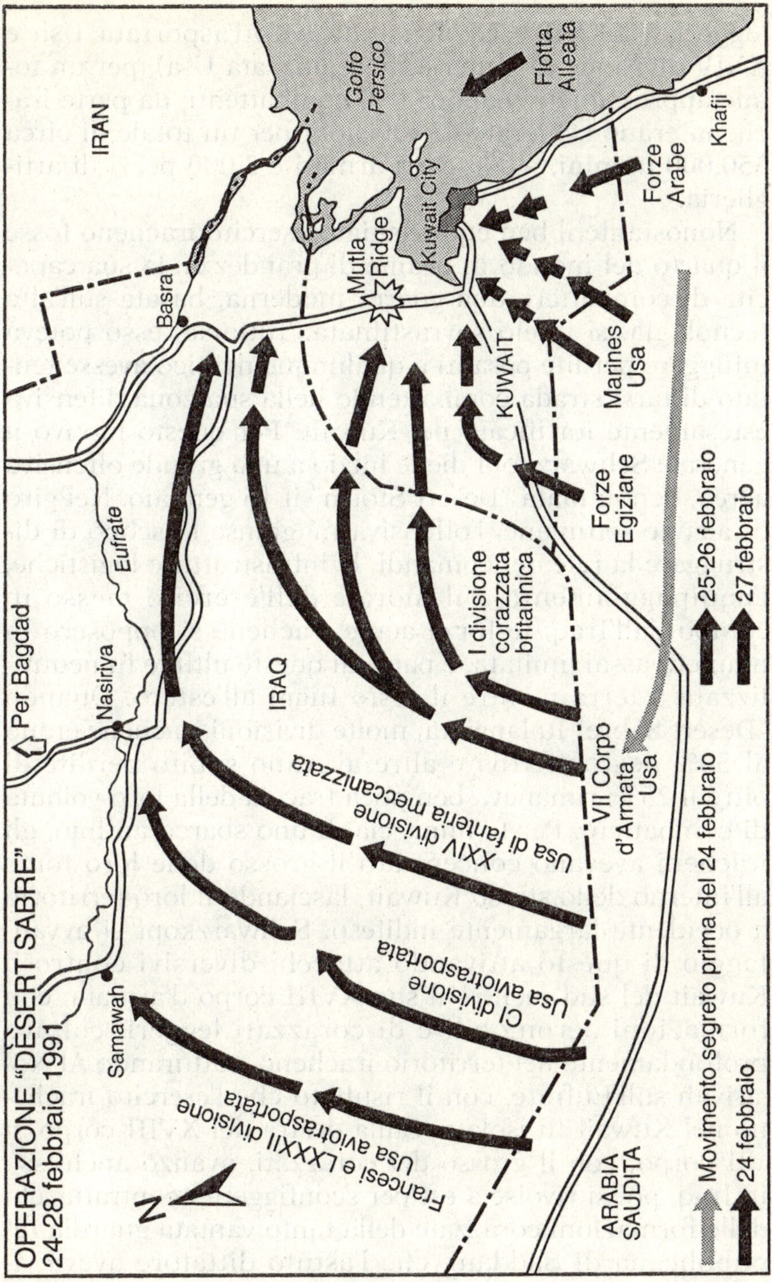
OPERAZIONE "DESERT SABRE"
24-28 febbraio 1991
N
Francesi e LXXXII divisione
Usa aviotrasportata
CI divisione
Usa aviotrasportata
XXIV divisione
Usa di fanteria meccanizzata
Samawah
Nasiriya
Per Bagdad
Eufrate
IRAQ
IRAN
Basra
Mutla Ridge
Golfo Persico
Flotta Alleata
Kuwait City
KUWAIT
Khafji
Forze Arabe
Marines Usa
Forze Egiziane
I divisione corazzata britannica
VII Corpo d'Armata Usa
ARABIA SAUDITA
Movimento segreto prima del 24 febbraio
24 febbraio
25-26 febbraio
27 febbraio

leggeri, LXXXII e CI divisione aerotrasportata Usa e XXIV divisione di fanteria meccanizzata Usa), per un totale approssimativo di 665.000 combattenti; da parte irachena erano schierate 43 divisioni per un totale di circa 350.000 uomini, 4.000 carri armati e 3.000 pezzi di artiglieria.

Nonostante il ben equipaggiato esercito iracheno fosse il quarto del mondo in ordine di grandezza, la sua capacità di combattere una guerra moderna, basata sull'alta tecnologia, si rivelò sovrastimata. Tuttavia, esso poteva infliggere perdite pesanti a qualunque nemico avesse tentato di farsi strada combattendo nella sua zona difensiva estesamente fortificata nel Kuwait. Per questo motivo il generale Schwarzkopf diede inizio a una grande offensiva aerea, denominata "Desert Storm" il 15 gennaio. Nel giro di alcune settimane, l'offensiva raggiunse lo scopo di distruggere la rete dei comandi, le infrastrutture logistiche, l'equipaggiamento e il morale dell'esercito messo in campo dall'Iraq; le forze aeree irachene si opposero in maniera assai limitata, e parte di queste ultime fu neutralizzata a terra mentre il resto fuggì all'estero. Quando "Desert Sabre" fu lanciata, molte divisioni irachene erano al 50% degli effettivi e altre avevano subito perdite di oltre il 25%; rimaneva ben poca traccia della loro volontà di combattere. Per la minaccia di uno sbarco anfibio, gli iracheni avevano concentrato il grosso delle loro forze all'interno dello stesso Kuwait, lasciando il loro territorio a occidente largamente indifeso. Schwarzkopf si avvantaggiò di questo attivando attacchi diversivi contro il Kuwait del sud mentre il suo XVIII corpo d'armata, con formazioni aeromobili e di corazzati leggeri, colpiva profondamente nel territorio iracheno, catturando Al Nasiriyah sull'Eufrate, con il risultato che l'esercito iracheno nel Kuwait fu isolato. Sulla destra del XVIII corpo, il VII corpo, con il grosso dei corazzati, avanzò anch'esso in Iraq, poi si rivolse a est per sconfiggere i contrattacchi delle formazioni corazzate della tanto vantata guardia repubblicana di Saddam, che l'astuto dittatore aveva risparmiato per il suo calcolo politico successivo. Alla fine, persino gli attacchi diversivi praticarono delle brecce e si svilupparono in una rapida avanzata su Kuwait City. Quando fu imposto il cessate il fuoco, un totale di 42 divisioni irachene erano state distrutte come formazioni combattenti.

Le perdite alleate furono meno di 500 unità; le perdite irachene sono incerte, ma nel totale, includendo quelle inflitte durante la prolungata offensiva aerea alleata, sono state stimate intorno ai 60.000 morti con 175.000 prigionieri, più 3.700 carri armati, 2.400 mezzi di trasporto militari e 2.600 pezzi di artiglieria distrutti o catturati.

In sostanza, l'esercito iracheno in Kuwait fu distrutto. Ma quale esercito? La massa dei coscritti o le unità di *élite*, rimaste ancora intatte? Intenzionato a evitare un nuovo Vietnam e temendo di rafforzare l'Iran e la Siria se avesse colpito a fondo l'Iraq, il 27 febbraio 1991 il presidente Bush decise il cessate il fuoco, operativo dalle ore 8 del giorno dopo. Questo si dimostrò prematuro, perché lasciò che le formazioni irachene non coinvolte nella disfatta, inclusa una parte sostanziale della guardia repubblicana, fossero libere di affrontare le rivolte degli sciiti e dei curdi nel sud e nel nord dell'Iraq. Queste rivolte vennero spietatamente represse, lasciando intatta la base del potere politico di Saddam.

Abbiamo dimostrato la vacuità dello sforzo militare delle grandi nazioni, quando non viene portato sino alle estreme conseguenze; ma c'è un rovescio della medaglia. In questa situazione internazionale confusa e contraddittoria, ormai è diventato altamente produttivo prolungare battaglie e assedi per anni e anni. Perché rischiare tutte le proprie forze per assaltare una grande città quando è più facile isolarla facendo cadere i piccoli centri vicini, tenendola sotto pressione con lanci di bombe che non sono atti di guerra, ma veri e propri attentati terroristici? È all'incirca quello che avviene da anni nella ex Jugoslavia. L'orrore quotidiano al quale sono condannati gli abitanti diviene merce di scambio al tavolo delle trattative. In questo i media giocano un ruolo fondamentale. Grazie a essi, sempre più sofisticati e diffusi, gli eventi che prima ci giungevano confusamente e dopo giorni e giorni, oggi ci piombano in casa in ripresa diretta. Abbiamo assistito a rivoluzioni minuto per minuto, a bombardamenti in edizione speciale, a guerre divenute ormai parte della cronaca. La visione costante delle piccole guerre che insanguinano il mondo tende a non provocare più indignazione, ma al contrario pericolosa assuefazione. È un rischio da evitare: non possiamo considerare questi eventi come naturali e inevitabili. Gli esseri umani sono destinati ancora per molto tempo a confrontarsi duramente tra loro; ma almeno le nazioni più influenti dal punto di vista economico hanno imparato a loro spese, e a spese del mondo, che la guerra non è affatto lo strumento migliore per dirimere qualunque genere di controversia.

È necessario che questo concetto venga assimilato da tutti quelli che ancora pensano di ottenere vantaggi materiali con la violenza organizzata; ma con quali metodi si dovrà impartire la lezione? Purtroppo, se abbiamo imparato a non caricare più la battaglia, o la guerra, di alcun valore sacrale, ma a vederne la sostanziale crudeltà e inutilità, non siamo ancora stati capaci di inventare uno strumento internazionale che aiuti il pianeta a circoscrivere e spegnere i focolai di irrazionalità che si accendono un po' ovunque.

In verità le guerre – e le battaglie – possono essere evitate rimuovendo in primo luogo le cause dei conflitti: e oggi le cause maggiori sono la povertà, il fanatismo, l'intolleranza. A questo si dovrà pensare, se si intende colpire il male alla radice, fermo restando che si deve agire al più presto, anche con mezzi militari, per imporre un termine alle sofferenze che ci vengono poste sotto gli occhi di giorno in giorno. Sappiamo però tutti quanti che questa non è la soluzione. Nel giro di pochi anni – ed è già tardi – le nazioni più ricche dovranno adattarsi a qualche importante sacrificio, anche di natura economica, e a iniziative comuni in difesa dei diritti civili e del dialogo fra le culture: sono impegni pesanti ma necessari, se desideriamo che nel futuro le battaglie e le guerre siano solo eventi storici da analizzare e soggetti interessanti per un romanzo, un film, un documentario. O magari un gioco.

Bibliografia

Opere generali

AA.VV., *Enciclopedia militare*, Milano 1933.

AA.VV., *The Dictionary of Battles* (edited by D. Chandler), London 1987.

G. Best, *Humanity in Warfare*, London 1980.

J. Boudet (direzione generale di), *Histoire Universelle des Armées*, Paris 1967 (trad. it. *Armi ed eserciti nella storia universale*, Torino 1967).

G. Bouthoul, *Les Guerres – Elements de polemologie*, Paris 1951.

C. von Clausewitz, *Vom Kriege*, Berlin 1832-34 (trad. it. *Della guerra*, Roma 1942).

H. Delbrück, *Geschichte der Kriegskunst im rahmen der politischen Geschichte*, Berlin 1920 (trad. inglese di Walter J. Renfroe jr, *History of the art of war. Vol. I: Warfare in antiquity*, Lincoln, London 1990).

C. Falls, *The Art of War from the Age of Napoleon to the Present Day*, London 1961 (trad. it. *L'arte della guerra*, Bologna 1965).

R. Holmes, *The World Atlas of Warfare*, London 1988.

M. Howard, *La guerra e le armi nella storia d'Europa*, Roma 1980.

A. Jones, *The Art of War in the Western World*, London 1988.

J. Keegan, *A History of Warfare*, London 1993 (trad. it. *La grande storia della guerra*, Milano 1994).

J. Keegan-R. Holmes, *Soldiers: a history of men in battle*, London 1985.

J. Keegan-A. Wheatcroft, *Who's who in Military History*, London 1976.

G.C. Kohn, *Dictionary of Wars*, New York 1986 (trad. it. *Dizionario delle guerre*, Milano 1989).
W.H. McNeill, *The Pursuit of Power*, Chicago 1982.
I. Montanelli-M. Cervi, *Due secoli di guerre*, Milano 1981.
B.L. Montgomery, *Storia delle guerre*, Milano 1970.
R.L. O'Connell, *Of Arms and Men*, New York-Oxford 1989.
B. Perrett, *The Battle Book*, London 1992.
R.A. Preston-S.F. Wise, *Storia sociale della guerra*, Milano 1973.
G. Regan, *The Guinness Book of Decisive Battles*, New York 1992.
P. Young, *The fighting man*, New York 1981.

Monografie

AA.VV., *L'esercito italiano dall'Unità alla Grande guerra (1861-1918)*, Roma 1980.
AA.VV., *Anthology of Armageddon* (edited by B. Newman and I.O. Evans), London 1989.
AA.VV., *Warfare in the Ancient World* (edited and introduced by Sir John Hackett), London 1989.
E. Bauer, *Histoire controversée de la deuxième guerre mondiale, 1939-1945*, Monaco 1966-67 (trad. it. *Storia controversa della seconda guerra mondiale*, Novara 1969).
L.H. Addington, *The Patterns of War since the Eighteenth Century*, London-Sidney 1984.
G. Best, *War and Society in Revolutionary Europe, 1770-1870*, London 1982.
G. Blond, *La Grande Armée*, Paris 1979 (trad. it. *Storia della Grande Armée*, Milano 1981).
L. Capello, *Caporetto, perché?*, Torino 1967.
F. Cardini, *Quell'antica festa crudele*, Firenze 1982.
E. Cecchini, *Le battaglie che fecero la storia*, Milano 1989.
D. G. Chandler, *The Campaigns of Napoleon*, London 1966 (trad. it. *Le campagne di Napoleone*, Milano 1968).
A. Corvisier, *Armées et sociétés en Europe de 1494 à 1789*, Paris 1976.
J. Cullen, *The civil war in popular culture – A Reusable Past*, Washington-London 1995.
E. De Rossi, *La vita di un ufficiale italiano sino alla guerra*, Milano 1927.
G. Duby, *Le Dimanche de Bouvines, 27 juillet 1214*, Paris 1973.

C. Duffy, *The Military Experience in the Age of Reason*, London-New York 1987.
J. Ellis, *Brute Force: Allied Strategy and Tactics in the Second World War*, London 1990.
E. Faldella, *La Grande guerra*, Milano 1978.
C. Falls (e altri), *Great Military Battles*, London 1964 (trad. it. *Grandi battaglie terrestri*, Milano 1964).
B. Farwell, *Queen Victoria's Little Wars*, New York 1972.
J.F.C. Fuller, *The Decisive Battles of the Western World*, London 1954-56.
J. Gooch, *Armies in Europe*, London 1980 (trad. it. *Soldati e borghesi nell'Europa moderna*, Roma 1982).
D.J. Goodspeed, *The German Wars, 1914-1945*, Boston 1977, New York 1985.
D.H. Hackworth, *About Face* (ricordi della guerra di Corea e della guerra del Vietnam), London 1990.
J.R. Hale, *War and Society in Renaissance Europe (1450-1620)*, London 1985 (trad. it. *Guerra e società nell'Europa del Rinascimento*, Roma 1987).
G.W.F. Hallgarten, *Twilight of Man? A Short History of the Arms Race in Modern Times, London* 1972 (trad. it. *Storia della corsa agli armamenti*, Roma 1972).
P.J. Haythorntwaite, *The Napoleonic Source Book*, London 1990.
R. Holmes, *Firing Line*, London 1985.
I.V. Hogg, *The British Army in the 20th Century*, London 1986.
R. Humble, *An Encyclopaedia of Naval Warfare*, London 1980 (trad. it. *25 secoli di battaglie navali*, Novara 1981).
J. Keegan, *The Face of Battle*, Harmondsworth 1986.
V.G. Kiernan, *European Empires from Conquest to Collapse, 1815-1960*, London 1982 (trad. it. *Eserciti e Imperi – La dimensione militare dell'imperialismo europeo 1815-1960*, Bologna 1985).
W. Leontief, F. Duchin, *Military Spending*, Oxford 1983 (trad. it. *La spesa militare*, Milano 1984).
B.H. Liddel Hart, *History of the Second World War*, London 1970 (trad. it. *Storia militare della Seconda guerra mondiale*, Milano 1970).
R. Luraghi, *Storia della guerra civile americana*, Torino 1966.
J. MacDonald, *Great Battlefields of the World*, London 1984.
K. Macksey-W. Woodhouse, *The Penguin Encyclopedia of modern Warfare*, London 1991.

P. Marion, *Le pouvoir sans visage: Le complexe militaro-industriel,* Paris 1990.
S. Masini-S. Ales, *Il soldato italiano dell'Ottocento nell'opera di Quinto Cenni,* Roma 1986.
S. Masini-G. Rotasso, *Armi da fuoco*, Milano 1987.
S. Masini-G. Rotasso, *Dall'archibugio al Kalashnikov. Sette secoli di armi da fuoco,* Milano 1992.
C. Messenger, *World War, Two Chronological Atlas*, London 1989.
R. Neillands, *The Hundred Years War*, London 1990.
Sir C. Oman, *A History of the Art of War in the Sixteenth Century,* London 1987 (ristampa dell'edizione originale del 1937).
G. Parker, *The military revolution. Military innovation and the rise of the West. 1500-1800*, Cambridge 1988 (trad. it. *La rivoluzione militare*, Bologna 1990).
P. Pieri, *Il Rinascimento e la crisi militare italiana,* Torino 1952.
—, *Storia militare del Risorgimento*, Torino 1962.
—, *Guerra e politica negli scrittori italiani,* Milano 1975.
J.C.L. Quennevat, *Atlante della "Grande Armée",* Roma 1968.
G. Rochat-G. Massobrio, *Breve storia dell'esercito italiano dal 1861 al 1943,* Torino 1968.
E. Rommel, *Infanterie Greift an*, Potsdam 1937 (tr. inglese *Infantry Attacks*, London 1990).
D. Smurthwaite, *The complete guide to the Battlefields of Britain,* London 1993.
F. Stefani, *La storia delle dottrine e degli ordinamenti dell'esercito italiano,* Roma 1984.
J. Sutherland, *Men of Waterloo, London* 1966 (trad. it. *Uomini di Waterloo*, Roma 1967).
V. Suvorov, *Inside the Soviet Army,* London 1982.
F. Thiess, *Tsushima – Il romanzo di una guerra navale,* Torino 1986.
G.C. Ward (e coll.), *The Civil War: an illustrated history,* New York 1990.
R.F. Weigley, *The Age of Battles – The Quest for Decisive Warfare from Breitenfeld to Waterloo*, London 1991.
J. Whittam, *Storia dell'esercito italiano*, Milano 1979.

Indice

«Le battaglie che cambiarono il mondo»
di Sergio Masini
Oscar storia
Arnoldo Mondadori Editore

Questo volume è stato stampato
presso Mondadori Printing S.p.A.
Stabilimento NSM - Cles (TN)
Stampato in Italia - Printed in Italy